AI GOVERNANCE
IN FUTURE

敏捷与协同

人工智能
治理理念与实践前沿

LEADING EDGE OF
THEORY AND PRACTICE

清华大学人工智能国际治理研究院
清华大学中国科技政策研究中心　编
人工智能治理研究中心

社会科学文献出版社
SOCIAL SCIENCES ACADEMIC PRESS (CHINA)

编　委　会

序

人工智能技术的发展在人类科技史中具有里程碑意义，其颠覆性的潜力将再一次彰显技术的革命性力量，其联动效应必将影响到经济、政治、社会等人类生活的诸多方面。然而，人类每次在拥抱“技术未来”的同时，都不得不应对其负面影响，正如机器生产力扩张与卢德运动、电力工业化与环境污染、信息化浪潮与信息安全挑战一样，ChatGPT 的出现，既让人们对人工智能的未来充满了遐想，又引发了新一轮的伦理危机讨论，从而使人工智能的治理问题成为我们不得不面对的时代命题。迫使我们聚焦科技伦理治理的核心焦点、探讨人工智能技术的时代挑战、反思人类智能社会的当下处境。

首先，我们要回答的问题是，人工智能治理为什么重要？其一，治理始终是我们应对技术负效应的有效手段。人工智能的应用具有使用后果不确定、隐含伦理挑战、责任分配含混等问题。诸如此类的问题需要国家、政府、企业在治理层面给予回应。亡羊补牢，为时不晚。其二，人工智能治理构成社会治理、国家治理、全球治理的重要板块。一方面，人工智能技术是有效的治理工具和治理手段，另一方面，它又给现代治理提出新的挑战，成为治理的对象，这种互反纠缠的特点也让人工智能治理呈现异常的复杂性。其三，生成式人工智能的突破式发展加剧了治理的复杂态势。ChatGPT 让我们首次看到了通用人工智能的微光，迫使我们不得不慎思人工智能与人类命运等重大哲学命题。正因为如此，我们今天对人工智能治理的研究和讨论，就成了我们从理论上诠释危机、从实践上解决问题的重要途径。

其次，人工智能治理的关键要点有哪些？首先，治理的核心任务在于做好不同主体的责任划分。政府、企业、高校、公众等主体如何锚定各自在治理环节中的权责位置，坚守价值原则、权衡利益关系、调整行为规范、落实行动方案，真正把学术研究、技术应用、用户使用的责任落到实处。下一步的挑战是如何促进伦理原则与治理框架的落地。涉及人工智能伦理原则和治理框架的相关研究已较为丰富，然而，如何找到兼具可行性和有效性的落地方案，如何弥合治理理论与治理实践之间的鸿沟仍然是人工智能治理的重中之重。此外，必须深刻认识到人工智能治理的滞后性特征。人工智能伦理问题与治理难题是伴随着应用的广度拓展和程度加深逐步显现的，对现实状况的认识、把握、分析无法一蹴而就。因此，人工智能治理切忌急于求成。

最后，我们究竟应该怎样推进人工智能治理？第一，平衡创新与治理之间的关系。对新兴技术的不确定性应有一定宽容度，技术快速增长阶段不宜设置过多硬性障碍，而应更多地提倡包容审慎。第二，推动治理主体的多元协同互动。通过建立信任、加强协作、共享信息等方式探索原则共识与解决方案。第三，开辟分层分级的治理路径。倡导分而治之的治理思路，根据智能化程度和风险等级分层治理。第四，开发多维共治的治理工具。基于技术标准、行为规范、国际倡议等共识约束，满足人工智能特殊化、差异化应用场景的发展需求。第五，建构敏捷治理的行动方案。推动决策过程的包容性和可持续性，通过广泛参与和敏捷反应来加强治理的韧性和适应性。

纵观全球，世界正面临百年未有之大变局，受国际环境和中美关系的影响，人工智能治理俨然成为大国全球竞争的新领域。中国作为人工智能领域的重要创新者，必须在全球人工智能治理体系的构建、推动人工智能国际治理合作上发挥积极作用。同时，我们也必须捍卫中国人工智能技术的发展权、争取人工智能全球治理的话语权，提升人工智能技术产品与服务的竞争力，提供人工智能全球治理公共产品，回应国际社会对人工智能治理挑战的普遍关切。以全球发展倡议、全球安全倡议、全球文明倡议、全球人工智能治理倡议为指导，在人工智能治理领域树立负责任大国形象，为人工智能全球治理贡献中国智慧与中国方案。

薛 澜

2023年10月19日

前　言

人类社会的进步总伴随着技术的进步，技术创新为人类认识和改造世界创造了新的可能性，不仅增强了人类认识世界的本领，也提升了人类改造世界的能力。从这个意义上讲，人类史就是一部技术史，人类社会是技术的社会。回顾历史，蒸汽革命、电力革命、信息革命，一次又一次颠覆性的技术应用在不同历史阶段塑造了人类社会的生活方式。而当下，我们又再一次面临新的颠覆性技术——人工智能技术带来的新问题、新挑战，这种颠覆性特征在近日 ChatGPT 及大模型的热度中可见一斑。一方面，它让我们再次看到通用人工智能的曙光，按照图灵的设想，通用大模型提供了一条技术路线，向“人工智能意识”涌现迈出重要一步。另一方面，这种不确定性的技术突破也加深了人们的疑虑，使得相应的伦理问题、治理问题浮上台面，成为政策界、学术界、产业界，乃至公众普遍关心的议题。

国家高度重视人工智能治理问题，先后出台了《新一代人工智能治理原则》《关于加强科技伦理治理的意见》《生成式人工智能服务管理暂行办法》等指导性文件。基于这样的大背景，中国科技部、中国科协、北京市教委等部门支持建设，依托清华大学公共管理学院和智库中心，我们成立了清华大学人工智能国际治理研究院和人工智能治理研究中心，组建了一支专门从事人工智能伦理与治理研究的团队。团队采取“小核心，大联合”的方式，融合不同专业领域的研究人员，涵盖哲学、管理学、经济学、法学、国际关系等学科，形成学科交叉、专业互补、协同创新的优势。

人工智能治理平台的建设，致力于推动科学与人文融合，鼓励学术资源共享，支撑政策决策和咨询、促进国际交流互动、提供人工智能善治方案。2020年，在科技部科技创新2030——“新一代人工智能”重大项目支持下，团队着手重点领域人工智能治理挑战及对策研究。三年来，通过专家讲座、圆桌对话、定期研讨、广泛调研、国际交流、线上论坛等方式，研究团队重点关注人工智能伦理与治理研究，结合成员不同学科背景和研究专长，在人工智能伦理与治理的理论探索和实践对策方面取得了一些成绩，发表了一系列学术论文，传播了治理观点，提出了治理方案，受到了学界好评。

这部论文集正是在这样的背景下诞生的。本书集合了三年来团队在人工智能治理领域的突出研究成果，涵盖了治理体系探索、伦理框架设计、治理范式变革、国际治理比较、安全风险治理、公共管理应用、产业创新生态、数据治理体系与方案、算法治理理念与路径、平台治理机理与实践等人工智能伦理与治理诸多方面。限于篇幅，我们采用专题的形式将论文集划分为上、下两篇。上篇讨论人工智能治理的宏观层面问题：治理框架与体系建构、国际治理研究、公共治理及产业创新；下篇则专注于人工智能治理的具体领域：数据治理、算法治理、平台治理。可以说，论文囊括了人工智能治理的多个重点领域，既讨论到人工智能治理的整体框架，又聚焦了具体治理问题及应对措施。论文集主要包括以下六个部分。

人工智能治理体系的建构是治理的首要命题。新兴技术治理需要搭建协同共治机制，结合国家人工智能治理面临的治理困境，在分析清楚人工智能特征和风险的基础上，通过重视价值导向、囊括多元主体、厘清多重对象、推进多条机制、运用多尺度工具的方式构建平衡包容的人工智能治理体系。我国新一代人工智能适应性治理经历了探索式治理、回应式治理、集中式治理、敏捷式治理的范式变革。因此，需要解析人工智能治理的技术逻辑、制度逻辑、文化逻辑、资本逻辑，探讨不同逻辑下的治理议题理解、价值导向、主体关系、路径依赖和工具选择的差异性。进而形成综合的、有效的、符合我国国情的人工智能治理体系。

另一个重要命题是人工智能国际治理。从动态视角看，各国人工智能政策呈现出相互借鉴、彼此融合的趋势，政策借鉴与创新扩散的广度、深度及强度不断提高。在全球可持续发展原则下，如何解决人工智能自身及衍生的可持续发展问题，完善人工智能的可持续发展全球范式是当务之急。尤其是，当中美博弈成为当下国际关系的主旋律，人工智能治理也成为中美博弈的重要战场。谁在治理领域占得先机，谁就掌握了制定规则、标准的主动权。因此，如何借鉴欧美国家治理方案，探索安全风险治理的中国实践，平衡好竞争与合作，善用政策手段、经济手段、法律手段抢占人工智能治理高地，争取人工智能国际治理话语权，推动人工智能全球治理稳步向前，是人工智能国际治理的重中之重。

另外，人工智能在公共治理与产业创新中的应用不容忽视。其一，人工智能在突发公共卫生事件中助力公共治理，它在抗击新冠疫情中的应用，显示了事前风险管理、事中应急管理、事后善后学习的赋能效用。人工智能辅助政府精准决策、推动新兴产业发展、助力复工复产，有效提升了政府的治理水平和企业创新发展。其二，人工智能推进技术创新和应用创新进入新拐点，使产业样态呈现出价值分配重构、智能制造升级、商业模式转变、组织决策变革的发展特征。如何善用人工智能技术，已经成为推动产业创新的革命性力量。

具体领域的一个重要方面是数据治理。人工智能背景下的数据治理，需准确把握数据潜在价值、降低数据利用成本和控制数据隐含风险，在对数据的治理和利用数据治理两个方面要兼顾数据利用和数据保护，突出数字基础设施与数据标准的建设与引领作用。微观上看，数据治理过程需要强调效率性和规范化的协调，应用场景推进需实现技术理性和公共价值的平衡，数字驾驶舱设计需做到实战性与个性化的兼顾。宏观上，数据治理需做好一体化和全局性的统筹。

另一个重要领域是算法治理。算法设计可以在数学逻辑上做到完美，但缺乏对人性和社会环境的综合考虑。应将算法嵌入社会体系中评估，以体系化的思维为算法向善提供解决方案。如实践案例中，由于算法的不可解释性、歧视性等潜在风险，形成了“大数据杀熟”的价格歧视与价格违法行为。可见，算法带来的歧视性、责任性、无用及滥用风险使得技术治理的传统框架面临新挑战，完善算法治理是人工智能治理的重要环节之一。

研究也着重关注到平台治理。大规模、复杂性商业生态系统赋予互联网平台企业在经济、社会、文化等诸多领域广泛而深刻的影响力和复杂多样的作用机制。因此，亟须从多维视角探讨互联网平台治理之道，建构诸利益相关方共同参与的平台协同治理体系，以“良治”为平台企业乃至数字经济健康发展提供有效保障和持久动力，形成“敏捷适应、多元共治、场景驱动、技术赋能”的综合治理模式。

总而言之，这本书汇总了研究团队在治理框架与体系建构、国际治理比较、公共治理与产业创新、数据治理、算法治理、平台治理六个方面的突出研究成果，形成了一部聚焦于人工智能治理的论文集。无论是理论创新，还是实践方案，学界已经在人工智能治理领域集成了不少优秀研究成果。尽管如此，正如人工智能技术正在迅猛发展的势头一般，人工智能治理将一直是进行时。我们必须积极面对人工智能技术，甚至是下一波新兴技术带来的挑战，办法总是比困难多。毕竟技术都是人类发明创造的，人类必须不断学习与新兴技术的相处之道，真正实现人工智能的善创、善用、善治。

最后感谢清华大学文科建设双高计划（2022TSG03303），清华大学自主科研计划（20223080026），北京人文社会科学研究中心资助。

梁　正　李　洋

2023 年 10 月 5 日

目　录

上　篇

第三部分　人工智能与公共治理及产业创新

下　篇

第四部分　人工智能治理之数据治理

第五部分　人工智能治理之算法治理

上　篇

第一部分　人工智能治理框架与体系建构

新兴科技发展中的人工智能治理

薛　澜*

一　引言

习近平总书记在浦东开发开放30周年庆祝大会上的讲话中指出，“科学技术从来没有像今天这样深刻影响着国家前途命运，从来没有像今天这样深刻影响着人民幸福安康。我国经济社会发展比过去任何时候都更加需要科学技术解决方案，更加需要增强创新这个第一动力”。

当前，科学技术创新在经济社会发展中发挥着越来越关键的作用。如何把握科技创新对经济社会产生的各种影响，把人文和伦理的思考带到科技发展与治理的过程中，降低各种潜在的风险，促进科技向善，就变得比以往任何时候都更加重要。

二　现代科技创新的发展趋势及潜在影响

现代科技创新有很多非常重要的前沿发展方向，人工智能便是其中最具典型的技术之一。2017年，AlphaGo战胜职业围棋选手柯洁，此后人工智能发展愈加迅速。2020年，AlphaFold解决了国际生物学界预测蛋白质折叠的

* 薛澜，清华大学文科资深教授、博士生导师，清华大学苏世民书院院长，人工智能国际治理研究院院长，研究方向为公共政策与公共管理、科技创新政策、危机管理及全球治理等。

问题，让很多科学家叹为观止。近年来，人工智能的应用领域有进一步拓展的发展趋势，包括智能机器人对于新冠病毒的诊断等方面。人工智能的广泛应用不仅仅是效率的提高，甚至有可能意味着科研范式和业态的重塑。例如，在十维参数空间的研究实验方案设计中，人工智能的应用可以帮助科学家从上亿个候选实验方案中选择出几百个，大大节约了人力物力成本，提升了科研效率。

在生命科学领域中，人类对生命的认识经历了从解读、修饰到创造的过程，从世纪之交破译人类基因密码之后，生命科学的发展日新月异。例如，原来是异养的大肠杆菌，现在可以改造成自养型生物；再如，人类历史上首例单条染色体酵母成功实现人工合成；以及最近中科院天津工业生物技术研究所成功实现的人工合成淀粉，这一颠覆性成果有可能会带来人类的“食物革命”。此外，还有很多技术创新改变了传统的规模饲养、屠宰流通、物流消费等肉类生产过程，比如直接在实验室培养纤维来生产人造肉，并且已有各式创新产品上市销售。

此外，很多交叉领域的科学技术也取得了快速发展，如生命科学与计算机技术交叉产生的脑机结合。埃隆·马斯克创办的公司实现了猴子用“意念控制”光标打游戏；美国食品药品监督管理局（FDA）于 2019 年发布了脑机接口设备指南，并于 2020 年 8 月份批准了脑机接口产品的临床研究性器械豁免申请。

诚然，科技创新的发展与应用对人类生活各方面的影响是巨大的，但同时也会带来风险与挑战。例如，人工智能在人脸识别方面给我们带来很多便利的同时也面临数据滥用或泄露的风险与隐患。从更加长远的角度考虑，人们也担心这些应用长期下来是否会给人类社会带来积累性的风险。在就业领域，2020 年世界经济论坛的一份报告提到，近年来新兴科技创造的就业机会落后于其消除的就业机会，也就是说，科技的发展会导致失业问题。此外，还存在某些技术的滥用可能会深刻改变我们人类自身的问题，如基因编辑技术的应用便是如此，需要保持高度关注。

三 新兴技术治理的生成逻辑

面对新兴技术可能带来的巨大收益和潜在风险，我们必须在发展新兴技术的同时，高度关注其治理问题。新兴技术治理背后有其生成逻辑和治理实践。回顾历史，不管是现代科技还是传统科技，背后都有治理体系形成的过程。我们可以把这个过程分成四个阶段。第一，核心驱动阶段。所有的新兴技术在初期都有知识的重大进步或技术上的关键创新，推动新产品的产生，从而形成核心驱动。第二，市场变革阶段。新技术的应用必须与市场应用不断交流互动，并拓展新的应用场景和新的需求，最终形成技术的应用领域和范式。第三，认知适配阶段。这是一个技术的社会认知过程。社会如何认识新兴技术？这个技术对社会是友好的还是会带来风险？我们需要服从这个技术还是让技术服从人类？这些问题是在技术的社会认知过程中必须回答的，也是在技术发展尤其在应用过程中所需要的认知适配过程。曾经有一些新兴技术在发展中的社会认知方面产生了问题，最终导致技术的应用失败。第四，治理范式形成阶段。在社会认知构建的过程中，不同的治理模式也在逐渐形成，包括治理主体、路径选择、工具应用等。

那么，为什么以前在中国没有明显感到这个治理体系形成的过程？在前几次的工业革命中，核心的技术产生、应用过程、社会认知等都主要是在其他发达国家首先发生的，中国只是在较为后期的阶段才成为技术的应用者，享受成熟的技术并借鉴采纳相关的治理模式。但是，身处正在发生的第四次工业革命中，中国通过努力已经赶上了创新的头班车，成为越来越多新兴技术的开发者和领先的应用者，因此，也将逐步面临社会认知和治理范式方面的挑战。

四 以人工智能为例的新兴技术治理

人工智能的治理是新兴技术治理领域面临的具有代表性的重大挑战。其中首要回答的问题是，如何能够让我们的治理模式适应人工智能技术的高速发展？笔者认为，最近提出的“敏捷治理”比较适合人工智能技术的治理模式。所谓敏捷治理，其核心是创新治理模式，就是把传统的治理流程和范式改变成为适应技术高速发展的敏捷灵活的模式。

在敏捷治理的基本框架中，首先要识别治理对象。对人工智能而言，治理对象就是数据的问题、算法的问题、算力的问题、平台企业的问题。数据层面的挑战在于如何进行高质量的数据集建设，以及如何让公共数据集更大程度地开放，此外数据自主可控和宏观安全也要高度关注。算法的问题是如何提高稳定性、安全性、可解释性和公平性。算力层面的挑战是如何推动核心硬件的持续性创新，寻求多边合作共赢，避免出现技术垄断等问题，同时需要突破技术创新范式，探索未来的新兴技术。平台企业的治理也需要突破传统反垄断的概念，根据平台企业所在行业的特点分析其行为及市场效果。其次是治理理念，也就是在效率、公平、安全、自由等基本价值目标上做出选择或排序。敏捷治理框架的第三个方面是参与的主体，包括政府、企业、公众，还有很多的社会组织等。最后一个方面是治理工具，包括法律法规、行业标准、技术手段、社会共识等。

框架明确之后，我们就可以推动敏捷治理的运行机制，研究在新技术带动下的新经济特征，跟踪市场的发展，加强监管与市场的沟通，根据不同情况和风险场景提出更加具体的准则，并更加具体灵活地运用多元工具改善治理。

在具体实践过程中，治理的价值观念非常关键。例如，中国始终坚持以确保人工智能的安全和平等为底线，在此基础上鼓励创新，进而利用人工智能赋能经济社会发展，推动可持续发展目标的实现。同时，我们要及时识别人工智能带来的风险，在适当的时候予以规制，使得创新驱动和敏捷治理“两个轮子”并驾齐驱。

基于敏捷治理的模式，治理主体（如政府）要积极参与到与治理对象（如企业）的协同互动过程中。与传统治理过程中政府与企业的关系不同，在新兴技术的发展过程中，企业和政府都面临不完全信息，应该坐到一起进行有效的对话，让政府更好地了解技术发展的过程和走向，同时也让企业了解政府和公众对潜在风险有何顾虑，从而找到更好的治理方式来弥合双方的认知鸿沟。此外，治理工具要做到灵活运用、刚柔并济。从宏观层面要制定原则性的法律法规，如我国最近出台的个人信息保护法。中观层面要有行为准则等来规范企业行为。国家新一代人工智能治理专家委员会于 2019 年出台的人工智能治理准则就属于这一类。微观层面也需要有相应的技术标准和监管技术。在这些工具的综合运用下，为新兴技术更好的发展、更健康的应用提供了治理方面的保障。目前，中国的人工智能治理在宏观、中观层面已经做了不少工作，从理念层面逐渐进入实践层面，既要鼓励企业的创新发展，也要提供有效的治理框架和落地的标准及监管技术。

五　建立以共识为基础的人工智能全球治理

在国际层面，人工智能技术的发展受到各国的高度关注。经合组织（OECD）人工智能政策观察站的数据显示，经合组织国家共出台了 236 项（截至 2021 年）与人工智能相关的国家战略、国家计划等政策举措。与此同时，人工智能技术应用带来的各种挑战也引起国际社会各方面的关注。全球很多国家采取措施构建人工智能治理的框架，包括出台各种人工智能治理原则或伦理指南。例如，德国一家非营利组织统计数据库显示，在过去五年中，全球范围内有 160 多个人工智能伦理原则指南相继出台。从内容上看，这些伦理原则或指南差别并不显著，因此，非常有可能在这些原则的基础上，通过协商形成基本的全球共识。

近年来，美国等西方国家在人工智能治理方面试图与中国脱钩，以意识形态画线，推动形成全球人工智能伙伴的国际机制，企图在人工智能治理领域遏制中国的发展。但是，中国始终坚持多边主义，坚持科技向善，强调求同存异，争取各国文明之间的最大公约数，积极参与联合国和其他人工智能治理的多边机制。在中国的积极参与下，二十国集团于 2019 年通过《G20 人工智能原则》，该原则提倡需要以人为中心和以负责任的态度开发人工智能。2021 年 11 月 25 日，联合国教科文组织在法国巴黎发布《人工智能伦理建议书》，提出发展和应用人工智能首先要体现出四大价值，即尊重、保护、提升人权及人类尊严，促进环境与生态系统的发展，保证多样性和包容性，构建和平、公正与相互依存的人类社会。

展望人工智能全球治理的未来前景，特别需要通过建立多边协同共治的机制，把伦理准则、行业规则、技术标准和治理技术等纳入统一的治理框架中，从而促进在各国基本共识基础上形成包容但有区别的人工智能国际治理格局。具体而言，包括三个层面：首先是形成基本的治理价值共识。目前各国的治理准则虽然表述各有不同，但核心较为相似，即涵盖包容、共享、审慎、负责等基本价值原则。其次是促进治理主体分工协作，发挥治理主体各自优势，形成治理合力。具体来看，政府要担负其赋权和监管职责，技术提供方需要进行赋能，从而形成迭代优化。同时，技术研究者和使用者也要促进更多的合作交流，社会要提供及时有效的监督。最后是治理体系和能力的迭代优化。人工智能发展的特点之一表现为技术进步的速度超过治理体系和能力更新的速度，迫使治理体系和能力的不断创新，其中包括更好地发挥技术手段在治理过程中的作用，如联邦学习、隐私计算、区块链等相关的监管性技术。

构建包容平衡的人工智能治理体系

梁 正　张 辉*

一　引言

近年来，随着我国新型基础设施建设提速，经济实现高质量发展的动能更加强劲。人工智能作为新基建的重要组成部分，是新一轮科技革命和产业变革的核心驱动因素，也是支撑新旧动能转换的重要力量。稳经济大盘背景下，人工智能如何更好地发挥其作用，助力经济社会实现高质量发展，同时，在此过程中，为人工智能发展把锚定向的人工智能治理，又将构建怎样的体系，发挥怎样的作用，成为一项必须关注的前沿议题。

党的十八大以来，伴随国家治理体系和治理能力现代化持续推进，以人工智能治理为代表的新兴科技治理进入了一个新的发展阶段。全球范围内，各主要国家或代表性地区先后发布了人工智能相关战略、规划或重大计划，以期在新一轮科技革命中取得竞争优势。人工智能应用不仅极大提高了交通、医疗、金融、教育、制造和农业等传统经济社会部门的生产效率，也提升了法治社会、政府管理、公共安全、危机应对等方面的现代化治理水平。与之相伴的是，全球范围内，对人工智能带来的伦理风险、隐私侵犯、就业替代和技术安全等方面的争议不绝于耳；世界诸国或地区渐有从“人工智能技术创新竞赛”向“人工智能技术规制竞赛”转变之势。构建符合我国国家治理现代化需要的人工智能治理体系，势在必行。

---

* 梁正，清华大学公共管理学院教授、博士生导师，人工智能国际治理研究院副院长，中国科技政策研究中心副主任，研究方向为科技政策、创新管理、新兴技术及其治理；张辉，浦江国家实验室（上海人工智能实验室）青年研究员，研究方向为人工智能治理、博弈论与政策设计。

二　国家人工智能治理面临的治理困境

人工智能作为新兴科技的集大成者，本身就存在技术、社会、经济、政治等方面的不确定性。世界诸国面对人工智能的态度各异，但是治理措施存在着一定的一致性。一方面，世界诸国都在积极发展人工智能技术、制定人工智能产业规划，大力促进人工智能的技术创新、发展与应用；另一方面，世界诸国又通过立法、议案、规范等制度性约束，限制他国的人工智能企业或产业发展。因此，国家人工智能治理面临来自国际和国内的多重挑战与治理困境。

在国际范围内，散落在世界各国或主要地区的治理原则与实践经验，还无法跟上人工智能发展的步伐，人工智能治理问题随着快速的技术创新与广泛的社会嵌入而日益突出。目前，国内外人工智能治理的研究处于刚刚起步的阶段，来自哲学、经济学、社会学、管理学、法学以及计算机、电子电气等学科的学者都从各自领域进行了一定的探讨，但世界诸国对于什么是人工智能治理、什么是人工智能伦理、为什么进行治理以及如何治理等还没有形成深刻的成果与共识，从而制约了人工智能治理的发展。

而在国内，人工智能技术的复杂系统特征和技术不确定性特征，使得国内技术创新面临着“高端产业低端化”的实践倾向，产业促进政策和技术治理措施往往难以落地。人工智能治理的国内难题一方面来自国际竞争，另一方面在于地方政府竞争格局导致的产业竞争问题。前者关注人工智能技术体系的发展及其规制问题，重点在于国家整体的技术实力的提升。后者侧重于通过地方标准、规范或地方立法等制度性约束单方面促进人工智能的技术创新，而忽视了人工智能负外部性的规制议题。

三　人工智能的特征与风险

关于人工智能的定义本身就存在以偏概全的风险。对人工智能的本质的哲学讨论是人工智能技术创新和人工智能治理的基础，但由于技术哲学流派众多，定义“人工智能”几乎是一件不可能的事情。在1950年，图灵的文章《计算机与智能》建议通过“行为”来界定“思维”和“智能”，就此拉开了人工智能的序幕。其后几十年，各路人物轮番登台，但至今这场大戏的主题尚欠共识。据统计，世界范围内对“人工智能”存在着不下百种定义。从技术工程实现的角度来看，人工智能不是某种单一技术，而是包含一系列技术（如语音识别和计算机视觉）与分支学科（如生物学和心理学）的概念组合，但边界模糊不清。从发展水平看，人工智能可分为“弱人工智能”和“强人工智能”。弱人工智能（WAI）只能在一些具体的单项领域表现出一定的超出人类智能的水平，而强人工智能（AGI，也被称为“通用人工智能”）可以举一反三，具有接近人类的通用性智能，目前一般只有在科幻作品中才能看到。当前阶段，人工智能主要是指，由大量依赖标注数据驱动的、基于反向传播算法基础上的一系列神经网络算法，来模拟人类专项智能的人工程序及其系统。

（一）新一代人工智能发轫于深度学习

考虑到人工智能技术对政治、经济、社会、法律、历史、心理、环境等方面存在广泛影响，对人工智能的特征与风险的认识，有助于后续开展人工智能治理的相关工作。当前阶段，人工智能的技术特征的本质来源于以“神经网络”为技术实现的“智慧即网络”技术模拟理念。神经网络算法的本质在于从构造结构上模拟人类大脑产生智能的过程——神经元之间的联结过程决定着人类认知的发起和人类智慧的产生。此技术理念的缺点在于误解有效解释该神经元联结过程中的逻辑关系，无论是人类神经元，还是“机器神经元”。实际上，机器神经元之间的决策权重关系的生成过程本质上与人类神经元的链接过程已经存在诸多差异。以神经网络为基础的机器学习算法和深度学习算法，对神经元权重关系的设置过程，更多的是一种根据预测目的或结果的精确度、拟合度等性能指标需求拉动的反向作用的迭代过程。

（二）大数据是人工智能的基础驱动因素

驱动前述迭代过程的基础要素是大数据。通过在大数据中提取实体的特征向量和特征值，并分析实体之间的关联关系，决定着当前人工智能的技术性能。利用概率统计和模式匹配的方法，从海量数据中将实体之间的关联关系进一步提炼为相关规则，产生最终预测、决策和执行的依据。在此过程中可以看出，用于最终预测和决策的依据并不由人类外部给定，而是由人工智能系统在数据海洋中不断进行迭代训练，并由相关模型来决定，其决策逻辑更多基于概率统计与模型匹配，而非因果关系。基于此，人工智能技术被视为具有显著的不可解释性，即“技术黑箱”特征。因此，外部观察者虽然了解其算法及其系统的基础运行原理，但很难理解算法的决策过程，即使对技术专家而言，也是如此。这种技术不确定性嵌入在“输入—算法—输出”各个环节之中，如数据质量的偏差，算法参数的随机，以及难以避免的人为因素（如算法开发人员的价值观），使得追踪决策结果的影响根源，在技术原理层面上，显得十分困难。因此，人工智能虽然大概率上能够高效地解决很多预测类问题，但是技术的非因果性和不可解释性，将是悬在人工智能系统使用者头上的“达摩克利斯之剑”。一旦出现决策偏差，将对个人生命安全、健康或财产，或者组织甚至社会的安全带来十分严重的不利影响。

（三）技术内生性不确定性

在技术不确定性的基础上，人工智能的社会应用及其与人类的互动将会带来更大的不确定性。人工智能就如电力一样，是一种通用目的技术，可以被国民经济的多种行业部门和生产生活环节使用。然而，人类行为自身也同样存在非常高的复杂性和不确定性，如何使用、何时使用、在哪使用、谁来使用等问题始终伴随着人工智能技术与社会的互动过程。换言之，社会不确定性与人工智能技术不确定性的交织混合，导致人工智能应用结果的不确定性以更大的指数级上升，利益相关方更加难以追踪和掌控。尤其是在法律、医疗、安全和教育等领域，人工智能应用的某些不确定性，可能为社会带来非常大的风险。

除了不可解释性的隐忧，人工智能的技术内核——数据驱动型算法还可能引致技术系统“自我强化”困境和“主体性”的难题。一方面，机器学习的原理在于对训练数据——历史数据集的高度依赖，从而使得人工智能使用者获得的参数模型最大程度地集成训练数据的统计性特征，继而使得后续的测试集和新生成的数据中不符合其特征分布的数据被视为异常值而被忽视。久而久之，人工智能技术使用者会就陷入“回音壁效应”，形成自我强化的心理困境。人工智能的核心优势就是基于个性化大数据训练出来的“精准”算法与模型，但是其风险也恰来源于算法和模型的“精准”，因为人工智能算法能够最大程度上满足个体特征和喜好，而这恰恰限制了使用者接触集合外的其他多元信息和新奇信息的机会，从而造成不断追求信息却又难以超越自我的平庸的内卷化状态。另一方面，人工智能广泛而深入地应用与扩散，势必使得人与机器的分工界限越来越模糊，从而形成人工智能的“主体性”难题。根植于传统制造业或农业领域的社会化大生产，在强调技术工具对生产力的根本性构成作用的同时，也将之与技术使用者——人类进行了清晰的划分。但是，随着人工智能技术广泛而深入地渗透到社会之中，技术的权利、责任与义务的承担主体在人与机器之间难以进行清晰准确的划分，这在人工智能程序生产的文学作品的著作权界定、自动驾驶引致的交通事故的责任认定等关涉人的权利权益的应用场景中表现尤为明显；其直接结果是权利界定、利益分配、过失惩罚等传统意义上的奖惩机制的失效。

（四）人工智能的应用性隐忧

人工智能技术深度嵌入经济社会生活，将会深刻地改变社会主体之间的权利关系，造成强者越强、弱者越弱的极化效应。人工智能技术集合涵盖了云计算、大数据等技术偏向性非常明显的子技术系统，使得本就已经在经济社会中处于支配地位的技术拥有者和使用者，能够通过人工智能技术更进一步地巩固、扩张或垄断权力工具。在人工智能时代，数据成为国民经济社会中的新型“石油”。数据不仅在价值生产中起到越来越重要的作用，在知识生产和公共管理过程中的作用也越来越关键。在微观企业层面，拥有人工智能技术、数据和资本的平台型企业在社会经济发展过程中拥有越来越大的权力；平台企业掌握大量用户数据，包括其具象化的双边或多边市场中的多方技术使用者的状态数据和行为数据；平台企业可以利用人工智能技术分化用户群体，分割用户权益而不容易被监管部门和社会公众觉察（梁正等，2020）。与此同时，公共部门能够使用人工智能技术提高公共服务效率，但这一过程也强化了政府部门管理个体公民的工具。在宏观层面，以政府为代表的公共部门往往难以及时跟进人工智能技术和知识快速增长的需求，而人工智能企业和平台将在公共政策甚至非正式制度改变中拥有越来越多的影响力。在此情景下，政府等公共部门和普通公民的话语权都将受到侵蚀，政府组织能力也会被平台组织稀释。一方面，公共部门和普通公民都可能成为经济组织廉价攫取数据燃料的供给者，却难以分享相应的收益；另一方面，他们可能在被动使用人工智能技术的过程中，不断单向度演化，造成内卷化的风险。更值得担忧的是，如果人工智能被武器化和军用化，其精确度和自动化响应速度非传统武器所能比，而这将导致国际社会形成更加激烈的自动武器军备竞赛，给整个人类安全带来严重威胁。

四　人工智能治理的定义

治理是各种公共的或私人的机构和个人管理其共同事务的诸多方式的总和。治理过程是使相互冲突的或不同的利益得以调和，并且采取联合行动的持续过程。保障该过程得以顺利执行的关键在于制度建构，既包括需要人们服从的正式制度和规则，也包括各种人们同意或以为符合其利益的非正式的制度安排。治理（Governance）与传统的统治（Government）存在很大的区别。在传统的统治中，政府是唯一权威，而治理需要公私合作；在传统的统治中，政府权力运行一般采用自上而下的执行过程，而治理一般需要多个相关利益主体通过互动的过程来有限度地运用各自的权力；统治一般以国家为边界，而治理一般超越国家；统治权威一般源自法规命令，而治理权威依赖社会共识。

“治理”的概念和理念已经应用到很多新兴技术领域，人工智能治理这个概念还处于定义之中，而人工智能定义的混乱使得人工智能治理的定义和内涵分析也面临更多的挑战。第一，人工智能本身存在着诸多流派，如符号主义、联结主义和行为主义；且流派之间的定义在特定的技术发展阶段，因技术实现条件而存在诸多冲突之处。人工智能的内涵界定同样非常模糊；同时，作为通用目的技术，人工智能与多个学科领域存在交叉现象，也导致人工智能的概念边界存在诸多模糊之处。第二，人工智能内部运行的算法逻辑难以厘清，其可能造成的经济社会影响很难判断，对人工智能治理的对象存在“无的放矢”和“自说自话”的现象。第三，人工智能治理因为人工智能技术而不可避免地涉及多元治理主体，但是，不同领域的相关利益主体对人工智能治理的内涵存在不同的认知和理解。从微观的技术视角来看，相关利益主体主要包括各种类型的人工智能技术设计者和产品设计者，人工智能治理被视为“运用技术实现的手段让人工智能透明化、可解释性更强，或者合乎技术伦理的过程与安排”。从中观的组织视角来看，利益相关主体主要包括掌握人工智能和应用人工智能的各类组织，而人工智能治理一般被定义为在运用一系列工具、方案和手段来降低人工智能安全风险的基础上充分开发利用人工智能的技术潜力。而从更加宏观的视角出发，利益相关主体主要包括国家、政府和人类社会整体，人工智能治理则被认为是为了确保人工智能的负责任创新和可持续发展而设计的标准、法律、规范、政策等一系列制度。

一般而言，人工智能治理包括两类过程。其一，各技术利益相关主体利用人工智能技术优化国家治理、社会治理或技术治理等治理体系的结构，并利用人工智能技术提高其治理的效率和效能，即“用人工智能进行治理（AI For Governance）”。其二，人工智能的相关利益主体在一定的制度环境中对人工智能的技术风险进行有效预测并制订相应的治理方案，对已经出现的消极影响加以控制，即“对人工智能进行治理（Governance of AI）”。然而，人工智能治理过程的阶段性还需要考虑技术相关利益主体的参与和退出。理论上，人工智能治理体系需要考虑治理的核心价值（如发展、安全与人类自主性），多方治理主体的治理诉求和利益协调，以及相应的治理机制和制度保障。因此，笔者认为，人工智能治理是指政府、社会、市场等领域的利益相关主体通过正式或非正式的制度安排，共同推动人工智能体系的创新、科研、生产及应用，并利用人工智能提升人类福利；同时，识别、预防和应对人工智能技术创新和应用引致的政治经济社会风险与不良影响。

五　人工智能的综合性治理框架

总体上，目前人工智能治理的定义和边界还比较宽泛，缺乏一个广受国际社会认可的界定。人工智能治理的研究散落于各个具体的应用领域和层面，较少从社会经济系统的整体层面进行探索。

从治理的要素来看，现有研究对于治理的价值（目标）、机制和对象的研究明显不足。现有研究主要关注人工智能治理的现状、问题以及对策，但是对为什么进行治理还没有较多的讨论和共识。

从治理对象来看，现有研究多只是把人工智能作为一个笼统的对象，或者关注某个具体算法或应用领域，而较少从整体上考察数据、算法以及应用之间的关系。实际上，数据、算法和场景具有不同的应用范围，需要分层次进行治理。例如，数据虽然是人工智能发展的基础，但也是其他数字技术和商业模式的重要投入，是第四次工业革命背景下的基础市场要素，因而是一个需要社会进行整体治理的对象，而不仅仅是针对人工智能。

具体到应用领域，虽然都体现人工智能技术的共性特征，但是场景特征与风险千差万别，治理问题与挑战各有不同，需要对技术和场景做出分类，才能精准治理。此外，人工智能技术应用不可避免地带来一些负外部性问题，这也需要纳入人工智能治理对象中。从治理机制来看，虽然不少主体都提出了各自的治理理念，尤其是组织层面的治理实践已经开始，但是尚未形成政府、产业和社会等多主体之间的协调互动机制。未来研究需要更多结合相关政策和应用场景，深入研究政府、市场和社会的合作分工互动机制，既需要归纳普遍性的治理原则，也需要因地、因时、因业制宜的具体治理策略。

人工智能的综合性治理分析框架在于综合考虑多元化的治理主体、多层级的治理对象、主体之间的价值共识、科学合理的治理过程和治理方式等与人工智能治理密切相关的治理要素。对于人工智能而言，广义上的治理主体包括每一个被人工智能技术覆盖的社会主体，包括社会公众、市场组织、非营利机构、政府部门等。虽然多元治理主体参与治理的合法性地位毋庸置疑，但是每一类治理主体因其概念化、判断、分析、综合、比较、推理、计算等方面的能力存在不同程度的差异，而展现出不同的治理能力。因此，人工智能治理需要在综合理性思维的基础上，兼顾相关治理主体的治理能力。

对于人工智能技术及其治理的利益相关方而言，无论是组织，还是个人，有限理性同样决定了其作为治理主体的理性维度的选择。而人工智能治理主体作为决策主体参与治理的过程中，实际上存在各自独有的理性维度的权重序列。同时，在参与治理的过程中，差异化的治理能力分化了平台利益相关方，由此形成治理实践中不同利益相关方的参与程度各有不同。因此，为了兼顾人工智能的治理成本和治理效率，围绕人工智能技术提供者和使用者，势必需要将相关利益方分类为人工智能治理的核心治理主体与外围治理主体；其中，人工智能技术的核心治理主体主要是指直接参与人工智能技术提供和使用的利益相关方，人工智能技术的外围治理主体主要是指间接参与人工智能技术应用的利益相关方。在此基础上探索构建人工智能的综合性治理框架，以指导后续多主体协同的治理体系与互动治理机制的构建。

运用综合理性分析框架在于明确人工智能的理性内涵，有助于为后续人工智能治理提供治理抓手。在多元治理主体理性偏好与治理能力分析的基础上，将理性维度和主体维度加以整合，从而构建人工智能治理所需的全景式治理分析框架。因此，人工智能治理的综合性治理分析框架应当包括治理主体的专业化选择、多理性维度、治理能力（包括治理工具、治理手段等）的三维治理体系。综合性治理框架为人工智能治理提供了“理性坐标系”，通过精准定位治理主体和理性维度，能够为“和谐友好、公平公正、包容共享、尊重隐私、安全可控、共担责任、开放协作、敏捷治理”等治理原则和理念提供足够的执行空间，有助于明确多元治理主体之间的分工与合作机制，有助于确立人工智能治理的治理对象、治理方向和治理路径，为构建人工智能治理的协同治理体系提供分析框架。

六 人工智能治理实践建议

依托人工智能治理综合性分析框架（见图 1），人工智能治理实践需要重视价值导向、囊括多元治理主体、厘清治理对象、明确治理机制，并运用多尺度的治理工具。

（一）重视价值导向

首要考虑是保证人们生产生活的安全，在此基础上赋能经济发展，而更高层次的目标是助力解决当前人类社会面临的可持续发展挑战。就人工智能领域而言，一方面要对人工智能的发展保持支持和鼓励的基本态度，另一方面也要对人工智能发展的不确定性、潜在风险和负面影响给予充分的关注，在确保人工智能有序发展和安全可控的同时，着力防止人工智能的滥用。因此，对人工智能的发展应该保持包容审慎的基本态度，在确保人工智能安全和平等的底线基础上，破除限制人工智能产业发展的制度束缚，利用人工智能赋能经济，以及服务社会可持续发展的目标。

保证人工智能技术安全，是人工智能治理的底线目标。在保证人类身体和财产安全的基础上，人工智能治理需要维护公民精神上的尊严与平等。人工智能治理的一个现实目标是减少阻碍人工智能技术发展的不利因素，推动技术的广泛利用，使得更多生产部门和人口可以享受技术带来的红利。在更高层面上，人工智能技术对于应对人类的重大挑战如气候变化、环境污染、传染病扩散等方面具有巨大的潜力。

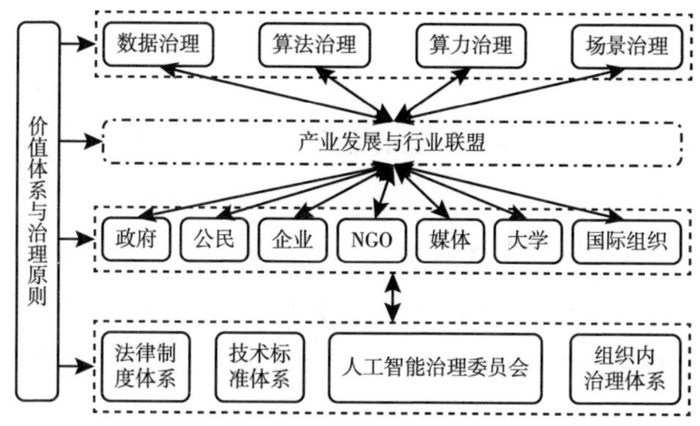

图1　人工智能治理综合性分析框架

图片来源：作者自制。

（二）囊括多元治理主体

人工智能技术研发、应用与扩散涉及多个异质主体的权利与责任。因此，围绕着人工智能治理议题，笔者梳理其核心治理主体和外围治理主体，并明确各个治理主体的定位与治理职责。多元治理主体在人工智能社会技术系统中拥有不同的权限、资源、利益与限制，通过各种正式与非正式渠道不断博弈平衡，构成治理机制复合体。

人工智能正推动着不同治理主体角色的转变。例如，数据隐私保护条例的出台涉及数据生成者（用户）、数据聚合者（使用人工智能的平台企业）、数据使用者（研发机构）和数据监管者（政府及其他）等利益主体之间的博弈和互动，各方都应当具有人工智能治理的知识合法性或参与合法性。上述技术发展路径和商业模式，同样决定了人工智能治理与传统技术治理框架存在诸多不同。政府通常是治理的核心，保有对社会（即各类非政府主体）的引导控制能力。因此，人工智能治理应该构建由人工智能企业（技术提供者或技术使用者）、公众（技术使用者）、高校、科研机构、政府部门、社会团体等共同组成的治理主体集合，明确权责的归属，有效地实现不同治理主体之间的灵活互动和敏捷沟通，从而更加高效地应对人工智能带来的多重治理挑战。

（三）厘清多重治理对象

人工智能是个笼统的概念，包含众多要素、技术和场景，若不加区别地把整个人工智能作为治理对象，将会造成治理问题的失焦。在人工智能技术的研发、生产、应用和产生影响的过程中，既涉及人工智能算法和应用的特殊性问题，也包括普遍性的基础问题，如数据治理和个人信息保护，它们不仅是人工智能发展中面临的问题，也是许多其他数字技术和商业模式发展所需解决的问题。因此，人工智能治理的对象需要有一个从普遍到特殊的分层治理过程，需要社会对共性的基础问题达成共识，在人工智能的具体领域形成分场景、分级别的治理措施。对共性的数据和算法问题形成共性的底线约束，对应用场景的个性化问题形成专门治理规则。

遵循分而治之的原则，从专项治理入手，为人工智能治理提供有效的抓手。可以将人工智能治理拆解为数据治理、信息治理、算法治理、算力治理、场景治理和外部环境治理等分项治理。继而，在分项治理的基础上，捋清各个分项领域的耦合关系和治理协同机制，进行整体性治理。

（四）推进多条治理机制

除了传统技术治理强调政府联合第三方组织规制人工智能服务提供商的经济行为之外，人工智能综合性治理框架强调，治理不仅需要政府、人工智能组织和第三方组织积极参与，还需要将广大的人工智能技术利益相关方纳入治理过程中来。在确立人工智能治理价值共识的基础上，梳理不同人工智能治理主体的价值分工，结合人工智能治理主体的治理能力，选择与之契合的治理方式和治理工具，最终形成有针对性的人工智能的合作协同治理机制。

首先，针对人工智能治理，需要多元治理主体形成价值共识，这是多元治理主体进行合作和协同治理的根基所在，也是全景式治理框架的内在要求之一，应当全方位科学看待人工智能治理。其次，梳理人工智能治理主体的价值分工，治理主体之间取长补短，相互促进，充分发挥治理主体各自的治理优势，最终形成治理合力。最后，人工智能治理主体之间形成动态互动的协同共治机制，并根据人工智能技术创新发展与治理的适时需求，创新治理方式和治理工具。

（五）运用多尺度的治理工具

治理工具是治理主体用来解决治理问题的途径、方法和手段。不同的工具有不同的优势和局限，在不同尺度、场景中发挥不同的作用。法律是治理最有强制力的工具，但法律制定一般无法跟上人工智能迅速变化的节奏，普适性和原则性较强的法律条款也难以满足人工智能许多个性化应用场景的需求。治理宣言、技术标准、行为规范、国际倡议等也逐渐被纳入人工智能治理工具的范畴，并根据具体的治理问题和治理需求加以利用，实现治理工具的多样化。因此，人工智能治理需要形成一个有层次的工具体系，各种工具各施所长，形成人工智能治理的合力。

在宏观尺度上，国家政策是引导人工智能发展方向的重要工具，是一个国家体现人工智能治理价值的重要载体，不仅要规划技术和产业发展的目标和进程，也需对如何负责任开发与应用提出要求。在中观尺度上，社会实验是一种有效的尝试。在微观尺度，则需要拥有更多的工具组合，主要包括技术标准、组织内部治理规范和监管科技。

人工智能治理：认知逻辑与范式超越

庞祯敬　薛澜　梁正*

摘　要： 人工智能治理具有清晰的生成逻辑，它是人工智能发展的“核心驱动层”推动治理的“环境变革层”，在不同“认知适配层”的规范下而形成不同“治理范式层”的过程，其认知图谱主要表现为技术逻辑、制度逻辑、文化逻辑和资本逻辑，不同逻辑下人工智能治理的议题理解、价值导向、主体关系、路径依赖和工具选择具有差异性，亦各自具有不可回避的理论困境。人工智能的复杂性决定其治理需建构包容性框架以实现内生性逻辑与建构性逻辑、一般性逻辑与情境性逻辑的统一，为此，研究构建了基于“共性价值—结构要素—行业场景—微观操作”的人工智能治理综合分层框架，详细阐释了各框架的价值导向、功能定位、治理原则、关注对象、主体间关系结构和工具选择，并揭示了该框架从宏观到微观的维度衍变，从抽象到具体的内容衔接，该框架启示人工智能治理需体现多元认知逻辑的融合，嵌入多样治理范式的协同，实现多维目标系统的平衡。

关键词： 人工智能治理　认知逻辑　治理范式　新兴技术

---

* 庞祯敬，四川大学公共管理学院副研究员，研究方向为智能社会与数字治理；薛澜，清华大学文科资深教授、博士生导师，清华大学苏世民书院院长，人工智能国际治理研究院院长，研究方向为公共政策与公共管理、科技创新政策、危机管理及全球治理等；梁正，清华大学公共管理学院教授、博士生导师，人工智能国际治理研究院副院长，中国科技政策研究中心副主任，研究方向为科技政策、创新管理、新兴技术及其治理。

一　引言

自工业革命以来，人类在技术“器物”层次的颠覆式创新，创造出一系列不可逆转的现代性新图景，人们在迎接技术进步“线性函数”所带来的“福祉”的同时，也在积极地对技术进行“去魅”，避免陷入技术单一工具价值的“座架”（庞祯敬，2021）。这使得如何建构完整的技术现代性认知体系、评价体系与约束体系就成了人们永恒追求的时代“主题”，技术的“风险分配逻辑”便逐渐代替“福利分配逻辑”成为技术治理关注的焦点。人们不得不基于“本体性安全”和“科林格里奇困境”的忧虑而建构起一套应对技术风险的“集体行动规则”，即技术治理体系（肖雷波等，2012），因而每一项划时代意义的技术创新都会带来技术治理体系的变迁，甚至影响整个社会治理形态的演进。其中，以人工智能最为典型，近年来，人工智能在知识、技术与应用层面“链式突破”，似乎预示着智能革命“轴心时代”的来临（陈志刚，2002）。不同于其他新兴技术，人工智能具有技术内核的隐秘性、技术形式的拟人性、应用场景的跨域性、利益主体的交织性、技术风险的多维性、社会影响的复杂性等属性，现实中人工智能应用所引发的技术利维坦、数字鸿沟、信息茧房、马太效应、伦理困境等，则使得人工智能治理成为一项复杂工程，人们不得不在人工智能的“繁荣”与“风险”的撕裂中施施而行。在经验世界中，不同主体基于不同的价值、利益和专业视角试图清晰刻画人工智能治理的“轮廓”，而认知逻辑的“框架前提”差异则直接决定了人工智能治理的强度、维度和形态的异质性。这种差异不仅是人工智能路径“解方”上的差异，其背后实质也是对人工智能本身及其风险与社会影响的复杂因果关系的不同理解。

因此，有必要阐释人工智能治理的生成机理，从认知逻辑视角厘清当前人工智能治理的图谱，剖析其理论病理，并提出人工智能治理框架的范式超越，以实现人工智能的“善治”。

二　文献评述

（一）新兴技术治理的理论脉络

从理论溯源看，新兴技术治理理论的演进具有清晰的时代主线。20 世纪 60 年代，核能、化学等引发的环境问题使得“技术规制和技术评估”成为技术治理的核心范式（Baram，1973），该模式强调以法律规制为核心，通过技术评估为科技政策提供决策依据，其本质属于“专家决策模式”（Sarewitz，2011）。随着 20 世纪 80 年代基因技术打开“制造生命”的“魔盒”，新兴技术风险的不确定性使得公众对“专家决策”的体制性信任消解，预防原则（precaution approach）则成为“后常规科学”情境下新兴技术治理的新路径（Welsh et al.，2006；刘然，2019），该模式主张在新兴技术风险或损害的因果关系得到科学验证之前应采取积极的预防性政策框架，并保持多元讨论的开放性。到了 20 世纪 90 年代，随着“人类基因组计划”的实施，为弥补“技术评估”的人文缺陷，“伦理、法律与社会影响”（ethical，legal and social implication，ELSI）成为新兴技术治理的“修正机制”（Michael，2008），该模式将更广泛的伦理、价值、法律和社会经济影响纳入技术评估框架，彰显了技术评估的包容性价值，但限于时代背景，ELSI 仅停留在倡议层面，未得到实践推广。21 世纪初，纳米技术的“突破”被寄以第四次科技革命的“前兆”，人们在反思 ELSI 的基础上提出了预期治理（anticipatory governance）的概念（Guston，2010），主张将社会价值、公众意见植入科学研究进程以实现早期的“塑造技术”，从而使新兴技术朝符合人类“道德与福祉”的方向发展（Tan et al.，2005；Guston et al.，2002；Grin et al.，2000；Wynne，2002；Fried-man et al.，2002）。预期治理某种程度确立了“开放性科学研究”的进步理念，但由于纳米技术本身未如愿实现革命性的产业更新，人们也开始反思新兴技术发展过程中“治理”与“创新”的辩证关系。于是，2010 年前后，“负责任研究与创新”

（responsible research and innovation，RRI）理念应运而生，并被“欧盟2020框架计划”所采纳，结合合成生物学研究的应用场景，RRI成为欧盟话语体系下新兴技术治理的“主流范式”（Owen et al.，2012）。RRI强调从传统以风险议题为核心的技术治理模式走向对创新行为的责任塑造范式，包含科技创新的包容性意图、科技创新的制度性回应、科技创新的公共责任重塑、公众参与科学的确立。此外，一些新的技术治理理念如“实验性治理”（tentative governance）、“适应性治理”（adaptive governance）、“敏捷性治理”（agile governance）得到了有益探讨（Lyall et al.，2019；张乐，2021；薛澜等，2019），但尚未形成完整的理论框架。

（二）人工智能治理研究脉络

新兴技术治理理论为人工智能治理研究提供了理论资源，总结当前人工智能治理的研究图谱，主要集中在总体框架、场景生态、数据算法、应用案例等四个层次。

从总体框架看，现有研究侧重于从传统理论视角、“主体—对象—价值—规制—效果”的要素结构视角、“风险—利益—伦理—权力—权利”的社会影响视角建构人工智能治理的框架。第一是基于传统理论的人工智能治理框架研究，研究主要以新兴技术治理理论的缘起、创新、改进、拓展为主线，将人工智能治理议题嵌入已有的理论框架，或从现有理论中提取某些有益元素并将其映射在人工智能治理的分析“域场”中，力图做出一些“重释性”探讨（梅亮等，2018；刘宝杰，2015；孙福海等，2021；刘露等，2021）。第二是基于要素结构的人工智能治理框架研究，研究侧重于对人工智能治理所关涉的主体关系、客体画像、工具集合、价值选择、绩效评价等进行范围划定，并以此建构人工智能治理的层次性框架（汪亚菲等，2020；Urs et al.，2017；Wirtz et al.，2020）。第三是基于社会影响的人工智能治理框架研究，研究侧重于从人工智能赋能所产生的社会影响的视角，基于“风险—利益”“权力—权利”“伦理—道德”等方面，探讨人工智能应用所派生的社会影响的基本形态、发生逻辑、差序格局及治理路径（王钰等，

2019；谭九生等，2019；王磊，2021；唐钧，2019）。

从场景生态看，研究侧重于从微观的“公众—个人”、中观的“行业—组织”、宏观的“国家—社会”三个层次的应用场景（苏竣等，2021），探讨人工智能社会影响的基本样态，以及控制、回应、适应这些影响的工具选择的场景适应性和组合适应性。第一是微观的“公众—个人”场景下的人工智能治理研究，研究主要从“技术与人”互动的视角，探讨生物识别、人机融合、智能检索、推荐算法等智能技术应用于安全验证、家居照顾、商业服务、文娱活动等领域对公众、个人产生的影响，如数字鸿沟、信息茧房、隐私侵权、算法歧视等，并提出消除这些潜在风险的救济性的治理机制。第二是中观的“行业—组织”场景下的人工智能治理研究，研究集中于从技术与组织互动的视角，探讨人工智能技术应用于教育、医疗、交通、金融等行业所带来的组织与行业的形态重塑、架构变革、分工与责任重构、目标与任务再造、运营模式变迁、规约与权力调整等影响，并据此提出一些适应性的治理机制。第三是宏观的“国家—社会”场景下的人工智能治理研究，研究倾向于从技术与社会互动的视角，探讨具备全要素控制功能的人工智能平台中枢应用于应急管理、城市治理、公共服务、宏观调控等领域所带来的对国家与社会治理方式的全局性、系统性变革和影响，并以此提出一些修正性的治理机制。

从数据算法看，研究侧重于从人工智能的两大基石即数据与算法的视角，探讨人工智能本身所内含的风险及其治理路径。第一是数据治理视角下的人工智能治理研究，研究主要探讨数据收集、存储、汇集、利用、流动过程中数据的本质属性、权属界定、权利保护、信息安全等，并据此提出人工智能数据相关的程序规则、法律法规、价值倡议、伦理规范、自律宣言等。第二是算法治理视角下的人工智能治理研究，研究主要探讨算法研究、设计、开发和应用过程中，因算法本身的“黑箱”、易扩散性、自我强化性等特征所带来的潜在风险，并以此提出算法治理的理念、目标，及相关技术标准、政策法规、监督体系、自律原则。

从应用案例看，研究主要是从“区域案例”和“场景案例”的视角，基于不同维度建构分析框架，采用一般静态分析或对比分析的方法，总结出一些具有典型性的人工智能治理模式。第一是区域案例视角下的人工智能治理模式研究，一方面，研究从区域对比或单一区域案例深描的视角（通常是中国、美国、日本、欧洲间对比），从价值导向、主体关系、工具选择等维度综合观察不同国家或地区间人工智能治理的差异性，或建构多维分析框架解构人工智能治理体系所蕴含的思想、原则、方法和制度，并据此得出一些有益的经验。第二是场景案例视角下的人工智能治理模式研究，研究主要选取某一特定人工智能实践场景，对人工智能的社会影响及其治理机制进行"全景式捕捉"，并凝炼出具有实践推广意义的新框架。

（三）文献评述

综上可知，新兴技术治理理论的演变具有清晰的时代主线，并为智能时代人工智能治理研究提供了丰富的理论营养，现有人工智能治理研究主要集中在总体框架、场景生态、数据算法和应用案例四个方面，对指导人工智能治理实践，丰富新兴技术治理理论具有重要意义，但现有研究侧重于"解方"视角下人工智能治理的路径选择，并未深刻揭示人工智能治理的生成逻辑及其背后蕴含的认知逻辑差异，更未提出调和不同治理路径矛盾的超越性"方案"。因此，本研究试图在阐释人工智能治理生成机理的基础上，解构技术逻辑、制度逻辑、文化逻辑、资本逻辑下人工智能治理的路径选择和理论病理，并在建构基于"共性价值—结构要素—行业场景—微观操作"的人工智能治理综合分层框架方面做出一些有益探索。

三　人工智能治理的生成逻辑

人工智能治理的生成逻辑具有复杂的"结构线—内容线—叙事线"的层次性，并呈现出"核心驱动层—环境变革层—认知适配层—治理范式层"的衍生机理。具体而言，它是人工智能知识创新、技术跃迁、产品应用和场景赋能诱发新的治理问题、治理情境、治理需求，并在不同认知逻辑的规范下，形成的不同的人工智能治理范式（见图 1）。

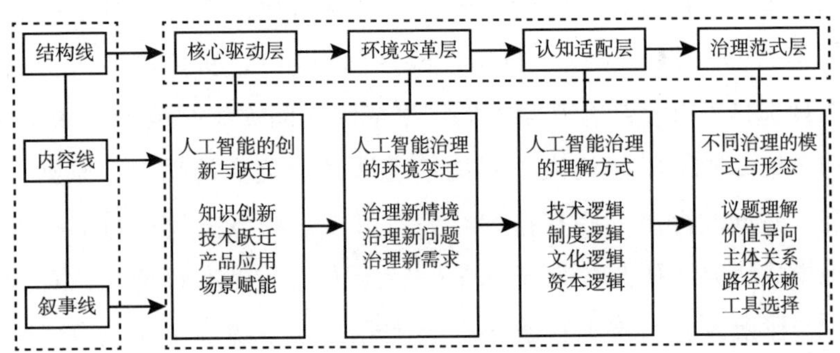

图 1　人工智能治理的生成逻辑

图片来源：作者自制。

从核心驱动层看，自 20 世纪中叶以来，人类对人工智能的探索经历了三次技术迭新浪潮，形成了人工智能多样化的技术支撑，并最终使人工智能在知识端、技术端、产品端、场景端成为一个包容性极强的概念。特别是基于深度学习的第三次人工神经网络浪潮以来，人工智能在数据、算法、算力层面的全方位覆盖、高效复制、多源异构（姜李丹等，2022），及其催生出的诸多新产业、新服务、新业态和新模式，已成为经济社会数字化变革的核心动力，似乎预示着智能时代“大门”正缓缓开启。

从环境变革层看，人工智能在推动多要素汇集、多主体交互、多样态融合的同时，也在形塑着人工智能治理的新情境、新问题和新需求（姜李丹等，2022）。首先，在治理情境层面具有四大特点：第一，隐秘性，即人工智能的研发环境和应用场景具有隐秘性和不透明性，因此其风险和社会影响具有极强的不确定性；第二，动态性，即人工智能快速迭新使其治理情境处于动态变化中，需前瞻的预见性治理机制加以应对；第三，拟人性，即人工智能天然包含着“辅助人类、增利人类、关怀人类”的技术理想，其治理情境包含着对复杂的伦理、道德和价值边界的判断；第四，跨域性，即人工智能的风险和社会影响具有跨时空、跨领域的关联性。其次，在治理问题层面，人工智能治理的新问题兼具内生性和建构性，作为一种客观存在，人工智能风险是技术本身的不稳定性和脆弱性的内生产物，但作为一种社会构想，人工智能风险是通过特定社会情境而建构起来，并与社会多元利益诉求、价值体系、制度规则等复杂交织。最后，在治理需求层面，人工智能治理的新情境、新问题的开放性和延展性，超越了传统科层制和行为因果推论的治理结构、治理方法的范畴，需要新的治理工具加以应对。

从认知适配层看，不同主体对人工智能治理问题、治理情境、治理需求有着不同理解，代表性的认知逻辑包括技术逻辑、制度逻辑、文化逻辑和资本逻辑，它是不同主体概括人工智能治理“图谱”的“简化机制”，其本质是关注不同社会系统之于人工智能治理存在的意义，并从不同社会系统中抽取有益元素，为优化人工智能治理提供“药方”。可以说，不同国家、地区、主体间人工智能治理路径的非平衡性的背后，反映的是关于人工智能治理认知逻辑的非协调性，如技术专家恪守知识的合法性，政策专家坚持制度供给的有效性，社会组织强调文化价值的“最大公约数”，市场主体呼吁市场需求的优先地位。

从治理范式层看，认知逻辑直接决定了人工智能治理模式的差异，即不同的认知逻辑直接约束着对人工智能治理议题、价值导向、主体关系、路径依赖和工具选择的不同理解，它实质上是关于人工智能“知识—利益—价值”的不同分配方案。首先，它是对人工智能风险知识的不同界定方案，并以此判断人工智能社会影响的形式和边界；其次，它是关于人工智能利益的不同分配方案，并以此维持均衡的社会利益格局；最后，它是关于人工智能价值的不同选择方案，并以此维系社会整体伦理道德的平衡状态。

四　人工智能治理的认知图谱

本研究试图从技术逻辑、制度逻辑、文化逻辑、资本逻辑四种视角，全面阐释当前人工智能治理的认知图谱，厘清不同逻辑下人工智能治理议题理解、价值导向、主体关系、路径依赖和工具选择的差异性（见图2）。

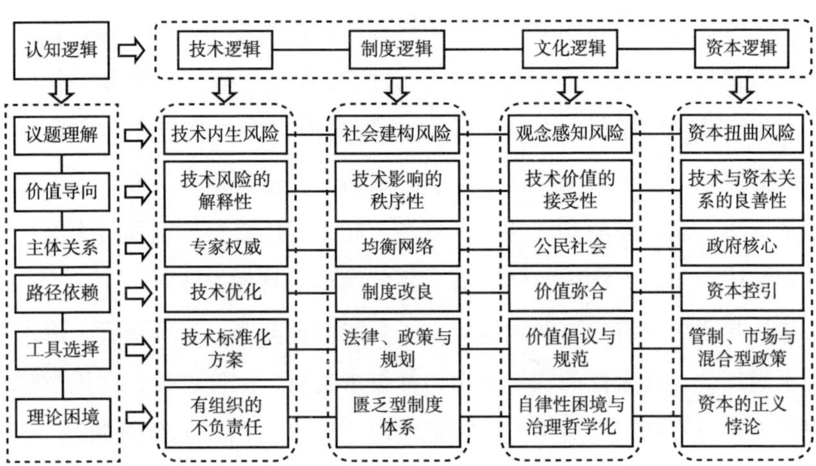

图 2　人工智能治理的认知图谱

图片来源：作者自制。

（一）技术逻辑下的人工智能治理

技术逻辑试图从“技术内生的风险”角度理解人工智能治理的议题，即强调人工智能技术本身的偏差性和脆弱性是诱发一切治理问题的根源。人工智能是以算法为基础，以数据为支撑，具有感知、推理、学习、决策等思维活动并能够按照一定假设目标完成相应行为的计算机系统（贾开，2019），因而算法本身的“黑箱”，及数据偏失“喂养”下算法的“自我强化困境”和“扩散性”是一些治理问题的源头。技术逻辑蕴含着一种“技术决定论”的精神气质，并试图将人工智能治理简化为一个“技术问题”，即技术风险“概率”的科学预测、计算、评估和控制。技术逻辑具有“超验理性”的价值负载，其最终目标是通过循证的“技术路线图”优化实现人工智能技术的“可解释性”，以此刻画一个精密的、没有任何缺陷的人工智能技术世界。

在治理的主体关系阐释上，技术逻辑坚持“专家权威”的取向，强调让人工智能治理的话语体系回归专业域场，技术专家具有知识优势和风险识别能力，应成为人工智能风险定量运算、精确预测和有效控制的主导力量。

技术逻辑强调人工智能技术风险评估的客观性，技术风险数据应取自研究开发、设计制造、部署应用的第一线场景，采用标准化方法和程序收集、整理和处理数据，并对数据结果进行对比而形成技术优化方案并将其标准化，而其一些非科学的社会性知识的考量应得到简化。

在工具选择上，技术逻辑试图通过“技术标准化方案”达成人工智能管理无失误、设备无漏洞、算法无缺陷、数据无偏失的“技术无害化”的理想。首先，通过制定技术标准划定技术安全的“基线”，以降低算法偏离预期的概率；其次，通过建构硬软件的安全测试程序和标准，实现防堵技术风险的“关口前移”，以降低算法训练过程中因“数据噪音”和“环境突变”所带来的技术风险；最后，通过建立技术防御和应急处置标准的“防火墙”，以减弱因运行故障和数据泄露引发的技术风险的跨域扩散。

技术逻辑也面临着其不可回避的理论困境。技术逻辑揭示了人工智能技术风险的内生性及其在整个治理链条中的优先地位，并以“技术标准化方案”作为治理的工具选择，但人工智能在研发攻关、产品应用和产业培育上的同步推进，创新链和产业链的深度融合，技术供给端和市场需求端的互动演进，一方面使得技术风险的定位和识别变得越来越困难，另一方面在此背景下技术标准化方案也容易导致因技术风险归属分散、交织、模糊所带来的责任补偿缺位，即“有组织地不负责任”（organized irresponsibility），并容易对人工智能风险的理解滑向浅尝辄止的“风险现象”，而忽视了技术风险背后深刻的社会、政治、文化等意义。

（二）制度逻辑下的人工智能治理

不同于技术逻辑强调技术风险的内生性，制度逻辑则企图从“社会建构的风险”的视角来理解人工智能治理的议题，强调人工智能风险不仅是与概率、实验、评估相关的科学问题，更是一种社会建构的，并内化于社会制度体系中的社会问题。制度逻辑将人工智能风险定义为一种正在出现的社会结构功能的失灵或社会秩序系统的紊乱，如权力、权利、利益的分配格局的失序（高奇琦，2020）。制度逻辑将人工智能风险描述为现代性成熟的

“副产品”，并试图在“制度失范—制度改良—制度规范”的周期规律中实现人工智能社会影响的秩序性（庞金友，2018）。

制度逻辑对人工智能治理问题具有较强的社会理性和民主化治理的认知取向，并倾向于建立起多主体协同的“均衡网络”结构，各主体在“充分信任”的基础上发展出包容性的制度框架。具体来说，政府、科学、市场、公众与社会间的关系结构为“等距”状态，不存在强弱主次之别，各主体间以“平等之姿态”共同处理人工智能治理中的冲突性目标、风险不确定性等问题，其中重点在于，在人工智能治理相关制度决策中如何做到“知识性”“工具性”“价值性”相结合的决策原则，同时将具有专业知识的技术专家、具有政策经验知识的政治专家和具有社会知识的公众纳入制度过程（杨正等，2021）。

从治理工具看，制度逻辑试图以“规划、法律、政策”的形式将人工智能治理纳入整个国家治理体系，通过建构共识性“制度方案”以减少人工智能治理的复杂性（贾开等，2017）。其中，用“规划”引导人工智能创新动能的正确方向，用“法律”规范人工智能应用过程中的权力秩序，用“政策”调节人工智能发展中的利益格局。制度逻辑反对市场端实用主义地接受现实、技术端盲目的“技术乐观主义”及道德上的“技术怀疑主义”，主张采取制度改良主义以实现人工智能的“善治”。但制度逻辑也面临其不可回避的理论病理，当用一种制度结构替代另一种制度结构来应对当代失去结构意义的风险情境时，如何超越“匮乏型的制度体系”是永恒的理论断点。人工智能治理情境的高度动态性和复杂性要求人工智能治理必须建立在充分敏捷性、包容性和预见性的制度框架基础上，然而现实中基于“科层制”和“行为因果”的治理结构和方法则难以达成如此“宽域”的制度目标，其结果只能是渐变式微进化与跃变式大进化交替的“间断均衡”，其被动适应性远大于主动前瞻性。

（三）文化逻辑下的人工智能治理

文化逻辑试图从“观念感知风险”视角来理解人工智能的治理问题，强调人工智能治理涉及的“人机关系”维度超越了传统“人与自然、人与社会”关系的讨论范畴，不适合“成本—收益”的解释范式，其本质属于不同文化观念、价值体系的认知“分裂”，因此，人工智能风险具有文化异质性和不可计算性（洪杰文，2019）。文化逻辑强调共享性的文化价值观念对人工智能风险的建构功能，认为文化是主体的关于某种事物意义的“综合判断”和稳定的“倾向或态度”。从这个角度讲，人工智能风险在概念阐释上的竞争性实质是文化观念“框架前提”的差异，不同主体都试图通过建构符合自身文化“坐标”的人工智能风险定义来保护自己，而这些界定并不是依赖知识的多寡和制度差异，比如，不同国家对隐私的文化敏感性差异，是影响人工智能社会可接受度的重要因素。

文化逻辑重视弥合文化分裂、创造价值共识的积极意义，并十分警惕人工智能发展对人类良善价值的“僭越”，主张通过互动与理解达成对人工智能伦理、道德、意义等的“最大公约数”认知，从而约束人工智能朝着符合“技术人道化”方向发展，以实现人工智能技术的可接受性（陈小平，2020）。文化逻辑强调公民社会力量在人工智能治理中的积极“戏份”，并尽力避免科学优先、利益平衡等“理性主义”的标签，及任何具有“精英主义”色彩的治理路径。在治理工具上，一系列普遍性的价值倡议（如公平、公正、透明、安全、可持续发展等）和工具性的伦理道德规范与标准是文化逻辑下人工智能治理的天然选择，并积极发展具有“价值指导、道德审查、伦理仲裁”等功能色彩的配套制度安排与设计，比如“中国新一代人工智能治理专业委员会”等（吴红等，2021）。

文化逻辑下的人工智能治理是长期的社会互动过程，需要社会充分的“理性”和“智慧”，这一过程极容易陷入“自律性困境和治理哲学化”的泥淖。科学场域内三螺旋式的权力结构，即经济利益的诱导、政治联盟的强势和制度化科学资本的施压，在价值倡议与伦理规范等不具强制性的“软约束”下，有可能挤压人工智能科学场域的自律性。另一方面，文化逻辑所内含的“去精英化”的人工智能治理路径，可能会因公民社会力量的“专业残缺”而缺乏实现治理理想的“抓手”，文化逻辑将充满偶然性的文化因素观察视为人工智能风险生成的必然性因素，这使人工智能风险披上了一层朦胧面纱，有可能导致人工智能治理走向神秘化、哲学化的“形而上学”讨论（孙波等，2020）。

（四）资本逻辑下的人工智能治理

与建构主义思潮对现代性的批判、解构不同，资本逻辑试图从反思“福特主义”视角将现代性风险界定为现代生产方式的产物。因此，资本逻辑常以“资本扭曲的风险”来理解人工智能治理问题，强调资本的扩张特性会裹挟人工智能的“技术中性”而使其沦为资本逐利和增值的工具，在这一过程中，人工智能的科学理性退化为单向度的“工具理性”，工具理性对价值理性“拒斥”使得人工智能逐渐演化为一种“手段”和“目的”（刘召峰，2012），人类社会的一切约定俗成的制度规制、伦理道德在资本的“抽象权力”面前失去应对功能。

资本逻辑试图通过重塑“技术与资本关系的良善性”将人工智能拉回“以人为本”的轨道，资本逻辑下的人工智能治理十分强调通过“资本控引”入手，根除资本“以我为中心”的强制逻辑和同化倾向，防止人工智能异化为“数字资本主义”的底层技术，从而侵蚀技术创新带来的正义性价值（余斌，2021）。资本逻辑强调政府在整个治理主体的关系结构中居于核心地位，政府以公共利益为依据承担资本的权威价值界定与分配的职责，政府应规定、控制人工智能创新链和产业链中资本运行的内涵、原则、方式和范围，并不失时机地通过“管制型、市场型、混合型”的政策设计将某种资本的“尺度”理念传达给社会，形成一条完备的政策工具链条，其中“透明化、反垄断”是重点。

资本逻辑摒弃了“技术乌托邦”和“制度改良主义”的美好梦想，主张根除资本的“非正义性”以实现人工智能的良好治理。但资本逻辑也面临其固有的理论困境，如何平衡资本价值增值的“非正义性”与资本创新赋能的“正义性”是其理论痛点，即资本的“正义性”悖论。一方面，资本作为一种现代性的“抽象权力”，其追求效用原则和价值增值是其本质属性，资本驱使下的人工智能创新有可能成为“数字正义”退场和“算法霸权”登场的“实验基地”，镶嵌着“非正义性”的资本力量利用人工智能对信息的垄断、对数据的控制、对算法的驾驭，则有可能成为催生“数字资本主义”的工具（刘顺，2021）。但另一方面，如果从人类生产力进步和社会形态变迁的大历史观看，资本也必然包含着人类文明“促进派”的底色，资本不仅内含逐利性的“枪与火”，也蕴藏着文明助推器的“光和热”。人工智能作为引领未来科技革命和产业变革的颠覆性技术，资本的“正向激励”无疑是人工智能持续进步的推力，资本的增值预期为人工智能技术创新与场景赋能提供了所需的技术资本、商业资本和金融资本，并成为提升社会生产力、改造社会生产关系，促进人类进入更高级的“数字社会”形态的催化力量。因此，在人工智能治理中，如何在限制资本无限逐利对社会正义的侵蚀的同时，更好地释放资本的“创新激励”动能是一个难题，这需要成熟的“经济理性”和“政治智慧”的光芒。

五　人工智能治理的范式超越

从经验世界观察，人工智能治理实践具有深刻的认知逻辑分异，技术逻辑、制度逻辑、文化逻辑和资本逻辑给出人工智能治理的不同“解方”，其理论轮廓兼具传统理论框架的“旧病理”和人工智能情境下的“新困境”（薛澜等，2015）。区别于其他新兴技术，新治理对象（数据、算法与平台）的涌现、智能时代传统伦理与新道德的张力，及数字治理需求下科层结构的“失灵”，使得人们在人工智能的发展与治理的平衡上、治理工具与治理边界的把握上、治理主体关系的建构上艰难地“抉择”，并在治理实践中呈现出“价值问题”与“边界问题”的治理焦点之论，“实践理性”与“道德理性”的治理理念之争，“结果主义”与“未来主义”的治理范式之较，及“风险可接受性”与“价值可接受性”的治理标准之辩。

因此，人工智能治理需转化认识视角，亟待实现“内生性逻辑”与“建构性逻辑”、“一般性逻辑”与“情境性逻辑”的统一，通过建构包容性的治理框架以获得“既见森林，又见树木”的治理效果。基于此，本研究在对前人成果批判性继承的基础上，提出了一个人工智能治理综合分层框架（见图3），该框架内含从宏观到微观的维度衍变，及从抽象到具体的内容衔接。在治理维度上，该框架将人工智能治理划分为层次衔接的四个子框架，分别为共性价值框架、结构要素框架、行业场景框架、微观操作框架。其中，共性价值框架是整个治理框架的"根基"，在整个治理框架中起着"统领性"的作用；结构要素框架是对共性价值框架的"具象化"执行，是整个治理框架的"树干"，起着"提纲性"的作用；行业场景框架是对结构要素框架的"分类式""精细化"的表达，是整个治理框架的"枝干"，在某种程度上代表了整个治理框架着力的"实践范围"；微观操作框架是行业场景框架的"工具化"展示，是整个治理框架的"枝叶"和"最接地气"的层次。在治理内容上，该框架从价值导向、功能定位、治理原则、关注对象、参与主体、工具应用六个方面，全面解构不同治理维度下人工智能治理的理念、主体、客体和工具的"全貌"。

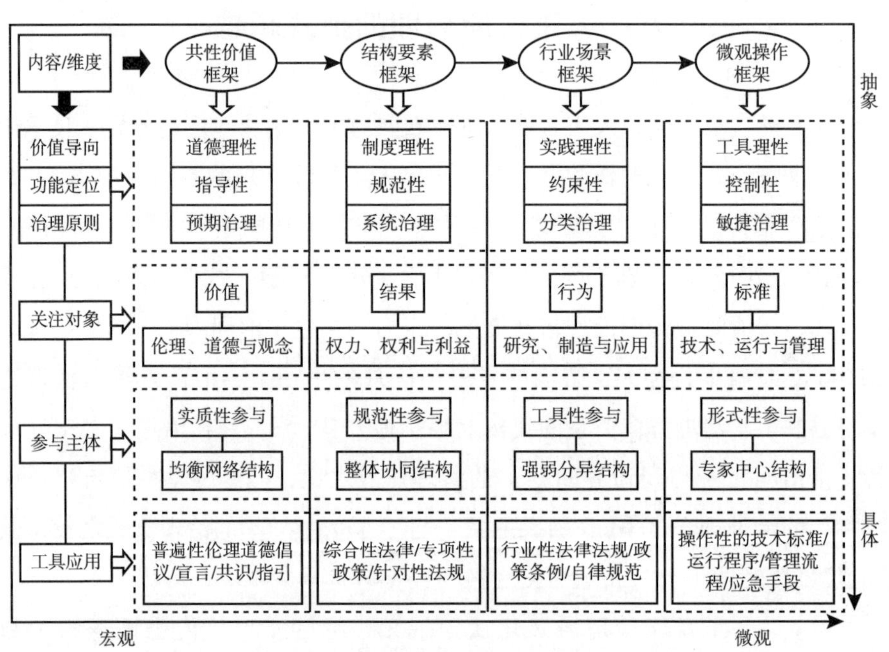

图3　人工智能治理的综合分层框架

图片来源：作者自制。

首先是共性价值框架。在人工智能治理实践中，共性价值框架需以“道德理性”为价值导向，各主体根据道德推理确立约束自己人工智能相关行为的伦理准则、道德规范和价值理念，并将其凝结为集体性的价值规则（杨宗元，2007）。共性价值框架需以“预期治理”为原则，采取“塑造技术”的积极姿态，提前将集体性的伦理道德考虑植入人工智能发展中，在这一过程中，各个主体（如政府、研发者、企业、社会组织、公众等）需保持开放合作，建构“均衡网络”的主体间关系结构，其中，公民社会需扮演“实质性参与”的角色，在技术端、政府端、市场端和社会端，分别以负责任创新、公共价值、社会责任和公民社会共识为核心建构人工智能伦理道德规范体系，并以伦理道德倡议、宣言、指引、共识等工具形式，将和谐友好、公平公正、包容共享、尊重隐私、安全可控、责任共担、开放协作等伦理道德原则确定化，以实现对人工智能治理的价值“指导性”的功能定位。

其次是结构要素框架。结构要素框架是以算法、数据、资本为载体，将共性价值框架所内含的抽象性伦理道德观念，转化为以权利、权力和利益等结果形式为关注对象的治理框架。结构要素框架需以“制度理性”为价值导向，建构一套人工智能发展中社会成员共同遵守的、按一定程序运行的规程或行动准则，并充分利用制度的反思、调节、创新功能，规范人工智能嵌入社会场景所带来的各主体间的权利关系、权力结构和利益格局，以维持人工智能发展的“秩序化”状态。结构要素框架需将“系统治理”奉为原则，把人工智能视为一个数据、算法、资本等人机要素深度融合的社会系统，通过建立“综合—分类”式的法律政策体系以框定人工智能发展的正确方向。在此过程中，治理主体需建构“整体协同”的主体间关系结构，技术专家、政治专家和公众必须同时纳入制度建构过程，并采取多形式的知识互动、政治互动、社会互动等手段彰显人工智能治理的合法性。其中，公民社会力量需被赋予“规范性参与”的角色，通过界定公众在人工智能数据、算法和资本议题上应有权利与义务清单（如获得信息与知识、参与协商、保证知情、限定集体与个人的危害总量等权利；学习人工智能知识、参与讨论、运用知识等义务）以实现人工智能治理过程中普遍意义上的公平、正义、民主等价值。在实践中，针对一系列人工智能数据、算法和资本等共性问题，以底线“规范性”为功能定位的综合性法律、专项性政策和针对性法规是结构要素框架应有的工具选择，如综合性的资本管理条例、个人信息保护法、人工智能发展规划和网络安全法；专项性的人工智能算法、数据与资本政策指导意见和法规等。

再次是行业场景框架。行业场景框架是以人工智能赋能场景为依据，将共性价值框架和结构要素框架所要求的价值规范和秩序要求寓于不同人工智能行业（如生物识别、精准医疗、自动驾驶、智慧城市、工业大脑、数字政府等），并以具体的人工智能行为活动为关注对象的治理框架，如人工智能的研究开发、设计制造、部署应用等。这要求以“分类治理”为圭臬，根据人工智能赋能的不同对象（如赋能于公众与个人、产业与组织、国家与社会）及其风险发生概率和严重程度的不同象限，针对个性问题形成专门治理规则，不同行业场景实施治理的强度和维度应“因地制宜”，避免“一刀切”。因此，行业场景框架必须是“实践理性”的践行者，需摒弃一切问题与方法的预设，坚持从人工智能发展的一线场景中发现问题、分析问题和解决问题，不失时机地创造、修正、完善不同场景下人工智能相关行为的行业性法律法规、政策条例和自律规范，以实现人工智能治理的行为“约束性”功能定位，如针对自动驾驶的汽车数据安全管理规定；针对人工智能赋能公共治理的政务信息资源共享管理办法、公共数据开放与安全管理条例；针对人脸识别的相关数据收集、储存、训练、流动规范等。行业场景框架的繁杂性使得建构“均衡或协同”的主体关系结构面临技术难题，公民社会力量因“知识残缺”和“有限精力”难以深度介入具体的人工智能应用场景，因此，“政府—市场—技术”端的强度关联与公民社会的“工具性参与”是较为理性的选择，公众参与行业场景框架下的人工智能治理的目的不在于实现规范意义下的公平、正义、民主等价值和实质意义下的评审、决策、监督等权力，而在于通过公众参与彰显各主体间的信任关系以有利于人工智能治理目标的实现。

最后是微观操作框架。微观操作框架是以人工智能具体技术、产品（硬件和软件）、服务为载体，对行业场景框架所要求的行为规范进行标准化操作的治理框架，它要求以“工具理性”为价值导向，强调定量运算、精确预测和有效控制等方法的确定性，强调通过建立各种研究设计标准、技术安全标准、运行程序标准、管理流程标准、应急处置标准等工具，以达到减低风险概率、降低后果严重性的目的，如我国出台的《无人驾驶航空器系统标准体系建设指南》《智能网联道路系统分级定义与解读报告》《信息技术生物特征识别应用程序接口》《公共安全人脸识别应用图像技术要求》《公共数据开放技术规范》等技术标准；人工智能企业内部建立的“执行嵌入产品研发全生命周期的安全控制体系”“研发运营一体化安全运营平台”“数据采集与标注安全合规标准”等安全管理程序与标准。这要求微观操作框架必须以“敏捷治理”为原则，在人工智能技术迭代中实现技术端、运行端、管理端和应急端“标准化方案”的动态优化，通过保持快速回应性和适应性以实现人工智能治理的标准“控制性”的功能定位。在治理主体的关系结构上，由于存在较强的专业壁垒，人工智能的技术专家、运营专家的知识权威在微观操作框架中应得到尊重，其他治理主体应自觉于“监督者”的角色，而公民社会力量则需以“形式性参与”为策略，在“缺失模型”的框架下不断达成“公众理解科学”（Durant et al. , 1989）。

六　理论思考与启示

人类新兴技术治理的发展具有清晰的时代主线，从技术评估到预防原则，从伦理、社会与法律评估到预期治理，从负责任研究与创新到敏捷治理、适应性治理、试验性治理等多元理论，每一次治理范式的超越都是新兴技术颠覆式创新所诱致的治理新问题、新情境和新需求的结果，并体现出人们为维护“本体性安全”而逐渐从“科学理性”的关注转向“社会理性”，甚至更高的“道德理性”求索的趋势。从治理实践看，人工智能治理具有清晰的生成逻辑，它是人工智能技术发展的“核心驱动层”推动治理的

“环境变革层”，在不同“认知适配层”的规范下而形成不同“治理范式层”的过程，其认知逻辑主要表现为技术逻辑、制度逻辑、文化逻辑和资本逻辑，不同认知逻辑下人工智能治理的议题理解、价值导向、主体关系、路径依赖和工具选择具有显著差异性，亦各自面临着不可回避的理论困境。

区别于其他一般新兴技术，人工智能具有技术支撑的多样性、技术应用的通用性和技术影响的跨域性，它既具有与核能、化学等技术一样的强负外部性担忧，也具有与生物基因工程一样的强伦理张力，更具有与新材料技术一样的对社会生产生活方式的变革性。因此，人工智能治理需转变认知视角，亟待建构包容性框架，以实现内生性逻辑与建构性逻辑、一般性逻辑与情境性逻辑的统一。为此，本研究基于“共性价值—结构要素—行业场景—微观操作”建构了人工智能治理综合分层框架，阐释了各框架的价值导向、功能定位、治理原则、关注对象、主体间关系结构和工具选择，并揭示了该框架从宏观到微观的维度衍变及从抽象到具体的内容衔接关系。该框架某种程度上实现了人工智能治理的范式超越，具有如下理论意义与启示（见图4）。

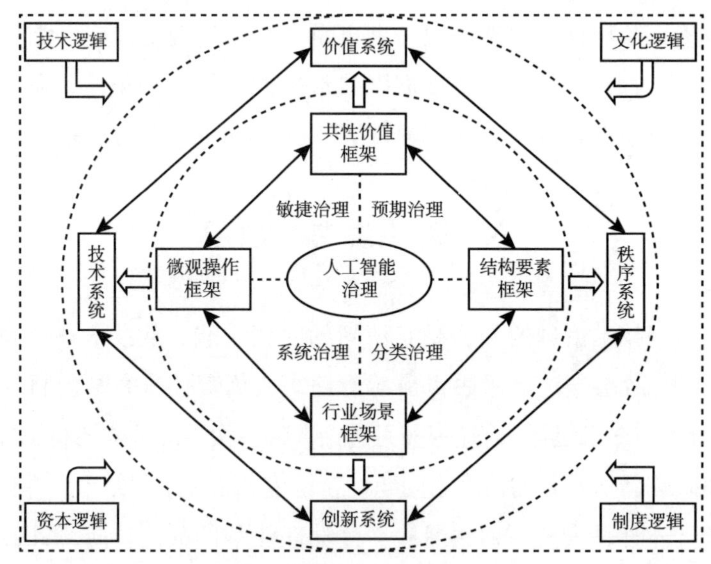

图4　人工智能治理框架体系

图片来源：作者自制。

第一，人工智能治理需体现多元认知逻辑的融合。从某种程度上讲，“人工智能”的内涵边界已完全超越了科学场域，而被赋予了太多的伦理、社会、政治、经济等扩展性的意义。人工智能风险及其社会影响在归因、表现和解释上的多维性，使得以任何单一认知逻辑为源头的人工智能治理路径必然面临不可化解的理论困境和功能残缺。为此，必须摈弃以认知逻辑为标准的人工智能治理路径设计思路，而应以治理问题的层次衔接为逻辑建构包容性的人工智能治理框架，将不同的认知逻辑在工具层面上巧妙地融入不同的治理层次中，以实现人工智能治理的“善治”。本研究所构建的人工智能治理综合分层框架则是该思路的践行者，其中，共性价值框架体现了文化逻辑的内涵，微观操作框架兼具技术逻辑和制度逻辑的意义，结构要素框架和行业场景框架则是文化逻辑、制度逻辑、资本逻辑的统一。

第二，人工智能治理需嵌入多样治理范式的协同。区别于其他新兴技术，人工智能的治理情境具有私域性、动态性、拟人性、跨域性等特征，这使得人工智能治理的着力点定位、尺度把握和力度选择变得日益困难，任何单一治理范式都很难契合其治理情境的弹性需求。因此，人工智能治理需避免“一刀切”式的刚性治理模式，应嵌入多样治理范式，实现治理的多主体协同和多工具协同。本研究所构建的人工智能治理综合分层框架内含“协同治理”的理想，通过清晰刻画不同层次框架下不同的治理原则、主体关系结构和治理工具选择，实现了不同治理情境所要求的治理范式的针对性。

第三，人工智能治理需实现多维目标系统的平衡。人工智能治理是一个复杂的系统工程，其治理目标体系可划分为相互衔接的四大系统，即价值系统、秩序系统、创新系统和技术系统，不同系统具有不同的治理焦点，价值系统关注伦理道德的边界问题，秩序系统重视权力、权利，以及利益的分配问题，创新系统强调行为规范问题，技术系统侧重于细节的标准问题。人工智能治理效能的实现需建立在系统间平衡的基础上，这里的平衡主要包括两个方面：一是重点平衡，即人工智能治理不可过分重视某单一目标系统的功能，比如过分着力于价值系统，必然导致秩序系统、创新系统和技术系统丧失部分实践意义；二是强度平衡，即不同目标系统具有与其相适应的治理强度，不可错置不同目标系统间的功能定位，应依循从价值系统到微观操作系统治理强度递增的规律，实现人工智能治理的“宽严衔接”和“虚实结合”。若不遵循此规律，则必然导致人工智能治理失范，比如以“管制”功能来定位秩序系统的治理目标，则必然使创新系统和技术系统受到压抑（高奇琦，2020）。

本研究所构建的人工智能治理综合分层框架暗含了“系统平衡”的理念，通过从宏观到微观的层次性框架设计，分别赋予其由松到紧的“指导性—规范性—约束性—管制性”梯度功能定位，实现了多维目标系统间的平衡。

参考文献

陈小平：《人工智能伦理建设的目标、任务与路径：六个议题及其依据》，《哲学研究》2020 年第 9 期。

陈志刚：《马克思和海德格尔的技术批判思想之比较》，《自然辩证法研究》2002 年第 2 期。

高奇琦：《智能革命与国家治理现代化初探》，《中国社会科学》2020 年第 7 期。

洪杰文、兰雪：《从技术困境到风险感知：对智媒热的冷思考》，《新闻与传播评论》2019 年第 1 期。

贾开：《人工智能与算法治理研究》，《中国行政管理》2019 年第 1 期。

贾开、蒋余浩：《人工智能治理的三个基本问题：技术逻辑、风险挑战与公共政策选择》，《中国行政管理》2017 年第 10 期。

姜李丹、薛澜、梁正：《人工智能赋能下产业创新生态系统的双重转型》，《科学学研究》2022 年第 4 期。

刘宝杰：《价值敏感设计方法探析》，《自然辩证法通讯》2015 年第 2 期。

刘露、杨晓雷、高文：《面向技术发展的人工智能弹性治理框架研究》，《科学与社会》2021 年第 2 期。

刘顺：《资本逻辑与算法正义：对数字资本主义的批判和超越》，《经济学家》2021 年第 5 期。

刘然：《跨越专家与公民的边界：基于后常规科学背景下的决策模式重塑》，《科学学研究》2019 年第 9 期。

刘召峰：《拜物教批判理论与马克思的资本批判》，《马克思主义研究》2012 年第 4 期。

梅亮、陈劲、欣桐：《责任式创新范式下的新兴技术创新治理解析：以人工智能为例》，《技术经济》2018 年第 1 期。

庞金友：《AI 治理：人工智能时代的秩序困境与治理原则》，《人民论坛・学术前沿》2018 年第 10 期。

庞祯敬：《“理性-制度-行动”框架下的转基因技术风险治理模式研究》，《自然辩证法研究》2021 年第 3 期。

苏竣、魏钰明、黄萃：《基于场景生态的人工智能社会影响整合分析框架》，《科学学与科学技术管理》2021 年第 5 期。

孙波、周雪健：《人工智能“伦理迷途”的回归与进路：基于荷兰学派“功能偶发性失常”分析的回答》，《自然辩证法研究》2020 年第 5 期。

孙福海、陈思宇、黄甫全等：《道德人工智能：基础、原则与设计》，《湖南师范大学教育科学学报》2021 年第 1 期。

谭九生、杨建武：《人工智能技术的伦理风险及其协同治理》，《中国行政管理》2019 年第 10 期。

唐钧：《人工智能的风险善治研究》，《中国行政管理》2019 年第 4 期。

汪亚菲、张春莉：《人工智能治理主体的责任体系构建》，《学习与探索》2020 年第 12 期。

王磊：《参差赋权：人工智能技术赋权的基本形态、潜在风险与应对策略》，《自然辩证法通讯》2021 年第 2 期。

王钰、程海东：《人工智能技术伦理治理内在路径解析》，《自然辩证法通讯》2019 年第 8 期。

吴红、杜严勇：《人工智能伦理治理：从原则到行动》，《自然辩证法研究》2021 年第 4 期。

肖雷波、柯文：《技术评估中的科林格里奇困境问题》，《科学学研究》2012 年第 12 期。

薛澜、俞晗之：《迈向公共管理范式的全球治理：基于“问题—主体—机制”框架的分析》，《中国社会科学》2015 年第 11 期。

薛澜、赵静：《走向敏捷治理：新兴产业发展与监管模式探究》，《中国行政管理》2019 年第 8 期。

杨正、肖遥：《为何要引入公众参与科学：公众参与科学的三种逻辑：规范性、工具性与实质性》，《科学与社会》2021 年第 1 期。

杨宗元：《论道德理性的基本内涵》，《中国人民大学学报》2007 年第 1 期。

余斌：《“数字劳动”与“数字资本”的政治经济学分析》，《马克思主义研究》

2021 年第 5 期。

张乐：《新兴技术风险的挑战及其适应性治理》，《上海行政学院学报》2021 年第 1 期。

Baram M S.，“Technology Assessment and Social Control”，*Jurimetrics Journal*，14（2）：79–99.

Durant J R，Evans G A，Thomas G P.，“The Public Understanding of Science”，*Nature*，340（6228）：11–14.

Friedman B，Kahn P，Borning A.，*Value Sensitive Design：Theory and Methods*，Seattle，USA：University of Washington technical report，2002.

Grin J，Grunwald A.，*Vision Assessment：Shaping Technology in 21st Century Society* Berlin Heidelberg：Springer，2000.

Guston D H.，“The Anticipatory Governance of Emerging Technologies”，*Applied Science and Convergence Technology*，19（6）：432–441.

Guston D H.，Sarewitz D，“Real-time Technology Assessment”，*Technology in Society*，24（1）：93–109.

Lyall C，Tait J.，“Beyond the Limits To Governance：New Rules of Engagement for the Tentative Governance of the Life Sciences”，*Research Policy*，48（5）：1128–1137.

Michael J D.，“What's ELSI Got To Do with It? Bioethics and the Human Genome Project”，*New Genetics&Society*，27（1）：1–6.

Owen R.，Macnaghten P，Stilgoe J，“Responsible Research and Innovation：From Science in Society To Science for Society, with Society”，*Science&Public Policy*，39（6）：751–760.

Sarewitz D.，*Anticipatory Governance of Emerging Technologies*，Netherlands：Springer，2011.

Tan Y，Tong Y H.，“Constructive Technology Assessment：A New Pattern of Technology Management”，*R&D Manage-ment*，17（4）：1–7.

Urs G，Virgilio A F A.，“A Layered Model for AI Governance”，*IEEE Internet Computing*，21（6）：58–62.

Welsh R，Ervin D.，“Precaution As An Approach To Technology Development：The Case of Transgenic Crops”，*Science，Technology and Human Values*，31（2）：153–172.

Wirtz B W，Weyerer J C，Sturm B J.，“The Dark Sides of Artificial Intelligence：An Integrated AI Governance Framework for Public Administration”，*International Journal of Public Administration*，43（9）：818–829.

Wynne B.，“Risk and Environment As Legitimatory Discourses of Technology：Reflexivity Inside Out”，*Current Sociology*，50（3）：459–477.

我国新一代人工智能治理的时代挑战与范式变革

姜李丹　薛　澜*

摘　要： 本文立足于我国新一代人工智能的鲜明时代特征与多重治理挑战，全方位探析新时期我国人工智能治理的核心问题，创新性构建我国人工智能适应性治理的工作框架，并系统性刻画我国人工智能适应性治理的范式变革。研究发现：（1）我国新一代人工智能治理的核心问题主要包括整合技术社会复合体的离散性认知、实现系统生态主权的非均衡调适、突破包容审慎探索的有限性实践三个方面。（2）我国新一代人工智能适应性治理已经形成以"逻辑内核—秩序重构—监管响应"为核心构成的清晰工作框架，其中技术社会复合体、生态重心偏移、秩序需求重构成为其稳定特性存在，而治理对象、治理理念、治理主体、治理工具则成为其动态特性存在。（3）我国新一代人工智能适应性治理经历了探索式治理（2016 年前）、回应式治理（2017~2019）、集中式治理（2020~2021）、敏捷式治理（2022 年至今）的范式变革历程，并且不同范式下技术创新力度与风险规制力度的组合特征存在显著的阶段性差异。

关键词： 新一代人工智能　适应性治理　时代挑战　范式变革

---

* 姜李丹，北京邮电大学经济管理学院副教授，研究方向为创新网络与新兴技术治理；薛澜，清华大学文科资深教授，博士生导师，清华大学苏世民书院院长，人工智能国际治理研究院院长，研究方向为公共政策与公共管理、科技创新政策、危机管理及全球治理等。

一　我国新一代人工智能赋能的内涵特征与治理挑战

人工智能作为人类文明向智能社会迈进的创新“加速器”，正在对人类经济生活方式与社会结构转型产生重大而深远的影响。自 1956 年美国达特茅斯会议提出人工智能概念以来，人工智能已历经了由机器学习、神经网络、互联网技术驱动的三次繁荣发展期，但也相继遭遇了计算机算力受限、推理模型陷入瓶颈的两次低谷期。随着 21 世纪信息技术的飞速跃升和大数据时代的接踵而至，人工智能突破了多重限制得以快速恢复发展。2016 年，AlphaGo 战胜世界围棋冠军李世石事件引发了各国对人工智能技术赋能社会进步的高度关注，迅速将全球推入“数字空间、物理空间、社会空间”三元深度融合的新一代人工智能发展时期（米加宁等，2020）。

我国作为全球人工智能创新赛道的前沿国家，正在日益激烈的全球竞合中全方位书写着中国故事。近年来，我国科技创新整体实力实现了从“跟跑”到“并跑”、再到“领跑”的跨越式发展。虽然我国在关键核心技术、基础研究等方面仍与美国存在一定差距，但在专利授权数量与论文发表数量方面实现迅速追赶并跃居世界首位，已经成为国际影响力全球位势迅速提升的科技创新大国。同时，我国人工智能技术创新与社会场景也步入全球领先水平。当其他国家尚停留在人工智能场景开放、场景征集等问题争议层面时，我国人工智能发展已经进入“技术赋能与场景落地深度融合、技术创新与场景细分精准匹配、技术突破与场景应用交互迭代”的前沿阵地。海量社会场景的落地延伸催生出人工智能前所未有的风险频谱，其先进性、动态性、复杂性发展为我国人工智能带来史无前例的治理挑战，率先处理人工智能技术与社会相互调试的前沿性治理问题成为我国“大国责任担当”的时代任务。

我国新一代人工智能已经涉及科学技术创新突破、社会经济结构转型和生产生活方式变革的方方面面，主要以大数据智能、跨媒体智能、群体智能、混合增强智能、自主智能系统为标志性技术攻关方向（Pan Y，2016），以多源异构数据加速积累、信息基础设施快速迭代、智能场景应用深度落地、社会伦理风险快速涌现为基础性变革载体，以抢抓科技革命重大战略机遇、构筑国际竞争先发优势、建设科技创新世界强国为关键性目标愿景，致力于培育打造基础理论跨学科融合、关键共性技术加速攻关、开放创新平台统筹布局、创新试验区先行先试以及高端技术人才加速聚集的新一代人工智能创新生态系统，深度赋能社会经济产业发展的数字化转型与智能化变革。与传统人工智能创新发展相比，我国新一代人工智能表现出技术跨越突破、场景应用驱动、新兴风险涌现的鲜明地域特色和时代特征。

首先，我国新一代人工智能正在不断发力从低阶专用智能向高阶混合智能的迈进。近年来，我国互联网技术的突破性进展打破了传统人工智能在大数据积累和算力升级方面的双重瓶颈，使得人工智能算法不再局限于特定任务、特定规则下的低阶专用智能挖掘，基于无监督学习或预训练模型的新一代人工智能正在向具有自主学习、训练及优化的高阶混合智能转化，使得具有归纳、演绎、推理、预测等复杂系统思维的“类生命智能体”真正成为可能。

其次，我国新一代人工智能正在广泛推进各个领域场景落地、深度赋能社会变革。以场景应用驱动为主导的我国新一代人工智能正在各行各业加速蔓延式融合落地，不断满足着无人驾驶、智慧医疗、智慧防疫、智慧城市、智能家居等新兴业态的智能化升级需求，并从价值重构、生产制造、商业模式、组织决策等方面全方位重塑智能社会的运行规则（姜李丹、薛澜等，2020）。

再次，我国新一代人工智能“长尾风险”正在持续涌现、“双向治理”逻辑愈加凸显。人工智能在社会场景的深度嵌入为新兴风险的涌现提供了机会，除了算法黑箱、平台推荐等技术性风险愈加复杂多频以外，个性化场景运用人工智能技术所带来的法律法规、伦理争端、就业替代等社会性风险开始被大量陆续激发，“治理 AI 技术”和“用 AI 技术治理”的双向治理逻辑变得愈加急迫和突出。

然而，随着我国新一代人工智能“技术—场景”的加速交互、“创新—规制”的冲突升级、“赋能—效能”的矛盾凸显，我国新一代人工智能治理也正面临全新的多重治理挑战：一是如何摆脱“一管就死、一放就乱”的困境。一方面推动我国人工智能初创发展、形成技术先发优势需要包容宽松的发展环境，而另一方面数据泄露、算法歧视、平台垄断犹如人工智能的“达摩克利斯之剑”，一旦失控将会带来难以扭转的社会危害，我国新一代人工智能治理在“松—紧”之间需要把握平衡。二是如何解决“风险在前、规制在后”的时差挑战。我国新一代人工智能技术发展迅速，其技术迭代速度和风险涌现速度远远超过传统人工智能技术。而治理准则与相关政策规定的发展有其特定程序且较为缓慢，我国新一代人工智能治理开始出现时效性不足而引致的治理失灵问题（薛澜、赵静，2019）。三是如何避免“赋能在左、效能在右”的偏移难题。我国新一代人工智能能够通过算法模型嵌入社会规则、提升创新效率，但为了快速形成数据要素的原始积累和算法模型的独特优势，诸多领域开始引发系统频繁填报、数据反复提交的尴尬局面，出现人类智能为人工智能服务、“人工智能赋能”变“人工智能负能”的效率偏移问题。

我国新一代人工智能赋能多重治理挑战的系统突破亟须从多维视角中甄别问题、精准应对，从动态范式中探寻规律、超前布局，进而推动人工智能治理由静态认知向动态思辨转变、由单点聚焦向系统研判转变。基于此，本文通过企业实地调研、专家深度访谈、专家座谈会以及政策文本挖掘等研究方法，从技术特性与社会可信、技术能动与秩序重构、技术善治与监管响应三个方面出发，全方位、立体化探析我国新一代人工智能治理的核心问题。并以逻辑内核—根本动力、秩序重构—新兴需求、监管响应—行动适配为核心，搭建我国新一代人工智能适应性治理的工作框架。在此基础上，本文依据技术创新力度与风险规制力度强弱组合的变化态势划分我国新一代人工智能适应性治理的演进阶段，并从“治理理念、治理对象、治理主体、治理工具”的动态特性出发，系统性刻画我国新一代人工智能适应性治理的范式变革，为我国新一代人工智能安全可信、健康有序发展提供理论依据和决策参考。

二　我国新一代人工智能治理的核心问题与工作框架

（一）技术特性与社会可信：整合技术社会复合体的离散性认知

人类社会从来没有像今天这样将技术与社会如此紧密地联系在一起，这主要是因为人工智能正在国计民生各个领域泛在性应用落地，颠覆性地改变着人类社会生产生活方式与社会结构形态。我国新一代人工智能更是表现出极强的场景应用驱动和社会重大需求牵引特征。目前我国已经形成 15 个国家新一代人工智能开放创新平台（包括自动驾驶—百度、城市大脑—阿里云、医疗影像—腾讯、智能语音—科大讯飞公司、智慧教育—好未来、智能家居—小米等）和 18 个国家新一代人工智能创新发展试验区（包括北京、上海、合肥、杭州、深圳、天津、济南、武汉等），构建起明确的“具体场景驱动—核心技术攻关—关键企业/地域支撑”创新发展格局。社会场景的智能化需求不断倒逼着人工智能技术进步与突破，并形成了海量存储数据和丰富应用场景的先发优势，使得人工智能技术突破在场景应用中充分释能并得以试验检验，社会场景也在技术迭代中积累数据并不断优化。由此可见，我国新一代人工智能治理已经形成了底层逻辑特色鲜明、核心构成共生共荣的技术社会复合体。

我国新一代人工智能治理技术社会复合体演进的核心动力来源于人工智能技术自反性与人工智能场景变革性的不断交互。一方面，我国新一代人工智能广泛赋能社会场景的意志初衷是通过高度凝练的技术规则（如算法模型）最大化地实现人类与社会的便捷交互，更好地发挥人类改造世界的主观能动性。然而，我们却发现人们反而更加陷入愈加复杂多元、分散涌现的不确定性风险之中，甚至只能被动地接受客观世界的智能运行规则，我们将这种现象称为人工智能技术自反性。例如某些电商平台基于用户浏览历史对数据进行个性化标注、挖掘用户偏好并进行信息推送或平台转售，甚至用户若不同意一些 App 软件所发布的平台协议条款便不能继续使用，而用户作为数据生产者却对数据的二次利用和增值挖掘既不知情也无法自主选择。因此，我国新一代人工智能技术还需要在不断细分、不断变革的场景应用中持续发现问题并加以修正，最大化、安全化实现人与社会的和谐共存。另一方面，场景变革是我国新一代人工智能技术进步、技术释能、技术迭代的终极愿景，也是全球各国逐鹿人工智能产业竞争优势的核心阵地。但是当前人工智能技术的不完备性决定着智能场景应用的必然不足，因此社会应用场景的不断变革既是新一代人工智能治理内核的天然存在，也是我国新一代人工智能领先发展的责任使命。

然而，当前社会各界对我国新一代人工智能治理的逻辑核心依然处于分离性、模糊性以及滞后性认知状态。

第一，明确人工智能技术特性与社会可信的内在关联、处理好人工智能技术属性与社会属性的辩证统一应当成为我国新一代人工智能治理内核的根本性认知。人工智能技术反作用于社会生产力并与其交互共生是人工智能区别于蒸汽机、电力、计算机和互联网的特有性能（郭毅可，2021），新一代人工智能更是表现出技术属性与社会属性高度融合的辩证统一关系。新一代人工智能技术属性服务于社会属性的场景发展与结构转型，关系着人类是否能够真正实现“弱人工智能”向“强人工智能”的迈进。然而，其社会属性却决定技术属性的应用深度和发展广度，关系着我国新一代人工智能发展的成败与否（李仁涵，2020）。如我国某些智慧教育机构的人工智能技术产品虽然顺利通过了技术安全的审核，但如果涉及对儿童人脸识别信息采集的社会分歧与争端问题，产品研发与应用项目会被迅速撤回或搁置下来。

第二，“技术迭代—场景变革—风险涌现”持续高度关联互动应当成为我国新一代人工智能治理逻辑的基础性认知。人工智能技术在嵌入具体应用场景过程中催生新兴风险，但新一代人工智能也正处于技术瓶颈突破、场景深度细分、风险高频爆发的动荡时期。例如随着我国智慧教育场景同质化程度的不断增高，智慧教育机构为塑造新的竞争优势开始围绕客户需求深度细分教育场景，推出个性化教学、拍照搜题、作业批改、分级阅读、口语测评等一系列精准化定制场景，并在每种场景中尽可能集成多种人工智能技术功能。高速演变的互动逻辑决定了我国新一代人工智能治理的核心动源是充满复杂联动性和高度不确定性的，用“头痛医头、脚痛医脚”或某种固定的治理范式来解决新一代人工智能治理问题是不切实际的。

第三，确定根本性风险类型划分标准、建立开放性风险认知体系应当成为我国新一代人工智能治理的先进性探索。以往技术风险、伦理风险、道德风险、法律风险之分缺乏根本性、确定性的风险分类依据，如智慧医疗领域所出现的算法偏移究竟是技术风险还是场景数据不完整引致的社会风险，机器人算法歧视应当属于技术风险还是伦理风险，形成这种模糊认知的根本原因在于风险识别中人工智能技术属性与社会属性边界的混淆，也使得我们很难确定普适性约束（如法律法规等）与场景化约束（如行业准则等）的具体界限，很难确定无人驾驶汽车故障、智能诊断医疗事故等未来常规场景的责任主体。突破这一问题的根本出路在于人类是在机器智能产生过程中就消除风险还是在机器智能行为活动后再来规制风险。我们始终认为技术本身是中立的，风险只是在具体场景应用过程中被激活或催生，其中有些风险是技术基因性存在但在具体场景中被激发，而有些则是在场景应用过程中产生并爆发出来。因此，基于风险爆发环节我们将前者称为嵌入式风险（如算法不可解释性、信令风暴等），将后者称为衍生性风险（平台使用数据泄露、无人驾驶责任划分、机器智能著作权归属等），从而开放性地认知我国新一代人工智能风险特征并对其实行精准化治理。

（二）技术能动与秩序重构：实现系统生态主权的非均衡调适

新一代人工智能在我国社会生产生活各个领域的全景式嵌入，正在持续深刻地改变和颠覆传统社会的认知逻辑和思维方式。以往人工智能主要实现对人类体力劳动或简单脑力劳动的替代，而新一代人工智能则是最大限度地让机器智能解放人类智能。例如，我国《新一代人工智能发展规划》将大数据智能、跨媒体智能、群体智能、混合增强智能、自主智能系统作为新一代人工智能的标志性技术攻关方向，以使得“类生命智能体”尽可能具备归纳、演绎、推理、预测等人类高级脑力智慧。这一过程也预示着技术能动性的逐渐增强和人类能动性的日益削弱，人类与技术的内在关系也由简单的利用关系转变为复杂的共生关系。

随着新一代人工智能技术能动性的不断提高，社会秩序建构的基础正在发生巨大转变。以往人类自由意志主要表现为人类用自身行为来反映内心世界，并为自己的行为承担相应法律道德责任，社会秩序构建的基础主要是通过“一对一”的程序化设置来消解各类风险。而智能社会中人类保留了自身意志却把行为实践交给机器，甚至“强人工智能”时代人类会部分性保留自身意志而将让渡出的人类意志和行为一并交给机器。那么无人驾驶汽车发生交通事故时其责任主体应当是驾驶人员、系统开发主体还是系统运维主体？当人工智能生成物具有“创作”能力、能够产生智力成果时是否享有著作权保护权利？人类意志与人类行为的分离、人类意志与机器行为的集成正在全方位挑战传统世界秩序建构的逻辑基础。

智能社会的秩序重构将突出表现在以下方面。

1. 国际竞合的秩序重构

随着我国人工智能综合实力从“跟跑”到“并跑”、再到“领跑”地位跃升的快速实现，全球各国开始在人工智能全球话语权、规则制定权和议程设定权等方面展开激烈角逐，这也引发了少数人工智能发达国家对后发或欠发达国家/地区实施“规则霸权”的风险隐患。新一代人工智能发展初期，我国5G领军企业就曾被限制参与国际行业标准制定，那时无论是美国主导还是欧盟主导的国际标准或准则制定都试图将我国排除在外。如今，欧盟通过《通用数据保护条例》（简称GDPR）成为全球数据安全保护的“执法中心”，美国也日益成为跨境数据流动标准制定的主导国家。再加上算法模型的不透明性和算法运行的不可解释性，少数人工智能巨头国家完全有可能通过算法模型将携带国家意志的社会规则直接嵌入人工智能产品中，进而间接实现其“长臂管辖”。我国参与全球人工智能治理、共建人类命运共同体“道阻且长”！

2. 组织协同的秩序重构

数据作为新一代人工智能创新的“新型石油”成为决定创新主体博弈力量的重要基石，正在深刻改变政产学研用协同创新模式（姜李丹等，

2022）。如今，每天不断产生的海量用户数据在企业端沉淀积累，并由企业进行算法模型的训练和验证，形成智能产品后嵌入集成到各类场景的平台系统，政产学研不同环节的系统功能正在向企业一体化聚集整合。而算法的不透明性、不可解释性和难以问责性使得监管机构很难及时发现一线前沿问题并进行治理（Lim H S M et al.，2019）。如无人驾驶汽车智能操作平台面临严峻的合规评估挑战，这是因为即使监管机构能够访问系统开发的算法模型和训练级数据库，也会因为缺乏更加复杂高级的验证方法和专业判断而无法全面评估技术完备性以及未知风险。此外，新一代人工智能企业与用户的博弈已经天然将用户置于弱势群体一方，用户作为数据要素的生产者和技术产品的市场验证者，只能被动地接受平台使用规则甚至不知情地让渡数据保障权益。某智能产业研究院相关负责人在访谈中提出：新一代人工智能发展不应该让处于决策弱势的用户对数据使用和权益保障是无感的，用户既要有数据授权使用的“知情”渠道，也要有向开发商或运营商提出建议意见的“反馈”渠道。总之，我国新一代人工智能秩序体系正处于一个复杂动荡的不确定性挑战之中。

（三）技术善治与监管响应：突破包容审慎探索的有限性实践

“善治”作为国家与公民协同共治和国家治理能力现代化的重要形式，具有合法性、透明性、有效性、责任性、响应性等基本特性（俞可平，1999）。我国新一代人工智能在国际局势日益动荡、技术创新高速迭代、风险涌现复杂关联的高度不确定性中，更加需要敏捷回应、开放包容、韧性容错的“技术善治”导向，并且需要“技术善治”导向下监管理念、监管主体和监管工具的全方位适配响应。

首先，我国新一代人工智能监管响应策略深受“技术可控论”和“技术失控论”两种思维并存的双重影响。一方面，人们习惯了人类智能决策主导的社会运行方式，在面对“人类智能+人工智能”复合性智能决策引致的新兴风险时表现出强烈的“失控”担忧，为避免“科林格里奇困境”出现风险过度遏制的现象。另一方面，沉迷于人工智能技术为社会转型和产业变革带来的巨大福惠，对数据泄露、场景滥用、算法歧视等重视度不够或对伦理风险、社会公平等潜在风险预见性不足，导致“先发展后治理”的现象存在。实际上，我国新一代人工智能已历经初始发展期（2016 年前）、技术创新主导时期（2017～2019）、风险规制加强时期（2020～2021）三个阶段，正在进入技术创新与风险规制动态平衡的未知探索阶段（2022 年至今）。例如某无人驾驶企业反映，《数据安全法》《个人信息保护法》等法律法规在让用户数据权益得到保障的同时，也使得自动泊车、自适应定速巡航等算法模型的训练数据规模大大减小。探索技术创新力度和风险规制力度的适度平衡成为我国新一代人工智能包容审慎实践突破的新课题。

其次，我国新一代人工智能监管主体的多元协同治理共识基本形成，由政府机构和用户群体、企业、科研机构、非政府组织等共同组成的多中心协作已经成为人工智能治理快速响应能力提升的重要支撑（Imperial M，2005）。但多元协同“数据治理共同体”向多元协同“知识治理共同体”的转变成为监管主体转型的新问题。如今，大规模探索性社会试验为我国新一代人工智能协同治理积累了丰富经验，建立在公有云、行业数据集、“国家数字银行”等基础之上的数据协同治理共同体正在逐渐形成和完善。然而，“缺乏知识”成为我国新一代人工智能亟待突破的关键挑战。虽然人工智能已经可以较好地完成对视频、图像、声音、文本等多源异构数据的识别、提取和分析，但是这些数据都是对孤立化或分散化物理世界场景的机械整合。如何从“分而治之”的海量数据中开发应用知识、建立组织管理知识体系并推动知识交叉融合（郭毅可，2021），构建起信息系统各子部分之间复杂而隐秘的知识联系（钟义信，2021），引导监管主体向“知识治理共同体”转变，将是我国新一代人工智能由“复杂数据整合系统”向“复杂知识集成系统”迈进、创生“关系推理—逻辑演绎—行动预测”等人类高级智能的重要突破口。

再次，借助人工智能“柔性工具”与“硬性工具”的有机组合实现精准治理和敏捷治理成为我国新一代人工智能监管工具转型适配的重要任务。

2019 年，国家新一代人工智能治理专业委员会发布《新一代人工智能治理原则——发展负责任的人工智能》（以下简称《治理原则》），表达了对人工智能发展支持和鼓励的基本态度，也率先关注人工智能的不确定性、潜在风险和负面影响，标志着我国人工智能发展柔性监管工具的出现。随着人工智能犯罪、外卖小哥深陷算法困境、滴滴出行 App 下架通报等一系列社会性风险事件的频发，我国相继颁布《中华人民共和国数据安全法》和《中华人民共和国个人信息保护法》等硬性法律法规以明确我国新一代人工智能发展的底线。然而，拥有巨大信息资源优势的人工智能领军企业使得信息不对称加速发展，加剧了政府制定和应用人工智能法律法规的困难（Taeihagh A et al.，2021）。硬性法律规制体系虽然约束力强、审慎性高，但会因其较强的滞后性而难以应对算法、数据等复杂多变的监管需求（贾开、蒋余浩，2017）。我国中科院人工智能领域专家在访谈中表示：如今，我国领军企业应该率先研判新时期我国人工智能创新发展的“红线”和“灰线”，主动发起自律自治的企业规范或具有价值观导向的行业倡议，在赢得更多用户信任的同时也向社会树立负责任的人工智能企业形象。因此，借助刚柔并济的组合性监管工具实现不同强度、不同层次、不同功能的适应性监管变得尤为重要。

综上所述，以应用驱动为主的我国新一代人工智能已经处于全球领跑状态（Jiang L D et al.，2021），海量场景的深度融合落地将会推动我国更深层次地进入全球人工智能创新治理的无人区，我国新一代人工智能治理正在更加积极地面对人工智能发展所带来的全方位治理问题。当前，较为主流且高频发生的“头部风险”被高度关注，而低频发生甚至尚未发生的“长尾风险”亦将在未来更广泛的场景落地中大量涌现，人工智能技术与智能社会的互动调适过程将充满复杂性、波动性和极度不确定性。基于此，本文认为构建基于“逻辑—秩序—监管”的我国新一代人工智能适应性治理的工作框架，对借鉴全球人工智能治理实践和丰富社会技术生态系统理论是新颖且有意义的尝试。如图 1 所示，本文将我国新一代人工智能适应性治理分为逻辑内核—根本动力、秩序重构—新兴需求、监管响应—行动适配三个层级，并将其进一步划分为动态特性存在（虚线部分）和稳定特性存在（其余部分）两个部分。其中技术社会复合体在技术自反性和场景变革性的共同驱动下不断催生嵌入式风险和衍生式风险，成为我国新一代人工智能适应性治理范式演进的根本动力。其次，数据要素、算法模型、平台集成作为核心风险载体的博弈要素不断牵引着社会技术生态系统的非均衡偏移，如“人类主权”向“技术主权”倾斜、“人类意志”向“机器行为”投注，使得国际竞合和组织协同等秩序重构需求被不断激发。最后，我国新一代人工智能适应性治理在敏捷回应、开放包容、韧性容错的“技术善治”导向下进行着“监管理念—监管主体—监管工具”的系统化行动适配，并不断反向促进技术社会复合体的生态有机互嵌。总而言之，我国新一代人工智能适应性治理范式需要各个组成部分之间保持高度匹配的循环互动，从而降低我国人工智能治理的系统脆弱性，保障其健康有序发展。

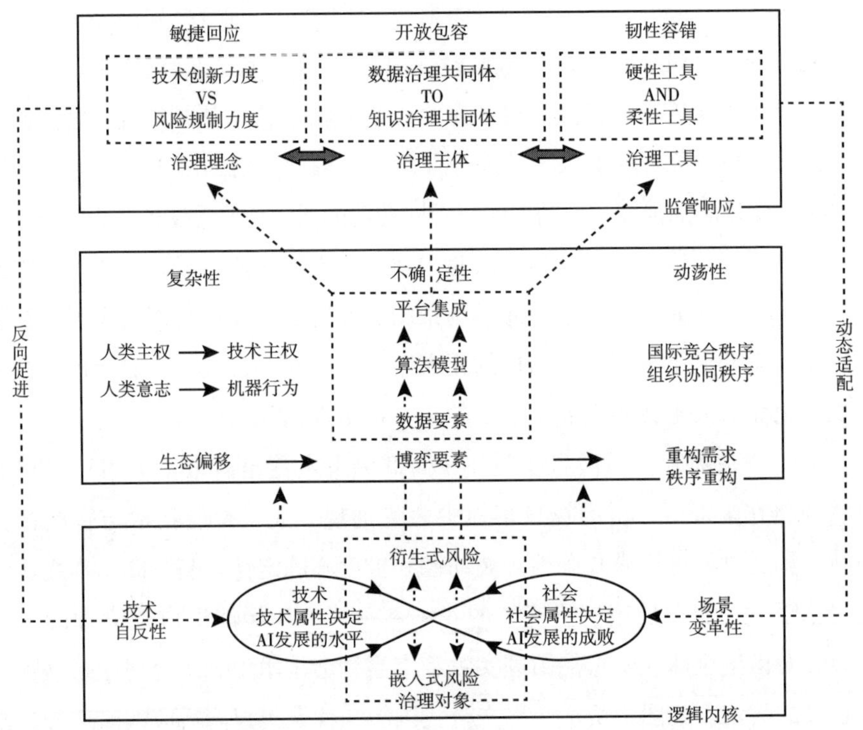

图1　基于“逻辑—秩序—监管”的我国新一代人工智能适应性治理工作框架

图片来源：作者自制。

三　我国新一代人工智能适应性治理的范式变革

通过对我国新一代人工智能适应性治理工作框架的全面解析，不难发现技术社会复合体、生态重心偏移、秩序需求重构等属于适应性治理的稳定特性，始终存在于适应性治理的各个阶段。而治理对象及其博弈要素、治理理念、治理主体和治理工具则表现出强烈的波动变化，形塑和演绎着我国新一代人工智能适应性治理的范式变革。由专家深度访谈以及政策文本资料可知，我国人工智能技术创新和风险规制的组合特征呈现出鲜明的阶段性差异，据此，本文将我国新一代人工智能适应性治理划分为初始发展期（2016 年前）、创新主导期（2017～2019）、规制加强期（2020～2021）、创新与规制平衡期（2022 年至今）四个阶段。基于此，本文对适应性治理不同阶段的动态特性（治理对象、治理理念、治理主体和治理工具）进行系统性刻画（如图 2 所示），厘清我国新一代人工智能适应性治理范式的过去式、现在式和未来式，为我国新一代人工智能适应性治理范式的未来演进路径提供借鉴启发。

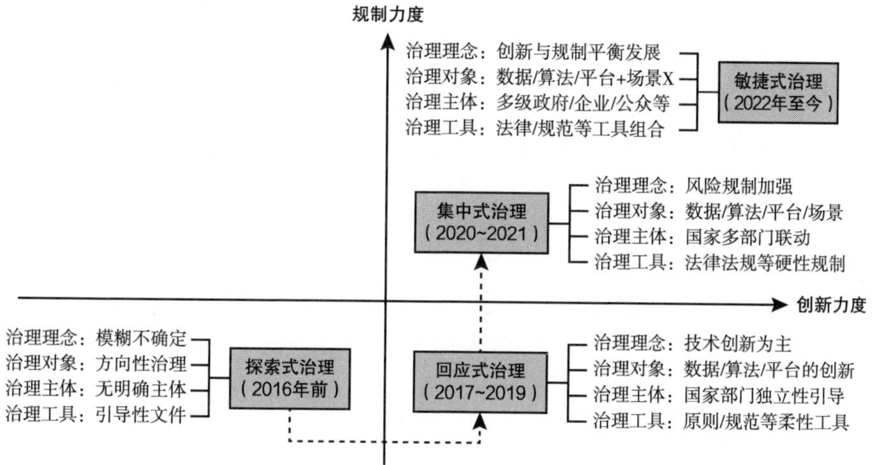

图 2　我国新一代人工智能适应性治理的范式变革

图片来源：作者自制。

我国新一代人工智能适应性治理虽历时较短但发展迅速。在我国新一代人工智能发展初期（2016 年前），人工智能开始从技术研发走向产业应用，引发了国际社会对新一代人工智能风险问题的初步思考。2016 年，联合国发布《联合国人工智能政策》，展现了对人工智能技术发展潜在社会问题的全新思考。同年，美国白宫连续发布《国家人工智能研究和发展战略计划》《为人工智能的未来做好准备》《人工智能、自动化与经济》，开始从制度、细则、社会等方面提出应对人工智能潜在风险的策略。2016 年，英国下议院科学和技术委员会发布《机器人和人工智能》报告，表达了人工智能对伦理道德与法律法规的潜在挑战。同年，在国际人工智能治理初见端倪之时，中国工程院潘云鹤院士首次阐释了我国新一代人工智能的核心要义，并提出大数据智能、群体智能、跨媒体智能、人机混合增强智能、自主智能系统 5 大重点发展方向，标志着我国新一代人工智能适应性治理的起步，但这一时期无论是治理理念、治理对象、治理主体还是治理工具都尚处于探索过程之中。因此，2016 年之前我国新一代人工智能以探索式治理为主，开始积极推进技术创新且风险规制力度较弱。

随着《新一代人工智能发展规划》《促进新一代人工智能产业发展三年行动计划（2018—2020 年）》等国家宏观战略引导和政府政策支持的不断推进，2017~2019 年我国各大人工智能领军企业纷纷开疆拓土，百度发布开源自动驾驶系统 Apollo、商汤成为我国最大的人工智能算法供应商、阿里成立“达摩院”并发布杭州城市大脑 2.0、腾讯发布首个人工智能辅诊开放平台，等等。我国人工智能发展的创新氛围快速形成、技术进步迅猛发展。此时治理对象主要以大数据积累、理论算法革新、平台算力提升为主要目标，短期内人工智能技术创新、场景开放等取得快速进展。但与此同时，数据隐私保护、国际治理参与受阻等问题开始逐渐显现，2019 年《治理原则》以柔性规制方式就我国人工智能治理的基本态度向国际社会发声。因此，2017~2019 年我国新一代人工智能以回应式治理为主，技术创新力度显著增强，风险规制则以回应方式为主。

自 2020 年以来，人工智能技术性风险频谱日益复杂、社会性风险事件不断频发，多方因素会聚触发了我国人工智能适应性治理的新一轮变革。一方面，我国新一代人工智能创新发展试验区的不断深入建设助推着技术持续进步与创新深度赋能，如武汉国家新一代人工智能创新发展试验区建立以来，率先建立起国内首个公共算力基础设施——武汉人工智能超算中心，不仅有效解决了日益严峻的算力供给问题，还创造性地提出了“一中心四平台”的全国先行先试“武汉模式”（王会，2021）。该模式依托武汉人工智能超算中心，利用公共算力服务平台提供普惠性公共算力服务、利用应用创新孵化平台打造本地特色化示范场景、利用产业聚合发展平台推动生态集约式发展、利用科研创新与人才培养平台推动产学研协同创新，使得武汉人工智能创新潜力被大力激发。此时期数据、算法、平台开始在无人驾驶、智能制造、智慧城市、智慧农业等各类场景中加速创新应用，人工智能的技术属性和社会属性日益高度融合。另一方面，“数据—算法—平台—场景”的风险复杂程度和危险系数也开始显著增高，此时治理理念和治理对象开始由鼓励创新为主（注重数据积累、算法创新、算力提升）向风险规制为主［注重数据泄露（Janssen M et al.，2020）、算法歧视（Soteropoulos A et al.，2019）、平台推荐（Taeihagah A，2021）、场景滥用］倾斜，社会道德导向越来越占据系统治理的主导地位（Radu R，2021）。由表 1 可知，该时期国家诸多部门开始针对特定问题联合发布相关政策，如国家标准化管理委员会、中央网信办、国家发展改革委、科技部、工业和信息化部五部委联合发布《国家新一代人工智能标准体系建设指南》，治理主体的横向协同沟通逐渐加强。国家关键性法律法规等硬性规制工具也开始陆续出现，2021 年我国相继颁布《中华人民共和国数据安全法》和《中华人民共和国个人信息保护法》，明确我国新一代人工智能创新发展的“底线”。因此，2020~2021 年我国新一代人工智能以集中式治理为主，技术创新突破持续发力，风险规制力度显著增强。

表 1　不同时期我国新一代人工智能治理的相关政策文件

阶段	年份	治理主体	治理工具
创新主导期（2017~2019）	2017	中华人民共和国国务院	《新一代人工智能发展规划》
	2017	中华人民共和国工业和信息化部	《促进新一代人工智能产业发展三年行动计划(2018—2020 年)》
	2018	中华人民共和国工业和信息化部	《新一代人工智能产业创新重点任务揭榜工作方案》
	2019	中央全面深化改革委员会	《关于促进人工智能和实体经济深度融合的指导意见》
	2019	中华人民共和国科学技术部	《国家新一代人工智能开放创新平台建设工作指引》
	2019	国家新一代人工智能治理专业委员会	《新一代人工智能治理原则——发展负责任的人工智能》
规制加强期（2020~2021）	2020	国家标准化管理委员会、中央网信办、国家发展改革委、科技部、工业和信息化部五部委联合	《国家新一代人工智能标准体系建设指南》
	2020	全国信息安全标准化技术委员会	《网络安全标准实践指南——人工智能伦理安全风险防范指引》
	2021	国家新一代人工智能治理专业委员会	《新一代人工智能伦理规范》
	2021	十三届全国人大常委会第二十九次会议	《中华人民共和国数据安全法》
	2021	十三届全国人大常委会第三十次会议	《中华人民共和国个人信息保护法》
创新与规制平衡期（2022 年至今）	2022	上海市第十五届人民代表大会常务委员会	《上海市数据条例》
	2022	深圳市第七届人民代表大会常务委员会	《深圳经济特区数据条例》
	2022	国家互联网信息办公室、工业和信息化部、公安部、国家市场监督管理总局四部门联合	《互联网信息服务算法推荐管理规定》

表格来源：作者自制。

面向未来发展，我国新一代人工智能适应性治理致力于形成“治理理念动态平衡、治理主体多元协同、治理对象频谱细分、治理工具多维组合”

的有机治理范式格局。既要鼓励我国人工智能企业在坚持以人为本、安全可控的“底线思维”基础上继续增强技术创新力度，也要及时发现人工智能应用带来的各类新兴风险，及时果断给予适当规制。我国新一代人工智能技术采用的速度可能会超过政府监管部门对待解决问题的回应（Taeihagh A et al.，2021），创新与规制的平衡发展需要政府、企业、公众、行业团体、社会组织等治理主体多元协同的不断增强。与此同时，要将数据/算法/平台等治理对象嵌入具体场景中进行细分，形成“普适性底线约束+个性化场景规制”的我国新一代人工智能治理频谱。如针对共性的数据/算法/平台突出问题进行力度较强的普适性约束，而针对具体应用场景的个性化问题则实施具有一定容错空间的韧性规制。与此同时，社会各界开始意识到法律法规等硬性治理工具因需要遵循特定程序而容易出现时效性不足的问题（薛澜、赵静，2019），但柔性治理工具也会因缺乏执法标准约束而无法确保参与主体始终遵守规定（Hemphill T A，2020）。因此，未来智能社会治理工具既要包括宏观层面原则性、普适性较强的法律法规，也要包括中观层面共识性强的行为准则、行业规范、技术标准，还要有微观层面时效性强的行业倡议、企业自我规制。这些源于正式组织或非正式组织刚柔并济的组合性治理工具对改善我国新一代人工智能技术风险、增强社会抗风险韧性具有重要作用。因此，2022 年以后我国新一代人工智能应以敏捷式治理为主，保持技术创新力度和风险规制力度的持续并重、动态均衡变得尤为重要。

四　主要研究结论与启示

（一）研究结论与理论贡献

本文立足于我国新一代人工智能赋能的鲜明时代特征与多重治理挑战，交叉应用社会技术生态系统相关理论和企业实地调研、专家深度访谈等研究方法，全方位探析我国新一代人工智能治理的核心问题，并在此基础上提出我国新一代人工智能适应性治理的工作框架，立体化刻画我国新一代人工智能适应性治理的范式变革，初步建构起我国新一代人工智能治理的系统性认知，取得了较为有意义的研究结论。

（1）我国新一代人工智能治理的核心问题主要可以归纳为整合技术社会复合体的离散性认知、实现系统生态主权的非均衡调适、突破包容审慎探索的有限性实践三个方面。其中，整合技术社会复合体的离散性认知主要体现在人工智能技术属性与社会属性辩证统一的根本性认知亟须建立，人工智能"技术迭代—场景变革—风险涌现"关联互动的基础性认知亟待深化，人工智能风险的根本性划分依据和开放性认知体系亟待探索。实现系统生态主权的非均衡调适主要体现在"技术能动性逐渐增强、人类能动性日益削弱"和"人类意志与人类行为逐渐分离、人类意志向机器行为加速注入"的生态调整。突破包容审慎探索的有限性实践主要体现在对技术创新与风险规制动态平衡的难以把握、对多元协同创新主体监管重心转变的难以适应，以及对组合性监管工具"刚柔并济、有机结合"的难以调适。

（2）我国新一代人工智能适应性治理已经形成以逻辑内核—秩序重构—监管响应为主要支撑的工作框架，其中技术社会复合体、生态重心偏移、秩序需求重构成为其稳定特性存在，而治理对象、治理理念、治理主体、治理工具则成为其动态特性存在。首先，建立在技术自反性和场景变革性基础上的新一代人工智能技术社会复合体持续推动着人工智能技术与智能社会的相互调适，并不断催生新一代人工智能的嵌入式风险和衍生式风险，成为我国新一代人工智能适应性治理范式变革的逻辑内核和根本动力。其次，以数据要素、算法模型、平台集成为核心风险载体的博弈要素不断牵引着人工智能社会技术生态系统的非均衡偏移，使"人类主权"向"技术主权"倾斜、"人类意志"向"机器行为"投注，不断推动着新一代人工智能国际竞合秩序和组织协同秩序的转型重构。最后，我国新一代人工智能适应性治理秉持敏捷回应、开放包容、韧性容错的"技术善治"导向，进行着"监管理念—监管主体—监管工具"的系统化、特色化和精准化适配，并不断反向促进人工智能技术社会复合体的生态互嵌，在各个组成部分高度匹配、循环互动下降低我国新一代人工智能创新发展的系统脆弱性、保障其健康有序发展。

（3）我国新一代人工智能适应性治理经历了探索式治理（2016 年前）、回应式治理（2017~2019）、集中式治理（2020~2021）、敏捷式治理（2022 年至今）四个阶段的范式变革。为了应对新一代人工智能治理的不确定性和复杂性挑战，我国新一代人工智能适应性治理在各个要素的动态迭代和高效组合中进行着不断转换。在探索式治理中，技术创新积极推进、风险规制力度微弱。在回应式治理中，技术创新力度显著增强、风险规制力度较弱，形成了以技术创新为主导的治理理念、以数据/算法/平台创新突破为核心的治理对象、以国家政府部门为支撑的治理主体、以指南/原则/规范等柔性规制为依托的治理工具。在集中式治理中，技术创新突破持续发力、风险规制力度显著增强，形成技术创新与风险规制并重的治理理念、以数据/算法/平台风险规制为核心的治理对象、以国家多部门联合为支撑的治理主体、以硬性规制为依托的治理工具。在敏捷式治理中，技术创新力度继续增强、风险规制力度继续加大，形成技术创新与风险规制动态平衡的治理理念、数据/算法/平台嵌入+具体细分场景的治理对象、中央+地方多级政府纵横联合的治理主体、法律法规+行业准则/自律倡议等刚柔并济的治理工具。

本研究的理论贡献主要表现在以下三个方面：

（1）本研究实现了对我国新一代人工智能治理核心问题的全方位、系统化探析。近年来关于人工智能治理问题挑战的研究已经越来越丰富，基本涵盖了数据安全与隐私、算法透明与可解释性、公共部门信息不对等、法律法规滞后性、本地解决方案与全球共识等人工智能治理核心要素的各个方面（Wirtz B W et al.，2020；Wirtz B W et al.，2019），但碎片化和笼统性现象普遍存在、精准性和系统性有待提高。本文从“整合技术社会复合体的离散性认知、实现系统生态主权的非均衡调适、突破包容审慎探索的有限性实践”三个方面出发，全方位、系统化地探析我国新一代人工智能治理的核心问题，为全球人工智能治理困境突破提供了全新的理论视角。

（2）本研究超越了传统新兴技术治理框架以治理主体变革为核心的思维范式。无论是以往适应性治理（Olsson P et al.，2006；Olsson P et al.，

2007）、混合治理还是“去中心化”治理等，都更加关注政府社会资源控制分配作用的减弱以及多元制度逻辑的嵌入（Radu R，2021），更加关注人工智能发展过程中非正式组织对政府决策知识或信息来源局限性的有力弥补（Cvitanovic C et al.，2015）。而当前，我国新一代人工智能正在从应用端发力牵引治理范式的全方位转型，将逻辑内核—根本动力、秩序重构—新兴需求、监管响应—行动适配纳入我国新一代人工智能治理范式的工作框架之中，并将其划分为稳定特性存在和动态特性存在两个部分。输出新一代人工智能治理的“中国智慧”是对新兴技术治理理论的有力推进。

（3）本研究突破了对人工智能适应性治理范式探析的静态局限。当前，对于人工智能治理范式的探讨尚且停留在针对单一模式或单一时段的细致剖析，如 Gasser 和 Almeida 提出人工智能治理模式应该由三个层次组成（Gasser U et al.，2017），核心层为技术、算法和数据，中间层为道德标准，外延层为社会和法律问题。Reddy 等还针对医疗领域提出基于“公平、透明、可信和问责”的人工智能治理范式（Reddy S et al.，2020）。我国新一代人工智能适应性治理历时较短但发展迅速，在技术创新和风险规制两个方面表现出明显的强弱组合阶段特征。本文将创新力度和规制力度引入适应性治理范式变革的动态演化分析之中，从治理对象、治理理念、治理主体和治理工具等动态特性视角出发，细致、清晰地刻画了我国新一代人工智能适应性治理的范式变革演进历程。

（二）研究启示

本研究为未来我国新一代人工智能的健康有序发展和治理理论的丰富提供了重要启示。

（1）要超前研判国际竞争环境，并重“两个轮子”。要看到随着国际大环境的迅速变化，人工智能的前沿性治理问题将不再简单地是技术发展与社会适应之间互动协调的问题。中美人工智能领域的国际科技创新竞争与国际治理规制竞争交互并存并日益激烈，一方面，中美两国纷纷高度重视人工智能的前瞻性、系统性和战略性布局，不断加码扶持人工智能技术进步与产业变革。另一方面，西方人工智能大国不断利用行业标准、国际法规等国际规制手段开展博弈，力图通过“规则锁定”建构环境竞争优势，使得全球各国人工智能创新的战略分歧和规制冲突不断加剧、科技脱钩和市场割裂的风险不断加大。正因为如此，未来人工智能发展过程中科技创新与治理规则将始终是驱动国际竞争的“两个轮子”。

（2）要持续推动全球共识、凝练“中国故事”。人工智能作为赋能社会变革和人类进步的核心技术载体，已经成为未来全球人类命运共同体的构建基础。如何跨越不同国家主权边界的规制冲突，在国际参与中最大化凝聚人工智能治理的全球共识，避免局部地区出现“先发展、后治理”或“拿着锤子看哪里都是钉子”的极端情况，这对于我国新一代人工智能治理优化完善而言既是机遇更是挑战。

（3）要深化理解辩证思维、预警“长尾风险”。技术创新与风险规制已经不再是传统意义中此消彼长式的零和博弈关系，“治理是为了更好地创新”这一观点应当成为我国新一代人工智能治理的根本立足点和解决当前人工智能治理困境的基本出发点。随着人工智能技术在各类场景中的广泛落地，将会继续引发大量存在的低频风险和潜在风险，由“被动规制”向“主动规制”转变将是应对更加复杂严峻挑战的关键突破点。

（4）要坚定秉持动态思维、聚焦“范式适配”。我国新一代人工智能发展日新月异，技术创新速度和应用场景需求不断超越理论演进速度，其所带来的社会技术问题也充满了动荡复杂性和不确定性。我国新一代人工智能治理应当根据具体阶段、具体场域、具体矛盾，及时调整治理策略与治理范式，使得治理响应措施能够快速适应和满足我国人工智能前沿实践的发展需求。

参考文献

郭毅可：《论人工智能历史、现状与未来发展战略》，《人民论坛·学术前沿》2021

年第 23 期。

姜李丹、薛澜、梁正：《人工智能赋能下产业创新生态系统的双重转型》，《科学学研究》2022 年第 4 期。

贾开、蒋余浩：《人工智能治理的三个基本问题：技术逻辑、风险挑战与公共政策选择》，《中国行政管理》2017 年第 10 期。

李仁涵：《人工智能技术属性及其社会属性》，《上海交通大学学报（哲学社会科学版）》2020 年第 4 期。

米加宁、章昌平、李大宇等：《“数字空间”政府及其研究纲领——第四次工业革命引致的政府形态变革》，《公共管理学报》2020 年第 1 期。

王会：《武汉人工智能计算中心：打造全国先行示范标杆》，《湖北日报》2021 年 12 月 17 日。

薛澜、赵静：《走向敏捷治理：新兴产业发展与监管模式探究》，《中国行政管理》2019 年第 8 期。

俞可平：《治理和善治引论》，《马克思主义与现实》1999 年第 5 期。

钟义信：《人工智能范式的革命与通用智能理论的创生》，《智能系统学报》2021 年第 4 期。

Cvitanovic C，Hobday A J，Van Kerkhoff L，et al，“Improving Knowledge Exchange among Scientists and Decisionmakers to Facilitate the Adaptive Governance of Marine Resources：A Review of Knowledge and Research Needs”，*Ocean&Coastal Management*，2015，112：25-35.

Gasser U，Almeida V A F，“A Layered Model for Ai Governance”，*Ieee Internet Computing*，2017，21（6）：58-62.

Hemphill T A，“The Innovation Governance Dilemma：Alternatives to the Precautionary Principle”，*Technology in Society*，2020，[2021-01-18].

Imperial M，“Using Collaboration as a Governance Strategy-Lessons from Six Watershed Management Programs”，*Administration&Society*，2005，37（3）：281-320.

Jiang L D，Chen J Y，BaoY H，et al，“Exploring the Patterns of International Technology Diffusion in Ai from the Perspective of Patent Citations”，*Scientometrics*，2021，[2021-09-10].

Janssen M，Brous P，Estevez E，et al，“Data Governance：Organizing Data for Trustworthy Artificial Intelligence”，*Government Information Quarterly*，2020，[2020-09-10].

Lim H S M，Taeihagh A，“Algorithmic Decision-Making in Avs：Understanding Ethical and Technical Concerns for Smart Cities”，*Sustainability*，2019（20）.[2019-12-06].

Olsson P，Gunderson L H，Carpenter S，et al，“Shooting the Rapids：Navigating Transitions to AdaptiveGovernance of Social-Ecological Systems”，*Ecology&Society*，2006，11（1）：441-473.

Olsson P，Folke C，Galaz V，et al，“Enhancing the Fit through Adaptive Co-Management：

Creating and Maintaining Bridging Functions for Matching Scales in the Kristianstads Vattenrike Biosphere Reserve, Sweden", *Ecology&Society*, 2007, [2007-06-01].

Pan Y, "Heading toward Artificial Intelligence 2.0", *Engineering*, 2016, 2 (4): 409-413.

Radu R., "Steering the Governance of Artificial Intelligence: National Strategies in Perspective", *Policy and Society*, 2021, 40 (2): 178-193.

Reddy S, Allan S, Coghlan S, et al., "A Governance Model for the Application of Ai in Health Care", *Journal of the American Medical Informatics Association*, 2020, 27 (3): 491-497.

Soteropoulos A, Berger M, Ciari F., "Impacts of Automated Vehicles on Travel Behaviour and Land Use: An International Review of Modelling Studies", *Transport Reviews*, 2019, 39 (1): 29-49.

Taeihagah A., "Governance of Artificial Intelligence", *Policy and Society*, 2021, 40 (2): 137-157.

Taeihagh A, Ramesh M, Howlett M., "Assessing the Regulatory Challenges of Emerging Disruptive Technologies", *Regulation&Governance*, 2021, 15 (4): 1009-1019.

Wang W Y, Siau K., "Artificial Intelligence, Machine Learning, Automation, Robotics, Future of Work and Future of Humanity: A Review and Research Agenda", *Journal of Database Management*, 2019, 30 (1): 61-79.

Wirtz B W, Weyerer J C, Sturm B J., "The Dark Sides of Artificial Intelligence: An Integrated Ai Governance Framework for Public Administration", *International Journal of Public Administration*, 2020, 43 (9): 818-829.

Wirtz B W, Weyerer J C, Geyer C., "Artificial Intelligence and the Public Sector-Applications and Challenges", *International Journal of Public Administration*, 2019, 42 (7): 596-615.

第二部分 人工智能的国际治理

跨国比较视阈下的人工智能政策：目标、理念与路径

陈婧嫣 姜李丹 薛 澜*

摘 要： 人工智能以其强大的技术辐射效应，日益成为全球经济发展新的强劲引擎。近年来，全球各科技强国纷纷开始探索与本国资源禀赋、发展阶段和治理体系相适应的人工智能发展之路，国家级人工智能政策密集出台。在此背景下，通过对全球科技强国人工智能政策文本的深度挖掘，分别从基于“目标—理念—路径”的静态视角和基于“学习—扩散”的动态视角出发，构建起人工智能领域的跨国比较分析框架，为人工智能政策比较提供了系统化解析思路和理论支撑。研究发现：从静态视角出发，各国人工智能政策在目标、理念和路径方面具有显著的差异化特征；从动态视角出发，各国人工智能政策正呈现出相互借鉴、彼此融合的趋势，政策学习与创新扩散的广度、深度及强度不断提高。

关键词： 人工智能 跨国比较 政策文本 政策扩散

* 陈婧嫣，清华大学公共管理学院博士研究生，研究方向为科技政策与科研伦理；姜李丹，北京邮电大学经济管理学院副教授，研究方向为创新网络与新兴技术治理；薛澜，清华大学文科资深教授、博士生导师，清华大学苏世民书院院长，人工智能国际治理研究院院长，研究方向为公共政策与公共管理、科技创新政策、危机管理及全球治理等。

一　引言

在工业化的历史进程中，关键通用技术的兴起、变革与广泛应用缔造了经济的持续增长和如今的普遍繁荣（Allen，2011）。在经历了由蒸汽动力推动的生产机械化、由电力推动的生产规模化以及由电子信息技术推动的生产自动化阶段之后，人类社会开始向着由人工智能推动的生产智能化阶段迈进，开启了新一轮科技和产业变革的进程（Schwab，2016）。自 1956 年被正式提出至今，人工智能已经取得了长足的发展。近年来，随着硬件、算法的进步以及互联网巨量信息数据的产生，人工智能技术在使能社会各行各业的过程中表现出巨大的技术互补性和溢出效应，短短几年内便成为推动产业优化升级、生产力整体跃升的重要战略资源。与此同时，随着人工智能技术的发展和应用场景的拓宽，技术、经济、伦理等层面的风险也开始给现行的价值体系和制度供给带来挑战。在此背景下，加快发展人工智能、规避潜在风险，抢占人工智能的制高点以在全球竞争中赢取主动权已然成为世界各国的共同关切。俄罗斯总统普京便曾直言："谁能成为人工智能领域的领先者，谁就是未来世界的统治者"（RT，2017）。为此，科技强国纷纷着手发布与本国资源禀赋、发展阶段和治理体系相适应的人工智能政策，力求在全面、准确地识别人工智能深远影响的基础上，尽快形成富有远见的规划和具体、有效、可操作的措施。

近年来，人工智能领域国家级政策的密集出台，为跨国比较研究提供了良好的契机，引发了一系列值得探讨的问题：当前全球主要科技强国人工智能政策呈现出了怎样的差异与分野？可以从哪些维度出发、以怎样的框架对其进行归纳并加以比较？为了回应上述问题，本文围绕当前全球主要科技强国的人工智能政策开展比较研究。当前，人工智能领域的跨国比较研究主要是以创新为视角而非以政策为视角展开的，针对人工智能政策的跨国比较框架尚未出现。因此，各国在人工智能领域所做出的规划和行动未能得到系统地探讨。有鉴于此，本研究尝试以目标、理念和路径为线索构建人工智能政策的跨国比较框架，分析国家间的差异与分野。同时，本研究也注意到：当前全球主要科技强国的人工智能政策开始呈现出一定程度的相互借鉴、彼此融合的趋势。这意味着各国的人工智能政策并不是孤立存在的，人工智能领域的政策学习与扩散正在发生，其动因与人工智能技术本身的进步、人类社会对其认知的加深、各国历届政府需求偏好和工作重点的转变以及人工智能领域国际交流的开放性与频繁性密切相关，这也为人工智能领域全球共识的形成提供了全新的挑战与契机。

二　文献综述及理论框架

（一）政策、比较公共政策与问题的提出

政策通常指的是由政府制定、用来解决社会公共问题、达成公共目标、实现公共利益、具有权威性的方案（竺乾威等，2019；宁骚，2011）。本研究便是以各国政府出台的人工智能政策为主要研究对象，重点关注以政府为代表的公共部门为了解决人工智能领域的公共问题所推出的解决方案。首先，本研究关注各国政府在人工智能领域的决策与行动，尤其关照了公共部门作为政策制定主体的特殊性。其次，本研究重点关注人工智能的发展和规制问题，并将这些问题视为伴随着技术勃兴而出现的亟待解决的重大公共问题。此外，由于政策通常以文本的形式出现（竺乾威等，2019），以政策为研究对象通常离不开对政策文本的分析。然而，如同上述定义所言，从根本目的（解决社会公共问题、达成公共目标和实现公共利益）和本质属性（由政府制定且具有权威性）出发，政策的外延是非常广泛的，其文本并不一定被称为“政策”，常见的战略、规划、措施、规范、计划、方案，其本质都可以理解为政策的特殊形式，因此上述类型的文本也被纳入本研究的考察之中。

为了对各个国家不同的政策产生更为深入的理解，比较公共政策的研究范式对本研究问题的提出有着尤为重要的启发。自 20 世纪 70 年代以来，公

共政策领域的学者一直强调“比较”的重要性和必要性，这使得比较公共政策这一政策研究子领域得以逐渐形成，并在过去的半个世纪中持续发展。近年来，比较公共政策研究所涵盖的实质性领域和具体议题日益广泛，卫生政策、福利政策、教育政策、环境保护政策和能源政策等领域都有所涉及。通过比较国家间不同（或趋同）的政策选择，学者们致力于在政策结果与制度特征之间建立起普遍的经验联系，他们通常关注两个主要的研究问题：一是各国的政策有何不同，二是这些政策为何不同（Gupta，2012）。例如，中国与美国的医疗政策差异何在？又如就社会政策而言，为什么一个国家采取的是面向社会公平的福利驱动型政策，而另一个国家却更倾向于市场驱动型政策？

类似地，由于着眼于人工智能政策的跨国比较，本研究首先关注的问题是：当前全球主要科技强国的人工智能政策呈现出了怎样的共性与差异？与此同时，为了保证研究对象的可比性以及跨国比较的有效性，将各国人工智能政策整合于一个统一的框架之中十分必要。因此，本研究进一步关注的问题是：基于上述共性与差异，可以从哪些维度出发、以怎样的框架对当前全球主要科技强国的人工智能政策加以比较？此外，本研究还将时间维度引入人工智能政策领域的比较分析之中，试图从动态视角回答：全球主要科技强国的人工智能政策是否发生了演变，这些演变呈现出怎样的特征和趋势。通过对人工智能这一新兴政策领域的关注以及对上述三个关键问题的回应，本研究力求为比较公共政策研究开辟新的语境。

（二）人工智能跨国比较分析框架的构建

当前，人工智能领域的跨国比较研究主要是以创新为视角而非以政策为视角展开的。创新视角指的是从知识（以论文为指标）和技术（以专利为指标）的角度出发，比较各国在人工智能领域创新能力的差距及形成原因，而政策视角则是从与人工智能领域相关的政策分析出发，比较不同国家、地区或城市人工智能政策的异同。目前，既有研究中对各国为了把握人工智能所带来的机遇和挑战所做出的规划和行动的探讨仍然不够充分，针对人工智能政策的统一的跨国比较框架也尚未出现。

在以创新为视角的人工智能领域跨国比较研究中，学者们着重从知识（以论文为指标）和技术（以专利为指标）的角度出发，比较各国在人工智能领域创新能力的差距及形成原因。Tseng 等（2013）利用 USPTO 数据进行专利和引文分析，考察了 1976~2010 年不同国家（地区）人工智能技术的发展情况。研究发现人工智能领域的专利总数自 2003 年起显著增加，美国、日本、德国、英国、加拿大、法国、韩国、意大利和荷兰等国家集中了全球绝大多数（91.37%~97.65%）人工智能技术专利。美国是人工智能专利数量排名第一的国家，日本位于第二位。从专利质量来看，荷兰的专利质量最好，其次是美国。法国、韩国和意大利的专利质量较差。此外，荷兰和美国拥有比其他国家更快的创新速度。美国在机器学习领域处于领先地位，德国则在网络结构领域拥有最高的专利质量，荷兰在问题推理解决和知识处理系统领域处于领先地位。Fujii 等（2017）利用世界知识产权组织所提供的授权专利数据 PATENTSCOPE 以及 USPTO 和 JPO 的说明，对 2000~2016 年间全球范围内人工智能领域的授权专利进行了比较分析，认为不同国家的研发政策会影响到人工智能领域的技术创新绩效。例如，研究发现日本市场对人工智能技术及其应用的吸引力低于美国，本研究认为这与日本对商业使用私人信息的严格要求有关，在大数据收集和使用方面的商业障碍降低了发明人在日本获得人工智能专利的动机。然而在美国，政府不仅制定了将私人信息作为大数据使用的规章制度，还在人工智能技术创新方面加大了研发投入。国内学者薛澜等（2019）利用 DWPI 专利申请数据对中美人工智能领域产学研合作进行对比，发现近年来中国产学研合作数量有了较大进步并存在一定程度的赶超。

相较于创新视角，从人工智能相关政策分析出发，比较不同国家、地区或城市人工智能政策异同的政策视角并未在比较公共政策理论研究的层面上受到学者们的足够关注，反而成为全球各类智库、咨询公司和研究机构重点关注的主题。例如，美国 FTI 咨询（FTI Consulting）在题为《人工智能：竞争已经开始——全球对人工智能的政策回应》的报告中对欧盟、英国、美国、中国、新加坡、澳大利亚和阿联酋已经采取的人工智能政策进行了梳理和比较，认为人工智能有着巨大的前景，但由于人工智能政策环境尚不成熟，未来的伦理和监管边界尚未划定，当将此类技术整合到当今高度监管的行业时（如卫生、金融），由于没有监管先例可循，各国决策者正面临挑战并积极寻找解决方案（FTI，2018）。德国阿登纳基金会（Konrad-Adenauer-Stiftung，KAS）在题为《比较促进人工智能发展的国家战略》的报告中，从发展人工智能的条件、制度框架、研发以及商业化等层面对美国、中国、英国、法国、芬兰和韩国的人工智能国家战略进行了比较，认为当前各国人工智能战略在目标体系、战略方向、参与主体、优势与不足方面均有所差异，这些差异在美国、中国与欧洲之间尤为突出（Konrad-Adenauer-Stiftung，2019）。相较而言，中国学者更为重视人工智能政策领域的跨国比较，同时也做出了一些有益的尝试。贾开等（2018）对美国、英国、德国和中国为人工智能的发展与规制而制定的公共政策及其历史沿袭进行了回顾，并分别对各国当前政策框架进行了归纳。曾坚朋等（2019）按照“政策主体—政策工具—政策目标”的分析框架，对中美国家和地方两个层面的人工智能政策进行了比较，发现就国家层面而言，中美两国在政策主体结构、政策工具选择与政策目标制定等方面存在较大差异；就地方层面而言，中国地方政府更强调技术进步和产业应用，对伦理风险、安全规制、舆论引导等虽在政策中有所涉及，但是在实际发展中不够重视。

总的来说，当前人工智能领域的跨国比较研究呈现出以下三个特征：一是重创新、轻政策。既有研究更多关注的是人工智能技术在各国的创新发展现状问题，试图衡量并刻画不同国家在人工智能这一新兴技术领域发展水平的差异以及造成这种差异的原因。相对而言，既有研究对各国制定并实施的人工智能政策及其对人工智能产业的促进或抑制作用关注不足。二是重描述、轻比较。既有研究更多的是分别描述不同国家在人工智能领域的政策举措，描述性、复述性的信息多过于通过系统比较得出的一般性、规律性的结论。三是重不同、轻程度。既有研究更侧重于通过描述各国政策的特殊性以揭示彼此之间的不同，却忽视了这些不同的程度，这一点与尚未构建起能够将全球主要国家人工智能政策整合起来并使之相互可比的统一框架密切相关。基于此，本研究拟围绕当前全球主要科技强国的人工智能政策开展比较研究，如图1所示，本研究以目标、理念和路径为线索构建人工智能政策的跨国比较框架，进一步系统分析国家间的差异与分野。同时，本研究从动态视角出发凸显全球主要科技强国的人工智能政策相互借鉴、彼此融合的趋势。

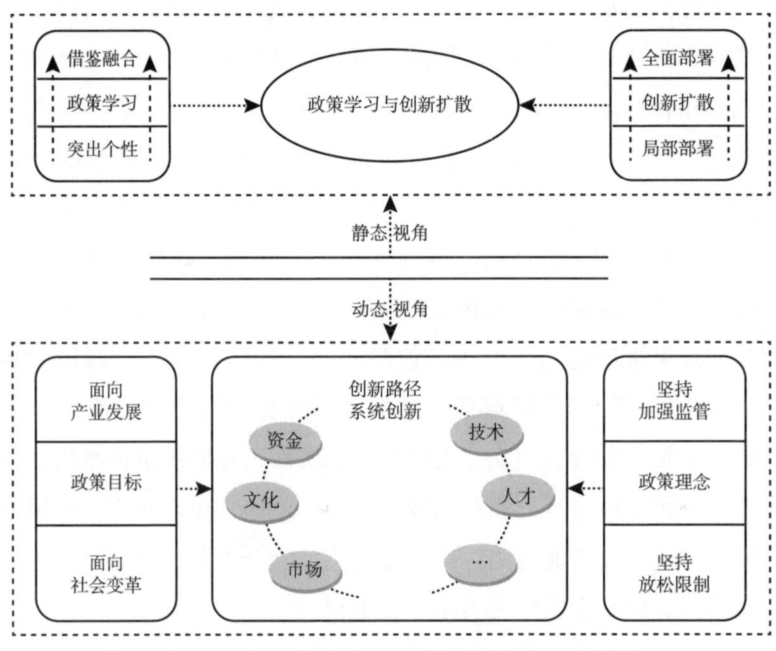

图1　人工智能政策的跨国比较分析框架

图片来源：作者自制。

三　基于“目标—理念—路径”的案例比较

（一）政策目标：面向产业发展与面向社会变革

政策目标是各国制定人工智能政策时的首要考量，它决定了各国最终会把本国的人工智能引向何方。在各国的人工智能政策中，人工智能被广泛地视为具有通用性、变革性的新兴技术，尽管其发展和大规模应用将对经济和社会带来难以回避的潜在风险，但是其在驱动经济增长、维护国家安全和改善生活质量方面所蕴藏的巨大潜力深深吸引着各国决策者。因此，确保本国在人工智能这一新兴领域占据领先地位是所有国家制定人工智能政策时都一定会提及的共同目标。

2019 年 2 月，美国总统特朗普签署第 13859 号行政令，正式启动了“美国人工智能发展倡议”（American AI Initiative）。这份以“保持美国在人工智能领域的领先地位”为题的行政令指出，美国政府试图通过“美国人工智能发展倡议”这项政策，维持和加强美国在人工智能研发和部署方面的领导地位，以应对来自战略竞争者和外国对手的挑战（The White House，2019）。2017 年 7 月，中国国务院为抢抓人工智能发展的重大战略机遇，构筑中国人工智能发展的先发优势，加快建设创新型国家和世界科技强国，制定了《新一代人工智能发展规划》。在这份规划中，中国政府提出了人工智能发展的目标，其中提升中国在人工智能领域的世界地位被明确提及：“到 2020 年人工智能总体技术和应用与世界先进水平同步，……到 2025 年部分技术与应用达到世界领先水平，……到 2030 年人工智能理论、技术与应用总体达到世界领先水平，成为世界主要人工智能创新中心”（中国国务院，2017）。除了中美这两大全球人工智能的领先者外，众多中小型国家也展现出自己对落后的担忧和谋求领先地位的勃勃雄心。例如，比利时在题为“AI 4 Belgium”的文件中提出“……由于许多国家已经（在人工智能领域）进行了重大投资，我们正面临落后的风险。现在是大胆和雄心勃勃的时候了，……我们需要增强地方举措，让比利时在国际上站稳脚跟”（AI 4 Belgium Coalition，2019）。如图 2 所示，当前世界各国都已在自动出行、数据治理、自动决策系统等领域进行了 AI 相关政策的布局，尤其是美国、欧盟、日本等国家和地区，纷纷以报告、战略、准则等形式发布人工智能相关文件。

然而，除了在人工智能领域谋求世界领先地位这一共同的宏观目标之外，各国在关于引导人工智能发展面向的方向性目标上存在不同的侧重，侧重点的不同使得各国在从面向产业发展到面向社会变革的频谱上分布开来。

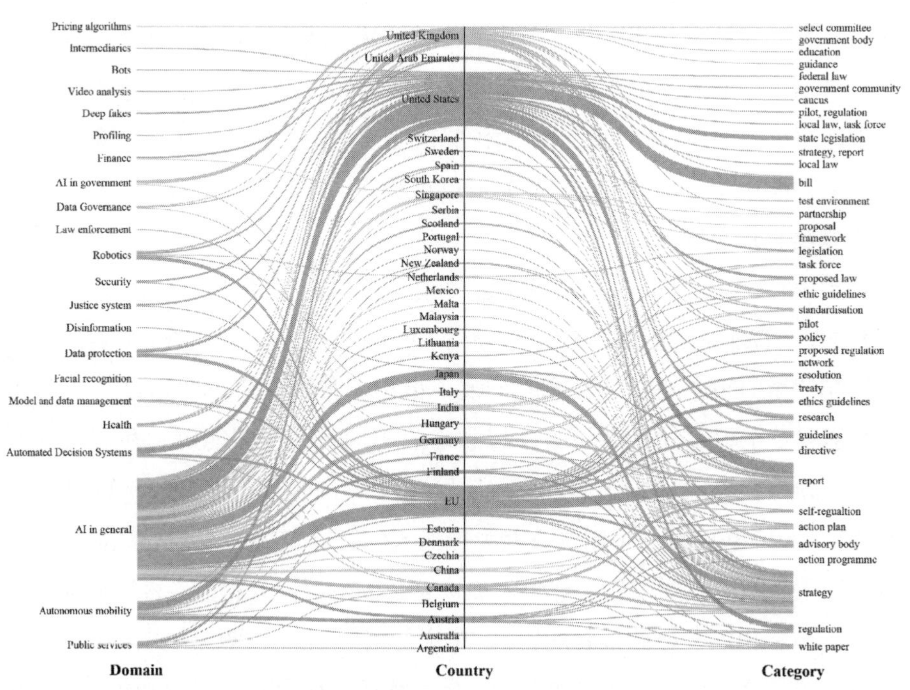

图 2　各国人工智能相关政策文件出台情况

注：数据来源于 NESTA：AI governance database，其中 2020 年数据截至该年度 3 月份。

换言之，虽然产业发展与社会变革是每个国家都试图通过发展人工智能而加以实现的目标，但是有些国家会明显更加注重人工智能对产业发展的驱动，有些国家则更加注重激发人工智能之于社会的变革性力量，有些国家则同时注重，没有明显的倾向。从本质上来讲，面向产业发展还是面向社会变革这一方向性目标的差异体现了各国在人工智能的经济效益和社会效益之间的侧重或平衡。本研究梳理 1974~2019 年德国与日本所颁布的有关人工智能的相关政策，并对其所涉及的人工智能关键词进行文本挖掘与分析。

德国是引导人工智能面向产业变革发展的最具代表性的国家，人工智能也被视为德国推动产业向数字经济方向转型、实现工业 4.0 的关键环节。2018 年 11 月，德国发布《联邦政府人工智能战略》，其目标中明确提出“希望德国能够在工业 4.0 的强势地位上更进一步，成为这一领域人工智能应用的世界领导者”（The Federal Government of Germany，2018）。另外，德国联邦经济与能源部还专门对人工智能与制造业的相关性进行了专项研究（BMWi，2019a），而德国人工智能战略提出的“AI Made in Germany”的口号不仅是指要让人工智能的技术研究与应用发生在德国境内，同时也蕴含着将人工智能技术重点应用于制造业领域的含义。此外，2019 年 2 月，德国联邦政府发布了《国家产业战略 2030》，其中人工智能与数字化、电池制造等关键使能技术一同被作为需要着力加强的核心行动领域（BMWi，2019b）。

与德国对产业发展（尤其是制造业）的关切不同，日本的人工智能政策的方向性目标更侧重于以人工智能技术的进步为契机推动社会变革。2016 年 1 月，日本在《第五期科技基本计划》中提出了日本未来发展的两大目标和愿景：一是率先建成“超智能社会（Society 5.0）”① 以实现日本未来的社会转型；二是使创新成为国家核心竞争力，将日本打造成“世界上最适宜创新的国家”（Government of Japan，2016）。因此，日本的人工智能政策首先便是以回应人口减少、老龄化以及医疗和护理费用不断增加等现实的社会问题为方向的，而人工智能与其他相关技术的融合，为解决这些社会问题提供了可能性。

（二）政策理念：加强监管与放松限制

政策理念为各国人工智能的发展奠定了基调。因此，理念的分歧也是各国人工智能政策最突出的差异所在。当前，在各国人工智能政策的制定过程中，呈现出两种不同的理念：一是加强监管，主张授予监管机构广泛的禁止性权力，在技术创新及其应用能够被证明不会对个人、团体、现有法律、规范或传统造成伤害之前，对人工智能发展中可能产生的风险提前加以预防，从而避免最坏的情况发生（Andorno，2004）；二是放松限制，主张在技术创新及其应用的危害没有得到明确的证明时，不应对其进行预先的制约，而应

① 日本将“超智能社会（Society 5.0）”界定为“在合适的时间将合适的事物和服务准确提供给合适的人，精准应对各种社会需求，使所有人都能享受高品质服务，跨越年龄、性别、区域、语言等界限，每个人都能安居乐业的社会”。

当放松对创新活动的限制，甚至破除有可能抑制技术创新潜力的旧规章，以激发人工智能领域私营部门的创新意愿和创新潜力（Thierer，2016）。

欧盟一直是监管理念的拥趸，而大部分欧洲国家也与欧盟的理念保持着高度的一致。欧盟对人工智能的态度是非常谨慎的，他们坚信加强监管有利于赢得消费者对人工智能的信任，从而帮助欧洲在人工智能领域形成竞争优势，推动人工智能技术的广泛采用。在2018年4月发布的《欧盟人工智能战略》的基础上，2020年2月欧盟正式发布了《人工智能白皮书》，明确主张对人工智能的“高风险”应用进行严格的法律监管，这也证实了欧盟在推动人工智能发展的过程中依然遵循了加强监管的理念。《人工智能白皮书》提出应当将人工智能的发展置于面向未来的监管框架之下，一方面必须确保遵守欧盟在权利保护方面的既有规则，同时尤其强调要将“在欧盟运行的、构成高风险的人工智能系统”纳入监管框架之中，在让公民有信心接受人工智能的应用的同时让企业和公共组织能够依据确定的法律（legal certainty）进行人工智能相关领域的创新活动，从而构建起“以信任为基础的生态系统”（ecosystem of trust）。具体而言，欧盟委员会主张在医疗保健、交通运输及刑事司法等“高风险”领域采用更加具有约束力的规则，同时计划提供“可信赖的人工智能”认证，鼓励人工智能“低风险”应用领域对规则的自愿遵守，得到认证的系统若违反规定则将面临罚款。对于高风险场景，欧盟委员会特别要求对“人工智能黑箱”进行人为监管，同时在法律层面上确认到底由谁来对已经或即将部署的人工智能系统负责。此外，应用于高风险场景的人工智能系统在部署之前，其开发者和设计者被要求必须证明该系统的应用符合欧盟规则（European Commission，2020）。

相较于欧盟而言，美国则延续了放松限制的传统①，力求为人工智能领

① 20世纪90年代，美国面对互联网技术的兴起便采取了放松限制的理念。1997年，克林顿政府发布了《全球电子商务框架》，建议“私营部门应发挥领导作用，将互联网发展成为一个由市场主导而不是受到管制的行业”，呼吁各国政府“避免对电子商务施加不适当的限制，在需要政府参与的地方，政府的目标应该是支持和执行一个可预测的、最低限度的、一致的和简单的商业法律环境”。

域的创新活动提供宽松的监管环境。在美国的政策环境下，对创新活动的预先限制往往被认为是造成经济和社会停滞的原因，如果预先假设出最坏的情况，然后通过监管程序来解决它，这可能意味着许多最好的情况也将永远不会出现。因此，美国在制定人工智能政策时，反对类似欧盟的过分谨慎的监管理念，不主张因为人工智能技术可能带来的未知风险而预先对相关创新活动进行限制或禁止，这一点在美国联邦政府发布的政策文件中有迹可循。2018 年 5 月，美国联邦政府召开了包括政府、学术界和产业界领袖在内的"美国产业人工智能"峰会，讨论了人工智能研发、人力资源发展、创新监管壁垒及人工智能应用等议题。同日，美国白宫科技政策办公室（OSTP）发布了关于人工智能产业发展规划的声明文件《美国人民的人工智能》，在规制方面主张放宽对人工智能技术的监管壁垒，力求在联邦政府的主导下，为人工智能领域相关技术提供自由宽松的研发环境，同时利用美国在全球范围内的话语权优势，为美国人工智能产业的发展打开国际市场。这一文件中直接指出："……美国政府的工作不是征服想象中的野兽，我们不会试图'解决'不存在的问题。我们将在最大程度上允许科学家和技术人员在美国自由地进行他们的下一个伟大发明。命令和控制的政策永远无法跟上（科技发展的步伐），我们也不会使自己受困于因为担心出现最糟糕的情况而做出的国际承诺"。这一文件还以美国历史上所取得的重大科技进展作比，"在爱迪生发明第一个灯泡之前，我们没有推行繁文缛节；在贝尔拨通第一个电话之前，我们没有切断电话线；在莱特兄弟试飞成功之前，我们也没有对飞行做出规范"，……"这些伟大的发明都耗费了数十年的时间才得以发展完善，人工智能也会如此，只是它目前还处在起步阶段"。美国政府认为"尽管人工智能领域的大部分潜在利益和挑战仍然是未知的，而这并不应该成为政府提前对其加以干预的理由。……为创新设置障碍不会阻止未来，它只会使未来走向海外"（Office of Science and Technology Policy，2019）。

（三）创新路径：政企角色与国家优势

创新路径体现了各国以怎样的方式进行人工智能领域的资源配置以及将

相关资源配置到哪些具体领域，这一点关乎各国人工智能政策的最终实现。从根本上讲，路径的不同一方面源于各国现行体制中政府、企业、研发机构等主体在角色、地位以及彼此间互动关系方面的差异；另一方面也与各国在人工智能领域的不同优势密切相关。中美两国作为当前人工智能领域的处于领先地位的主要国家，在人工智能政策中所采用的路径方面却形成了鲜明的对比。

1. 中国：政府引导、企业跟随，依托海量数据、面向应用需求

中国人工智能政策所采取的路径基本可以概括为：政府引导、企业跟随，依托海量数据，面向应用需求。首先，就政府的角色而言，中国政府扮演着引导者的角色。值得注意的是，这种引导角色并不是指政府通过行政手段直接干预人工智能领域的市场运行，而是指政府要担负起系统布局、划定方向的任务，“根据基础研究、技术研发、产业发展和行业应用的不同特点，制定有针对性的系统发展策略，充分发挥社会主义制度集中力量办大事的优势，推进项目、基地、人才的统筹布局”。事实上，中国也是目前唯一一个在国家层面的规划中针对人工智能领域几乎所有的基础理论、关键共性技术、基础支撑平台和具体应用形态都做出了明确部署的国家，中国政府的引导者角色与其他国家相比是尤为突出的。其次，就企业的角色而言，中国人工智能领域的企业是政府规划的跟随者。在政府规划的明确引导下，中国企业，无论是大型企业还是初创企业，都会更加倾向于选择跟随政府划定的重点方向开展业务，这一方面是为了企业的发展能够获取更多的政府支持，另一方面也是因为经过政府判断并选择支持的重点方向通常被认为风险更低、前景更好。最后，正如 2017 年国务院发布的《新一代人工智能发展规划》中提及的，中国在人工智能领域的独特优势主要源于“加速积累的技术能力与海量的数据资源、巨大的应用需求、开放的市场环境有机结合”（中国国务院，2017）。因此，中国人工智能政策尤其注重应用端市场需求的牵引，信息处理、智能监控、生物特征识别、工业机器人、服务机器人、无人驾驶等领域增长迅速。总体来说，中国的人工智能政策体现了中国政府特有的引导能力和顶层设计能力，从科研立项、智能经济到智能社会全面布局，目标清晰、分阶段进行，具有很强的指导性和执行力。

2. 美国：政府守夜、企业活跃，依靠良好的研发生态系统和创新生态系统

美国人工智能政策所采取的路径基本可以概括为：政府守夜、企业活跃，依靠良好的研发生态系统和创新生态系统。首先，就政府角色而言，美国联邦政府扮演着守夜人的角色。虽然美国联邦政府在推动人工智能的发展方面表现积极，甚至将人工智能作为联邦资助机构的优先投资领域，但是政府行动的基本面仍然是不对人工智能领域本身做出过度的干涉（get out of the way），当风险出现时及时补漏，对内为人工智能的研发和应用提供便利条件，对外为美国人工智能产业的发展打开国际市场、营造良好的国际环境，为人工智能产业的发展保驾护航。其次，就企业角色而言，美国的人工智能企业是最具活力的创新主体，也是驱动人工智能发展的主要动力。美国当前在基础研究、算法、硬件和人才储备等方面的显著优势得益于谷歌、亚马逊、Facebook、Apple 等全球领先的科技企业长期以来在人工智能领域巨大的研发投入（Akerkar，2018）。最后，2019 年 2 月美国白宫科技政策办公室（OSTP）在其发布的《美国将主导未来的产业》文件中对美国在人工智能领域的独特优势进行了概括，即美国依托早期对人工智能相关研究投入的雄厚基础，构建了令全世界羡慕的、极具生命力的研发生态系统（R&D ecosystem）和创新生态系统（ecosystem of innovation），从而很好地聚集了联邦政府、私营部门、大学、研究机构和科学慈善机构的力量（Office of Science and Technology Policy，2019）。因此，美国的人工智能政策更注重对这两大生态系统的维护，保证其良好运转免受干扰。可以说，美国的领先地位主要是由联邦政府在人工智能研发方面的投资、研发机构的专业技能以及科技公司和企业家们的远见与创造力所共同推动的。

（四）学习与扩散：从突出个性走向借鉴融合、从面向局部走向全面部署

前文从目标、理念和路径三个维度出发构建了人工智能政策的跨国比较框架，并在此框架内分析了全球主要科技强国人工智能政策的差异与分野。

与此同时，当前全球主要科技强国的人工智能政策开始呈现出一定程度上的相互借鉴、彼此融合的趋势。这意味着各国的人工智能政策并不是孤立存在的，人工智能领域的政策学习与扩散正在发生，本研究认为其动因可能与人工智能技术本身的进步、人类社会对其认知的加深、各国历届政府需求、偏好和工作重点的转变以及人工智能领域国际交流的开放性与频繁性密切相关。近年来，随着人工智能技术的进步、应用领域的拓展以及人工智能伦理与规制方面争论的日益热烈，世界各国在人工智能领域的政策也不断更新。就全球的整体情况而言，有两个较为显著的趋势值得关注：一是各国的政策从突出自身个性走向对百家之长的借鉴与融合；二是各国的政策从面向局部技术或特定的应用场景走向更加全面的、面向泛在人工智能的战略部署。

首先，各国的政策从突出自身个性向融合百家之长演进。例如，美国在最初的人工智能政策中对监管基本是持绝对灵活、宽松的理念的，然而随着欧盟及以英国、德国、法国为代表的主要欧洲国家对人工智能的监管决心愈发坚定、监管构想逐渐严格，美国也在第 13859 号总统令中明确要求管理和预算办公室（OMB）与科学技术政策办公室发布一份备忘录，为所有联邦机构提供关于人工智能授权、使能工业部门过程中的监管方式，要求在保护美国技术、经济和国家安全的同时，维护隐私、公民自由和其他美国价值观（包括自由、人权、法治和尊重知识产权的原则）。与此同时，总统令还要求商务部长通过美国国家标准与技术研究院（NIST）共同制定人工智能技术标准和相关工具，以支持人工智能技术的可靠、稳健和可信的使用（The White House，2019）。再如，在欧盟及欧洲主要国家的影响下，伦理问题逐渐成为人工智能领域的核心议题（Jobin et al.，2019）。

其次，各国的政策从面向局部技术或场景向面向更加全面的人工智能领域转变。如图 3 所示，大部分国家的人工智能政策都是从针对某项特定的技术或应用场景政策开始的，例如机器人和自动出行。随着人工智能内涵及边界的日益明晰，越来越多的国家和地区出台了人工智能领域的相关政策，并且人工智能政策逐渐向全面覆盖人工智能的各个领域转变。截至 2019 年，各个国家的人工智能应用场景已经广泛覆盖健康医疗、公共服务、机器人、自动出行等领域，人工智能的赋能效应已在经济、社会、文化的各个领域逐渐凸显出来。

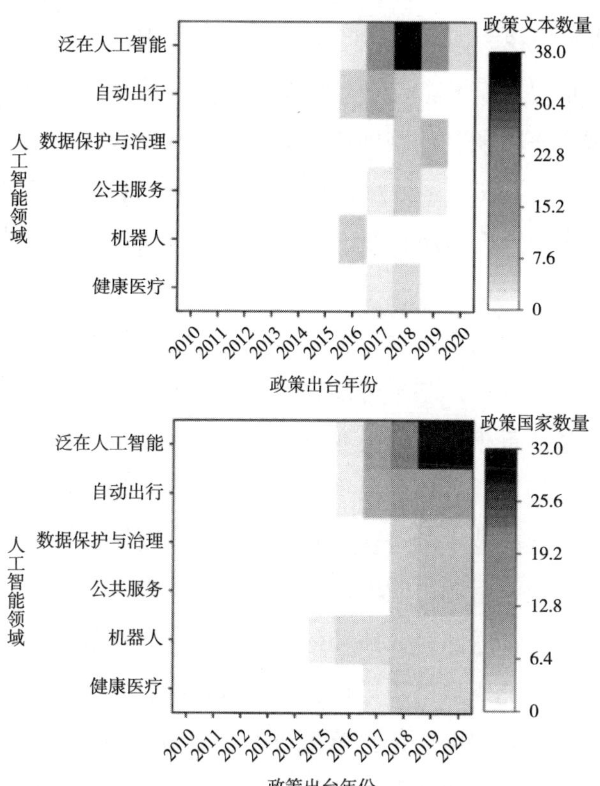

图3　全球人工智能政策领域的演进（2010~2020年）

注：数据来源于NESTA：AI Governance Database，其中2020年数据截至本年度3月份。

四　研究结论与未来展望

人工智能以其强大的技术辐射效应，日益成为全球经济发展新的强劲引擎。因此，人工智能领域的全球领先地位能够在科学研究、基础设施和经济发展等方面为领跑者带来持久的比较优势（Cave et al.，2018）。自 2017 年以来，全球范围内人工智能领域国家级政策在短时间内迅速增多，这一现象在一定程度上反映出人工智能已经成为世界各国竞争角逐的焦点，人工智能的发展水平被视为国家核心竞争力的重要体现。本研究通过对全球主要科技强国发布的人工智能政策文本加以挖掘，从静态视角出发构建起基于“目标—理念—路径”的跨国比较框架，并从动态视角出发对人工智能政策出台的国家数量和文本数量进行梳理，为人工智能政策的跨国比较提供了更为系统化的分析思路和理论支撑。在此框架下，本研究得出如下主要结论。

首先，从静态的视角出发，全球各国的人工智能政策呈现出显著的差异化特征和方向的分野，基本可以归结为三个方面：一看目标是侧重于面向产业发展还是侧重于面向社会变革。当前，德国成为引导人工智能面向产业变革发展的最具代表性的国家，而日本的人工智能政策的方向性目标更侧重于以人工智能技术的进步为契机推动社会变革。二看理念是强调加强监管还是主张放松管制，欧洲成为强监管的主要阵地，而美国则延续了放松限制的传统。三看路径，路径的差异可以从各国国内政企角色的特征以及该国在人工智能领域的不同优势入手来加以把握。如今，中国已经形成了政府引导、企业跟随、依托海量数据、面向应用需求的创新路径，而美国则以政府守夜、企业活跃、依靠良好的研发生态系统和创新生态系统为主要创新路径。

其次，从动态的视角出发，全球各国的人工智能政策呈现出一定程度上的相互借鉴、彼此融合的趋势，具体表现为两个方面：一是各国的政策从突出自身个性走向对百家之长的借鉴与融合，这对于全球人工智能创新与治理共识的推进具有重要意义。比如我国多年来在人工智能规则制定方面基本上是跟随策略，无论是谁制定人工智能领域的相关规则，我国基本上都是“应用者”而非“创新者”。但随着我国人工智能从“跟跑者”向“领跑者”的角色转变，我国人工智能发展在未来也应当积极参与和适应全球治理体系、灵活应对不断变化的国际新局势。二是各国的政策从面向局部技术或特定的应用场景走向更加全面的、面向泛在人工智能的战略部署。面向未来，人工智能的赋能效应将在健康医疗、自动出行、公共服务、机器人等社会各个领域得到彰显。这也意味着世界各国的人工智能政策并不是孤立存在的，人工智能领域的政策学习与扩散正在发生。

诚然，作为在人工智能政策领域进行跨国比较的一次尝试，本研究也有其局限性所在。第一，本研究所选案例中涉及的国家尺度不统一。为了保证案例内部的丰富性，本研究重点关注了传统科技强国在人工智能领域的政策，而并未对以奥地利、比利时、墨西哥为代表的中小国家在人工智能领域的积极行动予以更多的讨论。第二，本研究提出的“目标—理念—路径”框架更多的是为了更加系统地归纳国家间差异所在，旨在避免人工智能政策领域的跨国比较步入“事事皆不同、处处皆有异”的境地。然而，限于篇幅和研究目的，本研究在梳理和描绘了各国人工智能政策差异与分野之后，并未进一步对其背后的原因加以分析。本文认为，造成人工智能政策领域差异的原因与各国国内的制度基础、市场前景有着深刻的关联，关注“科学技术—社会制度—新兴市场”之间的关联效应也成为本研究团队未来研究的主要方向之一。第三，本研究虽然比较直观地观察到了人工智能领域政策正在发生的政策创新与扩散趋势，但是这种政策的学习与扩散究竟是为了寻求政策优势、增强产业竞争力，还是为了参与全球治理、达成全球共识？本研究并未给出明确判断。因此，了解全球层面人工智能领域政策创新与扩散的驱动因素和内在需求成为抓住人工智能“机会窗口”的新机遇。

参考文献

贾开、郭雨晖、雷鸿竹：《人工智能公共政策的国际比较研究：历史、特征与启示》，《电子政务》2018 年第 9 期。

宁骚：《公共政策学（第二版）》，高等教育出版社，2011。

薛澜、姜李丹、黄颖、梁正：《资源异质性、知识流动与产学研协同创新：以人工智能产业为例》，《科学学研究》2019 年第 12 期。

曾坚朋、张双志、张龙鹏：《中美人工智能政策体系的比较研究：基于政策主体、工具与目标的分析框架》，《电子政务》2019 年第 6 期。

中国国务院：《新一代人工智能发展规划》，2017。

竺乾威、朱春奎、李瑞昌：《公共管理导论》，中国人民大学出版社，2019。

AI 4 Belgium Coalition. 2019. AI 4 Belgium [R] . Brussel：AI 4Belgium Coalition.

Akerkar A.，"How AI is advancing across the world map"，*London Business School Review*，2018，29 (3)：28–31.

Allen R C.，*Global Economic History：A Very Short Introduction*，Oxford：Oxford University Press，2011.

Andorno R.，"The Precautionary Principle：A New Legal Standard for A Technological Age"，*Journal of International Bio-technology Law*，2004，1 (1)：11–19.

Technology Scenario Artificial Intelligence in Industrie 4.0，Berlin：BMWi，2019a.

National Industrial Strategy 2030，Berlin：BMWi，2019b.

Cave S，ÓhÉigeartaigh S S.，An AI Race for Strategic Advantage：Rhetoric and Risks，New Orleans：AI Ethics and Society 2018.

White Paper on Artificial Intelligence：A European Approach to Excellence and Trust，2020，Brussel：European Commission.

Artificial Intelligence：The Race is On，2018，Washington DC：FTI.

Fujii H，Managi S.，Trends and Priority Shifts in Artificial Intelligence Technology Invention：A Global Patent Analysis，2018，RIETI Discussion Paper Series 17–E–066.

The 5th Science and Technology Basic Plan，2016，Tokyo：Government of Japan.

Gupta K.，"Comparative Public Policy：Using the Comparative Method to Advance Our Understanding of the Policy Process"，*The Policy Studies Journal*，2012，40 (S1)：11–26.

Jobin A，Ienca M，Vayena E.，"The Global Landscape of AI Ethics Guidelines"，2019，*Nature Machine Intelligence*，1：389–399.

Comparison of National Strategies to Promote Artificial Intelligence，2019，Berlin：KAS.

Artificial [22] Intelligence for the American People，2018，Washington DC：OSTP.

America Will Dominate the Industries of the Future，2019，Washington DC：OSTP.

RT，Whoever leads in AI will rule theworld：Putin to Russian children on Knowledge Day，2017，https：//www.rt.com/news/401731-ai-rule-world-putin/.

Schwab K.，The Fourth Industrialrevolution：What It Means，How to Respond，2016，https：//www.weforum.org/agenda/2016/01/the-fourth-industrial-revolution-what-it-means-ana-how-to-respond/.

Artificial Intelligence Strategy, 2018, Berlin: The Federal Government of Germany.

The President Executive Order 13859: Maintaining American Leadership in Artificial Intelligence, 2019, Washington DC: The White House.

Thierer A., Permissionless Innovation: The Continuing Case for Comprehensive, 2016, Mercatus Center at George Mason University.

Tseng C Y, Ting P H., "Patent Analysis for Technology Development of Artificialtive Study", *Innovation: Management, Policy&Practice*, 2013, 15 (4): 463-475.

全球可持续发展视域下的人工智能国际治理

周 慎　朱旭峰　梁 正*

摘　要： 人工智能技术正在形塑未来世界，在助力实现联合国可持续发展目标的同时，其自身的可持续性发展问题日益凸显。当前，世界主要力量密切关注人工智能国际治理议题，在不同程度上提出各自的治理原则、模型和框架，但也存在全球代表性不足、碎片化构建与解读、技术逻辑与权力目的相冲突等问题。本文在可持续发展视域下，关注人工智能自身及衍生的可持续发展问题，在人工智能系统三层架构及可持续发展5P维度中建构可持续的人工智能发展矩阵，并在此基础上梳理治理目标、治理客体、治理主体、治理手段等，探索性地提出人工智能可持续发展全球治理范式。本范式有助于夯实更广泛的人工智能国际合作基础，促进更有效的全球治理，保障更健康的人工智能发展。

关键词： 人工智能　全球治理　可持续发展

* 周慎，中国科学技术大学科技传播系、中国科学院科学传播研究中心副研究员，研究方向为科技传播与科技政策、网络与新媒体；朱旭峰，清华大学公共管理学院院长、博士生导师，清华大学科技发展与治理研究中心主任，研究方向为公共政策理论、智库与专家参与、可持续发展政策、科技治理；梁正，清华大学公共管理学院教授、博士生导师，人工智能国际治理研究院副院长，中国科技政策研究中心副主任，研究方向为科技政策、创新管理、新兴技术及其治理。

一 引言

当前，以人工智能为代表的新一代信息技术正在成为未来世界的技术支撑与发展动能。人工智能以其独特的技术能力助力落实《联合国2030年可持续发展议程》（以下简称《2030议程》）及实现可持续发展目标，同时其自身的不可持续性发展问题日益凸显。世界主要国家、国际组织、高校、企业、社会组织和技术社群都在密切关注人工智能治理问题，在不同程度上提出各自的人工智能治理建议、原则和框架。这些内容为人工智能国际治理提供基础认识的同时，也存在包容性与全球代表性不足、利益群体碎片化构建与解读、技术逻辑与权力目标相冲突、笼统而不具指导性、普遍而不考虑特殊性、与具体实践相矛盾等局限，进而不符合充分治理的标准、不具备全球治理的属性。本文以可持续发展的理念，在全球可持续发展视域下看待人工智能发展及国际合作与治理问题，提出需要实现“可持续的人工智能发展”（Sustainable Artificial Intelligence Development，SAID），尝试在《2030议程》及SDGs体系中梳理人工智能面临的不可持续性发展挑战，建构全球沟通基础更好的人工智能SAID治理范式，为实现广泛的人工智能国际合作奠定理论基础，为人工智能国际治理规则制定提供整合方案选择。

二 文献综述

国内外在人工智能国际治理、人工智能与联合国可持续发展目标的结合研究上开展了一定程度的探索。

（一）人工智能国际治理

迄今为止，人工智能治理研究主要集中在国家和次国家层面，对人工智能国际治理的研究仍处于初始阶段。国际学术界普遍认为人工智能的治理难度很大，有观点认为由于技术领域对人工智能尚且没有明确定义，因而很难限定人工智能治理的可管理范围；还有观点认为人工智能是不同技术的集合，在不同应用程序和行业中具有不同的风险特征，因而不能被统一监管。Gasser（2017）认为人工智能治理至少面临三大挑战：技术人员与政策制定者之间存在的信息不对称；在不同利益相关者之间寻求规范共识的难度大；传统治理经验及政策工具与数字时代不匹配。人工智能系统的异质性、复杂性和技术自治程度都要求对现有政策、法律和法规进行新的思考。

在人工智能国际治理的机制、模型和框架研究与设计方面，研究者主要从主动矩阵、多中心治理、机制复合体、混合监管和网格监管理论中汲取经验。麻省理工媒体实验室的学者们认为治理的基础是首先要理解技术逻辑下的“机器行为”，并在动态静态、近观远观下构建了四个维度的机器行为，进而又开展了“道德机器”实验，发现了跨文化背景下的全球伦理偏好，揭示了三种不同价值偏好的集群国家。

人工智能国际治理中存在一种突出的“人权范式”，即明确引用主要的欧洲和国际人权文书作为人工智能技术的规范标准，在《世界人权宣言》、《公民权利和政治权利国际公约》、《经济、社会、文化权利国际盟约》、联合国《企业与人权指导原则》和《欧洲人权公约》等人权法框架下开展人工智能国际治理。对人工智能国际治理“人权范式”的批评也普遍存在，认为其过于西方化、过于个人主义，范围过于狭窄、过于抽象，没有考虑文化差异，无法构成健全的人工智能国际治理基础。中国学者积极参与并深入研究人工智能国际治理，傅莹（2019）认为各国应从构建人类命运共同体的视角，从共同安全的理念出发讨论人工智能的国际规范；贾开等（2017）提出人工智能治理的技术逻辑问题、传统治理适配性问题以及公共政策选择问题；陈伟光等（2018）、俞晗之等（2019）从治理主体、结构和机制、实践进展等方面对人工智能全球治理情况做了梳理；鲁传颖等（2018）探讨了多方治理模式与多边治理模式在不同人工智能治理对象中的适用；高奇琦（2019）从霸权逻辑与冲突逻辑出发，提出人工智能全球治理应在人机、多国和多行为体合智等方面形成全球善智和全球合智；卢迪等（2020）关注人工智能教育的全球治理问题。在国内该领域的研究中，期待未来的研究更多融合中国传统文化优势，为人工智能国际合作与治理提供中国智慧与中国方案。

（二）人工智能与可持续发展

在《2030 议程》与 SDGs 语境下，诸多研究关注人工智能作为促进实现 SDGs 的关键推动因素，且在 SDG1 到 SDG17 中均有涉及；也有不少研究关注人工智能对可持续发展的反作用，如有观点认为人工智能利用率的提高将加剧全球经济不平等并带来人类生存危机，从而阻碍可持续发展进程。Ricardo 等分析了人工智能对可持续发展目标或积极或消极的影响，从而发现人工智能可以支持所有可持续发展目标的 134 个子目标的实现，但也可能抑制 59 个子目标；Goralski 等（2020）通过三个人工智能项目的案例研究，从商业战略和公共政策角度分析人工智能对可持续发展的影响，并认为在人工智能时代，推动全球可持续发展需要与时俱进地更新管理能力和提升领导力水平。

Truby（2020）认为，人工智能治理框架必须有利于全球可持续发展目标。Djeffal（2019）认为，人工智能不仅在应用端要用于实现可持续发展目标，还应在前端对其进行可持续发展研发，即便当前人工智能面临诸多不可持续性发展的问题，但令人惊讶的是，迄今为止还没有从可持续发展的角度全面考察人工智能发展问题的研究，因此他提出应当以“可持续发展”作为治理理念与目标来建构人工智能治理框架，并提出“可持续的人工智能发展”的技术层、社会层和治理层。技术层的核心理念是 Mulder 等（2017）提出的“可持续的技术”，社会层关注人工智能应用带来的社会影响，治理层则以实现 SDGs 为目的。

人工智能国际治理的当前研究、人工智能与可持续发展的结合研究、可持续的技术概念以及已有的可持续发展理念下的人工智能治理探索，都为本研究提供了丰富的养分，奠定了扎实的理论文献基础。

三　SAID框架

在前人研究的基础上，本文探索性地在《2030议程》下建构可持续的人工智能发展模型，搭建人工智能可持续发展全球治理框架（SAID框架）。

（一）人工智能系统层

中国信息通信研究院将人工智能产业链分为基础支撑层、软件算法层与行业应用层；前瞻产业研究院也将人工智能产业链分成基础层、技术层与应用层。德勤（Deloitte）将人工智能系统分为五个层次：技术支持层、算法层、研究方法流派层、技术领域层及应用领域层。国际标准化组织《人工智能系统生命周期过程》工作草案（ISO/IEC WD 5338）将人工智能系统全生命周期概括为初始、设计研发、检验验证、部署、运行监控、持续验证、重新评估、废弃八个阶段。

（二）可持续发展维度

在过去的20年中，有关可持续发展的研究文献激增，以至于人们经常将可持续发展科学视为一个独立领域。关于可持续发展的认识也演化出可持续发展是关于经济增长、社会包容及环境保护的三个相互关联的支柱等。《2030议程》认为可持续发展有五个关键维度，即人类（People）、地球（Planet）、繁荣（Prosperity）、和平（Peace）和伙伴关系（Partnership），合称为5P维度。

（三）SAID框架搭建

在人工智能三层架构和可持续发展5P维度上，本文建构了可持续的人工智能发展矩阵模型（见表1）。在可持续的人工智能发展模型基础上，结合治理目标、治理主体、治理客体、治理手段等，本文建构了人工智能可持续发展的国际治理范式（见表2），并重点梳理了不同维度上的治理客体（见表3）。

表 1　可持续的人工智能发展矩阵

维度	基础层	技术层	应用层
经济维度	基础层经济可持续发展	技术层经济可持续发展	经济可持续发展目标
社会维度	基础层社会可持续发展	技术层社会可持续发展	社会可持续发展目标
生态维度	基础层生态可持续发展	技术层生态可持续发展	生态可持续发展目标
和平与安全维度	和平安全的基础层	和平安全的技术层	和平安全的应用层
	确保人工智能和平、安全、可持续发展的强大机构		
伙伴关系	全球伙伴关系、基础层-技术层-应用层伙伴关系、国家-市场-社会伙伴关系		

表格来源：作者自制。

表 2　人工智能可持续发展的国际治理范式

治理理念	可持续发展
治理原则	兼备全球治理与新兴科技治理合法性的治理原则
治理目标	实现可持续的人工智能发展及助力可持续发展目标的应用
治理主体	国别-区域-全球、国家-市场-社会、基础层-技术层-应用层伙伴关系
治理客体	人工智能技术本身的不可持续性问题及技术应用衍生的可持续发展挑战
治理手段	联合国系统为落实 2030 可持续发展议程的体制机制、政策工具等

表格来源：作者自制。

表 3　人工智能可持续发展治理客体举例

人工智能可持续发展 \ 不可持续性发展问题		自身问题	衍生问题
人工智能基础层	经济可持续发展	数字基建成本高	融资缺口巨大
	社会可持续发展	全球发展水平差距	南北数字鸿沟
	生态可持续发展	数字中心等基设能耗高	影响碳中和进程
	和平与安全	开源框架安全漏洞	被不法分子利用
	伙伴关系	全球供应链危机	科技战、贸易战等国际摩擦
人工智能技术层	经济可持续发展	技术人力资源短缺	核心创新要素缺失
	社会可持续发展	算法黑箱	非正义决策，难以追踪
	生态可持续发展	算法性能过度依靠算力	造成大量能源消耗
	和平与安全	算法脆弱性	失误频发、人身财产损失
	伙伴关系	技术团队组成单一	学科汇聚、创新动力不足
人工智能应用层	经济可持续发展	—	大规模劳动力位移
	社会可持续发展	—	隐私侵犯
	生态可持续发展	—	造成生态破坏的应用
	和平与安全	—	军备竞赛、非和平应用
	伙伴关系	—	全球合作难以达成

表格来源：作者自制。

四　SAID 范式的比较优势

SAID 人工智能国际治理范式建立在可持续发展理念、《2030 议程》与 SDGs 的体制机制等的基础之上，与上文提到的几个人工智能国际治理范式相比，具有一些更能构成有效的全球治理的优势。

（一）人工智能伦理与治理问题的全面系统性梳理

可持续发展理念的包容性，使得运用 SAID 框架来系统梳理人工智能发展进程中的伦理与治理问题成为可能。与大多数研究只关注人工智能系统本身的安全问题或只看到人工智能技术应用带来的社会问题不同，SAID 框架分类法的相对互斥性和穷尽性，系统整合了人工智能技术在各层各类中的本身问题及衍生问题。特别是人工智能基础层可持续发展和人工智能生态可持续发展问题，以往研究鲜有提及，但其在实践中却是非常显性的问题。可持续发展的目标-结果导向决定其所考量的需求不限于地域或利益群体，这使得可持续发展范式能够提供比人权范式等更为完整的全球画面。

（二）人工智能研发、评估与治理的指导性框架工具

SAID 矩阵框架可用于梳理不断出现的新的人工智能治理客体，还可对人工智能系统各层面的研发、评估与治理进行规范和指导。在研发全流程中，可使产品经理、算法工程师等重视技术可持续性及预想产品可能造成的可持续发展问题；在自我评估或第三方评估中，框架可用来考察各阶段是否符合整体可持续及具体环节可持续的标准。本文还设想了一种“项目立项勾选机制”，在人工智能项目申请立项时就需要申请人回答并勾选该项目符合或促进 SDG1—SDG17 中哪个或哪些 SDGs 的实现。

（三）人工智能治理原则、目标与实践案例的耦合

对诸多人工智能伦理和治理原则的普遍评论之一是笼统而不具指导性，

治理目标不清且没有用于诠释原则的具体案例。将人工智能国际治理与《2030 议程》相结合，则能够实现治理原则、治理目标与现实案例的结合。一方面，联合国可持续发展目标范围广泛，几乎涵盖所有人工智能涉及的产业及应用场景，治理目标明晰；另一方面，多个国际组织和智库机构收集全球人工智能应用案例，建立了“人工智能技术助力实现 SDG”数据库，如国际电信联盟的人工智能案例库、牛津大学人工智能项目平台、北京智源人工智能研究院面向可持续发展的人工智能智库平台等，这些案例阐释了在现实世界中如何贯彻伦理原则，聚集可持续的应用，因此使抽象的价值更加具象化，也更具指导性。

（四）人工智能国际治理的全球代表性与嵌入式优势

人工智能国际合作与治理必须解决如何使治理话语权更具包容性和多边性的问题。现有的人工智能倡议大多缺乏来自发展中国家的代表和参与，特别是当考虑到人工智能有对发展中国家产生重大影响并使其受益的潜力，或有关它们的数据的缺失或滥用。《2030 议程》是经过权力博弈和艰苦谈判达成的全球共识，获得了联合国会员国的一致认可。因此，人工智能国际治理与《2030 议程》的融合，将至少获得两点嵌入性优势：一方面，将扩大治理的全球代表性，为最广泛的国际合作奠定基础，确保人工智能决策为全球造福；另一方面，使联合国能够发挥重要作用，使有关的政府部门、私营部门、民间组织、学术界和科技界共同协作。现有联合国系统、各国的落实可持续发展的国别方案、全球可持续发展的体制机制与现有努力等都能够为人工智能国际治理所用，避免了动员成本高、机构冗余等平地起高楼带来的问题。

（五）各级各类组织人工智能转型与治理的普遍适配

人工智能作为使能技术正在赋能和推动各级各类组织的转型升级，也随之带来内外部的治理问题，无论这一组织是否在人工智能产业链上。可持续发展范式能够普遍适用在国际组织、国家、高校、企业、社会组织和技术社群的人工智能治理活动中。如联合国系统的各个组织和专门机构，都能够找到其对应的人工智能治理维度，并努力引导和运用人工智能技术来实现其主攻的可持续发展目标，如高校的人工智能转型、人工智能治理研究中的可持续发展侧重，以及加速高校实施“以可持续发展目标为导向的教育”等；人工智能基础层、技术层、应用层的产业链上都涉及诸多主体，仅就技术层上的企业实践而言，我们已经看到旷视的人工智能可持续发展治理，商汤的人工智能可持续发展观等。

（六）人工智能治理的全球话语体系和积极叙事方式

人工智能涉及的领域与学科众多，人们在讨论人工智能治理问题时往往缺乏沟通基础，在全球范围内更是如此。企业界及学术界等提出了多种人工智能概念，如负责任的人工智能（Responsible AI）、有益的人工智能（Beneficial AI）、以人为本的人工智能（Human-centered AI）等，多种概念在完善人工智能治理不同维度的同时也造成了概念碎片化的问题，亟待具有全球对话基础的及更具包容性的人工智能概念。可持续发展的人工智能是一个好的选择，不仅在于它降低了全球沟通成本，还在于它提供了一种新的积极叙事方式。它不是以歧视、侵犯、不公平、滥用等负面眼光来提出问题，而是正面的积极构想。因此，作为全球话语体系及积极叙事方式的可持续的人工智能发展，更有利于全球沟通对话，鼓舞和凝聚人心，实现治理目标。

（七）人工智能治理与世界整体发展状况动态同行

全球发展目标是在充分考量世界整体发展状态的基础上制定的，并且随着人们对发展的认知深化而逐步更新。例如，2000 年 9 月通过的《联合国千年宣言》的核心是 8 项千年发展目标，其中的重点是使极端贫穷人口比例减半，从遏止艾滋病的蔓延到普及小学教育，这是对当时世界情况的反映以及以 15 年为年限的愿景目标；2015 年 17 项可持续发展目标的制定是基于新的世界普遍状态，也反映出发展理念和发展模式的改变。世界处在动态发展的过程当中，全球规划与技术发展同样如此。人工智能技术在不断发展，将会带来更多不确定性的风险，将其与《2030 议程》及可能的 2045 年之后的全球议程相结合，可以使人工智能治理与世界整体发展状况动态同行。

五　结语与讨论

技术革命往往伴随着不可预知的挑战，人类曾经因为对颠覆性技术的全球治理认知不够深入而面临巨大的文明威胁。前事不忘，后事之师。人工智能国际治理已成为各国的共同关注，人们希望在以人工智能为代表技术所驱动的第四次工业革命初期能走在技术变革的前面，充分认识其风险，将危机关口前移，在全球范围内达成治理共识。可持续发展理念的包容性、《2030 议程》的全球代表性以及对标 SDGs 的执行明确性，在一定程度上弥合了既有的一些框架设想的局限，但不可否认，也需要用发展的眼光来看待 SAID 范式。以下是本文展望的未来人工智能国际治理工作的可能方向。

（一）在技术逻辑下实现治理目标

人工智能技术本身就是人工智能治理的重要参数和主要手段，关于人工智能的技术问题可以通过其自身的技术来解决。人工智能伦理与治理原则可以用算法来保障，如 Stuart 探索了人工智能伦理的技术实现路径，提出指引人工智能演化的利他（人的利益凌驾机器利益）、谦卑（机器不能自以为是）、助人（机器能学懂人的偏好）三原则，并用严格的数学方法来实现这些原则。

（二）借鉴以往新疆域全球治理经验

新疆域是一个相对的概念，曾经的核技术、外层空间、生物化学等都是以往的新疆域。对于它们的国际治理，人们曾走过很多弯路，也获得了许多宝贵的经验教训。例如，在核治理中，帕格沃什科学和世界事务会议（Pugwash Conferenceson Science and World Affairs）在核裁军中发挥了重要作用；联合国外层空间事务厅（UNOOSA）协助发展中国家将空间技术应用于发展；“希波克拉底誓言”（Hippocratic Oath）奠定了医学的精神底色。人工智能国际治理应当扬长避短，借鉴过往经验。

（三）加强全球共同价值的提取与确认

哈佛大学伯克曼互联网与社会中心收集了来自拉丁美洲、东亚和南亚、中东、北美和欧洲的政府、企业、高校或NGO公开发行的36份人工智能伦理原则文档，通过文本研究后发现，全球大致有八项伦理共识。其中，所有文本都提及“公平公正”，97%提及“隐私保护”及“可追责”，94%提及“透明与可解释性”，81%提及“安全”，78%提及“专业研发责任”，69%提及“人类价值”与“在人的控制之下”，64%提及“人权”。治理原则深受文化、语言、地缘和组织背景的影响，全球治理应在充分尊重差异的基础上形成共识。

（四）培植科技向善的企业与社会文化

人工智能科技类企业在人工智能产、学、研、用中扮演着关键节点的角色，科技向善的企业化将有助于人员自觉自发地把伦理原则融入产品研发与应用当中，实现可持续发展。同时也应培植相应的社会文化，将人工智能治理原则融入科学传播与科学教育中，推进人工智能传播、教育与治理的协同演进，实现标本兼治的根本治理。国际上越来越重视人工智能伦理教育及以人类可持续发展为指向的科学教育，以期培养技术能力与伦理素养兼备的下一代全球科技领导力。还可面向农民开展人工智能技术赋能农业农村发展的相关活动、面向老年人的数字银龄行动、面向产业工人的就业引导与绿色技能培训、面向公务员的科技治理培训等。

（五）以人工智能治理促进全球治理变革

随着人工智能技术的发展及衍生出更多的治理问题，将会使固有的全球治理体系缺陷变得更加明晰。人工智能治理下的全球治理变革表明：首先，相关的国际准则可能需要改变，以此来适应和引导人工智能技术的发展；其次，透过人工智能治理的视角观察全球治理体系，可以凸显全球治理的痼疾，开启治理新思路；最后，人工智能国际治理为促进全球治理变革提供新的机遇，可能使未来全球治理和国际秩序向着更加公平公正、有序有效的方向发展。

参考文献

陈伟光、袁静：《人工智能全球治理：基于治理主体、结构和机制的分析》，《国际观察》2018 年第 4 期。

傅莹：《人工智能对国际关系的影响初析》，《国际政治科学》2019 年第 4 期。

高奇琦：《全球善智与全球合智：人工智能全球治理的未来》，《世界经济与政治》2019 年第 7 期。

贾开、蒋余浩：《人工智能治理的三个基本问题：技术逻辑、风险挑战与公共政策选择》，《中国行政管理》2017 年第 10 期。

鲁传颖、约翰·马勒里：《体制复合体理论视角下的人工智能全球治理进程》，《国际观察》2018 年第 4 期。

卢迪、段世飞：《人工智能教育的全球治理：框架、挑战与变革》，《远程教育杂志》2020 年第 6 期。

裴新宁、郑太年：《国际科学教育发展的对比研究——理念、主题与实践的革新》，《中国科学院院刊》2021 年第 7 期。

俞晗之、王晗晔：《人工智能全球治理的现状：基于主体与实践的分析》，《电子政务》2019 年第 3 期。

Awad E, Dsouza S, Kim R. , et al. , "The Moral Machine Experiment", *Nature*, 2018, 563 (7729): 59-64.

Borenstein J, Howard A. , "Emerging Challenges in AI and the Need for AI Ethics Education", *AI and Ethics*, 2021, 1 (1): 61-65.

Cihonp, Matthijs M, Luke K. , "Should Artificial intelligence governance be centralized ? Design lessons from history", *Ethics*, *and Society*, 2020: 228-234.

Djeffal C. , "Sustainable Development of Artificial Intelligence", *Global Solutions Journal*, 2019 (3): 186-192.

Fjeld J. , *Principled Artificial Intelligence: Mapping Consensus in Ethical and Rights-based Approaches to Principles for AI*, Berkman Klein Center Research Publication, 2020.

Goralski M, Tan T.,“Artificial Intelligence and Sustainable Development”, *The International Journal of Management Education*, 2020, 18 (1): 100330.

Gasser U.,“Alayered Model for AI Governance”, *IEEE Internet Computing*, 2017, 21 (6): 58-62.

Khamis A.,“AI: A Key Enabler of Sustainable Development Goals, Part1 [Industry Activities]”, *IEEE Robotics&Automation Magazine*, 2019, 26 (3): 95-102.

Kajikawa Y, Tacoa F, Yamaguchi K.,“Sustainability Science: The Changing Landscape of Sustainability Research”, *Sustain-Ability Science*, 2014, 9 (4): 431-438.

Mittel Stadtb.,“Principles Alone Cannot Guarantee Ethical AI”, *Nature Machine Intelligence*, 2019, 1 (11): 501-507.

Mulder K, Didac F, Harro V., *What is Sustainable Technology? Perceptions, Paradoxes and Possibilities*, London: Rout-ledge, 2017.

Rahwan I, Cebrian M, Obradovich N, et al.,“Machine Behaviour”, *Nature*, 2019, 568 (7753): 477-486.

Raso F., *Artificial Intelligence&Human Rights: Opportunities&Risks*, Berkman Klein Center Research Publication, 2018.

Stone P.,“Artificial Intelligence and Life in 2030: One Hundred Year Study on Artificial Intelligence”, *Report of the* 2015~2016 *Study Panel*, 2016.

Smuh N.,“Beyond A Human Rights-based Approach to AI Governance: Promise, Pitfalls, Plea”, *Philosophy&Technology*, 2021, 34 (1): 91-104.

Stuart R., *Human Compatible: Artificial Intelligence and the Problem of Control*, New York: Penguin, 2019.

Truby J.,“Governing Artificial Intelligence to Benefit the UN Sustainable Development Goals”, *Sustainable Development*, 2020, 28 (4): 946-959.

Vinursa R, Azizpour H, Leite I, et al.,“The Role of Artificial Intelligence in Achieving the Sustainable Development Goals”, *Nature Communications*, 2020, 11 (1): 1-10.

Wong P.,“Cultural Differences As Excuses? Human Rights and Cultural Values in Global Ethics and Governance of AI”, *Philosophy&Technology*, 2020, 33 (4): 705-715.

Weber H., *Realizing A New Global Cyberspace Framework*, Berlin: Heidelberg, 2015.

欧盟人工智能的规制路径及其对我国的启示

——以《人工智能法案》为分析对象

曾雄　梁正　张辉*

摘　要： 欧盟发布的《人工智能法案》基于风险预防的理念为人工智能制定了一套覆盖全过程的风险规制体系，其提出的风险分类思路、产品规制路径、负责任创新和实验主义治理理念等对我国人工智能的立法规制具有重要的借鉴意义。立法必要性、立法体例、立法内容和立法的价值取向是讨论我国人工智能立法的四个重要面向。研究认为，我国人工智能立法是大势所趋，在立法体例上可以采取综合性立法方式，单独制定一部人工智能法；在立法内容上进行“事前—事中—事后”全链条监管机制设计；对于立法的价值取向，应坚持规范与发展并行的原则，制定一部兼具规制治理与产业发展的人工智能法。

关键词： 人工智能　数字治理　智能治理　实验主义

一　欧盟《人工智能法案》的制定背景与规制逻辑

人工智能具有模糊性、复杂性、自主性和无法预测性等特征，这给社会

---

* 曾雄，北京科技大学文法学院讲师，研究方向为经济法学、数据法学、人工智能法学；梁正，清华大学公共管理学院教授、博士生导师，人工智能国际治理研究院副院长，中国科技政策研究中心副主任，研究方向为科技政策、创新管理、新兴技术及其治理；张辉，浦江国家实验室（上海人工智能实验室）青年研究员，研究方向为人工智能治理、博弈论与政策设计。

带来诸多风险和问题。为了确保人工智能的发展尊重人权并获得信任，2021年4月21日，欧盟发布了《人工智能法案》（Artificial Intelligence Act），为人工智能治理提供“硬法”支持。

（一）通过立法确保人工智能尊重人权并获得信任

《人工智能法案》提案需要获得欧洲理事会和欧洲议会的批准才能成为正式法律，整个过程可能需要数年时间。基于欧洲特定的技术环境、社会经济环境、政治环境等，欧盟积极推进人工智能方面的立法，确保人工智能安全和尊重人的基本权利，并致力于促进人工智能领域的投资创新，将欧洲打造成为一个可信任人工智能的中心。

第一，在技术应用方面，传统的人工智能主要是“基于规则的算法”（rule-based algorithms），它们通过自动执行由程序员编制的程序代码规则执行复杂任务（Von der Leyen U，2019）。如今“学习算法”（learning algorithms）盛行，为了实现“学习”，机器学习系统需要强大的算力和大数据支持。

第二，在社会经济方面，人工智能加速经济增长和提升各经济体的全球竞争力，欧洲各行业正加速推进向智能化转型，欧洲亟须抓住人工智能发展的时代机遇。但人工智能带来社会经济效益的同时，也给个人或社会带来风险，如利用人工智能欺骗或操纵人类的选择，对人的基本权利甚至整个社会带来威胁。欧盟一方面想抓住发展时机，另一方面想规避风险，从而需要寻找一条平衡之路。正如欧盟委员会主席乌尔苏拉·冯·德·莱恩（Ursula von der Leyen）所言：“为了释放人工智能的潜力，我们必须找到一条欧洲道路，在数据流动和广泛使用之间取得平衡，同时保证高水平的隐私、安全和伦理标准。”

第三，在法律保障方面，欧盟尚缺关于人工智能的具体法律框架，虽然欧盟《通用数据保护条例》（General Data Protection Regulation，GDPR）涉及了自动化决策系统的规制，比如第22条规定了解释权，且第35条规定了数据保护影响评估制度，但是这些规定在执行层面遇到各种挑战，而且各个成员国的做法不一，执行起来存在很大的不确定性。

第四，在政治背景方面，人工智能一直是欧盟委员会工作的重点领域，2018 年欧盟委员会就任命了人工智能的高水平专家组（High-Level Expert Group on Artificial Intelligence），并提出可信人工智能的伦理指引，同时提出可信人工智能的政策与投资建议（European Commission，2019）。2020 年 2 月，欧盟委员会发布人工智能白皮书，确定了监管的政策选项和以投资为导向的路径。2020 年 10 月，欧盟发布系列报告呼吁解决人工智能系统存在的模糊性、复杂性、偏见、不可预测性、自主性等问题，确保人工智能不侵犯人的基本权利，并积极推动法律法规的修订。因此，该法案是欧盟委员会推进人工智能治理路线的一个重要环节，未来将有更多的匹配政策出台。

（二）遵循“特征—问题—目标—举措”的规制逻辑

该法案以分析“特征—问题—目标—举措”的基本思路制定规则。

第一，在特征方面，人工智能与其他新技术相比，具有一定的独特性，包括复杂性和模糊性，因而产生明显的不可预测性，再加上自动化程度增强，人工智能的自主性越来越显著。此外，由于机器学习算法的流行，人工智能对数据存在很强的依赖性，数据的质量直接影响算法的质量。

第二，人工智能将越来越普遍地运用于人类生产和生活中，比如自动驾驶汽车、人脸识别等，随时可能危害人类社会的安全和侵犯人类基本权利。但由于其技术原理的复杂性、模糊性和不可解释性，现有法律规则供给不足，监管机构面临规制困境，人们对人工智能失去信任和信心，反过来不利于新技术发展，不利于生产力提高。虽然欧盟各个成员国就治理人工智能出台过分散和零碎的政策，但是这些政策都呈现出碎片化的特征，无法满足欧盟单一市场的规制需求。

第三，面对这些问题，欧盟委员会确立了四项关键目标，包括确保人工智能的安全与合法、实现对人工智能的科学治理和有效执法、弥补法律空白，以及形成人工智能的单一市场。

第四，为实现前述四项目标，欧盟委员会设计了多个规制工具，比如风险管理体系、质量管理体系以及“监管沙盒”等（参见图 1）。

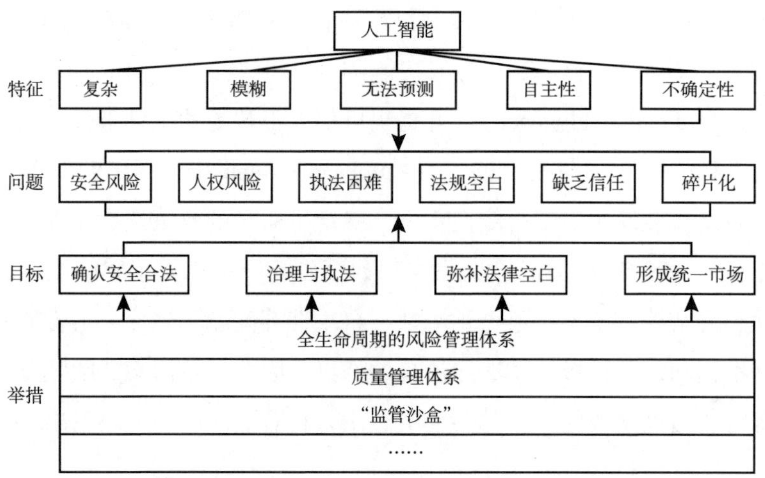

图 1　欧盟《人工智能法案》基本思路

图片来源：作者自制。

二　欧盟《人工智能法案》的规制理念

《人工智能法案》集中体现了欧盟采取基于风险的规制（risk-based approach）、倡导负责任的研究与创新（responsible research and innovation）以及坚持实验主义治理（experimentalist governance）的理念。

（一）基于风险的规制

基于风险的规制具有以下特征：①起点是风险，评估风险是关键环节（Black J，2010）；②不限于一个特定阶段，而是覆盖规制的全过程（安永康，2020）；③强调灵活性，规制手段随着风险类型和大小程度进行动态调整。

1. 风险评估：根据风险程度的等级对人工智能进行分类

欧盟采用基于风险的规制思路，具体表现为：对不同人工智能的风险程度进行分类，分为不可接受的风险、高风险、有限风险、最小风险，并对不同风险程度采取不同的监管措施（参见表 1）。

表 1　欧盟《人工智能法案》对人工智能风险的分类

风险程度	具体应用	监管措施
不可接受的风险	· 威胁人的安全、生计和权利，包括操纵人类行为规避用户自由意志的人工智能系统（如使用语音辅助的玩具，鼓励未成年人的危险行为）和允许政府使用社会评分（social scoring）系统。	· 禁止 · 若违反，被处以前一财年全球营业额最高 6%的罚款
高风险	· 重要基础设施（如交通），可能威胁人的生命和健康 · 教育或职业培训，可能决定某人的受教育机会（如考试评分） · 产品的安全零件（如人工智能在机器人辅助手术中的应用） · 就业、员工管理（如履历筛选软件） · 基本的私人和公共服务（如信用评分剥夺公民获得贷款的机会） · 可能干涉人的基本权利的执法（如评判证据可靠性的系统） · 移民、庇护和边境控制管理（如核实旅行文件真实性的系统） · 运用于司法和民主程序的人工智能系统	· 上市前，受到严格管控 · 开展风险评估 · 为系统提供高质量的数据 · 对活动记录确保可追溯 · 提供关于系统和目的的所有必要信息，由监管机构评估其合规性 · 向用户提供充分且清晰的信息 · 人为监督措施，如“停止”按钮 · 上市后持续的市场监督 · 共享故障信息 · 严格执法和处罚
有限的风险	· 使用人工智能（如聊天机器人）时，使用者能意识到与机器互动，进而做出明智的决定	· 实现透明公开
最小风险	· 允许自由使用人工智能的电子游戏或垃圾邮件过滤器等应用	· 不作干预

表格来源：作者自制。

2. 覆盖全过程：风险管理措施覆盖入市前和入市后

欧盟基于风险的规制为人工智能设计了全生命周期的规制措施，覆盖人工智能产品入市前和入市后阶段，实现事前、事中和事后的完整规制。这种机制设计带有德国法的“痕迹”，即借鉴了德国法的“产品跟踪观察”制度。欧盟将人工智能规制周期分成五个阶段：设计开发、评估、注册、CE 标志（欧洲共同市场安全标志）、监测。

在设计开发阶段，应建立和维护风险管理系统。风险管理应该涵盖人工智能系统的整个生命周期，即设计和开发阶段就应该实施和维护风险管理系统。欧盟《人工智能法案》规定的人工智能风险管理的四个步骤如图 2 所示。

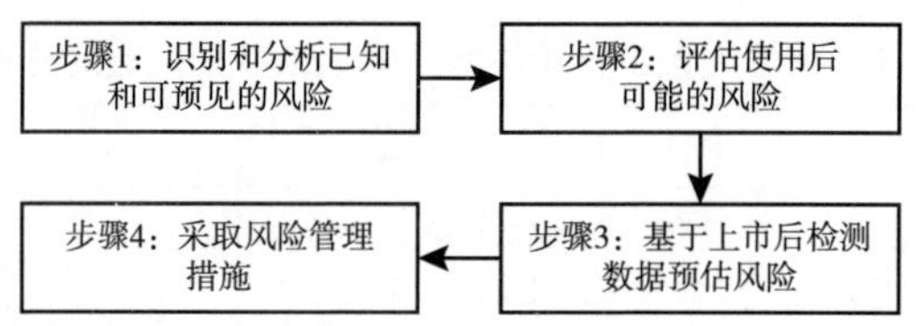

图2　欧盟《人工智能法案》规定的人工智能风险管理步骤

图片来源：作者自制。

在设计研发阶段，具体的技术要求包括：①数据治理。应在满足一定质量标准的数据上进行训练、验证和测试，采集、标注、清洗数据需遵守管理规范，并保障数据具有代表性、准确性和完整性。②技术文件。应在人工智能系统上市之前起草技术文档，向主管机构提供必要技术信息，评估人工智能系统的合规性。③记录保存。人工智能系统在设计和开发时应该有自动记录功能（日志），对风险和损失进行监视，保证人工智能系统整个生命周期的可追溯性。④透明度要求。应向用户提供人工智能系统准确和完整的信息，包括人工智能系统的提供者、人工智能系统的性能和缺陷、人为监督措施等。⑤人为监督。应设计"人—机"界面工具，便于人工智能系统在使用中受到人的监督，并保证人对人工智能系统可实施干预，如通过"停止"按钮中断系统。⑥准确性、鲁棒性和网络安全性。应保证人工智能系统具备适当的准确性、鲁棒性和网络安全性。

在评估阶段，人工智能系统的供应商应在系统上市前进行合格评估（conformity assessment procedure），由评定机构对人工智能系统是否满足法案第二章所规定的各项要求进行验证。在注册阶段，人工智能系统上市前，供应商应将系统注册到欧盟数据库中，数据库的控制者为欧盟委员会，而且数据库向公众开放。

在 CE 标志阶段，供应商应为每个人工智能系统制定一份书面的欧盟合规声明（declaration of conformity），并且在人工智能系统上市或投入使用后交由主管机构保存 10 年。供应商还应为人工智能系统贴上 CE 标志。在欧盟，加贴 CE 标志的商品表示其符合安全、卫生、环保和消费者保护等一系列欧盟指令的要求，没有 CE 标志的商品不得上市销售，已加贴 CE 标志入市的商品，若发现不符合安全要求，应该从市场上收回。

在监测阶段，人工智能系统上市后，供应商应该建立和记录售后监测系统，收集分析人工智能系统整个生命周期内运营性能的数据。入市后供应商建立的监测系统应该以技术文件中的入市后监测计划为基础，欧盟委员会将在未来的立法中建立入市后监测计划的模板，列出所应包括的要素清单。供应商还应该就人工智能系统的相关事故或故障通知监管机构，即在供应商意识到严重的事故或故障的 15 日之内通知相关机构。

3. 保证灵活性：敏捷评估风险变化并及时采取纠正措施

人工智能技术发展变化快，其风险程度和风险类型随时发生变化，预防和规制措施需要适时调整。在风险评估上，法案要求每年对高风险清单进行评估并修改；在技术监测上，法案要求人工智能系统提供者采取入市后监控措施，包括保留日志记录功能，确保人工智能系统在整个生命周期中具有可追溯性；在合格评估上，高风险的人工智能系统若发生实质修改，应该重启新的评估程序；如果主管机构发现高风险人工智能系统不再满足法案第二章规定的各项合规要求，应中止或撤回签发的各种证明。

（二）倡导负责任的研究与创新

“负责任的研究与创新”（RRI）是欧盟在科技发展中提倡的重要理念，并将该理念贯彻在人工智能领域，比如在 2019 年 4 月，欧洲议会秘书处（Secretariat of the European Parliament）发布报告《算法的可问责和透明的治理框架》（A governance framework for algorithmic accountability and transparency），该报告提出应该发挥 RRI 的作用，促进算法实现公平。根据 2011 年欧盟发布的一份报告，RRI 是指“社会参与者与创新者彼此负责的一种透明和互动的过程，在该互动过程中考虑创新及其产品在伦理方面的可接受性、社会的可持续性和社会的期许性，目的是让科技进步嵌入社会生活中”（European Commission，2011）。其中，伦理上的可接受性是指要求符合欧盟保护人的基本权利的价值准则和安全保护水平。因此，RRI 的核心要义是让社会的利益相关者共同参与到研究创新中，实现包容发展。

为实现“负责任的研究与创新”，具体路径包括：其一，建立人工智能科学家和工程师的道德责任；其二，研究人工智能的伦理设计，主要目标是将人类的伦理道德嵌入人工智能中，使其具备道德判断的能力；其三，建立健全人工智能发展的政策法规；其四，推动人工智能跨学科、多主体之间的对话，加强社会公众的参与程度（郭林生、刘战雄，2019）。欧盟出台本法案的目的就是保证人工智能发展尊重人的基本权利，体现了 RRI 的理念。另外，法案规定监管机构鼓励和推动企业起草自愿遵守的行为准则，具体要求包括环境方面的可持续发展、顾及残障人士、让利益相关者参与人工智能系统的设计和开发，以及让开发团队多元化等，这些要求集中体现了欧洲倡导的人本主义，即实现可持续发展、科技向善、多方共治和社会包容等人文目标。在行为准则的制定方面，法案提出让供应商、行业组织、用户以及其他利益相关者及其代表组织共同参与，强调了社会不同利益相关者之间的互动。

（三）坚持实验主义治理理念

实验性法律或实验性规制最早可以追溯到 17 世纪的法国立法，早期的实验性法律允许地方政权根据当地的环境和预算调整中央制定的法律和政策。法律实验也在 19 世纪为英国统治者所使用，以实现对特定区域的统治。在美国，则允许州在自己的权力范围内实验执行多个法律，并在现有的联邦倡议的范围外进行创新。

实验性规制通常有三个特征：短期性、试错性、合作性（即不同利益相关者共同参与）。查尔斯·萨贝尔（Charles F. Sabel）和乔纳森·蔡特林（Jonathan Zeitlin）总结欧盟的治理实践，提炼出实验主义治理理论。实验主义治理强调在不确定环境中，先建立临时性行动框架，再在执行过程中对临时性框架进行修正（贾开、俞晗之，2021）。这一理论所倡导的方法具有灵活性和敏捷性，“监管沙盒”（regulatory sandbox）正是在这一理论指导下产生的一种制度设计。在计算机领域，“沙盒”指隔离的测试环境，即允许一个监督系统阻止有害的程序侵害电脑系统。在规制领域，规制沙盒指在人为创造的规制环境中测试新服务和产品。欧洲理事会将监管沙盒定义为“在限定的时间和行业领域或区域，以合适的真实环境测试创新的技术、产品、服务或方法，……通过一定的规制监督保证安全”（Council of the European Union，2020）。“监管沙盒”最早来自金融领域，因为金融领域存在系统性风险，传统监管手段是事后监管，监管成本较高，不利于金融创新。监管沙盒的机制满足了弹性监管原则，体现了事中监管和动态监管的理念，能促进监管者与被监管对象之间的合作。为了平衡欧洲人工智能领域的创新与监管之间的矛盾关系，法案引入了监管沙盒机制。“人工智能监管沙盒”是指人工智能系统入市或投入使用前，主管机构提供一个受控的环境，在指定时间内对人工智能系统进行开发、测试和验证。对人工智能系统开展沙盒实验时，一旦发现会对人的健康、安全和基本权利产生风险，应立即采取措施降低风险。

三　对欧盟《人工智能法案》的基本评价

欧盟《人工智能法案》作为全球首部人工智能立法，引入了市场规制路径，并采取全链条的规制措施。这些规制措施也引发了一些争议，比如规制的有效性、对人工智能界定和分类的合理性都受到业界的质疑。

（一）引入市场规制路径，责任机制存在缺陷

欧盟以监管产品的思路来监管人工智能是一种有效路径，因为人工智能的发展必然伴随着相关产品进入市场得以推广和应用。对人工智能产品设定市场准入门槛和建立全生命周期的监测体系可以保障人类安全，提高人工智能的可信赖度。各个国家在消费者保护和产品质量监管方面都建立了成熟的制度体系，将人工智能产品纳入现有的规制体系中，并对现有体系进行调试和完善，无疑是一种高效、便捷的治理路径。为了匹配人工智能法案的实施，欧盟将修订涉及人工智能相关产品的产品责任规则，修订行业安全方面的法律规则，如机械指令（machinery directive）。从法律适用效果看，法案依据“效果主义”（effects test）的原则规定了“长臂管辖”，即不管人工智

能产品的提供者在何处，只要其生产的人工智能系统运用于欧盟区域，就需要遵守法案的要求。这与 GDPR 的法律适用原则是一致的，即最大程度上保护欧盟公民的权益（MacCarthy M et al.，2021）。以规制对象看，法案侧重于对人工智能产品提供者进行规制，包括要求人工智能提供者开展风险评估，秉持了“谁提供谁负责”的原则。但人工智能产品的用户也是重要的责任主体，以人脸识别技术为例，最终负责日常运营的实际上是用户，比如由物业公司运营。人脸识别的大部分风险可能来自用户的日常运营活动，比如用户自身的违法行为，而此时人脸识别的提供者已经脱离了技术的使用场景（曾雄、梁正、张辉，2021）。法案仅要求人工智能产品的提供者评估人工智能系统在初期的风险是不够的，应将实际参与运营的用户纳入责任体系中，加大用户预防和规避风险的责任和义务。

（二）超前制定监管措施，引发妨碍产业发展的担忧

欧盟在数字领域的立法一直走在世界前列，对于政府机构出台的规制政策，实务界总会充满担忧。此次欧盟发布《人工智能法案》同样引起不少质疑，有观点认为欧盟颁布的《人工智能法案》将使人工智能企业在欧洲承担过高的成本，而且大部分的合规要求在技术上无法实现。比利时智库欧洲国际政治经济中心（European Centre for International Political Economy）的一项研究分析了对科技公司进行事前监管的成本，以 2018 年的数据为基准，事前监管导致高达 850 亿欧元的 GDP 损失和 1000 亿欧元的消费者福利损失。这种观点认为欧洲在人工智能领域的发展本来就相对滞后，欧盟实施的 GDPR 和《人工智能法案》将迫使创业者和创新者转移至监管环境宽松的地方，因此欧盟委员会的超前和过度的监管会进一步强化欧洲人工智能产业落后的局面。欧盟委员会在设计法案时对过度监管的问题有一些考虑，包括采用分级监管的思路，将人工智能系统的风险区分为低、中、高等不同等级，并对高风险的人工智能附加监管要求。欧盟委员会预测行业里大部分人工智能应用将落入低风险类别中，因而认为法案对人工智能产业发展造成的负面效果有限。另外，为了保护行业创新，法案还引入了“监管沙盒”机制，

为人工智能开发者提供了一定的创新自由度。但无论如何，诸多事前监管环节都将影响人工智能的开发进程。总体而言，欧盟《人工智能法案》属于偏规制型的立法文件，其对产业促进方面的规定较少。

（三）过于倚重企业自治，规制的有效性受到质疑

该法案对人工智能系统提供者附加的合规评估义务仅涉及内部程序，缺乏外部监管，主要由提供者的自我评估来证明存在高风险的人工智能系统遵守了法案。对此，非政府组织欧洲数字权利（European Digital Rights）认为，该法案给企业自我规制的空间过大。欧洲数据保护委员会（以下简称“EDPB”）和欧洲数据保护专员公署（以下简称“EDPS”）也提出因缺乏对人工智能系统提供者是否遵守其行为准则的监督机制，可能降低这一治理工具的有效性和可执行性。而且法案对批准入市后的人工智能系统的监管过于宽松，这种对人工智能系统入市前和入市后的不对称监管也将降低规制的有效性，因为人工智能系统一旦被开发和运用，便会迅速普及和扩散。

（四）对人工智能进行明确定义和分类，但界定和分类的合理性受到质疑

法案对人工智能的定义不清晰，而且定义得非常宽泛。按照法案的定义，从输入法的单词预测到各种 App 的自动推送、从语音助手到地图导航，几乎所有常见的互联网服务都会被纳入或部分纳入监管范围中。人工智能技术的变化和演进飞快，如今“智能手机每天处理的事情在 20 年前被认为是‘人工智能’处理的事情”。对人工智能进行定义要么“迷失”于各种概念中，要么滞后于技术发展现状。对此，为了提高监管的精准度，法案以列表的形式对监管对象进行了明确。但技术是不断演进的，总是存在“挂一漏万”的缺陷。比如该法案没有将深度伪造（deep fake）界定为高风险应用。EDPB 和 EDPS 指出，法案列出的高风险清单存在遗漏，没有涵盖使用人工智能系统确定保险费或者评估医疗方法适用于健康研究目的的场景（European Data Protection Board，European Data Protection Supervisor，2021）。

四　欧盟《人工智能法案》对我国的启示

人工智能作为一种颠覆性技术，将改变就业结构、冲击法律与社会伦理、侵犯个人隐私、挑战国际关系准则等，甚至对公共管理、经济安全和社会稳定乃至全球治理等带来深远影响。因此，以立法手段应对人工智能引发的各种问题已是势在必行。

（一）人工智能立法的必要性问题

相比于传统的科技风险，人工智能引发的风险更具有复杂性、系统性和不可预见性，将产生一系列严峻的治理挑战。首先，人工智能的强技术性特征，加剧监管者、社会公众与技术人员之间的信息不对称，新型风险超出传统监管范围。其次，人工智能的应用往往跨多个行业、多个政府机构、多个司法管辖区域和利益相关者团体，大幅增加了协调监管的难度。最后，人工智能的发展速度远远超过任何传统监管体系的更新调整步伐，人工智能的风险、收益和发展轨迹都具有高度的不确定性，事前的、具有前瞻性的监管决策将变得愈加困难，现有监管机制和法律规则显得滞后（张欣，2021）。

以“软法”治理人工智能成为全球的治理新趋势。据美国亚利桑那州立大学的软法治理项目汇编统计，2001~2019 年，全球共发布 634 个人工智能软法项目。另外，算法观察组织（Algorithm Watch）梳理了一个在线人工智能伦理准则全球清单，截至 2020 年 6 月，共列出超过 150 个框架和准则。而“软法”治理也存在明显的缺陷，因缺乏法律的强制约束力，“软法”无法真正发挥约束的效用。以伦理规范为例，学界关注到“伦理洗白”（ethics washing）的问题。虽然企业建立了内部的伦理委员会，但仍然频繁出现伦理危机事件。实际上伦理委员会的治理模式存在问题，因为企业的伦理委员会缺乏独立性、透明性和外部监督，容易受到企业利益的“绑架”。为此，应将广泛接受的伦理标准上升为法律规则，通过立法将“软法”硬化，并建立配套的惩罚责任制度，将相对成熟的“软性约束”落到实处。

因此，人工智能立法是一条必然出路。

据咨询公司 Cognilytica 发布的《全球人工智能法律和规范报告》（*Worldwide AI Laws and Regulations*）显示，目前大多数国家对人工智能立法秉持观望态度，由于立法机构尚无法判断新技术给社会产生的实际影响，对人工智能进行立法面临艰巨的挑战。该报告显示，欧盟在提议和制定新的立法方面表现得最为活跃，目前已经对包括人脸识别、自动驾驶、自动化决策等人工智能应用提出了立法方案或发布正式规则。美国则一直保持较为宽松的规制态度。总体而言，以美国和欧盟为代表的一些国家和地区在人工智能相关立法方面采取的基本策略是差别化和场景化，即对人工智能不同应用领域进行专门立法（汪庆华，2019）。

在我国，2017 年 7 月 20 日，国务院印发的《新一代人工智能发展规划》在战略目标中对法律体系建设提出了三步走要求：到 2020 年，部分领域的人工智能伦理规范和政策法规初步建立；到 2025 年，初步建立人工智能法律法规、伦理规范和政策体系，形成人工智能安全评估和管控能力；到 2030 年，建成更加完善的人工智能法律法规、伦理规范和政策体系。我国地方层面已经有立法尝试，比如深圳出台首部人工智能的地方性法规。深圳的立法坚持了促进性立法的理念，体现了“全面促进与合理必要的规范”，核心目的是“促进人工智能产业发展”。我国已经完成了《网络安全法》《数据安全法》《个人信息保护法》等的立法工作，这些法律规则作为底层的规则基石为人工智能的健康发展提供了坚实保障。但在人工智能应用层面，相关立法仍然缺位，一些人工智能应用已经进入法律的空白区。因此，需要加快人工智能的立法研究，特别是应就人工智能的产品和流通进行立法规范，才能充分保障社会和个人的安全。

（二）人工智能立法的体例问题

国内不少观点提出对人工智能进行专门立法，比如吴汉东提出人工智能是高科技行业，其自身不确定的因素比较多，且该领域出现的监管问题具有鲜明的特殊性，因而需要确立一部专门监管法加以规范（吴汉东，2017）。

胡元聪等提出出台《人工智能发展法》和《人工智能监管法》。他们认为《人工智能发展法》针对智能产品的质量安全和检测问题及各项技术标准进行规范，《人工智能监管法》则解决监管原则、监管职责划分、监管者和被监管者的违法责任、监管的具体措施以及各项程序性问题（胡元聪、辛茹茹，2018）。朱体正提出应当制定一部人工智能单行法并辅以配套的法律法规、法律解释及伦理准则，确保人工智能运行安全可靠，风险得到合理控制（朱体正，2018）。也有观点提出对既有科技法规则进行调整，让人工智能立法成为科技法的特别法。比如龙卫球提出以人工智能科技作为特殊规范对象，将其定位为科技法的特别法，从人工智能的科技市场、科技风险和科技政策等具体问题入手，通过对既有科技法价值的继承和发展，对既有科技法规则进行优化和调整，形成一套专门适用于人工智能研发和应用的具体规范体系（龙卫球，2020）。

目前，用于应对人工智能风险的制度规则过于分散，而且法律位阶较低，不利于相关机构开展监管活动，也不利于企业自我合规。因而应为人工智能制定一部专门的综合性法律，将人工智能用于不同场景中所遵循的共性规则进行提炼，成为规范人工智能多场景应用的基本规则。对此，申卫星提出需要构建综合性立法和具体场景立法相结合的“总—分”式立法体系。综合性立法是进行人工智能顶层设计的最佳形式，他认为通过专门的中央立法可以强有力地指导各地、各领域的人工智能发展；具体场景分别立法的领域包括自动驾驶、自动化决策、精准医疗等，区分不同行业和场景对人工智能技术进行规范（申卫星，2021）。本文也认为应为人工智能制定一部单行法，因为综合性立法比分散立法的规范效率高。

（三）人工智能立法的主体内容问题

危险是无法改变的客观存在，但可以通过采取相关措施的方式减小危害事件发生的可能性或者后果的严重程度，风险管理就是研究风险发生规律和风险控制技术的管理科学。对人工智能的风险管理包括对数据质量、算法质量、设计人员伦理素质等进行管理，而且重视对过程和结果的控制。借鉴危机管理生命周期框架，可以从风险管理（事前）、应急管理（事中）、善后学习（事后）三个阶段提出应对人工智能风险的举措。在风险管理阶段，包括风险预知、风险研判和风险预警；在应急管理阶段，包括应急响应和应急处置；在善后学习阶段，主要是总结反思并重建（薛澜、张强等，2003）。比如2021年全国信息安全标准化技术委员会发布的《网络安全标准实践指南——人工智能伦理安全风险防范指引》，该文件遵循了人工智能研发和应用生命周期的逻辑，将研究开发者、设计制造者、部署应用者以及用户都纳入行为规范范畴。因而，本文提出应进行“事前—事中—事后”全链条的监管机制设计。在事前阶段，在人工智能产品流入市场前进行风险评估，实现风险管控；在事中阶段，进行持续的市场监督，实施产品召回制度；在事后阶段，进行善后学习，实现人工智能风险事故的数据共享和风险监测。具体举措如下。

首先，在事前阶段，可以采取分类分级的思路，根据人工智能在不同应用场景的风险程度匹配不同的规制措施。对于那些对人类安全、人格尊严和自主意识产生显著危害的应用采取禁止措施，比如禁止开发人工智能武器。而对于其他一些风险可控的人工智能应用采取风险管控措施，包括风险评估制度、备案注册制度等。

其次，在事中阶段，需要建立人工智能产品后续观察义务制度。人工智能产品的生产者是风险源开启者，而且是利益获得者，应负有产品跟踪观察义务。人工智能产品生产者的产品跟踪观察义务包括：要求企业建立内部产品质量监控机制，保障产品在生产过程中符合各项安全指标，还应建立产品质量信息反馈机制；生产企业应及时向社会公众发出警示信息，让用户或社会公众了解产品风险信息，将可能的危险降低；建立缺陷产品召回或强制销毁制度，一旦发现产品有缺陷或风险后，生产企业除了发布警示信息外，还应该提供修理或召回的政策，将在市场上流通的产品及时召回。

最后，在事后阶段，建立人工智能风险数据平台加强风险监测和预防。人工智能产品具有快速扩散的特征，一旦需要召回可能存在诸多困难。建立统一、科学、权威的检测监控体系是建立召回制度的基础（李正华，

2003）。在美国，缺陷消费品信息主要来源包括企业的义务报告，因为企业在早期阶段就了解产品的潜在安全问题，义务报告是最及时的信息来源。此外，还包括伤害事故档案、死亡证明文件、深度调查文件、国家电子伤害监视系统、24 小时免费热线等。在欧盟，缺陷消费品信息主要来源于欧盟非食品类消费品快速预警系统（RAPES），该系统已经在欧盟范围内实现了全覆盖，欧盟内部可以快速交换、传递产品质量安全信息。该系统是一个集消费品质量安全风险信息收集、监测、风险评估、风险应对和风险处置为一体的消费品风险管理信息化平台。可见，欧盟形成了以法律体系为基础、以风险管理为核心、以多元主体为力量的产品召回制度。而在我国，缺陷产品信息来源是消费者主动提供的消费品缺陷信息、网络舆情中的产品事故和伤害报道、国外监管机构外部的召回和预警信息，信息来源质量不高且缺乏专业性和系统性（石念，2021）。应该拓宽缺陷信息采集渠道，搭建人工智能风险数据平台，实现风险监测和预防。

（四）人工智能立法的价值定位问题

人工智能立法应该是规范与发展并行的立法。政府的立法难免引起产业界的担忧，数据保护的立法就出现此类情形。欧盟出台 GDPR 时，不少观点提出此类规制法案将影响产业发展和技术创新。比如《金融时报》报道 GDPR 实际上有利于那些已经积累了海量用户数据的企业。2020 年 12 月《欧洲竞争杂志》发布的一项研究也表明，GDPR 损害了中小企业的利益，实际上有利于大型平台企业。欧盟发布《人工智能法案》也引起了类似的担忧，据数据创新中心（Center for Data Innovation）发布的报告预测，欧盟《人工智能法案》将给欧洲经济增加超过 300 亿欧元的成本。特别是因人工智能定义的模糊性和不确定性，企业将面临沉重的合规压力和隐性成本（Barczentewicz M，Mueller B，2021）。

对于立法与规制是否会阻碍产业发展和技术创新，国内学界也有不同观点。一些来自企业智库的研究人员认为，在过去 20 余年的互联网发展中，欧盟落后于美国和中国的一个主要因素就是法律政策。因欧盟在平台责任、隐私保护、网络版权等方面比美国更早制定了规则，未能给欧洲互联网创新提供适宜的法律制度土壤（曹建峰，2107）。周汉华对此进行了否定，他反对这种贴标签的研究方法，他提出不能将制定个人信息保护法与阻碍创新画等号，也不能将不保护隐私与更有利于创新画等号，制造隐私保护与创新不可兼得的局面（周汉华，2018）。政府的立法与规制行动对产业发展的实际影响需要扎实的实证研究的支撑，很难直接下结论。不管如何，应始终坚守一个基本原则，即政府对产业治理的根本出发点是为了实现更好的发展。在推动立法的过程中，也应坚持规范与发展并重的原则。《深圳经济特区人工智能产业促进条例》作为我国人工智能领域的首次地方性立法，明确了对人工智能产业实行包容审慎监管的方针，同时强调使用政策指南、沙盒技术、应用试点等监管工具。深圳作为人工智能产业发展较为迅速的区域，已经开展立法活动，可以为国家层面的人工智能立法提供经验。

参考文献

安永康：《基于风险而规制：我国食品安全政府规制的校准》，《行政法学研究》2020 年第 4 期。

曹建峰：《论互联网创新与监管之关系——基于美欧日韩对比的视角》，《信息安全与通信保密》2017 年第 8 期。

郭林生、刘战雄：《人工智能的“负责任创新”》，《自然辩证法研究》2019 年第 5 期。

胡元聪、辛茹茹：《人工智能对法律监管带来的挑战及制度因应》，《人工智能法学研究》2018 年第 2 期。

贾开、俞晗之：《“数字税”全球治理改革的共识与冲突——基于实验主义治理的解释》，《公共行政评论》2021 年第 2 期。

李正华：《论缺陷产品召回的法制化监控》，《政治与法律》2003 年第 6 期。

龙卫球：《科技法迭代视角下的人工智能立法》，《法商研究》2020 年第 1 期。

申卫星：《构建综合性立法和具体场景立法相结合的“总—分”式立法体系》，人民论坛网 2021 年 1 月 18 日。

石念：《欧美缺陷消费品召回制度比较及对我国的启示》，《标准科学》2021 年第

5期。

汪庆华：《人工智能的法律规制路径：一个框架性讨论》，《现代法学》2019年第2期。

吴汉东：《人工智能时代的制度安排与法律规制》，《法律科学（西北政法大学学报）》2017年第5期。

薛澜、张强、钟开斌：《危机管理：转型期中国面临的挑战》，清华大学出版社，2003。

朱体正：《人工智能时代的法律因应》，《大连理工大学学报》（社会科学版）2018年第2期。

曾雄、梁正、张辉：《人脸识别治理的国际经验与中国策略》，《电子政务》2021年第9期。

张欣：《我国人工智能技术标准的治理效能、路径反思与因应之道》，《中国法律评论》2021年第5期。

周汉华：《探索激励相容的个人数据治理之道——中国个人信息保护法的立法方向》，《法学研究》2018年第2期。

Barczentewicz M, Mueller B., "More than Meets the AI: The Hidden Costs of A European Software Law" (2021-12-01) [2021-12-27], https://www2.datainnovation.org/2021-more-than-meets-the-ai.pdf.

Black J., "Risk-based Regulation: Choices, Practices and Lessons Being Learnt", OECD, Risk and Regulatory Policy: Improving the Governance of Risk, Paris: OECD Publishing, 2010: 190.

Council of the European Union, Council Conclusions on Regulatory Sandboxes and Experimentation Clauses As Tools for An Innovation-friendly, Future-proof and Resilient Regulatory Framework that Masters Disruptive Challenges in the Digital Age (2020-10-16) [2021-12-27], https://data.consilium.europa.eu/doc/document/ST-13026-2020-INIT/en/pdf.

European Commission, Ethics Guidelines for Trustworthy AI (2019-04-08) [2021-12-27], https://digitalstrategy.ec.europa.eu/en/library/ethics-guidelinestrustworthy-ai #: ~: text = Ethics% 20guidelines% 20for% 20trustworthy% 20AI% 20On% 208% 20April, 500% 20comments%20were%20received%20through%20an%20open%20consultation.

European Commission, Policy and Investment Recommendations for Trustworthy Artificial Intelligence (2019-04-08) [2021-12-27], https://digitalstrategy.ec.europa.eu/en/library/policy-and-investmentrecommendations-trustworthy-artificial-intelligence.

European Commission, Towards Responsible Research and Innovation in the Information and Communication Technologies and Security Technologies Fields (2011-11-21) [2021-12-27], https://op.europa.eu/en/publication-detail/-/publication/60153e8a-0fe9-4911-a7f4-1b530967ef10/language-en.

European Data Protection Board, European Data Protection Supervisor, Joint Opinion 5/2021 on the Proposal for A Regulation of the European Parliament and of the Council Laying Down Harmonised Rules on Artificial Intelligence (Artificial Intelligence Act) (2021-06-18) [2021-12-27], https://edps.europa.eu/system/files/2021-06/2021-06-18-edpb-edps_joint_opinion_ai_regulation_en.pdf.

MacCarthy M, Propp K., "Machines Learn that Brussels Writes the Rules: The EU's New AI Regulation" (2021-04-29) [2021-12-27], https://ai-regulation.com/machines-learn-that-brussels-writes-the-rules-theeus-new-ai-regulation/.

Von der Leyen U., "Political Guidelines for the Next European Commission 2019-2024" (2019-10-27) [2021-12-27], https://ec.europa.eu/info/sites/default/files/political-guidelines-next-commission_en.pdf.

人工智能伦理问题与安全风险治理的全球比较与中国实践*

贾开　薛澜**

摘　要： 从全球范围来看，利益相关体已经提出了诸多人工智能治理原则以试图通过“软体系”的方式应对人工智能发展和应用所引发的伦理问题与安全风险。本文指出，人工智能的主体性挑战、代码作为规则重要性的提升以及“黑箱性”的存在构成了以“软体系”应对人工智能伦理问题与安全风险的特殊原因，而推进理念共识、聚焦局部议题、创新治理机制则构成了其具体内涵。虽然现有方案有利于推动人工智能伦理问题与安全风险的治理进程，但其在关键概念上的模糊、具体内容上的缺失或争议以及决策过程的不足，也引导人们产生更多反思。中国近年来在三个方向积极推进并于2021年初形成了《网络安全标准实践指南——人工智能伦理安全风险防范指引》的阶段性成果，该文件界定了人工智能治理的相关主体范围，总结了人工智能伦理问题与安全风险的具体类型，并明确了相关主体所应履行的治理职责。结合全球比较和中国实践的分析，文章进一步对未来人工智能伦理问题与安全风险治理的发展可能提出了三点展望。

关键词： 人工智能　伦理问题　安全风险　治理反思

---

* 致谢：感谢清华大学公共管理学院梁正、中科院自动化研究所曾毅、中国人民大学法学院郭锐、科技部新一代人工智能中心徐峰、中国标准化研究院王平，以及《网络安全标准实践指南——人工智能伦理安全风险防范指引》起草专家组其他成员对本文写作的启发和贡献。

** 贾开，上海交通大学国际与公共事务学院长聘副教授，研究方向为数字公共治理、全球数字治理；薛澜，清华大学文科资深教授、博士生导师，清华大学苏世民书院院长，人工智能国际治理研究院院长，研究方向为公共政策与公共管理、科技创新政策、危机管理及全球治理等。

一 缘起:《网络安全标准实践指南——人工智能伦理安全风险防范指引》的发布及其背景

2021 年 1 月，全国信息安全标准化技术委员会（简称“信安标委”）正式发布《网络安全标准实践指南——人工智能伦理安全风险防范指引》（简称《指引》），《指引》是国家层面出台的首个涉及一般性、基础性人工智能伦理问题与安全风险问题，并具有可操作性的指引文件，为我国人工智能伦理安全标准体系化建设奠定了重要基础。

近年来，伴随着人工智能技术的快速发展及其在不同领域的普及应用，以推动人工智能“安全、可靠、可控”发展为目标的人工智能合规体系建设也在同步推进。我国初步确立了合规体系建设规划和路线图①，提出了反映各方理念且具有一定共识基础的理念和原则②，也在具体领域制定或修订了针对特定问题的相关标准③。在此背景下，《指引》可被视为新的发展和补充，其既对理念和原则进行了细化，也未局限于特定问题，而是针对人工智能伦理问题与安全风险的共性挑战提出了较为具体的治理框架和行为规范意见。

对于《指引》积极意义的肯定，并不意味着人工智能伦理问题与安全风险治理便“一劳永逸”地得到了解决，甚至不一定意味着我们距离问题的解决“更近了一步”。正如阿西莫格鲁等人所警示的，我们或许连“需要什么样的人工智能”这样的目标性问题，都还不甚了了（Acemoglu and Restrepo, 2020）。因此，在我国以及全球范围当前都紧锣密鼓地推进人工智能伦理问题

① 以《新一代人工智能发展规划》《国家新一代人工智能标准体系建设指南》等文件为代表。

② 以《新一代人工智能治理原则——发展负责任的人工智能》《人工智能北京共识》等文件为代表。

③ 包括《信息安全技术虹膜识别系统技术要求》《信息安全技术基于可信环境的生物特征识别身份鉴别协议框架》《信息安全技术指纹识别系统技术要求》《信息安全技术汽车电子系统网络安全指南》《信息安全技术车载网络设备信息安全技术要求》《信息安全技术智能家居安全通用技术要求》《信息安全技术智能门锁安全技术要求和测试评价方法》等。

与安全风险治理之时，我们或许有必要跳出围绕具体风险、原则或条款的斟酌与争论，以更加宏观的视野认识我们面临的问题以及解决问题的不同路径，并在此比较反思的过程中做出适宜的选择。本文即基于此视角而展开围绕全球人工智能伦理问题与安全风险治理研究和实践的综述性讨论，其在方法论上可归于文献综述类研究的“元研究”（meta-analysis）范畴。事实上，与近年来快速涌现的诸多人工智能伦理问题和安全风险治理方案相比，围绕方案起草过程的代表性、方案起草者的利益关联、方案有效性的评估、方案内容的缺陷与矛盾等问题的反思与批判，始终都是该领域为数不多却未曾间断的重要研究路线之一（Greene et al.，2019；Hagendorff，2020）。本文可被视为沿袭此类研究并结合中国实践而展开的探索性讨论，希望为大多数关心但并不直接参与制度细节设计的公共管理研究者以及更一般的公众提供一个全球比较与反思的图景。

本文接下来将从五个部分展开论述。第二部分将对人工智能伦理问题与安全风险治理的问题进行界定，既是明确研究对象，也是对可能存在的不同治理目标进行比较与区分。第三部分将总结当前存在的应对人工智能伦理问题与安全风险治理问题的主要方案，从理念、客体、主体三个方面做出综述性解释。第四部分将梳理针对已有方案的批评，在比较分析中厘清主要的反思视角。在此基础上，第五部分将回到中国：一方面总结我国当前推进人工智能伦理问题与安全风险治理的整体性框架，另一方面也对《指引》的内容特点和重要意义进行解释。第六部分将从未来展望的视角对全文做出讨论和总结。

二　问题：人工智能伦理问题与安全风险治理的独特性

在经历自 1956 年以来的两次发展起伏之后，人工智能技术在当前迎来了第三次发展高潮，并被视为第四次工业革命的标志性技术而得到普遍应用。尽管批评者指出，人工智能不过是硅谷包装的“答案主义”（Sollutionism）意识形态的又一个体现（Morozov，2019），但其“通过脑力劳动的机械化将人类解放出来以从事更有意义活动”的能力（吴文俊，2019），仍然使之在诸多领域体现了一般性技术的变革价值。但与此同时，越来越多的研究逐渐意识到人工智能应用过程中所伴随的治理风险。智能推送算法可能引发的“信息茧房”和极化现象，犯罪风险评估算法体现的种族歧视倾向，人脸识别系统可能构成的全面监控网络，以及就业冲击、舆论操纵、隐私侵害等，都是引发公众关注的典型案例，这也成为推动人工智能伦理问题与安全风险治理的直接动因。尽管到目前为止，各国鲜有出台针对人工智能风险治理的法律法规，但根据德国非营利机构算法观察组织的统计，政府、企业、社会机构、国际组织、学术团体等全球范围的利益相关体已经提出了160多个原则或倡议，构成了人工智能伦理问题与安全风险治理的“软体系”①。

但新兴技术应用结果可能造成个人权利侵害或社会权力结构转移的风险，并不仅限于人工智能，传统治理体系也并不一定不能做出有效应对。例如，技术社会史的研究揭示，条形码和扫码器的应用提升了零售业的供应链管理效率，因此更有利于大型连锁零售商的运营，但这也并不必然意味着权力结构的集中或中小供应商及零售业工人的边缘化。尽管美国形成了沃尔玛式的垄断结构并抑制了供应商和工人的博弈能力，但德国和丹麦却出现了大型零售商与供应商、工人共享规模经济收益的情况；而在英国和法国，情况则是工人共享收益而供应商却在大型零售商的垂直并购中被边缘化（Watson，2011）。换言之，技术创新和应用所带来的治理风险并不必然导致治理体系的变革，差异化的影响结果更多反映了不同文化、制度的历史沿袭，各国在面对相同技术治理挑战时也并非一定会采取类似的应对方案。由此，当我们注意到全球范围内不断涌现的人工智能伦理问题与安全风险治理原则或规范之后，一个更深刻的问题便浮现出来：人工智能作为新兴技术的发展与应用，究竟具有何种不同于其他技术的特点，使之要求治理体系和机

① 本文所指治理“软体系”是区别于具有明确规则和约束力、强制力的“硬法体系”而言的，其旨在分析治理风险、提出治理目标、构建治理机制、提出治理方案，可被视为“硬法体系”形成之前的治理共识的达成过程，或者因难以具体、明确地界定不同主体的责任、权利、义务而采取的其他治理进程。

制的变革？且这种变革为何又更多以“伦理问题与安全风险治理”的“软体系”面貌出现，而非采取更具约束力的法律规范形式？

较为直接的答案注意到了发展与规制的二元平衡：在新兴技术发展和应用模式尚存较大不确定性的情况下，更具包容性的“软体系”有利于最大限度降低规制对于创新的前置影响。但这仍然只是对于一般规律的总结，并未对人工智能的特殊性做出解释。更多的研究注意到了人工智能作为一般性技术的能力，且与蒸汽机、电力等其他一般性技术不同，人工智能至少在以下三方面体现出独特性。

首先，人工智能第一次体现了主体性挑战。传统数字系统的设计大都体现为人类借助表达能力而进行的需求界定、流程划分、条件判断等系列工作。与此不同，建立在机器学习基础上的人工智能技术流派的发展，可以基于大量数据的学习而自主总结出数据背后的规律与特征，由此体现出与“人”类似的“表达”能力。迈克尔·波兰尼曾指出，“人类知道的远比其能表达出来的更多”，这也构成了人类表达能力的“波兰尼困境”（Polanyi, 2009）。人工智能对此困境的突破，使之具备了一定程度的主体性，并因此使得建立在人类行为因果联系基础上的传统治理体系面临挑战（贾开，2019）。这一变化不仅提升了基于人工智能技术的数字系统的应用范围和深度，同时也带来了诸如智能排序算法结果是否受到言论自由权利保护、人工智能创作作品能否被纳入版权范畴等一系列挑战。

其次，人工智能的主体性挑战并不仅仅体现为作为技术产出的结果而引发的权利争议，更在于作为影响社会运行重要规则的形成方式的变化。网景公司创始人马克·安德森 2011 年在评论文章中提出的“软件正在吞噬世界”的观点，深刻影响了硅谷的发展进程，其事实上强化了劳伦斯·莱辛格在 20 世纪末提出的“代码即法律”的架构理论。在他们看来，数字化转型的过程，也就是代码作为人类社会运行第四种规则的影响力不断提升的过程。人工智能在扩大数字系统应用范围和深度的同时，也提升了代码作为“规则”的重要性，其不仅影响着每个个体的日常生活，也在一定程度上决定了政治选举、社会舆论、资源分配等诸多重大公共问题。但与法律、市场、社会习俗这些传统规则建立在政治合法性或历史合理性基础上不同，代码作为“规则”的形成过程却很难说具有实质或程序上的正当性。这并不意味着代码规则仍然决定于利益团体的博弈，人工智能的技术实现过程决定了代码规则的形成过程是技术逻辑、社会逻辑和制度逻辑的复杂结合。以算法歧视为例，已有研究揭示，之所以搜索引擎算法更大概率上会将黑人姓名与犯罪记录联系在一起，并非设计者有意为之，而是反映了搜索者对黑人是否犯罪这一现象更为关注的社会心理，机器学习基于大量案例习得了这一规律，并通过最大化点击概率的技术目标将其体现并强化（Sweeney，2013）。

最后，人工智能本身技术逻辑及其应用过程存在模糊性，也即“黑箱性”。如果我们在人工智能的所有应用场景中都能发现并理解代码规则的形成机制，并及时采取救济或规制措施，那么前述两个独特性挑战也就不足为惧。近年来，数字平台公司不断调整、优化算法以使之符合社会价值要求的做法，便体现了此种思路，其也的确取得了较好效果。但限于商业秘密的保护，我们事实上很难知晓数字公司设计、应用人工智能的基本逻辑；另一方面，更重要的，以算法作为主要体现的人工智能技术已经成为“看不见的手”，并嵌入社会的方方面面，其在不同场景下管理、分类、约束乃至决定整个社会的运行，我们并不能明确界定一个实体对象或工作流程来解释其运行过程。佐治亚理工学院教授伯格斯特形象地将其比喻为“黑洞”：我们能清晰感受到它的影响，却并不能对其内部一窥究竟（Bogost，2012）。

正是基于上述层次递进的三个方面的解释，我们或许才能更深入地理解人工智能的独特性，并因此理解人工智能治理的必要性。我们之所以重视“软体系”的作用，以及更具体的伦理问题与安全风险，既是出于平衡发展与规制的需要，更重要的原因还在于人工智能主体性挑战背景下，其作为人类社会运行“规则”、运行机制的复杂性和“黑箱性”。技术、社会、制度因素的相互关联，使得人工智能治理难以被置于已有的法律框架之下，在不能清晰界定不同主体责权边界的情况下，唯有通过伦理问题与安全风险治理的“软体系”以促进利益相关体的共同探索，为形成新的治理体系和治理机制准备条件。

三 方案：现有准则规范的思路与特点

人工智能伦理问题与安全风险治理的目的在于建构人工智能发展的合规体系，在释放技术创新潜力的同时，通过理念的引导、目标的界定、风险的揭示、底线的探索，形成针对人工智能技术产品或者利益相关体的规范性要求，以使得人工智能的发展应用符合人类社会价值需要。就现有研究或实践的进展来看，大致可从理念、客体、主体三个方面来梳理不同工作的思路和特点。

首先，聚焦于理念，各方从不同视角出发，均试图对“发展什么样的人工智能”问题做出回答，通过核心概念、目标、价值的界定以影响人工智能技术开发与应用进程。人工智能的主体性以及围绕技术政治性的复杂讨论，均提醒我们人工智能发展路径的多元性及其对社会影响的多重性。正因如此，究竟发展什么样的人工智能，便成为首先要明确且取得共识的重点。尽管“人工智能”概念本身尚存争议[①]，但这并不影响各方从治理视角对“人工智能”加上“限定语”。未来生命研究所提出的“有益人工智能”（beneficial AI）（Future of Life Institute，2017）、英国上议院提出的“伦理性人工智能”（ethical AI）（UK House of Lords，2017）、欧盟人工智能高级别专家委员会提出并为经合组织所沿用的“可信赖的人工智能”（trustworthy AI）（OECD，2019），以及中国新一代人工智能治理委员会提出的“负责任的人工智能”（responsible AI），均是具有广泛影响力的核心概念，在引导利益相关方思考人工智能发展方向的同时，其具体内涵的解释以及由此所衍生的产品和行为规范要求也引导着具体伦理问题与安全风险的治理。

其次，聚焦于客体，针对人工智能伦理问题与安全风险治理的不同议题，各方均试图提出整体性的分析框架以将复杂议题局部化、模块化。人工

① 例如人工智能研究领域到目前为止也未能对“人工智能”的定义形成共识，主要的分歧之一在于部分研究者认为只要在结果层面重复人类行为即可称为“人工智能”，但其他研究者认为要在过程中也模仿人类的思维模式才能被视为“人工智能”。

智能伦理问题与安全风险治理的挑战性不仅体现为问题本身的复杂性，同时还体现为包含不同议题的多重性。在认识到难以同时解决所有议题的前提下，利益相关方（尤其是私人部门）开始聚焦于具体议题，并提出不同的解决方案。一般的研究思路是围绕人工智能从研发到应用的全生命周期，从数据的收集整理、模型的训练验证、应用的评估反馈等各个环节分析不同问题，并提出相应解决方案。关注责任问题的“负责任及可解释的人工智能”（Accountability and Explainable AI）（Mittelstadt et al.，2019）、关注公平问题的“平等及歧视敏感型数据挖掘”（Fairness and Discrimination Data Mining）（Gebru et al.，2018），以及关注隐私问题的“设计隐私”（Privacy by Design）（Baron and Musolesi，2020），均是典型代表，而谷歌、微软、脸书等大型数字平台公司所提出的“AI Fairness 360 Tool Kit”“What-If Tool”“Fairness Flow”等工具，也为上述问题的解决提供了技术方案。同时，以“FAT ML”（Fairness，Accountability and Transparency in Machine Learning）或“XAI”（Explainable Artificial Intelligence）网络社区为代表，国际社会已经形成了关注人工智能治理的技术社群，专门针对人工智能伦理问题与安全风险寻找技术解决方案。

最后，聚焦于主体，讨论不同利益相关方在人工智能伦理问题与安全风险治理中的责权分配关系与结构，以形成能够有效应对不确定性的治理体系和机制。正如公共管理学者 Wirtz 和 Müller 所提出的，人工智能伦理问题与安全风险治理不应仅停留于技术层面，一个整体性的人工智能治理框架应同时包含技术层面、组织层面和政策层面（Wirtz and Müller，2019）。与此思路类似，近年来围绕新兴技术治理机制和框架的讨论，已经涌现出了诸多新理念，并逐步形成了较为完整的理论框架，对政府监管者、企业、公众等不同主体围绕新兴技术规制议题的责权关系做出了深入分析。敏捷治理（薛澜、赵静，2019）、实验主义治理（Sabel and Zeitlin，2012）、规制治理（Lobel，2012）都是典型代表，其大都要求在释放基层或一线监管者自由裁量权的基础上，在监管者与被监管者之间形成制约和激励关系，以促使被监管者实行更有效的自我约束。这些理论探讨究竟应该在何种程度上应用于人工智能伦理问题与安全风险治理，尚需要更深入的学术研究和案例分析，但其在规范意义上已经成为该领域探索治理机制创新的理论基础。

四 比较与反思：现有方案的争议、缺失与偏差

人工智能伦理问题与安全风险治理的快速发展并不必然意味着我们走在解决问题的正确道路上，对当前工作的批判性反思仍然具有重要价值，能使我们更清楚地认识到进展与不足。事实上，考虑到不同利益相关方会从各自角度提出相应准则规范，即使包括 G20、经合组织、电气与电子工程师协会在内的各类国际组织积极参与其中，围绕人工智能伦理问题与安全风险治理的全球机制也仍然尚未建立，这必然导致相关工作的分散性和不成体系性。面对这样的情况，现有的比较性研究主要从以下三个方面提出了反思性意见。

第一，围绕关键概念的内涵界定尚存争议，并因此影响了全球治理共识的形成，这集中体现在三点。首先，对于“人工智能”概念的界定存在多重解释，这不仅体现在技术层面结果导向或过程导向的定义争执，更体现在治理层面将其视为产品、过程还是主体对象的范围分歧。其次，已有方案未能就“人工智能伦理”以及“伦理风险”的内涵形成共识。如果说“安全风险”主要与技术安全或产品安全相关并已经有较为充分的讨论，相比之下，“伦理风险”则存在诸多不同解释，这既是源于不同社会文化环境对于“伦理”的定义不同，也源于能否及如何在人工智能研发过程中嵌入伦理要求的实现路径的差异。最后，针对更为具体的风险治理要求，不同利益相关体存在不同理解。例如，“可解释性”是大多数准则规范都包含的风险治理要求，但究竟是在源代码、算法模型、训练数据、应用逻辑等何种层面的“可解释”，以及按照何种标准的“可解释”，都存在诸多分歧（沈伟伟，2019）。上述争议既意味着当前人工智能业态的不成熟，也意味着我们对于人工智能伦理问题与安全风险治理进程所应秉持的开放性、动态性态度。

第二，当前提出的人工智能伦理问题与安全风险治理原则在内容上存在

缺失或争议。已有研究的比较性、统计性分析表明，当前提出的大部分准则规范注意到了透明度、歧视与公平、隐私保护、责任、自由与自治、安全可靠、促进为善、社会保障等方面的风险治理原则，但同时在可持续发展、人机关系、特定领域的限制应用、研究者多元化和中立性要求等方面存在缺失。同时，源于不同利益相关体的分散工作，不同准则规范之间的冲突性和矛盾性日益凸显。例如，普惠发展与隐私保护的内在张力、安全可靠与非歧视要求的冲突，以及对准确率、召回率等不同技术指标体现出来的不同公平原则的权衡取舍，都是典型案例（Corbett-Davies et al.，2017）。导致内容缺失或争议的根本原因在于人工智能伦理问题与安全风险全球治理机制的不成熟，这既包括组织层面协同治理机构的不足，也包括统一的、具有较强共识性的有效性评估体系、标准体系的缺失。

第三，提出并形成人工智能伦理问题与安全风险治理原则的决策过程不够开放、民主，并可能因此导致结果出现偏差和片面性。这方面的批评首先集中于对“软体系”作用及其动机的质疑。相关的控制实验研究表明，现有的准则规范并不能影响利益相关体在参与人工智能开发和应用过程中的合规行为（McNamara et al.，2018）。更直接的批评者指出，考虑到相当多的准则规范是由私人部门所提出，其在事实上可能作为抵制政府强监管的借口而流于形式（Benkler，2019）。同时，考虑到起草过程的非开放性，主要体现技术专家理念的准则规范既可能忽略对现实问题的关注（例如更关注强人工智能的问题，却忽略当前已经普及应用的场景性人工智能风险），也可能因为技术专家团体的男性主导结构而体现出较强的性别差异（例如更偏好理性化、计算化、逻辑化解决方案，却忽略了对于同理心、同情心、情感伦理的重视）。

五　中国实践：多方并行的努力及《指引》的主要内容

人工智能伦理问题与安全风险治理的进展和反思展现了该领域的全球图景。我国作为人工智能发展和应用大国，同样将人工智能的治理体系建设置于头等重要的位置，并初步形成了一定框架。相比全球私人部门、社会组织等非政府团体的积极参与，我国更多体现了政府推动下的协商与建设过程。①

2017年，以国务院名义发布的《新一代人工智能发展规划》（简称《规划》）提出了我国推进、形成人工智能法律法规、伦理规范和政策体系的基本要求和时间路线图。在《规划》要求的指导下，相关工作可被概括为沿着三个方向的并行努力。第一，针对我国人工智能的发展现状和需求，同时结合国际社会的相关讨论与共识，提出基于我国国情的人工智能伦理问题与安全风险治理准则规范，对内指导利益相关方的研发、应用行为，对外体现我国推进人工智能治理的主张并参与全球治理进程。2019年6月，国家新一代人工智能治理专业委员会发布的《新一代人工智能治理原则——发展负责任的人工智能》（简称《治理原则》）即典型体现。除此之外，北京智源人工智能研究院发布的《人工智能北京共识》，以及腾讯公司提出的面向人工智能的技术伦理观，都可被视为我国不同利益相关方在此领域的努力与贡献。第二，聚焦于人工智能伦理问题与安全风险治理的具体问题，形成具有规范意义的技术标准。这又集中体现于2020年国家标准化管理委员会联合四部门共同出台的《国家新一代人工智能标准体系建设指南》，其中明确了伦理安全标准的重要地位，并就概念术语、数据算法、系统服务、测试评估等人工智能研发应用关键环节的标准建设工作做出重点部署。第三，针对具体领域的人工智能应用问题，相关部门开始起草具有强制约束力的法律法规或政策文件，例如，国家互联网信息办公室出台的《数据安全管理办法（征求意见稿）》《网络信息内容生态治理规定》，以及更为具体的《常见类型移动互联网应用程序（App）必要个人信息范围（征求意见稿）》等文件，均对特定领域人工智能的应用划定了边界。

① 我国企业的代表性参与行为包括腾讯发布《智能时代的技术伦理观——重塑数字社会的信任》，百度参与 Partnership on AI 等。

在上述三个方向所构成的整体图景中，2021年年初由信安标委正式发布的《指引》可被视为具有承上启下作用的重要文本，其既是对于《治理原则》的发展与细化，同时也为进一步制定人工智能伦理问题与安全风险治理标准准备了条件。就其内容而言，《指引》主要对三个问题做出了回答：对谁提出规范性要求，为什么提出要求，要求什么。

首先，《指引》遵循人工智能研发和应用生命周期的逻辑，将研究开发者、设计制造者、部署应用者以及用户都纳入了行为规范范畴。研究开发涵盖人工智能理论发展、技术创新、数据归集、算法迭代等相关工作，设计制造是指利用人工智能技术形成具有特定功能、满足特定需求的系统、产品或服务，部署应用则涉及具体工作生活场景的采纳与使用。

其次，《指引》从失控性风险、社会性风险、侵权性风险、歧视性风险、责任性风险五个方面具体总结了人工智能伦理问题与安全风险的类型和当前关注点，明确了规范的对象。失控性风险是指人工智能的行为与影响超出利益相关方所预设、理解、可控的范围且带来负面效果的风险。既有的其他准则规范多以此指代强人工智能的发展风险，但《指引》并未局限于此。事实上，即使是当前人工智能的技术发展水平，其应用过程也可能存在失控风险。社会性风险是指因人工智能的误用、滥用而对社会价值理念造成负面影响，“信息茧房”便是典型体现，其不一定会表现为对具体权利的侵害，却可能在长期的潜移默化中影响人类社会的价值理念。侵权性风险涉及人工智能对人的基本权利的影响，自动驾驶汽车事故中的人身伤害、人脸识别对于隐私的侵犯、人工智能作品的版权争议都属此类。歧视性风险聚焦于人工智能对于特定群体的主观或客观偏见，并造成了权利侵害或负面影响的结果，这又尤其与当前主流人工智能技术路径极度依赖大数据的特性相关。责任性风险关心人工智能造成负面影响后的责任界定难题，其会影响人工智能发展过程中社会变革成本的公平承担及社会信任等相关问题。

最后，在提出一般性适用的基本要求的基础上，针对不同利益相关方在不同种类风险治理中的角色定位，《指引》明确了其差异化的行为规范要求，初步体现了敏捷治理的原则和精神。《指引》总结了六条基本要求，既涵盖积极正面的引导性要求（例如人工智能发展应以推动经济、社会、生态可持续发展为目标），也包括底线原则式的价值考量（例如应尊重并保护个人基本权利、在合理范围内开展相关活动等）。就不同利益相关方而言，出于鼓励创新及其风险影响程度和范围有限的考虑，《指引》对于研究开发者较少提出限制性要求，而更多体现为鼓励性、引导性目标（例如应不断提升人工智能的可解释性、可控性）；相比之下，设计制造者和部署应用者则面临更多的限制性条款。设计制造者被要求设置应急处置机制、事故处理流程、事故信息回溯机制、救济保障机制等，而部署应用者同时还被要求为用户提供非人工智能的替代选择方案，并建立用户投诉、质疑、返回机制。特别的，对于部署应用者而言，不同领域的风险敏感性存在较大差异，因此《指引》总结了两类特殊场景，并提出了相应规范，这又具体包括将人工智能作为直接决策依据并影响个人权利的场景，以及公共服务、金融服务、健康卫生、福利教育等公民必需的基础性领域。尽管用户并非重点规范对象，但考虑到其在合理使用、风险反馈等方面也具有重要作用，《指引》对这一群体也提出了相应要求。

需要注意的是，虽然《指引》在中国人工智能治理场域下具有重要作用，但结合第四部分中关于全球比较与反思的内容不难发现，其仍然存在若干局限。具体而言，《指引》仍然未对“人工智能伦理”等关键概念做出明确界定，也未覆盖所有的人工智能伦理问题与安全风险（例如人工智能在一些特殊领域的应用风险），同时也未对不同场景下不同人工智能应用提出更细致化的差异要求（例如在不同场景下人工智能的可解释性要求标准应不同）。就起草过程而言，《指引》按照惯例向社会公开征求了两周意见，但并未在全社会引发围绕人工智能治理的充分讨论，这也限制了各方意见的全面表达。上述不足既与《指引》的文件定位有关，也与人工智能伦理问题和安全风险治理的系统性、复杂性有关，可以说，很难通过一份文件“毕其功于一役”。尽管如此，作为引导各方参与人工智能伦理问题与安全风险治理的指引性文件，《指引》起到细化宏观理念原则的具体内涵，以及指导未来进一步制定标准规范的衔接作用，同时也体现了我国在该领域的积极、开放的态度，有利于未来我国参与人工智能伦理问题与安全风险治理的全球对话进程。

六　讨论与结论：人工智能治理的未来展望

《指引》的出台是我国人工智能治理进程中的重要节点，本文以此为契机展开的学理分析和内容解读，并不致力于给出具体的政策建议或治理原则，而是试图为理解利益相关方推动人工智能伦理问题与安全风险治理进程提供整体图景，并对我国近年来的发展成果和思路提供解释与分析。由此我们也不难发现，尽管各方在核心概念和基础原则方面形成了一定程度的全球共识，但考虑到仍然存在的争议、遗漏与协同机制的缺口，要想针对人工智能伦理问题与安全风险问题提出通用性、一般性的治理准则或规范，仍然还有很长的路要走。不过这也并不意味着短期内我们无法实现对人工智能伦理问题与安全风险的有效治理。结合人工智能全球治理进程的具体发展情况，我们判断未来改革将呈现三个方面的趋势。

第一，虽然具有全球共识性、约束力的人工智能伦理问题与安全风险治理原则难以在短期内出台，但在“可信赖的人工智能”“负责任的人工智能”等核心概念上，各方可能达成一致。这既源于G20、经合组织等重要国际组织的推动，也体现了重要国家在该领域的意见和态度。第二，尽管人工智能全球治理体系在短期内难以成熟，但具有较高共识度的人工智能伦理问题与安全风险评估框架、标准体系等中微观层面的全球治理机制可能加速形成，这既是源于实践发展的政策“倒逼”需要，也得益于专业组织、学术团体在此方面的丰富工作。第三，考虑到人工智能发展应用进程及风险涌现的紧迫程度，当前侧重“软体系”的治理规范可能逐渐向更具约束力的“硬法体系”转移，尤其是针对具体领域的人工智能应用可能会形成较为明确的治理规则。对于我国而言，在《规划》要求的指导下，人工智能伦理问题与安全风险治理进程必将进一步加速；更多利益相关体的加入与协同也将成为常态，进而共同推动人工智能合规体系的建设与完善。

参考文献

贾开：《人工智能与算法治理研究》，《中国行政管理》2019 年第 1 期。

沈伟伟：《算法透明原则的迷思——算法规制理论的批判》，《环球法律评论》2019 年第 6 期。

吴文俊：《吴文俊全集：数学思想卷》，科学出版社，2019。

薛澜、赵静：《走向敏捷治理：新兴产业发展与监管模式探究》，《中国行政管理》2019 年第 8 期。

Acemoglu D, Restrepo P., "The Wrong Kind of AI? Artificial Intelligence and the Future of Labour Demand", *Cambridge Journal of Regions, Economy and Society*, 2020, 13 (1): 25-35.

Baron B, Musolesi M., "Interpretable Machine Learning for Privacy-preserving Pervasive Systems", *IEEE Pervasive Computing*, 2020, 19 (1): 73-82.

Benkler Y., "Don't Let Industry Write the Rules for AI", *Nature*, 2019, 569 (7754): 161.

Bogost, "The New Aesthetic Needs to Get Weirder", *The Atlantic*, 2012, 13 (4): 1-8.

Corbett-Davies S, Pierson E, Feller A, et al., "Algorithmic Decision Making and the Cost of Fairness", Proceedings of the 23rd ACM Sigkdd International Conference on Knowledge Discovery and Data Mining, 2017, Halifax: ACM, 797-806.

Future of Life Institute, Asilomar AI Principles, 2017, https://futureoflife.org/ai-principles/.

Gebru T, Morgenstern J, Vecchione B, et al., "Datasheets for Datasets", 2018, arXiv: 1803.09010.

Greene D, Hoffmann A L, Stark L., "Better, Nicer, Clearer, Fairer: A Critical Assessment of the Movement for Ethical Artificial Intelligence and Machine Learning", Proceedings of the 52nd Hawaii International Conference on SystemSciences. Grand Wailea: ScholarSpace, 2019, 1-10.

Hagendorff T., "The Ethics of AI Ethics: An Evaluation of Guidelines", *Minds and Machines*, 2020, 30 (1): 99-120.

Lobel O., "New Governance As Regulatory Governance", in David Levi-Faur (eds), *The Oxford Handbook of Governance*, Oxford: Oxford University Press, 2012, p. 65-83.

McNamara A, Smith J, Murphy-Hill E., "Does ACM's Code of Ethics Change Ethical Decision Making in Software Development?" Proceedings of the 2018 26th ACM Joint [16] Meeting on European Software Engineering Conference and Symposium on the Foundations of

Software Engineering. Lake Buena Vista：ACM，2018，729-733.

Mittelstadt B D，Russell C，Wachter S.，“Explaining Explanations in AI”，Proceedings of Conference on Fairness，Accountability，and Transparency. Atlanta：ACM，2019，279-288.

Morozov E.，“Digital Socialism，The Calculation Debate in the Age of Big Data”，*New Left Review*，2019，116/117：33-67.

OECD，OECD Principles on AI，2019，https：//www. oecd. org/going-digital/ai/principles/.

Polanyi M.，*The Tacit Dimension*，Chicago：University of Chicago Press，2009.

Sabel C F，Zeitlin J.，“Experimentalist Governance”，in David Levi-Faur（eds），*The Oxford Handbook of Governance*，Oxford：Oxford University Press，2012，p. 169-184.

Sweeney L.，“Discrimination in Online Ad Delivery：Google Ads，Black Names and White Names，Racial Discrimination，and Click Advertising”，*Queue*，2013，11（3）：10-29.

UK House of Lords，AI in the UK：Ready，Willing and Able? 2017，https：//publications. parliament. uk/pa/ld201719/ldselect/ldai/100/10002. htm.

Watson B C.，“Barcode Empires：Politics，Digital Technology，and Comparative Retail Firm Strategies”，*Journal of Industry*，*Competition and Trade*，2011，11（3）：309-324.

Wirtz B W，Müller W M.，“An Integrated Artificial Intelligence Framework for Public Management”，*Public Management Review*，2019，21（7）：1076-1100.

人脸识别治理的国际经验与中国策略

曾雄　梁正　张辉*

摘　要： 对具有高度敏感性的人脸信息进行识别处理，存在巨大的信息安全隐患。人脸识别的风险涉及数据、算法和应用三个环节，包括隐私侵犯、歧视、错误和滥用等，应从数据治理、算法治理和规范具体应用场景方面提出治理策略。在数据方面，应保证数据控制者具有安全保障能力，尊重用户的各项数据权利。在算法方面，开发者应完善训练数据集，不断调试算法，避免歧视和错误。对于监管者而言，在数据治理上，应加快数据规则的构建，确立用户同意规则体系；在算法治理上，应建立算法评测机制，推出市场准入标准，避免"劣质"算法进入市场；在应用场景规范上，应建立风险评估机制，对不同应用场景进行分类监管。

关键词： 人脸识别　隐私风险　信息安全　数据治理　算法治理

一　引言

人脸识别被广泛运用于各种场景，如通行、测温、支付等。在新冠疫情期间，市场上出现了人脸测温设备，集测温与通行于一体，可以实现高效测

* 曾雄，北京科技大学文法学院讲师，研究方向为经济法学、数据法学、人工智能法学；梁正，清华大学公共管理学院教授、博士生导师，人工智能国际治理研究院副院长，中国科技政策研究中心副主任，研究方向为科技政策、创新管理、新兴技术及其治理；张辉，浦江国家实验室（上海人工智能实验室）青年研究员，研究方向为人工智能治理、博弈论与政策设计。

温和快速通行。人脸识别也存在一些治理问题，据报道，杭州野生动物园要求客户“刷脸”入园，用户因此向法院提起诉讼。一些小区或楼宇安装人脸识别门禁，强制收集住户的人脸信息。互联网上出现了交易人脸信息的“黑色产业链”，严重威胁社会公众的隐私权、平等权、人身自由以及财产权益等。在“人脸识别第一案”中，法院支持了用户的诉讼主张，要求野生动物园删除面部照片，但是用户仅通过法院保护自身权益是不够的，因为根据“不告不理”的原则，用户只能主动提起诉讼才能获得在个案中的保护。在2021年市场监管部门的执法行动中，监管部门严查了一批滥用人脸识别摄像头的企业，并依据《消费者权益保护法》对违法企业进行了处罚。但是这些治理措施都呈现出分散性、短期性和运动式的特点，我国尚缺针对人脸识别的体系化的治理机制和措施。在全球人工智能产业迅猛发展和激烈竞争的局势下，“一刀切”地禁止人脸识别，将忽视新技术带来的收益和效率，这并非明智的选择。对此，本文从技术角度和场景应用角度解析人脸识别的公共安全风险，并对欧美地区的治理政策进行横向比较，借鉴域外实践经验和治理工具，提出适合中国国情的人脸识别治理策略。

二　人脸识别的技术原理简介

国家标准《信息安全技术远程人脸识别系统技术要求》（GB/T 38671-2020）对人脸识别的定义为：“以人面部特征作为识别个体身份的一种个体生物特征识别方法。其通过分析提取用户人脸图像数字特征产生样本特征序列，并将该样本特征序列与已存储的模板特征序列进行比对，用以识别用户身份。”（信息安全技术远程人脸识别系统技术要求，2020）人脸信息是一种生物特征信息，不同的人脸有不同的特征，技术人员利用深度神经网络基于人脸数据库进行学习，自动总结出最适合计算机理解和区分的人脸特征。每一张人脸可以表示为一个坐标，即在特征空间中的一个点，而且同一个人在不同照片中的脸在特征空间中非常接近。如在手机的人脸解锁应用中，系统会对比当前采集的人脸与提前注册的人脸在特征空间中的几何距离，若距离足够近，则判断为同一个人。

人脸识别的应用方式包括两类：第一类是人脸验证，即 1∶1 比对，判断两张照片中的人是否为同一人，典型应用场景是人脸解锁。第二类是身份查询或人脸辨识，即 1：N 比对，识别当前的人是数据“底库”中的哪一个人，典型应用场景是追踪嫌疑犯或会场签到。要实现这些功能，系统需要存储人脸和身份信息，在运行中会将见到的（或抓拍的）人脸与存储的人脸进行比对，找出匹配的人脸并确认特定的个人。此外，人脸识别还有一项较为边缘的功能，即发现人脸（detection），它不会对人脸进行识别，也不要求收集或存储可识别的信息。如在疫情期间，一些企业推出“非配合式测温产品”，利用 AI 图像技术，在行人戴口罩的情况下，找准每个人的额头实现准确测温。如果仅是对行人测温，使用该技术时不需要存储人脸信息，也不需要存储随时抓拍的人脸照片。因此，仅使用“发现人脸”这一功能侵犯个人隐私或泄露敏感数据的风险较低。按人脸识别的使用主体分，主要为公共机构和商业机构。这两类主体使用人脸识别的目的有所不同，公共机构为社会公众提供公共服务，而商业机构为了追逐商业利益。因这两类主体的技术能力、安保能力以及管理规范有差异，用户对这两类主体使用人脸识别的信任感和支持度不同。按人脸识别的使用场合分，主要为公共场所和私人家庭场合。在这两类场合下，因人脸识别对社会公共利益或用户个人利益的影响不同，对应的合规义务有所差异。

人脸识别存在技术缺陷。首先，在数据层面，需要大量人脸信息进行针对性训练，而人脸信息属于敏感信息，系统若遭到攻击，容易泄露敏感数据。其次，在算法层面，训练算法的数据需要标注，标注数据的成本高，且人工标注会出错，一旦数据错误，训练出的算法也会出错。机器学习算法本身存在脆弱性和不稳定性，如图灵奖获得者姚期智院士提到“小猪变飞机”的例子，将一只小猪的照片加入一些“干扰”，系统可能将其识别为飞机。因而人脸识别系统容易遭受人脸照片或其他纸质面等物体的攻击。最后，在技术应用层面，在光照较差、被遮挡、人脸变形（如大笑或大哭）等情况下，神经网络较难提取出与标准人脸相似的特征，致使异常脸在特征空间中落到错误的位置，导致识别失败。在有大规模用户群体的应用场景中，人们需要极低的误报率，而现实中复杂的环境容易导致识别错误，反而降低效率。

三　人脸识别技术的公共安全风险

（一）从技术角度分析人脸识别的风险

从人脸识别的技术角度分析，由技术缺陷引致的风险包括：识别错误、歧视、安全漏洞等。

1. 人脸识别算法的识别错误

训练算法的实验室环境与现实环境之间存在差异，算法的准确度受到场景环境的影响，如戴帽子或戴墨镜、化妆、现场的光线和照片抓拍的角度等都会影响识别的准确率。算法的准确度直接影响通行效率，甚至影响对特定人员的认定结论，如以人脸识别鉴别罪犯，识别错误会导致错捕或错判。据媒体报道，美国公民自由联盟（American Civil Liberties Union，ACLU）使用亚马逊的人脸识别软件进行了一项实验，发现软件错误地将 28 名国会议员认定为此前被捕的罪犯。

2. 人脸识别算法的歧视

训练数据的质量和类型都会影响算法的识别效果。如美国麻省理工学院对微软、Facebook、IBM 等公司的人脸识别系统进行测试后发现，系统检测肤色较深女性的出错率比检测肤色较浅的男性高出 35%。对此，人们质疑算法涉嫌性别歧视和种族歧视。算法是由人设计出来的，开发人员可能将自己的价值观嵌入算法中，因而存在人为的偏见因素。

3. 算法容易受到安全攻击

在 GeekPwn 2020 国际安全极客大赛上，黑客向大家展示了劫持飞行的无人机、干扰自动驾驶汽车、戴上口罩“刷”别人的脸结账等算法攻击现象。据报道，清华大学某团队利用算法漏洞，在 15 分钟内解锁 19 个智能国产手机。可见算法客观上存在漏洞和缺陷。随着对抗训练的深度学习技术的发展，人们可以合成高精度的人脸信息。如以“深度伪造”技术合成人像、声音和视频，用以欺骗人脸识别系统，这会侵犯公民的隐私权、肖像权、名誉权等，甚至威胁社会安全和稳定。市面上不同厂商的人脸识别系统的技术安全水平千差万别，缺乏统一标准，有的基于二维图片来识别，成本低，安全性能也低。据媒体报道，在一些安装了人脸识别门禁的小区，现场抓拍住户的照片后，能以照片打开门禁。

（二）从应用场景角度分析人脸识别的风险

人脸识别在不同应用场景中产生不同的风险，本文选取设备解锁、楼宇园区管理、市场营销、城市治理、教学管理、实名认证等应用场景，结合媒体曝光的多起典型事件，识别每一种场景对应的风险后果，具体包括侵犯隐私、泄露敏感信息、违规滥用等（参见表 1）。

表 1　人脸识别若干应用场景的风险事件与风险后果

应用场景	风险事件	风险后果
手机解锁或人脸支付	·清华大学研究团队利用系统漏洞 15 分钟内解锁 19 个手机 ·人工智能公司 Kneron 用 3D 仿真面具和照片破解人脸识别系统，并使用 3D 面具骗过支付宝的人脸识别支付	·威胁个人财产安全
管理楼宇（或园区），如人员通行、人脸梯控、人脸考勤、VIP 迎宾和访客管理	·杭州野生动物园的年卡系统升级为人脸识别 ·某些小区要求居民到物业录入人脸信息启用人脸识别门禁	·敏感信息泄露 ·强制要求刷脸侵犯人格尊严 ·未经“告知-同意”侵犯个人隐私权
在商场或门店用人脸识别进行客户管理或预测营销	·2021 年“3·15”曝光某企业在店内安装人脸识别摄像头，在顾客不知情的情况下抓拍和识别 ·在售楼处安装人脸识别辨别客户身份，按“客户类型”分别定价	·敏感信息泄露 ·强制要求刷脸侵犯人格尊严 ·未经“告知-同意”侵犯个人隐私权 ·不公平待遇和歧视

续表

应用场景	风险事件	风险后果
用于城市治理，包括保护公共设施、保障“市容市貌”、维护公共卫生、实现垃圾分类等	·某城管局网上曝光“不文明”市民穿睡衣出行、公开露脸照和身份证信息 ·某地在公共厕所安装“人脸识别供纸机”	·敏感信息泄露 ·曝光身份信息侵犯人格尊严 ·未经“告知-同意”侵犯个人隐私权
用于教学管理，包括识别学生面部表情、记录学生课堂表现	·某些学校在教室内安装人脸识别获得学生课堂出勤率和抬头率等 ·某些在线教育机构推出面部情绪识别与专注度分析系统，基于人脸表情分析学生情绪	·敏感信息泄露 ·强制要求刷脸侵犯人格尊严 ·受到实时监控侵犯个人自由权利
用于核验身份，包括在线会员认证、金融业务办理、直播业务核验、民事政务办理、在线考试等	·某行动不便的老人为激活社保卡，到银行网点被人抱起进行人脸识别	·敏感信息泄露 ·强制要求刷脸给特殊群体（老人、残障人士或儿童）带来不便

表格来源：作者自制。

1. 人脸信息的收集、存储和使用情况不透明

在多数场景中，应用人脸识别需要收集和存储人脸信息。人脸收集设备越来越隐蔽和智能化，个人越来越难以掌控自己的人脸信息。因缺乏统一的行业标准，人脸数据存储于各类运营者手上，用户并不知晓这些数据是否脱敏、是否有安全保障措施、是否对外分享等。这些数据库可能被黑客入侵，可能被内部拥有权限的人员用于非法目的，最终导致敏感信息泄露，产生严重的侵权事件。如央视新闻调查发现，在某些网络交易平台上，只要花 2 元钱就能买到上千张人脸照片。

2. 泄露人脸数据库引发安全问题

人脸属于重要的生物特征信息，具有主体唯一性和不可变更性，一旦被收集和分析再难摆脱技术的“束缚”。特别是身份证、手机号、家庭住址、银行卡号等与人脸关联后，他人可能“骗过”系统进入特定空间或实现金

融交易，由此产生严重的人身和财产损害。多数人脸识别开发者或运营者缺乏数据管理机制，无法安全存储和保护数据库。以物业公司为例，如果住宅区或办公楼的人脸识别系统交由物业运营，他们可能缺乏技术能力和动力保障数据安全，甚至将住户的地址、联系方式和人脸等外泄，带来安全隐患。

3. 人脸识别被违规滥用

人脸识别可能被用于不正当目的，如用于追踪个人行踪，通过锁定位置和分析轨迹，使人处于联网监控中，会侵犯个人的隐私和行动自由。人脸识别还被用于引发道德争议的场景中，2017 年，斯坦福大学的研究团队研发人脸识别算法实现以人脸预测性取向。还有人利用人脸识别分析和推断自然人的情绪，实现“察言观色”。国内某些部门在网上曝光“穿睡衣出行”的市民，曝光内容包括姓名、身份证号和证件照等，涉嫌侵犯人格尊严。人脸识别也会在违背比例原则的情况下被使用，如有的公共厕所用人脸识别防止浪费厕纸，有的小区安装人脸识别垃圾桶实现垃圾分类。在这些场景中，因潜在风险大，运营成本高，人脸识别并不是一种有效率的方案。

四　欧盟和美国的人脸识别治理政策比较与启示

近年来，欧盟和美国出台了一系列人脸识别治理政策，本文比较分析欧美的治理政策和实践经验，提出中国本土化的治理策略。

（一）欧盟的治理政策与实践

欧盟为人脸识别确立了贯穿数据、算法和运用这三个环节的规则体系，就人脸识别使用者（公共机构和私营主体）、开发者（包括生产者和服务提供者）提出了具体要求。在实践方面，瑞典依据欧盟《通用数据保护条例》（General Data Protection Regulation，GDPR）对违规使用人脸识别的学校进行了处罚。

1. 通过数据规则严格保护生物识别信息

在欧盟，GDPR 为人脸数据提供了全面和严格的保护，它赋予个人的权利包括：①知情权与同意权。企业收集用户的个人信息，需要提前告知并经用户同意。②删除权。用户可以基于以下理由要求企业删除个人信息，包括不再需要数据、数据主体不再同意、数据存储期限届满等。③反对权。当完全依靠自动化处理对数据主体做出具有法律影响或类似重大影响的决定时，数据主体有权反对此决定。

2. 发布使用指南对人脸识别进行严格限制

2019 年 11 月，欧盟基本权利局发布《人脸识别技术：执法中的基本权利考虑》（Facial Recognition Technology：Fundamental Rights Considerations in the Context of Law Enforcement）报告，分析了人脸识别技术对基本权利的挑战，并要求实施基本权利影响评估。出于对公民基本权利的考虑，欧盟委员会曾在《人工智能白皮书》（草案）中考虑对公共或私人机构在公共场所使用人脸识别实施 3~5 年的禁止期（MIT Technology Review，2020）。但是最终发布的《人工智能白皮书》（*White Paper on Artificial Intelligence*）删除了禁止人脸识别的内容。虽然欧盟没有完全禁止人脸识别，但是提出了非常严格的使用条件，如要求通过安全测试和资质审核才能进入市场，而且只能基于正当和相称的目的，并具备足够的安全保障（White Paper on Artificial Intelligence－A European Approach to Excellence and Trust，2020）。欧盟对人脸识别的态度经历了从严格禁止到严格适用的转变（林凌、贺小石，2020），2021 年 2 月，欧盟发布《人脸识别指南》（*Guidelines on Facial Recognition*）（Directorate General of Human Rights and Rule of Law，2021），以指导各类主体合规使用人脸识别。

3. 通过透明度报告、数据保护影响评估、审计机制等保障人脸识别的可问责性

根据欧盟《人脸识别指南》，开发者应保证数据和算法的质量，遵守数据保护原则。对于使用者而言，私营主体仅在受控的环境（指需要当事人参与）下使用人脸识别，应确保数据主体自愿做出同意。明确禁止私营主体在购物中心等不受控的环境（指个人可以自由出入的地方）运用人脸识别，特别是为营销目的或非公共安全目的。不管是公共机构还是私营主体，都应保证数据处理的合法性和保障数据安全，同时采取措施保证可问责，包

括：发布透明度报告，对处理人脸识别数据的主体提供培训方案和审计程序，要求成立评审委员会评估和批准人脸数据的处理，公共部门使用人脸识别前应在公共采购程序中实施事前评估等。欧盟《人脸识别指南》还重申了使用人脸识别的主体应进行数据保护影响评估，因为人脸识别涉及对生物特征数据的处理，对数据主体的基本权利构成高风险。相关主体在影响评估中应阐述的内容包括：使用人脸识别技术的合法性，涉及哪些重要的基本权利，数据主体的脆弱性以及如何降低风险。

4. 由数据保护机构负责对人脸识别进行监督执法

在欧盟层面，欧盟数据保护委员会（EDPB）负责监督执行数据保护规则，促进各成员国监管机构间的合作。EDPB 有一个常设秘书处，被称为欧洲数据保护专员公署（EDPS），它是一个独立的执法机构。在成员国层面，法国设立的国家信息与自由委员会（CNIL）于 2019 年发布关于人脸识别的报告。2019 年 9 月，瑞典数据保护局（DPA）依据 GDPR 对一所学校开出罚单。DPA 认为该校使用人脸识别进行考勤，违反了 GDPR 中关于隐私保护的规定，且在开始人脸识别项目时，学校未向 DPA 进行备案，也未做合理评估。

（二）美国对人脸识别的治理政策与实践

在治理政策方面，美国在联邦层面暂时没有统一的法律规制人脸识别，有的州发布了法案限制公共机构使用人脸识别，有的州直接禁止公共机构或学校使用人脸识别。华盛顿州《人脸识别服务法》（Facial Recognition Bill，2020）和加州《人脸识别法》（Facial Recognition Technology，2020）分别提出了具体的监管措施，给出了多个治理工具。在实践方面，美国的司法诉讼和行政执法都取得了一些进展，并且对违规主体的惩罚力度较大。

1. 目前各个州采取不同的治理政策

在 2019 年，美国国会曾两次审议《商用人脸识别隐私法》（Commercial Facial Recognition Privacy Act of 2019，2019），该法案禁止实体收集、处理、存储或控制人脸识别数据，除非满足以下条件：其一，提供文件解释人脸识别的功能和局限；其二，告知用户对所收集的人脸数据进行合理和可预见的使用后，获得用户的明示同意。该法案禁止人脸识别数据的控制者实施以下行为：其一，对终端用户歧视；其二，用于终端用户无法合理预见的目的；其三，未获得终端用户同意而与第三方分享数据；其四，以终端用户提供同意作为使用产品的条件。这部法案针对的是商业主体，目的是保护消费者，所以执法机构为美国联邦贸易委员会（FTC）。后来，在 2020 年 2 月，两位民主党议员向参议院提出了《符合伦理的使用人脸识别法案》（Ethical Use of Facial Recognition Act，2020），要求在国会发布人脸识别使用指南前，非经授权政府机构不得使用人脸识别。

目前，美国在联邦层面暂时没有统一的法律规制人脸识别，多个州发布了适用于本州的法案，如华盛顿州的《人脸识别服务法》和加州的《人脸识别法》。有一些州或城市的政策非常严厉，包括旧金山、马萨诸塞州的萨默维尔、奥克兰、加州伯克利等直接禁止政府机构使用人脸识别。2020 年 12 月，纽约州通过一项法案规定在 2022 年 7 月 1 日前，任何学校不得购买或使用包括人脸识别在内的生物识别技术，除非经过相关部门的特别批准。

2. 通过人工审查、测试、培训、问责报告机制和赋予个体抗辩权保证人脸识别的合规使用

第一，增加人工审查。如果使用人脸识别做出对个人产生法律效力或具有类似重大影响的决定，应该保证该决定受到人工审查。对个人产生法律效力或具有类似重大影响的决定，是指导致提供或拒绝提供金融和贷款服务、住房、保险、教育入学、刑事司法、就业机会、医疗服务和获得基本生活必需品（如食物和水）或影响个人公民权利的决定。

第二，对人脸识别进行独立的测试。为避免种族歧视，公共机构应该要求人脸识别服务商提供接口或技术能力，对人脸识别进行独立测试。

第三，对运营人员进行培训。必须对人脸识别的运营人员进行定期培训，包括人脸识别的功能和限制等。

第四，应编制问责报告，引入社会公众参与并接受立法机构的监督。开发和使用人脸识别的政府机构应向立法机构提交意向通知（notice of intent），并编制问责报告。问责报告包括：人脸识别的供应商情况、功能情况、数据处理情况等；数据管理政策；保护数据和应对漏洞的安全措施；说明人脸识别对公民权利和自由的影响，并采取减轻影响的措施；明确反馈流程。问责报告引入了社会公众参与机制，并受到严格的程序限制。公众参与原则表现为：其一，问责报告定稿前，公共机构应组织咨询会议，考虑公众提出的问题。其二，公共机构使用人脸识别前 90 天应向社会公众发布最终的问责报告。问责报告应每两年更新一次，并提交至立法机构受到监督。

第五，赋予个人诸项抗辩权利。根据加州《人脸识别法》，个人有权确认控制者是否将个人的图像登记于人脸识别服务中，有权对人脸识别的决定进行纠正或提出挑战，有权删除人脸识别服务中的个人图像或人脸样本，有权撤回使用人脸识别的同意等。

3. 司法诉讼与行政执法并行，而且处罚手段严厉

2020 年，Facebook 因人脸识别引发的集体诉讼赔偿 5.5 亿美元。起因是 Facebook 违反了美国伊利诺伊州的《生物信息隐私法案》，即 Facebook 未经用户许可并告知使用期限的情况下，从该州数百万用户的照片中获取人脸数据。Facebook 同意向符合条件的用户支付 5.5 亿美元和解费用和案件诉讼费。在行政执法上，美国 FTC 严厉处理了 Everalbum，因其在默认情况下为所有用户启用人脸识别，且无法手动关闭。媒体还披露该公司利用收集的用户照片训练人脸识别算法，但未在隐私条款中写明，严重侵犯了用户的隐私权。FTC 最终要求该公司删除数据和算法。

（三）从欧盟与美国的治理政策中获得的启示

社会公众对人脸识别的态度深受一国的政治环境、社会文化以及伦理道德准则的影响，因各国的国情大相径庭，我们借鉴欧美政策时，应避免简单移植。

1. 政治、社会和文化影响了欧美的治理态度

第一，在政治方面，西方对政府监控充满恐惧。二战期间，人们的人格尊严遭受过严重践踏，特别是纳粹政府对犹太人的迫害，使人们对政府收集

个人信息充满了担忧。如果人脸识别被大规模用于公共领域，当权者可以精准识别每个人，并实现严密的监控。对此，欧美特别关注限制公共机构使用人脸识别，尽管公共机构将人脸识别用于维护安全，也会受到质疑和挑战。2021 年 6 月 21 日，欧盟 EDPB 和欧盟 EDPS 联合呼吁禁止在公共场所使用人脸识别，反对出台允许因公共安全使用人脸识别的人工智能法案。在美国，ACLU 在支持旧金山《停止秘密监控条例》时提出："如果允许政府通过人脸识别技术对人们进行监控，它将会压制公民参与、加剧警务歧视，彻底改变人们生存的公共空间。"《萨默维尔市禁止人脸技术监控条例》也指出："公共部门使用面部监视将使宪法所保护的言论自由受挫。"

第二，在社会背景方面，西方社会宗教矛盾和种族矛盾激化，少数族裔长期受到歧视，西方对因宗教信仰、族群、性别等差异产生的偏见高度敏感。在美国，长达数百年的奴隶制导致黑人受歧视的问题非常严重。2020 年 5 月，美国警察暴力执法导致黑人乔治·弗洛伊德死亡，引发了社会对种族歧视的强烈抗议，也引起社会公众对人脸识别存在歧视缺陷的警觉。2018 年，美国一项研究显示，被识别人肤色越暗，人脸识别错误发生率就越高。研究人员分别用三款人脸识别系统对非洲国家的 1000 多名议员照片进行人脸识别，白人识别率远高于黑人。英国《每日邮报》报道，伦敦一位黑人男子上传头像照片时，因嘴唇厚被人脸识别认定为张着嘴，这种简单的识别误差被认为存在种族偏见。因此，欧美都非常担心人脸识别会加剧种族歧视。

第三，在文化上，西方非常看重个人隐私和绝对自由。欧洲人将隐私看成尊严，美国人将隐私当成自由（王利明，2015）。欧洲大陆保护隐私的核心是对个人尊严权利的保护，他们认为隐私的一个重要敌人是媒体，因为媒体经常使用伤害尊严的方式报道个人信息。在美国，人们趋向于尊崇自由的价值，特别是个人反抗国家非法侵害的自由价值。美国的隐私权是禁止国家非法侵扰的自由价值，特别是在个人住宅内不受外来的包括国家的侵扰。美国人认为隐私权的最大威胁是"住宅的神圣性"会被政府侵犯，他们渴望能在自己的住所内维持一种对住宅的私人的至高无上的统治。或许因为欧美隐私权法律文化的不同，欧洲关注人脸识别可能导致的个人信息泄露，而美国关注公共机构滥用人脸识别侵犯个人的自由。

2. 欧美的治理思路和制度工具值得借鉴

第一，重视构建数据规则严格保护生物特征信息。在欧盟，GDPR 在保护生物信息上具有重要的借鉴意义。GDPR 第四条规定“生物数据”包括“面部图像”，第九条规定包括生物数据在内的特殊类型的个人数据处理规则。GDPR 要求处理生物数据应遵循“原则禁止，特殊例外”的原则。在美国，各个州在不同法律文件中规定了保护个人信息。伊利诺伊州的《生物信息隐私法》要求私人实体收集个人的生物信息前，提供通知且获得同意，并禁止任何拥有生物识别符或生物信息的私人实体出售、租赁、交易或以其他方式从个人或客户的生物识别符或生物信息中获利。加利福尼亚州、伊利诺伊州、得克萨斯州和华盛顿州等也发布过隐私法案，要求企业收集生物信息时告知个人，且收集生物信息前获得同意。

第二，通过影响评估（或问责报告）、技术手段和伦理标准增强人脸识别的可问责性。在欧盟，相关机构提出了包括透明度报告、数据保护影响评估、审计等在内的机制设计保障人脸识别的可问责性。在美国，相关法案要求以人工审查、测试、培训、问责报告和赋予个体抗辩权保证人脸识别的合规使用。

第三，依据风险预防原则实现对人脸识别的差异化治理。风险预防原则来源于德国环境法，并在环境治理领域被广泛运用。强风险预防原则要求政府在缺乏科学证据的情况下也要采取预防措施，弱风险预防原则要求政府在采取预防措施前对成本与收益进行分析。欧盟呼吁禁止公共机构在公开场合使用人脸识别和美国个别州通过立法禁止政府机构使用人脸识别都体现了强风险预防原则。欧盟对人脸识别在商业领域的运用没有明文禁止，商业主体使用人脸识别应严格遵守 GDPR 的规定和《人脸识别指南》的要求。美国国会审议的《商用人脸识别隐私法》原则上允许将人脸识别作为商用，但要遵守严格的条件。可见，欧美对政府机构与商业机构这两类使用主体采取了差异化的治理方案，即在公共场合使用人脸识别秉持强风险预防原则，在商业应用中坚持弱风险预防原则。总之，欧盟和美国都从数据、算法和技术应用三个层次对人脸识别采取全链条的治理措施，形成了公共问责与个体私权保护的双轨模式。

3. 基于中国国情制定治理策略

我们应坚持在中国的价值体系下认识人脸识别的风险类型和程度，提出合适的解决方案。

首先，国人更具有集体观念，公共机构坚持“以人民为中心”，国家经济发展壮大、法治形成的过程更强调社会本位，重视平衡个人权利的保护与社会科技的发展（李庆峰，2020）。公共机构严格按照法律法规基于维护公共安全的目的使用人脸识别，可以提高社会治理水平，获得人们的信任和支持。综合考虑我国民众对公共机构的信赖、对自由价值的态度以及民众与警察的关系（邢会强，2020），我们不应学习西方部分地区采取严格禁止的政策。

其次，目前我国数据保护规则尚不完善，人脸识别作为重要的生物特征信息无法受到法律保护，个人的各项数据权利未有法律明确规定。我们需要加快数据规则的立法，构建用户同意制度，为公民的权利保护和救济提供法律保障（商希雪，2020），并对违法的数据处理行为进行重拳整治。

最后，我们需要采取制度性工具规范算法的开发、设计和应用，包括算法的测试机制、审计机制、问责机制等。同时，应在技术的应用层面建立起分级分类和分场景的监管机制，明确监管机构，避免监管“真空”。

五　我国人脸识别的本土化治理路径

回顾人脸识别在我国的发展历程，我国总体上秉持发展与规范并重的原则，坚持了“管、促、创”的政策理念。在人脸识别的发展初期，我国出台了一系列助力技术创新和促进产业发展的政策。2017 年 7 月，国务院发布的《新一代人工智能发展规划》指出，研发视频图像信息分析识别技术、生物特征识别技术的智能安防与警用产品。2019 年 9 月，中国人民银行印发《金融科技（FinTech）发展规划（2019~2021 年）》提出充分利用可信计算、安全多方计算、密码算法、生物识别等信息技术。《安全防范视频监控人脸识别系统技术要求》《信息安全技术网络人脸识别认证系统安全技术要求》等标准也为人脸识别在金融、安防、医疗等领域的运用提供了指引，扫清了政策障碍。人脸识别获得快速发展后，治理问题逐渐显现，发展与监管的矛盾激化，亟须探索和健全人脸识别的治理政策。

（一）中国人脸识别治理存在的主要问题

1. 对生物特征信息的保护和人脸识别的规范缺乏细致的法律规则

虽然《民法典》、《网络安全法》和《电子商务法》都对个人信息的保护有原则性规定，但是缺乏细致的法律规则，导致对人脸这一生物特征信息保护不足。如在浙江杭州野生动物世界“刷脸案”中，法院依据合同法进行了判决。宁波市市场监管局依据《消费者权益保护法》对违规使用人脸识别的房地产企业进行调查和处罚。虽然我国发布了一些标准，包括《信息安全技术个人信息安全规范》、《信息技术生物特征识别应用程序接口》《公共安全人脸识别应用图像技术要求》以及《App 收集使用个人信息最小必要评估规范人脸信息》等，这些标准对收集人脸信息的告知和存储要求进行了规定，但不具有强制的法律约束力，对行业的规范作用不足。

一些部门在具体应用场景中对人脸识别进行了规定，如中国人民银行 2016 年发布的《关于落实个人银行账户分类管理制度的通知》规定：“有条件的银行，可以通过视频或者人脸识别等安全有效的技术手段作为辅助核实个人身份信息的方式。”中国支付清算协会 2020 年发布《人脸识别线下支付行业自律公约》，要求各个会员单位“建立人脸信息全生命周期安全管理机制”，分别对数据采集环节、存储环节、使用环节提出具体要求，还要求“应根据用户意愿，为其提供开通或关闭刷脸支付服务”。但这些规定仅适用于金融行业，仅规范了部分应用场景，还有很多场景缺乏规则。

2. 各地立法或治理政策不一致，缺乏框架性和体系化的治理机制

新施行的《天津市社会信用条例》禁止企事业单位、行业协会、商会等采集人脸、指纹、声音等生物识别信息。南京市住房保障和房产局要求楼盘

售楼处未经同意，不得拍摄来访人员的面部信息。经修订的《杭州市物业管理条例》规定，物业不得强制业主通过指纹、人脸识别等生物信息方式使用共用设施设备。徐州市住房和城乡建设局要求售楼处不得使用“人脸识别”系统。2021 年 3 月，深圳就《深圳经济特区公共安全视频图像信息系统管理条例（草案）》征求意见，禁止和限制监控摄像头的安装范围，并要求设置明显提示标识。因为缺乏统一的上位法，各地出台各自的政策，各地规范零散和混乱，不利于人脸识别的全国应用。由于我国缺乏框架性治理方案和制度性治理工具，因此加剧了技术运用发展与社会公众利益保护之间的矛盾。

3. 缺少统一权威的监管主体，造成行业监管不及时和不充分

国家网信办主要负责互联网信息内容的管理，有权对线上 App 涉及个人信息收集或人脸识别运用的情况进行监管。2020 年 12 月，网信办发布《常见类型移动互联网应用程序（App）必要个人信息范围（征求意见稿）》，该文件规定了地图导航、网络约车、即时通信等 38 类常见类型 App 必要个人信息范围。国家公安机关是公共安全视频图像信息系统的主管部门，有权就视频图像设备进行监督管理，根据《公共安全人脸识别应用图像技术要求》，公安部是主管部门。市场监管机构负责监管企业的经营行为和保护消费者权益，有权对开发和运用人脸识别的企业进行监管，2021 年“3·15 晚会”曝光门店滥用人脸识别后，各地市场监管机构对违规安装摄像头的商家进行突击检查。对此，2021 年“两会”期间，有建议由公安部门承担人脸识别应用的审批与监管职能，也有建议工信部、市场监管总局联合出台规定，要求所有提供人脸识别功能的应用备案后方可销售，手机应用由地方工信部门备案，设施设备由地方市场监督管理部门备案。也有观点提出由工信部牵头，联合网信办、公安部、市场监管总局共同建立人脸识别记录数据库。为尽快实现审批或备案制度，必须明确统一的主管机构并建立多部门的协调机制。

（二）提升人脸识别治理能力的政策建议

我国人脸识别的技术水平处于世界领先地位，主要得益于国内包容审慎的政策环境和多元的应用场景。如今人们对人脸识别带来的滥用风险、安全风险和隐私风险充满担忧，亟须治理框架。智能社会的治理是一项复杂的系统工程，需要国家、行业、组织和公民个人等共同参与（张文显，2020）。对人脸识别的治理应该采取协同治理的方式，实现多方主体共同参与。应注重规则塑造，实现分场景监管，坚持以“场景驱动”识别治理目标和内容，构建差异化治理的案例池和数据库（梁正、余振、宋琦，2020）。具体的监管措施可以从数据、算法和技术运用三个环节展开，实现全过程治理。

1. 规范数据收集与流转，净化数据产业链

数据是算法的“原料”，要对整个数据产业进行整治，打击“数据黑产”，建立行业标准，推行数据资质，建立健全数据流通机制，保障人工智能企业获得健康的数据“喂养”。

首先，规范人脸信息的收集、传输、存储和使用。为开发和运营人脸识别制定人脸信息处理规范：收集人脸信息前，人脸识别开发者或运营者须履行告知义务，以通俗、易懂且明确的语言书面告知用户处理人脸信息的方式、用途和存储周期等，并获得用户的明示同意。收集人脸信息后，人脸识别开发者或运营者须采取技术措施安全保存人脸信息，不得对外公开或交易。为了保障用户拥有选择权，应该提供替代方案，不管哪个主体运营人脸识别，人们均有权拒绝“刷脸”（邢会强，2020）。考虑到人脸识别设备可以隐蔽地收集人脸信息，应该在摄像头安装处张贴告示，让用户知悉自己正在被抓拍，并给予用户选择退出和要求删除自己相关信息的权利，严格保障用户的各项数据权利。对于非必要存储照片信息的应用场景，如测温或客流统计，应该自动删除抓取的照片。

其次，要求人脸识别运营者具备数据安保能力。人脸识别开发者或运营者的数据存储能力应成为风险评估的重点，原则上禁止开发者或运营者存储原始的人脸信息，即使存储了人脸信息也应该与其他个人信息相隔离，同时采取匿名化的技术手段去除个人标识性。开发者或运营者在日常管理上应该建立健全的数据管理机制和完善的系统权限管理制度，避免用户滥用管理权限，造成数据泄露或滥用人脸识别。网络安全攻击时有发生，个人信息泄露事件频发，保障人脸信息处理者的数据安保能力非常紧迫，可以对人脸识别开发者或运营者进行备案并形成追责机制，应将他们的资质情况和数据安保情况向社会公示，让社会公众参与监督。

最后，加强执法严厉打击违法的数据处理行为。《网络安全法》将个人生物识别信息纳入个人信息范围。《民法典》规定，收集、处理自然人个人信息的，应当遵循合法、正当、必要原则，征得该自然人或其监护人的同意，且被采用者同意后有权撤回。《个人信息保护法》对图像采集、个人身份识别进行了明确规定。2020 年新版《信息安全技术个人信息安全规范》也对个人生物识别信息的收集、存储和披露等环节进行了明确规定。“徒法不足以自行”，这些法规需要严格执行才能产生威慑力，监管机构应该开展强有力的执法行动。

2. 为算法建立资质标准，保障算法的安全性和准确性

算法是人脸识别的核心，直接影响人脸识别的准确性、安全性和运行效率。应加强对算法的审计评估，保障行业采用优质算法。

首先，为算法设立行业准入标准和资质要求。个别企业的违规经营会影响整个行业的发展，为防止不良企业破坏行业健康生态，应对算法进行市场准入规范，如要求对算法进行备案或要求主体获得数据管理资质。算法备案管理制度已经在金融行业进行了尝试，如《关于规范金融机构资产管理业务的指导意见》规定，“金融机构应当向金融监督管理部门报备人工智能模型的主要参数以及资产配置的主要逻辑”。制定行业准入标准避免那些无规则意识的企业扰乱市场秩序，如在小区部署人脸识别的场景中，技术提供方 A 的产品具有严格的加密与分级管理技术，可以防止第三方导出数据，而技术提供方 B 的产品没有此类安全保障机制，但价格低廉。如果没有安全能力方面的行业标准或资质要求，客户可能选择价格便宜、安全性能低、导出信息方便的产品，这样安全性能好的产品无法在自由竞争的市场下立足，因而需要制定行业准入标准和行业规范避免“劣币驱逐良币”。

其次，通过技术创新保障算法的安全性和准确性。设计算法时可能受到人的影响，存在一些人为的歧视因素。算法容易受到训练数据的影响，训练数据的质量和类型影响算法的识别效果。算法开发者应该保证有高质量的训练数据，通过保障数据的全面性和充分性，避免区域差异、种族差异和性别差异。还应规范算法设计者的行为，避免人为设计的歧视。应加强算法和数据方面的技术创新，如研究安全多方计算、同态加密、差分隐私等方法，在技术上保护隐私和数据安全（杨庚、王周生，2020）。

最后，明确算法监管机构与监管职责，建立算法评审机制。脆弱性、缺乏可解释性、较弱的对抗性是人工智能面临的三大技术瓶颈，也是人工智能带来风险的主要原因。应高度重视对算法的监管，明确监管机构和职责，并对滥用人脸识别的行为开展专项执法行动。应建立算法评审机制，开发者推出算法前，应通过伦理评审，评审依据包括社会公德、伦理道德、数据安全隐私等，评审重点包括算法识别的准确度、公平性、安全性等。可以通过行业组织和第三方评估机构，搭建算法的检测评估平台，制定算法、隐私安全检测方法和指标，开发检测工具，实现定期回访和信息反馈，通过动态评估实现检测的时效性和客观性。

3. 划定运用场景界限，防止技术滥用

技术本身是中立的，但是容易被滥用，应建立人脸识别影响评估机制，明确人脸识别的应用场景界限。

首先，建立人脸识别影响评估机制，实现差异化治理。国内有学者提出为算法构建影响评估机制，对自动化决策系统的应用流程、数据使用和系统设计等进行评判，明确系统的影响水平和风险等级（张欣，2021）。环境影响评价是算法影响评估的制度渊源，环境影响评价机制在环保领域是一种较为成熟和成功的治理实践（李安，2021）。结合欧盟的数据保护影响评估制度和美国的问责报告制度，人脸识别影响评估机制是实现风险预防的重要举措。总结目前人脸识别的运用场景，将运营者分为公共机构和商业机构，因两者在目的、管理能力和技术水平上存在差异，应遵守不同的行为准则，对两者评估的标准和内容也应有差别（见表2）。

表 2　人脸识别影响评估的主要内容

部署主体	评估框架		
	评估标准	评估内容	定期审计
公共机构	·合法性:法定职责范围内,保证内容合法和程序合法 ·正当性:目的正当 ·必要性:收集数据的类型和规模坚持最小够用标准,应用范围和方式与目的相称	·对公民的哪些权利有影响和影响程度 ·自动化程序是否有人工审查 ·算法的准确性和安全性 ·数据收集、存储的正当性 ·网络安全保障能力	·错误率情况 ·安全保障、人工审查的落实情况 ·数据泄露或侵犯隐私的事故情况 ·用户投诉反馈情况
商业机构	·合法性:用户知情、同意 ·正当性:追求合法利益 ·必要性:收集数据的类型和规模坚持最小够用标准,应用范围和方式与目的相称	·运营主体的资质 ·对公民的哪些权利有影响和影响程度 ·自动化程序是否有人工审查 ·算法的准确性和安全性 ·数据收集、存储的正当性 ·网络安全保障能力 ·用户是否拥有选择权和退出权	·运营主体变动情况 ·错误率情况 ·安全保障、人工审查的落实情况 ·数据泄露或侵犯隐私的事故情况 ·用户投诉反馈情况

表格来源：作者自制。

其次，引入公众参与，广泛听取用户的意见。涉及公众的人脸识别运用应该广泛听取民意，让公众参与到人脸识别的影响评估中，并对技术提供者的方案和设备进行评价，对运营者的日常运营进行监督。在环境评价机制中，公众参与是重要内容，环境影响评价公众参与是指相关单位在判定影响、编制文件以及审批与实施过程中，公众以听证、质询和发布意见的方式约束环境影响评价文件的批准，并监督其实施（肖强、王海龙，2015）。人脸识别影响评估机制应该引入公众参与，如影响评估过程应邀请相关公众参与讨论发表意见，评估结果应对相关公众公开，评估结束后应建立反馈渠道，持续听取公众的意见。

最后，综合采用惩罚性和激励性治理措施，避免出现“伦理洗白”。人工智能是一个复杂的领域，监管者缺乏必要的资源或信息，治理人工智能需要企业的自我治理。人工智能企业应主动开展法律和伦理的合规审查，出售技术时调查对方的使用目的，并对合作伙伴进行合规告知，要求对方合法部署和使用人脸识别，不得滥用技术。在内部，企业应聚焦管理制度建设，塑造以人为本的管理法则（颜佳华、王张华，2020），包括制定伦理标准、搭建伦理审查委员会，做好内部的伦理合规审查。人工智能企业应主动公开算法情况报告，让公众了解技术的利弊，减少信息不对称，提升大众对新技术的信任。国内企业有一些实践，如发布《人工智能应用准则》规范自身技术、产品落地边界，并在产品说明中附加《正确使用人工智能产品的倡议书》，倡导客户尊重终端使用者的权益。但是企业自我治理面临失效的问题，有的学者提出“伦理洗白”（ethicswashing），指有的企业将伦理制度作为一种展示，实际上成为“逃避”强监管的工具（Wagner B，2018）。元规制（meta-regulation）指推动和监督自我规制，监管机构可以通过消极或积极的方式刺激企业采取自我规制措施（鲍德温 R、凯夫 M、洛奇 M，2017）。在惩罚方面，将企业遵守伦理标准的情况作为其融资贷款或上市的重要审核内容。在激励方面，建立评级制度，对企业进行打分和排名，让合规评级成为企业之间竞争的重要指标。

参考文献

〔英〕鲍德温 R、凯夫 M、洛奇 M：《牛津规制手册》，宋华琳等译，上海三联书店，2017。

林凌、贺小石：《人脸识别的法律规制路径》，《法学杂志》2020 年第 7 期。

李庆峰：《人脸识别技术的法律规制：价值、主体与抓手》，《人民论坛》2020 年第 11 期。

梁正、余振、宋琦：《人工智能应用背景下的平台治理：核心议题、转型挑战与体系构建》，《经济社会体制比较》2020 第 3 期。

李安：《算法影响评价：算法规制的制度创新》，《情报杂志》2021 年第 3 期。

商希雪：《生物特征识别信息商业应用的中国立场与制度进路——鉴于欧美法律模式的比较评价》，《江西社会科学》2020 年第 2 期。

王利明：《美欧的隐私权存在差别》，《北京日报》2015 年 4 月 27 日。

王子灿：《由〈大气污染防治法（修订草案）〉论环境法中风险预防原则的确立》，《环境与可持续发展》2015 第 3 期。

肖强、王海龙：《环境影响评价公众参与的现行法制度设计评析》，《法学杂志》2015 年第 12 期。

邢会强：《如何对人脸识别进行法律规制》，《经济参考报》2020 年 12 月 22 日。

邢会强：《人脸识别的法律规制》，《比较法研究》2020 年第 5 期。

《信息安全技术远程人脸识别系统技术要求》（2020-04-28）[2021-04-05]，http：//openstd. samr. gov. cn/bzgk/gb/newGbInfo？hcno=C84D5EA6AC99608C8B9EE8522050B094。

颜佳华、王张华：《构建协同治理体系推动人脸识别技术良性应用》，《中国行政管理》2020 年第 9 期。

杨庚、王周生：《联邦学习中的隐私保护研究进展》，《南京邮电大学学报》（自然科学版）2020 年第 5 期。

张文显：《构建智能社会的法律秩序》，《东方法学》2020 第 5 期。

张欣：《算法影响评估制度的构建机理与中国方案》，《法商研究》2021 第 2 期。

Commercial Facial Recognition Privacy Act of 2019（2019-03-14）[2021-04-05]，https：//www. congress. gov/bill/116th-congress/senate-bill/847/text.

Directorate General of Human Rights and Rule of Law, Guidelines on Facial Recognition（2021-01-28）[2021-04-05]，https：//rm. coe. int/guidelines-on-facialrecognition/1680a134f3.

European Union Agency for Fundamental Right, Facial Recognition Technology：Fundamental Rights Consideration in the Context of Law Enforcement（2021-04-05）[2021-04-05]，https：//fra. europa. eu/sites/default/files/fra_ uploads/fra-2019-facial-recognition-technologyfocus-paper. pdf #：～：text = Facial% 20recognition% 20technology% 3A% 20fundamental% 20rights% 20considerations% 20in% 20the，determine% 20whether% 20they% 20are%20of%20the%20same%20person.

Ethical Use of Facial Recognition Act（2020-02-12）[2021-04-05]，https：//www. congress. gov/bill/116thcongress/senate-bill/3284/text.

Facial Recognition Bill（2020-03-06）[2021-04-05]，https：//app. leg. wa. gov/billsummary？BillNumber=5528&Year=2019.

Facial Recognition Technology（2020-05-12）[2021-04-05]，https：//leginfo. legislature. ca. gov/faces/billTextClient. xhtml？bill_ id = 201920200AB2261 #：～：text =% 20Facial% 20recognition% 20technology. % 20Existing% 20law% 2C% 20the% 20California，delete% 20personal%20information%20about%20the%20consumer%2C%20as%20specified.

MIT Technology Review（2020-01-17）［2021-04-05］，https：//www. technologyreview. com/2020/01/17/238092/facial-recognition-europeanunion-temporary-ban-privacy-ethics-regulation/.

White Paper on Artificial Intelligence-A European approach to excellence and trust（2020-02-19）［2021-04-05］，https：//ec. europa. eu/info/sites/info/files/commission-whitepaper-artificial-intelligence-feb2020_ en. pdf.

Wagner B.，"Ethics As An Escape from Regulation：From Ethics-washing to Ethics-shopping"，From *Being Profiling*：*Cogitas Ergo Sum*，Amsterdam University Press，2018.

第三部分　人工智能与公共治理及产业创新

人工智能在突发公共卫生事件管理中的赋能效用研究

——以全球新冠疫情防控为例

周　慎　朱旭峰　薛　澜*

摘　要： 公共卫生风险威胁人民生命安全和身体健康。只有构建起强大的公共卫生体系，才能为人民健康提供有力保障。人工智能作为新一代信息科技的代表性技术，正在或将进一步发挥其在突发公共卫生事件管理中的赋能效用。本文将人工智能嵌入危机管理全周期，探讨人工智能赋能突发公共卫生事件管理的机制，并以新冠疫情防控为例，挖掘国内外私营部门应用人工智能抗击新冠疫情的创新案例，从危机管理的事前风险管理、事中应急管理、事后善后学习三个阶段详细阐述了人工智能赋能突发公共卫生事件管理的内在规律与具体方式。同时，在中外对比中找不同、促发展，获得国内外“人工智能抗疫”的经验与启示，以增强和提升我国应用科学技术进行公共卫生事件管理的意识和能力，推进国家应急管理体系与能力现代化。

* 周慎，中国科学技术大学科技传播系、中国科学院科学传播研究中心副研究员，研究方向为科技传播与科技政策、网络与新媒体；朱旭峰，清华大学公共管理学院院长、博士生导师，清华大学科技发展与治理研究中心主任，研究方向为公共政策理论、智库与专家参与、可持续发展政策、科技治理；薛澜，清华大学文科资深教授、博士生导师，清华大学苏世民书院院长，人工智能国际治理研究院院长，研究方向为公共政策与公共管理、科技创新政策、危机管理及全球治理等。

关键词： 人工智能　赋能效用　危机管理

一　引言

公共卫生领域风险威胁人民生命安全和身体健康，事关经济社会稳定与可持续发展。由于公共卫生安全风险因素与事件的成因多样性、传播广泛性以及影响复杂性，全球承受着防范卫生健康领域重大风险的巨大压力。新冠疫情再次证明人类生活在一个命运与共的“全球风险社会”之中，提醒我们要更加警惕新发与再发的传染病，需要构建起强大的公共卫生体系，为维护人民健康提供有力保障。

人类战胜大灾大疫离不开科学发展和技术创新（习近平，2020）。人工智能作为新一代信息科技的代表性技术，以其在计算机视觉、语音识别、自然语言处理、内容生成、数据分析等方面的技术优势，能够为突发公共卫生事件管理提供技术保障。在全球新冠疫情阻击战中，人工智能在危机管理周期的各个环节中已经开始释放其赋能效用。国内外人工智能领域从业者以其创造力和行动力，在抗疫的各个应用场景中寻找用武之地，开拓创新，使疫情防控的组织和执行更加高效。深入研究人工智能在突发公共卫生事件管理中的赋能机制、内在规律和现实应用方式，对构建起强大的公共卫生体系具有重要的理论和现实意义。

本文以新冠疫情防控为例，对人工智能在突发公共卫生事件管理中的赋能效用进行深入研究。下文内容结构安排如下：第二部分为人工智能赋能机制与技术应用，探析人工智能何以及如何为突发公共卫生事件管理赋能；第三部分为分析框架与研究设计，建立起人工智能赋能危机管理的分析框架；接下来的三个部分分别从危机管理的事前风险管理、事中应急管理、事后善后学习出发，对人工智能在全球新冠疫情防控中的赋能效用和创新实践案例进行了论述；最后基于案例的归类和分析，对国内国外在新冠疫情防控中运用人工智能的情况进行了比较；最后是本文的结语与讨论，总结全文并提出在突发公共卫生事件管理中更好发挥人工智能赋能效用的政策建议。

二 人工智能赋能机制与技术能力

技术赋能创新正在形成一套以应用为基础的社会问题解决机制（关婷、薛澜、赵静，2019）。人工智能助力突发公共卫生事件管理，首先需要搞清楚人工智能何以及如何赋能。

（一）人工智能的赋能机制

人工智能作为提高突发事件管理效能的使能技术，对其作用的研究在自然灾害、事故灾难、公共卫生事件和社会安全事件四大类突发事件中均有涉及。相对而言，更多研究集中于对自然灾害应急管理的赋能。有学者对人工智能助力洪水应急管理的情况开展调查，展现并讨论了运用人工智能进行洪水管理的现状与挑战等（Farnaz Fotovatikhah et al.，2018）；在地震应急管理中，有研究基于计算机视觉来跟踪地震位移（Kai-Uwe Doerr et al.，2005）、将神经网络模型应用于地震信号探测和震相拾取等（S. Mostafa Mousai et al.，2020）；还有的研究关注人工智能在火灾（J. R. Martinez-de Dios et al.，2008）、干旱（Youngkeun Song et al.，2013）、泥石流和雪崩（Mesay Belete Bejiga et al.，2017）等自然灾害管理中的作用。部分研究关注其他三类突发事件：运用深度学习来预测城市交通安全事故（Honglei Ren et al.，2018）；机器学习在传染病预测、诊断、分类和抗菌药物管理中的应用（N. Peiffer-Smadja et al.，2020），以及用于理解恐怖袭击事件的形成机理等（Fangyu Ding et al.，2017）。

Wenjuan Sun 等学者较系统地从大量文献中梳理出人工智能赋能自然灾害管理的 17 大领域（Wenjuan Sun et al.，2020），如风险预测、灾害影响评估、实时监测、破坏评估、重建跟踪等。这些应用的共性在于利用人工智能方法在分析海量数据上的优势，快速提取有用和可靠的信息，以支持灾害管理中的有效决策。Jessica Morley 等学者对健康信息数字化工具进行分析，提出“数字技术赋能的局限”，认为数字技术赋能过于狭隘地侧重于监测和获得信息，其假设是更知情的决策过程就是赋能本身（Jessica Morley et al.，2020），应当实现对“信息赋能”的超越。

人工智能赋能不同类别突发事件管理的机制和效用运行逻辑的共性大于特性。相互之间的差异主要体现在不同类别突发事件所涉及的具体管理问题；而共性则在于它们都需要建立在人工智能基础层和技术层的基础之上，其内在解决方案的生产逻辑相同。（见图1）。

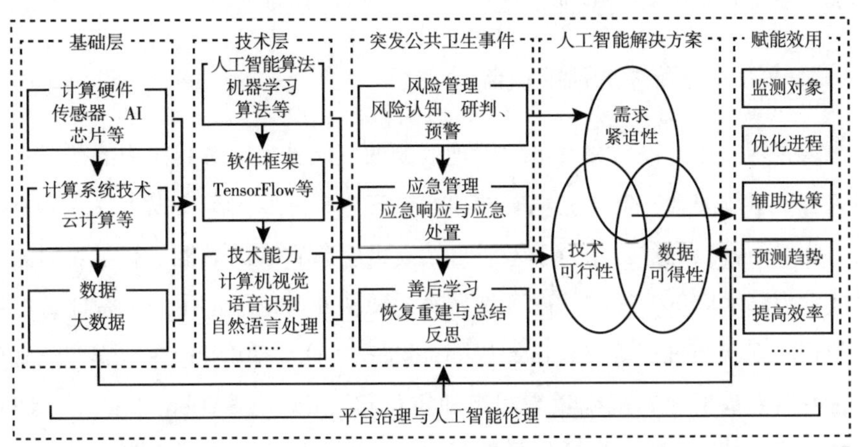

图1　人工智能赋能突发公共卫生事件管理的机制和效用运行逻辑

图片来源：作者自制。

（二）人工智能技术能力

根据当前人工智能发展水平，本文梳理出7类21种可能用于突发公共卫生事件管理的人工智能技术能力。（见表1）

表1　人工智能技术范畴与能力种类

技术范畴	技术能力	人工智能突发公共卫生事件解决方案示例
计算机视觉	1. 人脸识别	在图像和视频中识别具体的某人
	2. 人员监测	在图像和视频中检测是否有人的存在

续表

技术范畴	技术能力	人工智能突发公共卫生事件解决方案示例
计算机视觉	3. 图像和视频分类	在图像和视频中区分检测对象
	4. 目标对象检测	在医学图像中识别病征,提高诊断效率
	5. 光学字符识别	病人诊断记录数字化,加快患者健康史搜索
	6. 定位与跟踪	追踪行动轨迹,进行流行病学调查
语音识别	7. 人员识别	根据声音特征验证特定人员身份
	8. 语音转文字	服务特殊人群,提高危机沟通效率
	9. 声音检测和识别	识别具有危险信号的声音并发出警报
	10. 语言翻译	便利风险研判、信息收集及国际沟通
自然语言处理	11. 文本信息挖掘	在大量文本分析关联中获得新知
	12. 语言理解	聊天机器人、谣言识别等
	13. 情感分析	危机中的大众情绪与社会心态等
人工智能支持的机械应用	14. 无人机	无接触配送、消毒、监测等
	15. 无人车	无接触配送、消毒、监测等
	16. 可穿戴设备	提示卫生行为及保持社交距离
	17. 其他自动化	防疫物资自动化生产线等
人工智能支持的数据分析	18. 结构数据深度学习	优化进程、决策支持等
	19. 其他分析技术	预测趋势、效果评估等
内容生成	20. 内容生成	快速生产应急科普与危机沟通内容
强化学习	21. 强化学习	大规模和高速模拟建模

表格来源：作者自制。

三　分析框架与研究设计

为揭示人工智能在突发公共卫生事件管理中的赋能效用，本文搭建了以危机管理生命周期为基础的分析框架，在收集全球私营部门提供的人工智能抗疫案例基础上，对国内外在不同危机管理阶段中所运用到的人工智能技术能力种类和解决方案数量进行了统计。

（一）危机管理的生命周期

危机从形成到消亡相当于完成了一个生命周期。在这个生命周期里，危机随着时间的变化而变化，在时间序列的不同阶段呈现出不同的特征，根据不同的特征需要采取与之相适应的危机应对方式，才能起到预防危机发生、减轻危机伤害，甚至转危为机的目的。虽然不同的学者对于危机管理阶段存在不同的划分方法，但基本上大同小异，可以从风险管理（事前）、应急管理（事中）、善后学习（事后）三个阶段来大体把握危机的发展演变过程（见图 2）（薛澜、张强、钟开斌，2003）。

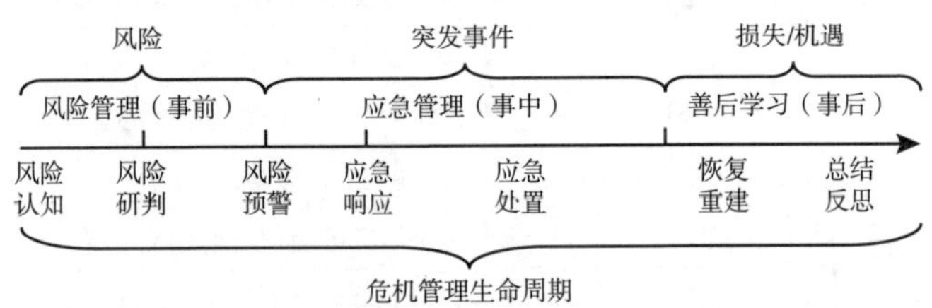

图 2　危机管理生命周期

图片来源：作者自制。

以危机管理生命全周期为框架，既有助于下述人工智能应用案例的归类，显明薄弱环节，又可以帮助相关人工智能从业者梳理疫情防控应用场景，倡导和启发更多在公共卫生事件及其他危机事件中人工智能解决方案的创新。

（二）案例收集与归类

为探究人工智能在新冠疫情防控中所发挥的作用，较全面地掌握全球范围内私营部门运用人工智能抗击疫情的具体做法，获得国外在应用人工智能进行疫情防控的经验与启示，并总结人工智能赋能突发事件管理内在规律，本研究分别在国内、国外两个维度上对人工智能应用案例进行了收集。本次案例采集的时间区间为 2019 年 12 月 1 日 ~2020 年 5 月 31 日，共采集国内外案例 171 个。

在国内案例采集方面，本文主要通过以下三种方式进行采集：以“人工智能+疫情”作为关键词组合，在百度、微信公众账号、新浪微博的搜索引擎中进行初步数据抓取和批量采集，并在此基础上手动筛选出更贴近人工智能技术运用的案例；提取筛选《人工智能知识图谱助力疫情防控和复工复产案例集》（中国电子技术标准化研究院，2020）、《数字健康技术疫情防控应用案例集》（一、二、三）（中国信通院，2020）、《疫情防控中的数据与智能应用研究报告》（中国信通院，2020）中选用的案例。最终在采集时间区间内收集国内案例 83 个。

在国外案例收集方面，本文主要通过以下四种方式进行采集：以“AI+Coronavirus”（人工智能+新冠病毒）和“AI+COVID-19”（人工智能+新冠肺炎）作为关键词组合，在 Google，Facebook，Twitter，Medium 的搜索引擎中进行初步数据抓取和批量采集，在此基础上手动筛选出更贴近人工智能技术运用的案例；对包括 Techcrunch，MIT Technology Review，Popular Science，theVerge，Wired，Venturebeat 等知名科技新闻与风险投资网站的每日报道实时跟踪监测；提取欧洲议会智库报告《用人工智能对抗新冠病毒》中选用的案例。最终在采集时间区间内收集国外案例 88 个。

事中应急管理阶段分为应急响应和应急处置两个环节。本文将武汉采取“封城”措施（2020 年 1 月 23 日）的前三天（即 2020 年 1 月 20 日~23 日）的工作看成是应急响应；对于国内其他地方来说，将 1 月 25 日中共中央政治局常务委员会召开研究新型冠状病毒感染的肺炎疫情防控工作会议后的三天（即 2020 年 1 月 25 日~28 日）看成是应急响应，之后为应急处置。对国外而言，本次新冠疫情波及全球，其应急响应阶段较难定义，鉴于收集到的国外人工智能案例大多数出自美国企业，本文将美国白宫宣布进入“国家紧急状态”的美东时间 3 月 13 日作为国外应急响应和应急处置的分界点。

通过将上述 171 个案例根据其实际应用场景归类到危机管理的不同阶段，并对案例进行技术分析后，全球私营部门“人工智能抗疫”解决方案统计一览显示如下（见表 2）。

表 2　全球私营部门“人工智能抗疫”解决方案统计

		风险管理（事前）		应急管理（事中）				善后学习（事后）	
		风险研判	风险预警	应急响应	应急处置			恢复重建	总结反思
		监测分析	预报预警	初始反应	防范管制	医疗救治	信息管理	复工复产	反思学习
国内	案例数	0	0	6	25	16	21	15	0
	技术种类数	0	0	6	7	6	8	3	0
国外	案例数	4	1	5	24	22	13	14	5
	技术种类数	7	8	4	6	7	8	3	4

注：（1）在事前风险管理阶段中，省略了风险认知的环节。风险认知强调个体和社会对存在于外界客观风险的主观感受和认识。（2）有的企业在危机管理周期的多个环节中提供了多种人工智能解决方案，原则上根据其最初或主要应用，在归类时统计为 1 次。

表格来源：作者自制。

四　事前：人工智能与风险管理

人工智能深度挖掘和处理海量非结构化数据的能力，在风险管理中能够起到一定的识别新的危机发生的作用。在这一阶段中，危机管理的目标指向明确，人工智能赋能主要体现在信息赋能。

（一）疫情风险研判

危机事件具有高度不确定性，人工智能可用来从蛛丝马迹中探寻危机发生的可能迹象，还可以借助传播动力学模型、动态感染模型等大数据分析模型和实践技术来进行风险态势研判。在本次新冠疫情中，由波士顿儿童医院开发的健康地图（HealthMap）系统，较早预测了新冠病毒的全球大流行（Online Map Tracks Coronavirus Outbreak in Real Time，2020）。Kinsa 通过智能物联网温度计和手机应用，收集和处理用户体温、症状等生物体征数据，以及用户年龄、症状持续时间和地理位置等信息，运用神经网络深度学习的方法处理数据，预测传染病地区走向和发展趋势（Aaron C Miller et al.，

2019）。一家位于旧金山的 Metababota 公司提前警示病毒传播可能造成的社会和政治风险。例如，该公司将美国和中国由新型冠状病毒引起公众焦虑的风险评级为“高风险”，将刚果民主共和国由猴痘病毒可能引起的社会风险定为“中等风险”（How AI is Battling the Coronavirus Outbreak，2020）。

（二）疫情风险预警

在疫情风险预警中，人工智能虽然无法代替人类做出决策，但可以基于风险研判的结果，供专家进一步分析使用（见图 3）。政府和公共卫生官员至少可以利用人工智能分析的初步结论，加强注意和采取积极行动，为可能暴发的疫情提前做好准备。加拿大一家受非典防控启发而成立的名为“蓝点”（BlueDot）的公司，通过使用自然语言处理技术来浏览数以万计的有 65 种语言的官方公共卫生机构声明、新闻报道、全球航空票务数据、牲畜健康报告和人口统计数据等文本，较早就以报告的方式向其客户发出了传染病警告。通过对全球航空票务数据的分析，“蓝点”还预测病毒在首次出现后的几天内将相继扩散到曼谷、首尔、台北和东京。Kinsa 公司也通过开放接口和开放嵌入等方式与客户建立了预警合作系统。

表 3　国外“人工智能抗疫”典型案例

			国外“人工智能抗疫”典型案例
风险管理	风险研判	监测分析	HealthMap：波士顿儿童医院开发的健康地图（HealthMap）系统较早预测了新冠病毒的全球大流行。健康地图通过收集以九种语言呈现的新闻报道、社交媒体、专家论坛和官方报告等网络数据，实时监测疫情的早期信号，分析可能出现的突发公共卫生事件
	风险预警	预报预警	BlueDot：加拿大蓝点（BlueDot）公司通过使用自然语言处理技术来浏览 65 种语言的数以万计的官方公共卫生机构声明、新闻报道、全球航空票务数据、牲畜健康报告和人口统计数据等文本。以分析报告的方式较早（报道称 2019 年 12 月 31 日）地向其客户发出了可能发生的传染病警告
应急管理	应急响应	初始反应	Immutouch：在美国政府未充分重视新冠疫情时，一家名为免疫接触（Immutouch）的可穿戴设备初创公司在西雅图成立。免疫接触手环中植入加速度等传感器，当佩戴手环的用户无意识地用手触摸脸时，手环就会震动发出警告。提醒用户停止触摸脸部。养成好的卫生习惯

续表

			国外“人工智能抗疫”典型案例
应急管理	应急处置	防范管制	UVD：丹麦一家UVD（UV-Disinfection Robot）机器人公司开发的添加了紫外线消毒灯硬件的无人驾驶机器人。该款机器人在医院、隔离区等场所自动行走，起到杀灭病毒的作用
		医疗救治	DeepMind：谷歌的DeepMind将其生物人工智能AlphaFold系统用于病毒研究，使用通用蛋白质资源数据库（Universal Protein Resource），预测了六种可能的新冠病毒蛋白质结构
		信息管理	Pinterest：通过由其内部内容安全运营团队和用户举报的内容提供的标签来训练谣言模型。以发现具有谣言特征的相关关键字。Pinterest利用机器学习来识别并屏蔽在其平台上可能违反“卫生错误信息改策”（Health Misinformation Policy）的内容
善后学习	恢复重建	复工复产	Corid Credit：英国金融科技企业1IFS开发新冠信用工具（Covid Credit），通过开放银行技术和人工智能内容生成等功能，帮助自由职业者生成疫情期间的财务损失报告。自由职业者可将报告提交给英国税务总署以获得与全职工作者同样待遇的政府财政支持
	总结反思	反思学习	AI2：艾伦人工智能研究所（AI2）等机构收集了超过29000多篇与新冠病毒和冠状病毒家族有关的各学科领域研究论文，并随着疫情发展和研究的深入不断扩充论文数据库。围绕此数据库开展数据科学竞赛，要求参赛队伍通过机器学习等方法就病毒溯源、风险要素、疫情社会影响等10个关键问题，在数据库中学习到重要信息

表格来源：作者自制。

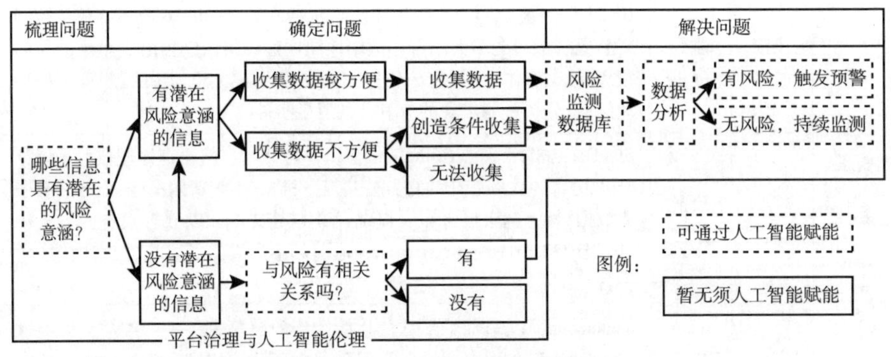

图3　风险管理中人工智能赋能内在机制与流程

图片来源：作者自制。

五　事中：人工智能与应急管理

在应急管理阶段，人工智能在应急响应，特别是应急处置阶段发挥了重要的赋能效用。这一阶段中的危机管理问题最多，也是出现人工智能抗疫案例数量最多的阶段。不同的人工智能解决方案提供商根据自己的业务类型和技术优势等具体情况，确定问题并设计及部署解决方案。

（一）应急响应

应急响应是进入紧急情况后的初始反应阶段。将上文中阐述的国内外应急响应和应急处置的分界点看作时间戳，对案例进行筛选后发现，在武汉应急响应阶段，百度在 1 月 21 日上线“新型肺炎”栏目，收集了早期关于新型肺炎的最新消息。用户在百度地图中搜索“发热门诊”，可寻找离其最近的设有发热门诊的医院。22 日，小米增加了实时了解肺炎疫情的“小爱捷径”功能，用户通过小米手机上的 AI 键或者对小爱同学说“实时肺炎疫情”来查看实时疫情信息。Facebook 在 1 月份就开始处理平台上出现的不实信息，Google 在相关的搜索排名上优先显示世界卫生组织的权威发布。

（二）应急处置

人工智能解决方案大量出现在应急处置环节。通过在对该环节案例的相似应用进行合并，发现人工智能在应急处置中的疫情防范管制、疾病医疗救治和疫情信息管理方面起到重要的辅助作用。

1. 疫情防范管制

在疫情防范管制中，人工智能技术可用来助力发现传染源、切断传染途径、保护健康人群。

（1）发现传染源。人工智能支撑的大数据分析、人脸识别等技术可用来更快地发现并控制传染源。一方面，通过对包含地理位置和出行时间等的手机数据进行分析，人工智能可辅助绘制传染源的行动轨迹；另一方面，根据传染源的行动轨迹和同行时间较长的伴随人员，可以推断出密切接触者，并进行流行病溯源分析。这大大提高了防控队伍的信息捕捉能力，为预测高危地区和潜在高危地区提供了精准依据。发烧是新冠肺炎的一个显著症状，为此百度通过装有热传感器的摄像头来检测人流中每个人的体温（How Baidu is Bringing AI to the Fight against Coronavirus，2020）。这在快速发现传染源的同时，也加快了人流通过关卡的速度，避免交叉感染。旷视、商汤等企业的类似解决方案也在商场、机场、火车站、地铁站、大型社区等重点区域得到应用。

（2）切断传染途径。智能机器人可用来实现无接触配送、清洁消毒、监督防疫政策执行等功能，减少人与人之间的接触，切断病毒传播途径。在无接触的同时又能使医疗和生活物资得到供应，对于保障隔离期间的生活所需，抗击冠状病毒传播至关重要。疫情暴发后不久，京东在疫情核心区开始尝试智能配送；广州一家农业人工智能解决方案提供商改造了原来用于喷洒农药的无人车；深圳一家航空科技无人机企业在中国多个城市部署了上百架集热感、消毒、巡逻等功能为一体的无人机；滴滴通过其车载录像设备采集的图片，运用计算机视觉来识别司机是否佩戴口罩等。

（3）保护健康人群。人工智能运用在识别和保护健康人群的同时，也便利了其疫情期间的生活。“健康代码”系统在本次疫情防控中被大量使用，该系统利用大数据分析，根据市民的旅行历史、在疫情高发地区所停留的时间，以及可能接触到携带病毒的人等信息来识别和评估每个人的风险，并分配风险等级不同的绿色、黄色、红色的颜色代码。人们可以方便地通过微信或支付宝申请获取代码。对持有不同颜色代码的人采取不同的隔离政策，为疫情态势实时研判和疫情防控部署的精准施治提供了有力指导。

2. 疾病医疗救治

在疾病医疗救治中，人工智能技术已用在辅助诊断、线上问诊、科研攻关上。

（1）辅助诊断。人工智能可用来辅助医学判断，提高病毒诊断效率。新冠病毒传染性强、扩散性广，大量疑似病例需要快速诊断消化。通过对新冠医疗影像的机器学习，“AI+CT”可有效地辅助医生进行决策。武汉大学人民医院等机构在 MedRxiv 上发表文章，通过对 51 名确诊病例和 45000 多张匿名 CT 扫描图像的训练，深度学习模型的诊断准确率可以有 95%，诊断时间缩短 65%（Jun Chen et al.，2020）。此外，一项来自华中科技大学的研究表明，用武汉同济医院临床数据训练出的机器学习预后模型，只需要对重症病例的 3 个临床特征进行分析就能预测重症生存率，准确率超过 90%（Li Yan et al.，2020）。

（2）线上问诊。人工智能支撑的线上问诊，无论是知识图谱和推理机的专家系统还是网络平台的应用，都能起到减轻医院负荷、整合医疗资源、帮扶弱势群体、减少人群聚集等作用。清华大学基于国家卫生健康委员会新冠诊疗方案，开发了问答式的疾病自测评估软件，为用户提供新冠感染风险层级评估并给出保健和就医指导意见。科技赋能平台实现了跨地域、跨医院调动医生资源，大大缓解了医疗资源紧张、线下服务交叉感染风险高的压力。据中国互联网网络信息中心统计，截至 2019 年 6 月，我国网民规模达 8.54 亿，农村网民规模达 2.25 亿（中国互联网络信息中心第 44 次中国互联网络发展状况统计报告，2019）。这显示线上问诊还会有助于生活在边远地区，远离医疗资源的人群获得医疗服务。

（3）科研攻关。人工智能可助力蛋白筛选、药物/疫苗研发等工作，提高病毒科研攻关的效率。鉴于疫情的严重性和时间的紧迫性，需要更快速的方法来认识和攻克病毒。Benevolent AI 公司致力于利用人工智能技术来加速药物研发流程，通过机器学习从大量类似病毒的科学研究文献中提取有关信息，寻找可能有用的现有治疗药物（Peter Richardson et al.，2020）。在新药开发上，人工智能有望通过模拟小分子化合物跟靶标蛋白质之间的相互结合作用，从而在庞大的分子库中遴选出可能的候选分子，避免了盲目的活性筛选，从而降低了发现有效化合物的人力、时间和财力成本。同时，疫苗研制是一个困难和耗时的过程，人工智能可以通过检查来自相似病毒的数据来加快这一过程。计算机视觉技术还可以用于寻找跟药物应答相关的潜在生物标志物，从而有助于疾病的精准治疗等。

3. 疫情信息管理

在疫情信息管理中，人工智能技术在信息采集、疫情通报、谣言管控中已较深度地投入使用。

（1）信息采集。人工智能在线上信息填报、自动呼叫等信息采集和疫情信息平台建设方面发挥了重要作用。传统的基层社区卫生中心人员手工采集和更新个人健康数据是一项高强度、高重复性的工作，且数据以这种方式收集和汇集的效率低，核验数据正确性成本高。借助人工智能的智能外呼等手段，社区只需提供需要询问的问题列表，导入居民电话号码，就可以进行自动呼叫。目前已有多地辅助采用线上健康自查填报、疫情线索填报、智能外呼填报等方式来开展筛查和信息收集。

（2）疫情通报。人工智能能够助力更快速、更全面、更直观的疫情通报，便利公众和国际社会及时了解疫情发展情况。在对我国 31 个省（自治区和直辖市）和新疆生产建设兵团的疫情通报方式研究中发现，不同地区在疫情通报上各有创新：有的地方用中、英、法、德、日、韩、老、俄 8 国语言进行通报，有的地方自制疫情地图，还有的地方在数据通报的基础上列出图表并做简单的数据分析，预测疫情发展趋势等。这些方式都能够通过人工智能的内容生成、机器翻译、数据分析等技术来实现。世界卫生组织在 WhatsApp 中还发布了一款聊天机器人，根据用户需要在交互中为用户提供疫情最新数据、防护措施、旅行建议、新闻报道、辟谣、捐赠等信息或渠道（The World Health Organization Launches WHO Health Alert on WhatsApp，2020）。

（3）谣言管控。人工智能可以用来识别虚假和恶意信息，从而对其进行妥善的管控。突发事件总是伴随着虚假信息传播、恶意营销等现象，处理不当将会产生负面的社会影响。通过对谣言的机器学习可以提高鉴别谣言的效率，已有相关对基于深度强化学习的谣言早期检测模型，基于情感分析的网络谣言识别方法等研究。Facebook 和 Instagram 规定过滤虚假信息，禁止那些制造新冠疫情紧张感，暗示供应有限和声称 100% 效果的产品广告（Facebook is Banning Ads that Promise to Cure the Coronavirus，2020）。同时良好的虚假信息人工智能解决方案还应当研究如何通过算法创新将谣言和预警很好地区分开来。

六　事后：人工智能与善后学习

全球疫情大流行形势依然严峻，但人类终将战胜新冠病毒。人工智能在恢复重建阶段，可助力复工复产和促进反思学习。

（一）复工复产复学

人工智能不管是在监测经济恢复、支持数据驱动的复工复产决策，还是用作复工复学工具开发及其自身作为支撑产业等方面，都能为经济社会生活全面恢复提供保障。微众银行人工智能部揽月团队挖掘和分析卫星遥感图像等另类数据，对经济系统恢复情况进行实时感知、量化和预测，开发中国经济恢复指数，为复工复产和投资管理提供决策依据（微众银行，2020）。疫情期间的在线办公、远程协作、在线教育、在线娱乐等新模式新业态为复工复学提供了强大的工具支撑，人们的行为模式也开始转变。随着疫情缓解，这些领域有望得到长足发展。疫情还在复工难招工难的情况下，倒逼制造企业在某些适用环节进行人工智能化改造，打破长期以来受劳动力短缺限制和守旧思维带来的企业发展难题，带动如工业机器人产业链上下游企业的发展。人工智能本身作为信息科技产业也将加快发展，按照党中央、国务院决策部署，人工智能相关基础设施建设将成为疫情之后新基建的重点，带来经济发展新动能。

（二）事后反思学习

人工智能在事后反思学习中可以为全面复盘梳理课题方向，搜寻政策建议，获得难得的洞见（见图4）。疫情期间在国内外各个平台发表了为数众多的科研文献，通过自然语言处理和数据分析等技术，可在庞杂的文献中理清头绪，挖掘一批具有决策参考价值和实践指导意义的应用类和跨学科类选题，发现冷门绝学等在抗疫中的应用，并能在此基础上凝炼出科研基金招标课题。

艾伦人工智能研究所（AI2）、微软研究院和美国国家医学图书馆等五家机构合作收集了超过29000多篇与新冠病毒和冠状病毒家族有关的各方面研究的论文，其中13000多篇已经经过处理，方便计算机能够读取和分析数据。围绕这一数据库，该项目开展数据科学竞赛，要求参赛队伍通过机器学习等方法就10个关键问题，在数据库中发现重要信息，获得洞见（Researchs Will Peploy AI to Better Vnderstard Coronavirus，2020）。这10个问题包括病毒溯源、遗传特性、治疗方案、疫苗研发、风险要素、社会影响、跨界合作等（COVID-19 Open Resoardh Dataset Challange，2020）。

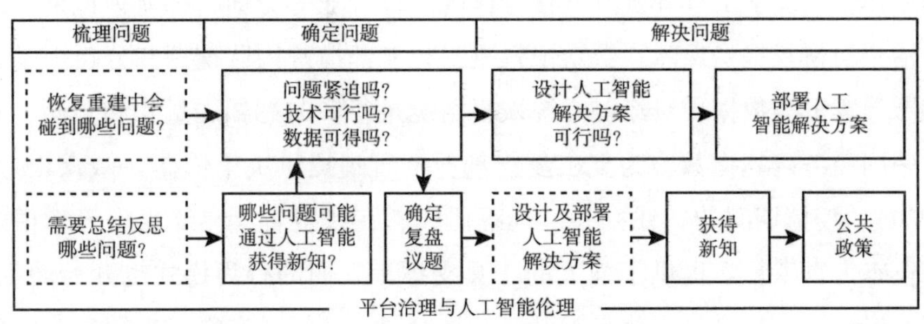

图4　善后学习中人工智能赋能内在机制与流程

图片来源：作者自制。

七　人工智能抗击疫情的中外比较

在运用人工智能抗击疫情上，中外在整体、危机管理各阶段和环节及应用特点等方面存在差异。

（一）从整体上来看，中外在“人工智能抗疫”上旗鼓相当。在数量上，在案例采集的时间区间内，国内的人工智能应用案例数在2020年4月30日前多于以英文为主要语言收集的国外案例，之后国外应用逐渐反超。

这与抗击疫情的主战场转移至国外有关。在规模上，中外相关科技企业都积极参与疫情防控工作，中国科技企业，特别是头部科技企业大都提供了一整套人工智能解决方案，涉及危机管理应用场景的多个方面，在国内较大规模使用且科技平台优势较为明显。国外头部科技企业人工智能解决方案往往专注于某个方面，就单个科技企业而言，应用场景较为单一，规模较小。在企业特征上，国内大中型企业应用案例较多，而国外中小型企业，特别是其初创企业的案例较多，且在危机管理阶段的不同环节中分布较广；在创新扩散上，呈现出反向学习的情况。有些国内案例是通过反向收集的方式获得的。

（二）从危机管理的阶段和环节来看，中外各有优势和侧重。在危机管理的阶段上，国外在事前风险管理和提前为善后总结学习做准备方面优势较为明显，国内在这些阶段未发现相关的人工智能应用。但国内在应急处置阶段优势特别明显，大量的应用案例出现在这一阶段；在危机管理阶段的环节上，国内外人工智能应用各有侧重。国内更多侧重于将人工智能应用于应急处置阶段的疫情防范管制环节，而国外更多侧重在应急处置阶段的医疗救治环节，特别是将人工智能运用于辅助科研攻关上，助力药物筛选和疫苗研发。从应急响应环节上看中外科技企业的危机反应速度，研究发现中外大型科技企业对危机的反应都较为敏捷，但与国内相比，国外初创企业更加活跃，能够迅速识别机会，且快速地实现了从创意到创业、到产品再到推广。

（三）从风险认知的角度来看，国外将科技运用于危机防范关口前移，其风险意识更强。由于信息的零散分布，能否有针对性地收集多元信息并开展科学研判以形成较完整的风险认识，对人的认知能力是一个巨大的挑战。国外在风险管理中，较有前瞻性和针对性地运用数据挖掘等技术收集有潜在风险意涵的信息，如基于计算机视觉，识别、监测和跟踪图像数据中可能包含的公共卫生风险要素；基于语音识别和自然语言处理，将分散在多国的不同语言的音频、文本信息快速机器翻译成本国语言并开展进一步分析；基于数据处理，发现和预测潜在风险；基于内容生成，使机器初步研判结果快速形成预警报告。前瞻性还体现在国外提前为善后阶段的学习反思持续积累素材，且更多将人工智能运用在基础研究和科学攻关上。

（四）从人工智能应用的创新性上来看，国外产品的表现形式更加多样活泼。如 Snapchat 通过分析用户地理位置、出行情况、手机使用等行为数据来判断使用者的居家隔离状态，并以此推出“宅家挑战赛”。朋友们在记分排行榜上可以看到过去三天中谁在家花的时间最多，谁更好地保持了社交距离，并能够在各个社交平台上分享排行榜和新冠病毒预防技巧的小贴纸（Snapchat's Zenly Launches Shelter in Place Leaderboard，2020）。一家名为免疫接触（Immutouch）的初创公司在可穿戴手环中植入加速度等传感器，当佩戴手环的用户无意识地抬起手想要触摸脸时，手环就会震动发出警告，提醒用户停止触摸脸部的动作，养成好的卫生习惯（Immutouch Wristband Buzzes to Stop you Touching Your Face，2020）。同时也正是因为国外初创企业较多参与到疫情防控中，努力探寻新的应用场景，产生了更多有创意的科技解决方案。

（五）从人工智能伦理角度来看，国内外都需要警惕人工智能滥用可能造成的隐私侵犯等问题。世界经济论坛在 2020 年 3 月份发布的一份声明中敦促企业不要为了单纯加快防疫速度而忽视对人工智能的适当监管（Coronavirus is Forcing a Trade-off between Privacy and Public Health，2020）。在疫情防控的流感调查、隔离监督、疫情趋势分析等方面涉及的对公众行为、地理位置、生物体征等数据的获取分析和人脸识别等技术的应用，如果未能在安全的网络环境和合理的人工智能伦理原则和治理框架下进行，将会对公众的隐私造成极大的侵害，带来严重的困扰。隐私保护和大众健康都是公共利益的重要部分，在面临提高防控效率和避免使用公众行为等数据的两难时，应妥善处理两者的平衡关系。与国内相比，国外更注重对隐私的保护，这也使得国外在应急处置阶段的人工智能应用案例较少。重要的是，全球都需要重视新兴科技本身可能带来的社会风险问题。

八　结论与讨论

通过将人工智能嵌入危机管理生命周期，绘制全球“人工智能抗疫”图谱，进行国内外人工智能的应用比较，我们可以看到人工智能有助我们更高效地进行突发公共卫生事件的管理。但同时，也应该警惕夸大人工智能作用及忽视人工智能伦理可能导致的反作用。针对研究中反映出的问题，本文提出以下几点建议。

（一）建立人工智能大数据等技术支撑下的公共卫生风险监测预警系统，作为传染病网络直报系统的补充。研究发现，将科技应用于风险研判和预警是我国危机管理的一大短板，这需要我们转变观念，将危机管理工作的重点从事件应对转到风险防范上来，更好地发挥技术在风险管理上的支撑作用。新冠疫情暴露出传染病网络直报系统在疫情初期难以第一时间发现危机的弊病，建立独立于人的意志的公共卫生风险自动监测平台能够作为直报系统的重要补充，及时为公共卫生官员提供可能的参考。建立起真正高效起作用的风险监测与预警系统的关键还在于对风险传导机制进行深入研究，探析有关数据与潜在风险的因果或相关关系，找出不同类型的危机中可通过机器识别并进行跟踪检测的风险要素。

（二）梳理人工智能抗疫经验，甄选人工智能疫情防控产品与解决方案，为全球危机提供技术援助。新冠疫情再次证明我们处在“全球风险社会”之中，人类是一个命运共同体。在与国外对比中发现，我国在应用人工智能进行疫情防控上与国外旗鼓相当，较充分地发挥了人工智能作为新兴科技在新型传染病危机管理中的赋能效用，其做法和经验能够并已经为他国提供借鉴。对我国人工智能在本次疫情防控中的应用进行梳理总结，筛选一批可行有效的人工智能防控产品和解决方案，在我国力所能及的情况下，在对外援助时除人、财、物之外，也同时加强技术援助。对主动提出有需要的地方，在充分沟通基础上，投放与当地文化和普遍的人工智能伦理原则相适应的人工智能解决方案。

（三）发挥市场机制作用，引入多元主体，探索科技应用背景下的平台治理模式。在研究中我们看到，国内外私营部门积极参与到疫情防控的工作中，产出众多具有创造力和实际效果的创新应用，同时也发现我国初创企业在危机初期的应急响应阶段反应不足。充分发挥市场机制，引导科技向善，购买优质的企业服务，培育初创企业，加强创新生态建设，引入平台企业、行业协会、社会公益、社区等多元主体参与社会共治，都将有助于激发市场活力，建设创新型国家，提高全社会危机反应和处理的能力和效率。

（四）加强培训，提高地方党政干部在应急管理中应用科技防控的能力。应当积极落实《全民科学素质行动计划纲要》中有关领导干部和公务员科学素质行动的相关内容，在研究制定领导干部和公务员培训规划时，加强各级党政干部的应急管理培训。对于有能力的培训提供方，应适当在课程中增加有关新兴科技认知和应用科技手段进行各类突发事件应急管理的内容，特别是新兴科技的原理、伦理、赋能与反赋能机制和运用典型案例等，使我们的干部具备应用科技进行危机管理，并对科技本身可能带来的社会风险进行治理的能力。

（五）理性看待人工智能发展水平，警惕人工智能风险，积极应对人工智能可能带来的伦理与治理挑战。虽然人工智能在技术上获得了很大的突破，但技术能力仍很有限，尚处于弱人工智能阶段，所能解决的问题需要从数据、任务难度等各方面来综合考量。在发展人工智能，发挥其正向作用的同时，要警惕人工智能本身带来的社会风险和伦理挑战，开展与之相适应的敏捷又有原则的科技治理，在“和谐友好、公平公正、包容共享、尊重隐私、安全可控、共担责任、开放协作、敏捷治理”（国家新一代人工智能治理专业委员会，2019）的原则下，加强伦理审查和数据立法。

新冠疫情防控既是对我国治理体系和能力的一次大考，也是优化治理体系、提升治理能力的重要契机。以新冠疫情防控为例，探讨人工智能在突发公共卫生事件管理中的赋能效用，梳理其赋能机制与技术能力，掌握国内运用人工智能抗击新冠疫情的整体情况，获得国外疫情防控中应用人工智能的经验与启示，将有助于我们转危为机，提升我们应用科学技术进行公共卫生事件管理的意识和能力，推进国家治理体系与治理能力现代化。

参考文献

国家新一代人工智能治理专业委员会：《新一代人工智能治理原则——发展负责任的人工智能》，2019 年 6 月。

关婷、薛澜、赵静：《技术赋能的治理创新：基于中国环境领域的实践案例》，《中国行政管理》2019 年第 4 期。

微众银行：《基于 AI 与另类数据的疫情下中国经济影响分析》，2020 年 3 月。

薛澜、张强、钟开斌：《危机管理：转型期中国面临的挑战》，清华大学出版社，2003。

习近平：《习近平总书记在专家学者座谈会上的重要讲话指明科研攻坚方向》，http：//www. xinhuanet. com/politics/leaders/2020-06/04/c_ 1126074999. htm。

中国电子技术标准化研究院：《知识图谱助力疫情防控和复工复产案例集》，2020。

中国信通院：《数字健康技术疫情防控应用案例集》，2020。

中国信通院：《疫情防控中的数据与智能应用研究报告（1.0 版）》，2020。

中国互联网络信息中心；《第 44 次中国互联网络发展状况统计报告》，2019 年 8 月。

Aaron C Miller, Ryan A Peterson, Inder Singh, Sarah Pilewski, Philip M Polgreen, "Improving State Level Influenza Surveillance by Incorporating Real Time Smartphone-Connected Thermometer Readings Across Different Geographic Domains", *Open Forum Infectious Diseases*, 2019, 11 (6) .

COVID-19 Open Research Dataset Challenge (CORD-19), https：//www. kaggle. com/allen-institutefor-ai/CORD-19-research-challenge/tasks.

Coronavirus is Forcing A Trade-off between Privacy and Public Health, https：//www. technology review. com/s/615396/coronavirus-is-forcing-a-trade-off-betweenprivacy-and-public-health/.

European Parliament, What If We could Fight Coronavirus with Artificial Intelligence? https：//www. europarl. europa. eu/thinktank/en/document. html? reference = EPRS _ ATA (2020) 641538.

Farnaz Fotovatikhah, Manuel Herrera, Shahaboddin Shamshirband, et al. , "Survey of Computational Intelligence as Basis to Big Flood Management: Challenges, Research Directions and Future Work", *Engineering Applications of Computational Fluid Mechanics*, 2018 (12) .

Fangyu Ding, Quansheng Ge, Dong Jiang, Jingying Fu, Mengmeng Hao, "Understanding the Dynamics of Terrorism Events with Multiple-discipline Datasets and Machine Learning Approach", *PLOS ONE*, 2017, 12 (6).

Facebook is Banning Ads that Promise to Cure the Coronavirus, https://www.businessinsider.com/facebook-corona-virus-cracks-down-ads-2020-2.

Honglei Ren, You Song, Jingwen Wang, Yucheng Hu, Jinzhi Lei, "A Deep Learning Approach to the Citywide Traffic Accident Risk Prediction", *IEEE Conference on Intelligent Transportation Systems*, *Proceedings*, *ITSC*, 2018.

How AI is Battling the Coronavirus Outbreak, https://www.vox.com/recode/2020/1/28/21110902/artificialintelligence-ai-coronavirus-wuhan.

How Canadian AI Start-up BlueDot Spotted Coronavirus Before Anyone Else Had a Clue, https://diginomica.com/how-canadian-ai-start-bluedotspotted-coronavirus-anyone-else-had-clue.

How Baidu is Bringing AI to the Fight against Coronavirus, https://www.technologyreview.com/s/615342/howbaidu-is-bringing-ai-to-the-fight-against-coronavirus/.

Immutouch Wristband Buzzes to Stop you Touching Your Face, https://techcrunch.com/2020/03/09/dontimmutouch/.

J. R. Martinez-de Dios, B. C. Arrue, A. Olleroa, L. Merinob, F. Gómez-Rodríguez, "Computer Vision Techniques for Forest Fire Perception", *Image and Vision Computing*, 2008, 26 (4).

Jessica Morley, Luciano Floridi, "The Limits of Empowerment: How to Reframe the Role of mHealth Tools in the Healthcare Ecosystem", *Science and Engineering Ethics*, 2020 (26).

Jun Chen, Honggang Yu, et al., "Deep Learning-based Model for Detecting 2019 Novel Coronavirus Pneumonia on High-resolution Computed Tomography: A Prospective Study", *MedRxiv*, 2020 (2).

Kai-Uwe Doerr, Tara C. Hutchinson, Falko Kuester, "A Methodology for Image-based Tracking of Seismicinduced Motions. Proceedings of SPIE", *The International Society for Optical Engineering*, 5758, 2005.

Li Yan, Ye Yuan, et al., "Prediction of Criticality in Patients with Severe Covid-19 Infection Using Three Clinical Features: A Machine Learning-based Prognostic Model with Clinical Data in Wuhan", *MedRxiv*, 2020 (3).

Mesay Belete Bejiga, Abdallah Zeggada, Abdelhamid Nouffidj, Farid Melgani, "A Convolutional Neural Network Approach for Assisting Avalanche Search and Rescue Operations with UAV Imagery", *Remote Sensing*, 2017, 9 (2).

N. Peiffer-Smadja, T. M. Rawson, R. Ahmad, A. Buchard, P. Georgiou, F. X. Lescure, G. Birgand, A. H. Holmes, "Machine Learning for Clinical Decision Support in Infectious

Diseases: A Narrative Review of Current Applications", *Clinical Microbiology and Infection*, 2020, 26 (5).

Online Map Tracks Coronavirus Outbreak in Real Time, https//www.wsj.com/articles/online-map-trackscoronavirus-outbreak-in-real-time-11583354911.

Peter Richardson, et al., "Baricitinib as Potential Treatment for 2019-nCoV Acute Respiratory Disease", *The Lancet*, 2020, 10223 (395).

Researchers Will Deploy AI to Better Understand Coronavirus, https: //www.wired.com/story/researchersdeploy-ai-better-understand-coronavirus/.

S. Mostafa Mousavi, William L. Ellsworth, Weiqiang Zhu, Lindsay Y. Chuang&Gregory C. Beroza, "Earthquake Transformer-an Attentive Deep-learning Model for Simultaneous Earthquake Detection and Phase Picking", *Nature Communications*, 2020 (11).

Snapchat's Zenly Launches Shelter in Place Leaderboard, https: //techcrunch.com/2020/03/24/zenlystay-home/.

The World Health Organization Launches WHO Health Alert on WhatsApp, https: //www.whatsapp.com/coronavirus/who.

Wenjuan Sun, Paolo Bocchini, Brian D. Davison, "Applications of Artificial Intelligence for Disaster Management", *Natural Hazards*, 2020 (7).

Youngkeun Song, John B. Njoroge, Yukihiro Morimoto, "Drought Impact Assessment from Monitoring the Seasonality of Vegetation Condition Using Longterm Time-series Satellite Images: A Case Study of Mt. Kenya Region", *Environmental Monitoring and Assessment*, 2013, 185 (5).

用 AI 战“疫”　人工智能技术赋能公共治理大有可为

梁　正*

摘　要： 在全国上下众志成城抗击新冠疫情的战斗中，人工智能技术赋能公共治理创新，辅助政府精准决策，推动新兴产业发展，助力企业复工复产，有效提升了政府的治理水平和企业的创新发展。在接下来的疫情防控与经济社会发展中，应继续探索多元主体参与的治理模式，把握新场景带来的发展机遇，帮助企业渡过难关并实现产业转型升级。

关键词： 人工智能　疫情防控　赋能　公共治理　复工复产

一　引言

在疫情防控的背后，人工智能技术在应急管理、医疗保障、社会救助等公共治理领域广泛应用，并在推动企业转型升级与创新发展等方面发挥了重要作用。在信息化和智能化时代，我们需要更好地发挥科技防疫的作用，特别是让大数据、人工智能等新兴技术赋能当前的疫情防控和复工复产，真正做到“化危为机”。

---

* 梁正，清华大学公共管理学院教授、博士生导师，人工智能国际治理研究院副院长，中国科技政策研究中心副主任，研究方向为科技政策、创新管理、新兴技术及其治理。

二 人工智能赋能公共治理创新，辅助政府精准施策

相比 2003 年前后的“非典”，本次新冠疫情更为特殊，导致排查难度更高。其特殊性体现在三个方面：一是潜伏期更长，通常为 1—14 天；二是隐蔽性更强，目前已出现多例患者检测初为阴性，后为阳性的情况，甚至还有无症状感染者；三是本次疫情暴发在春节期间，返乡返工人员流量较大，致使新冠疫情的传播性更广更强。病毒的特殊性为防治带来更加严峻的挑战，对人流追踪、隔离能力提出了更高的要求；疑似和确诊病例疫情排查带来的大量工作，增加了基层工作的艰巨性；对病毒科学认识的缺乏和情况的突发性加剧了政府决策的难度，从而更加需要利用新兴技术来予以应对。

在疫情排查和防控方面，初期入户排查和人员管控中“一支笔、一张纸”的工作方式，让基层工作人员不堪重负。国内大型互联网和人工智能企业迅速响应政府号召，利用人工智能和大数据技术提供相关服务，提高疫情防控反应速度，提升疫情防范预警能力。移动、联通和电信三大运营商，通过数据共享，在用户授权的条件下，可以查询用户近期停留的城市，从而在必要时为用户出行提供证明。铁路、民航系统通过线上服务，为旅客提供同乘接触者查询。杭州、郑州、成都、广州等地利用大数据辅助疑似患者的轨迹溯源和高危人员的提前预警。旷视科技针对机场、火车站、公共场所等人流密集区域，紧急开发 AI 测温系统，辅助工作人员快速筛查体温异常患者。如果没有新兴技术的帮助，这些创新性的工作在过去是难以完成的。

在信息传递和公开方面，人工智能检测终端、微信小程序和政务 App 的普及大大提升了基层疫情报送的效率，同时为疫情信息的及时、透明公开提供了有效渠道。杭州市的社工可以把本社区当天最新的疫情信息直接发送到街道疫情防控工作钉钉群，每个社区每天的疫情报送只需填写一张表格，随后这张表格将由街道同步发送给疫情防控指挥部和数据资源局。基层疫情报送“一表通”实现多表合一，避免重复上报，减少人工汇总消耗的时间，让基层人员有更多精力投入一线防控。同时，人工智能助力政府权威信息发

布的实时性和传播范围，人民网上线的“全国地市新型冠状病毒感染的肺炎实时动态”利于民众查看自己所在城市的病例情况，及时了解官方发布信息，协助做好自身防护。浙江省面向公众的“新型肺炎防控公共服务管理平台”只用24小时就在支付宝和“浙里办”App上线，公众可以在平台上查询自己是否曾与新冠肺炎病患同行、在线问诊一线医生。互联网成为民众获得防护知识、疫情案例并及时分辨谣言的主要渠道，从而为间接遏制疫情蔓延发挥了重要作用。

在物资保障和供应方面，全社会的网络协同有助于提升防疫物资供需匹配效率。在湖北等省市医疗物资告急的情况下，众多企业和社会主体利用自身优势，群策群力自发为前线提供急需物资，在原材料生产、采购、物流配送各个环节，数字技术大大提升了供应链的协同效率。支付宝上线防疫物资信息服务平台，借助区块链实现全程可追溯。比亚迪、波司登等企业迅速调整产线组织医疗物资的生产，医疗物资产能明显提升。京东研发了“京东AI应急管理公共服务平台”，整合京东零售、物流、金融等服务能力，提供全国供应商和应急物流的服务支持，协助政府、医疗机构和供应商的精准对接。淘宝和天猫呼吁平台上的医疗物资商家不涨价，加大对平台商家的补贴力度。猎豹、智行者、百度等智能机器人企业在武汉、北京、广州等抗疫一线医院投放AI智能机器人，执行物品寄送、清扫消毒、送餐等简单流程化的工作，以减少不必要的人员接触。

“疫情就是命令，防控就是责任”，新冠疫情虽然给全国人民的生产生活按下“暂停键”，但也为人工智能技术的加速应用提供了全新场景和试验机会。2003年“非典”疫情期间，伴随互联网应用的普及，该年度成为电子商务快速成长的元年。近年来，在新冠疫情防控的同时，依靠人工智能和大数据技术，数字政府和各类线上服务得到快速发展。人工智能赋能公共服务正在形成一整套以“促进数据流转”为核心特征的创新模式和“政府、企业、公众”三方共创的工作机制，核心是利用人工智能技术，服务数据创造、共享和开放，促进公共服务效率提升。同时，跨部门、地区、行业的数据流动能够为政府管理提供有力的工作支撑和决策辅助，提升公共服务质量和有效性，并有望在未来重塑基层公共服务体系。针对相关案例的研究有助于拓展公共服务中的协同治理理论，为促进疫情期间乃至疫后的数字政府发展、推进国家治理体系和治理能力现代化提供重要启示。

三 人工智能促进新兴产业发展，助力企业复工复产

习近平总书记在杭州调研时强调，“收放自如，进退裕如”是国家治理能力和治理水平的表现，具体来说就是在疫情防控期间，该管起来就能够迅速地管起来，该放开又能够有序地放开，寻找复工复产与疫情防控的平衡点，创新城市治理的新路子。在全球疫情发展前景不明朗、世界经济悲观情绪蔓延、国内“外防输入、内防扩散”常态化的背景下，如何有效防控疫情和有序恢复生产生活是当前面临的两大任务。人工智能作为一种通用技术，在与各行各业结合的过程中，带来了工作效率的显著提升，为人工智能应用提供了新的场景，培育了新兴业态和行业增长点。与此同时，疫情防控对企业数字化转型提出了更高的要求，对当前乃至后疫情时代都会产生深远影响。

在特定应用场景方面，在线诊断、在线教育、网络直播等行业急剧扩张，相关技术加速迭代。医疗方面，各地方政府和众多互联网头部企业纷纷上线互联网免费义诊服务，全国医生通过“在线义诊”服务向包括湖北省在内的居民提供在线问诊服务。以阿里健康“在线义诊”为例，每小时平均近 3000 人发起在线咨询。教育方面，疫情导致中小学延迟开学，教育信息化公司通过提供免费开放线上课程、搭建在线课堂场景，为学生居家学习提供帮助。在部分地区疫情防控常态化的背景下，相关企业为学校和老师提供远程教学工具和课后作业辅导服务，助力学校实现停课不停教。消费娱乐方面，线上产业近年来一直处于蓬勃发展状态，“宅经济”已具备一定基础，疫情期间“宅消费”的渗透率进一步提升，对疫情冲击起到部分缓冲作用，游戏、线上视频、直播、电商、线上教育等板块均有亮眼表现。

在日常生活服务方面，传统的商超、餐饮服务体系向线上生鲜配送、外

卖、无接触快递等加速转型。鉴于新冠病毒的高传染性和春节期间的高人员流动性，全国范围内前所未有的“封城”、封村乃至隔离政策，几乎将春节期间的人们“禁足在家”。居家隔离导致公众面临着基本生活物资采购难、社交生活严重不足等问题。疫情之下外卖、生鲜电商模式逆势上扬，通过应用大数据、物联网、人工智能等技术精准把握市场需求、协调运输仓储，辅以成熟化供应链管理提升企业竞争力和行业整体效率，或有望借助疫情迎来新一轮发展契机。

在企业数字化转型方面，疫情初期，全国绝大部分单位及企业无法按时复工，部分业务仅线上板块保持运营，导致国内线上办公需求爆发式增长。疫情的严峻性，促使许多传统企业更加重视和积极通过电子商务平台来开展采购和销售，更加广泛地使用信息化工具来提升自身运营效率。疫情促进了产业电商平台业务、云服务市场的发展，国内云办公业务从推广阶段快速进入实用阶段，规模急速扩张的同时也对其运载能力提出更高的要求。同时，企业各项业务环节均在线上完成，意味着云办公厂商需要提供所有应用场景的在线化工作协同方案以及业务集成方案。整体来看，行业增速势必出现大幅增长，而企业在享受规模扩张福利的同时，其服务能力、业务集成能力和数据安全性将成为未来行业竞争的关键点。

在企业复工复产方面，人工智能和大数据助力企业精准复工复产。在国务院办公厅电子政务办的指导下，杭州健康码实践推广至全国，与之配套的还有钉钉开发的针对企业员工的健康打卡功能。阿里巴巴在全国推广的“健康码”+“企业复工复产”系统，通过将自身的复工系统接入政府建设的“复产复工平台”，如“杭州企业复工申报平台”“上海企业复工健康云平台”等，企业能够以授权的方式调取员工“健康码”信息，然后通过政府在线平台提交复工申请。同时，政府可以掌握区域内返工、复工人员的健康状况与返岗需求，并以企业员工整体健康状况为重要依据，决定批复结果。

与此同时，生产企业通过与政府端复工复产平台对接，可以实时获取疫情信息，优化员工健康、返岗、排班等方面的管理；企业通过政府平台与疫情物资、原材料资源有效对接，还可有效降低供应链风险。通过数据聚合与分析，平台可以帮助地方政府掌握各区域、各领域企业复产复工、员工健康状况，以及企业疫情防控工作落实情况，从而站在全局的角度，系统化推进疫情防控与生产组织。在政策落实上，杭州上线“亲清在线”，政策在线兑付，企业不用提交任何材料，3 月 2 日率先上线年税收 50 万元以上商贸企业税收和企业员工租房补贴两项功能，相关配套服务和功能开发也迅速紧跟。

四 用 AI 战“疫”为我们带来的三点启示

首先，在疫情防控要求下，人工智能等技术应用为公共治理和企业发展提供了精细化解决方案。与 2003 年“非典”疫情防控相比，在本次突发公共卫生事件中，人工智能有效助力了社区疫情排查、流行病调查、流动人口管理等，极大地提高了政府管理的效率和效果。同时，人工智能也为特定行业发展和企业复工复产提供了精准的“工具包”，出现了互联网企业智能平台协调抗疫物资调配，人员流动凭借健康码一码通行，电力大数据指导复工复产科学决策等应用场景。得益于大数据和人工智能技术的快速发展与市场应用，各级政府对于数字产业的大力扶持，近年来中国数字经济蓬勃兴起，为应对这次疫情大考提供了必要的基础设施、技术支撑和人才积累。

其次，在人工智能助力疫情防控的过程中，呈现出多元主体参与的新型治理模式。实践证明，针对复杂突发情况，单靠政府很难有效应对，需要协调各方包括企业和社会组织的力量。同时，在一些疫情防控成效显著的地区，我们看到治理水平和产业发展之间的相互促进，“养兵千日，用兵一时”，应急管理中的创新需要日常创新土壤和互联网思维的培育，地方政府不仅需要通过新型基础设施建设提升社会治理的支撑条件，同时还需要培养基层干部的互联网思维，提升其运用科技、运用数据的能力，这对基层政府部门的能力建设提出了更高的要求。

最后，疫情期间的特殊场景和特殊需求，为人工智能应用场景下的产业发展带来了新的机遇。疫情期间“不见面、不接触”的非常态为人工智能技术应用和数据共享提供了契机和试验场，线上服务迎来了发展的春天，打破了很多原有的利益格局和现实束缚，为数字经济带来了新的发展机遇。而从企业来看，疫情将进一步推动智能制造、无人工厂的发展趋势，企业抓住机遇利用数字化转型实现产业升级成为“化危为机”的可行方案。

参考文献

关婷、薛澜、赵静：《技术赋能的治理创新：基于中国环境领域的实践案例》，《中国行政管理》2019 年第 4 期。

梁正、吴培熠：《数据治理政策的国际比较：历史、特征与启示》，《科技导报》2020 年第 5 期。

商业价值导向还是公共价值导向？

——对数字创新生态系统的思考

梁 正 李佳钰*

摘 要： 本文基于创新生态系统的价值创造和价值共创逻辑，指出数字创新生态系统的运行需要行业数据和公共数据的共同支撑，数字创新生态系统的演化需要商业价值和公共价值的共同引领。“力争上游”的发展与“行稳致远”的治理需要协同共进。

关键词： 商业价值 公共价值 数字创新 创新生态系统

一 引言

数字创新是在创新过程中采集信息、计算、沟通和连接的技术组合（刘洋、董久钰、魏江，2020），引致创新生态系统的行为逻辑发生改变（Beltagui A et al.，2020）。数字创新加速了创新要素的关联重组，重塑了创新主体之间的价值共创模式（Adner R，2017），引发了数字创新生态系统关于“发展”与“治理”的思考。倡导数字创新的商业价值，是为了更好地促进创新政策与产业发展的有效结合，更加可持续性地推动数字创新生态系统“力争上游”；倡导数字创新的公共价值，是为了更好地促进创新政策与公共治理的有效结合，更加富有成效地推动数字创

* 梁正，清华大学公共管理学院教授、博士生导师，人工智能国际治理研究院副院长，中国科技政策研究中心副主任，研究方向为科技政策、创新管理、新兴技术及其治理；李佳钰，清华大学公共管理学院博士后研究员，研究方向为数字经济、创新生态系统。

新生态系统“行稳致远”。准确把握数字创新生态系统的价值导向，不仅有助于指导行业数据和公共数据要素价值创造的创新实践（陈衍泰、孟媛媛、张露嘉等，2015；张会平，2020），还将推动产业与社会发展的深度融合（Nambisan S et al.，2017），对数字创新生态系统的构建与治理具有重要意义。

二　行业数据和公共数据支撑创新生态系统的运行

在数字经济时代，工业经济时代的劳动者转型为知识创造者，能量转换工具升级为智能工具，数据成为除能源、资源、资本等之外的新生产要素。创新生态系统主张多元主体共同参与价值共创，数字创新生态系统一方面在行业数据的基础上通过价值主张匹配多边参与者实现商业价值创造；另一方面，在公共数据的基础上通过合作传递网络、有效责任机制和评估体系等实现公共价值创造。可以认为，行业数据和公共数据的形成为数字平台进行管理服务提供了支撑，在企业互动和公民参与的驱动下为数字创新生态系统的运行提供了动力，进而面向市场和社会形成商业价值和公共价值，如图 1 所示。

以数字平台为核心的管理服务能够为企业互动和公民参与提供有效激励和监督保障，相关数字创新主体能够可持续地参与到产业和社会的发展过程中。政府主导的公共平台管理服务有利于推进政府职能的创新和公共管理的流程再造，其基本公共价值表现为自下而上的公共价值创造模式，核心公共价值则表现为自上而下的公共价值创造模式，即公众偏好和经营偏好通过社会系统进入数字创新领域后分别形成的公共价值。而企业主导的行业平台管理服务能够释放算力、算法和行业数据等要素的活力，其基本商业价值表现为逐步聚焦的商业价值创造模式，核心商业价值表现为逐步扩张的商业价值创造模式，即普通企业和龙头企业通过产业创新系统进入数字创新领域后分别形成的商业价值。对于数字创新生态系统而言，应统筹协调基本商业价值、基本公共价值、核心商业价值、核心公共价值，从而创造数字创新生态系统最大的系统价值。

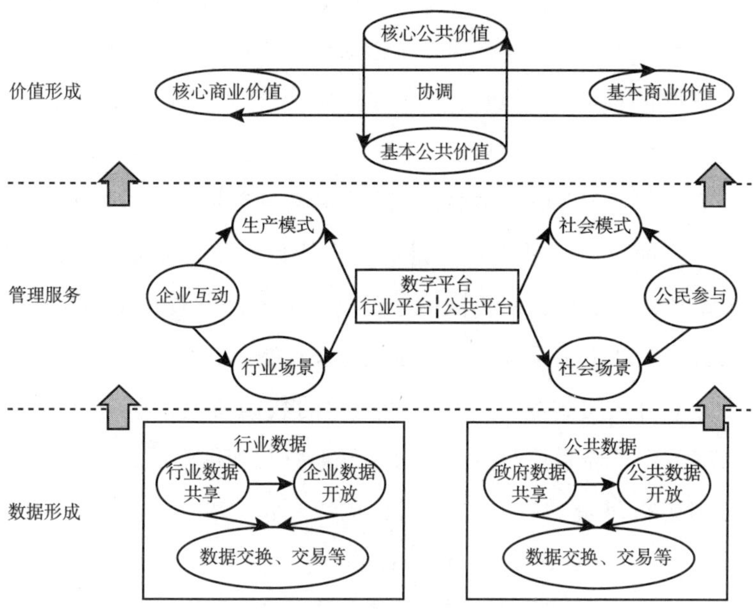

图1　面向价值创造的数字创新生态系统运行逻辑

图片来源：作者自制。

三　商业价值和公共价值共同引领创新生态系统的演化

尽管数字创新的商业价值和公共价值具有诸多共同性又具有相互依赖性，但二者在数字创新生态系统中更多的是作为异质性存在发挥作用的。为最大限度地发掘商业价值和公共价值，不能仅限于对已经形成的行业数据和公共数据进行治理，还应扩展到“数据+算力+算法”的数字生产者体系中。

数字创新生态系统的演化离不开组织自身乃至所在系统的数字生产者体系，数字生产者体系对数据的形成具有使能作用（Srivardhana T，Pawlowski D，2007）。首先，数字生产者体系能够使得行业数据和公共数据在不断的试验和实施中快速形成、修改和重构，促进数字创新的实施；数字生产者体系为数字创新生态系统的运行提供了创新模式快速迭代的契机，但这种更具效率和动态性的模式使得数字创新往往难以控制和预测（Henfridsson O，Mathiassen L，Svahn F，2014）。

其次，数字生产者体系中的行业数据和公共数据都应着眼于并落脚于让数据处于“可使用”的状态：一是运行主体数字化，从多边主体掌控的公共资源中识别公共数据，从价格信号机制调节的产业资源中共享行业数据，一并纳入数字创新生态系统中；二是运行环境数字化，针对行业数据和公共数据在不同平台之间的流动，构建便捷化的数据通道，促进数据的自由流动。当数字生产者体系被产业和社会很好地感知和理解后，能够创造运行主体数字化和运行环境数字化的契机，形成新的产业组织或社会组织形式（Raghuram S，Tuertscher P，Garud R，2010）。

最后，数字生产者体系能够促使企业管理者和公共管理者建立新的产业循环和社会循环，进而构建新的数字治理体系改变商业价值和公共价值的导向。其中，商业价值和公共价值分别强调了产业创新主体和公共管理者在价值创造中的核心作用：产业创新主体通过与行业企业、其他利益相关者协调确立商业价值并完成价值创造过程；公共管理者通过与社会公众、其他利益相关者协调确立公共价值并完成价值创造过程。前者是高度市场化的发展过程，后者是一个高度行政化的治理过程。这种“发展”和“治理”并存的数字创新生态系统形态，尽管在主体合作协商、利益充分表达等方面存在一定障碍，但也有利于行业数据共享和政府数据整合，打破“信息孤岛”，突破“碎片化管理”，推动形成行业和社会联动的生态格局，进而推动行业数据和公共数据的价值共创。数字创新生态系统演化的本质是重新构建一套价值创造的方法论，在数字生产者体系的使能作用下，通过在产业循环和社会循环中对数字创新生态系统运行框架的模拟和择优，最终实现商业价值和公共价值的共创，如图 2 所示。

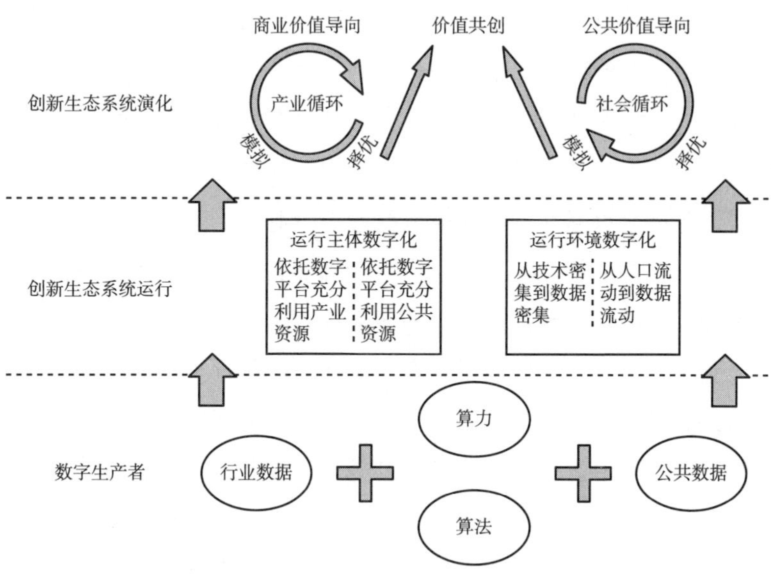

图 2　面向价值共创的数字创新生态系统演化逻辑

图片来源：作者自制。

四　经验总结与思考：发展与治理需协同共进

总体来看，中国复杂的市场、社会和制度环境为数字创新提供了大量场景，数字创新主体通过商业价值和公共价值的引导涌现出全新的创新模式，但政府对于数字创新治理不适应的根本原因在于“不放权”，传统经济的事后监管模式与新经济的治理模式需求不匹配，直观反映在监管速度低、掌握信息缺失、人力物力不足三个方面。因此，在中国处于“全面深化改革”的阶段，需要以打造“包容审慎”的引领性治理规则为前提，从政府权力下放方面切入，提供行业和社会的实验情境来探索数字创新生态系统的治理机制。

首先，商业价值导向和公共价值导向需要形成良性的互动与反馈。行业数据和公共数据都是在使用中创造价值的，但我国无论是行业原始数据还是公共数据，都存在质量差、可利用性低的问题，尤其是行业数据集建设成本高、专业性强，部分行业数据集在建设上“各自为政”、利用率不高。大量数据资源集中在政府部门，基础性数据向社会开放规模小，数据要素流动激励机制不足，数据共享缺乏安全保障，数据所属主体缺乏共享动力和意愿。

其次，在行业数据共享、政府数据开放等制度创新的背景下，很有必要从数字创新生态系统的视角探索发展与治理的关系问题。商业价值和公共价值的平衡为数字创新生态系统治理的研究提供了可行的思路。政府部门需要以公共价值为导向推动政务数据整合，盘活公共数据资产，定期发布脱敏行业数据集；能源、交通、金融等领域央企、国企需要以商业价值为导向制定数据积累指标，在不影响商业机密的基础上定期收集发布，建立行业共享数据集。在此基础上搭建一体化开放共享平台，数据需求单位按照权限分级访问平台，依条件申请获取数据资源，在充分调动行业和社会数据共享积极性的同时实现价值共创。

参考文献

陈衍泰、孟媛媛、张露嘉等：《产业创新生态系统的价值创造和获取机制分析——基于中国电动汽车的跨案例分析》，《科研管理》2015 年 S1 期。

刘洋、董久钰、魏江：《数字创新管理：理论框架与未来研究》，《管理世界》2020 年第 7 期。

张会平：《面向公共价值创造的城市公共数据治理创新》，《行政论坛》2020 年第 1 期。

Adner R. , “Ecosystem As Structure: An Actionable Construct for Strategy”, *Journal of Management*, 2017, 43 (1): 39-58.

Beltagui A, Rosli A, Candi M, et al. , “Exaptation in Digital Innovation Ecosystem: The Disruptive Impacts of 3D Printing”, *Research Policy*, 2020, 49 (1): 1-16.

Henfridsson O, Mathiassen L, Svahn F. , “Managing Technological Change in the Digital Age: The Role of Architectural Frames”, *Journal of Information Technology*, 2014, 29 (1): 27-43.

Nambisan S, Lyytinen K, Majchrzak A, et al. , “Digital Innovation Management:

Reinventing Innovation Management Research in A Digital World", *Mis Quarterly*, 2017, 41 (1): 223-238.

Raghuram S, Tuertscher P, Garud R., "Research Note-mapping the Field of Virtual Work: A Cocitation Analysis", *Information System Research*, 2010, 21 (4): 983-999.

Srivardhana T, Pawlowski S D., "ERP Systems As An Enabler of Sustained Business Process Innovation: A Knowledge-based View", *The Journal of Strategic Information Systems*, 2007, 16 (1): 51-69.

城市大脑：运作机制、治理效能与优化路径

梁　正*

摘　要： 城市大脑建设源于浙江杭州的“数字治堵”实践，随后拓展至“数字治城”“数字治疫”实践，并实现全国多地的复制推广。城市大脑作为助推城市治理体系和治理能力现代化的数字系统与现代城市基础设施，是一项面向当下和未来的以人民为中心的福祉建设和创新型实践。城市大脑的运作机制可概述为，在公共价值导向下以数字基础设施建设为底座的数据治理和应用推进的双轮驱动。城市大脑促使政府治理发生转变，为其提供了科学、民主的行政决策支撑，助推了精准、高效的行政执行落地，实现了均等、公正的行政权力配置，完善了以人民为中心的公共服务集成。因此，基于当前实践经验，为进一步优化城市大脑建设，从微观来看，数据治理过程需强调效率性和规范化的协调，应用场景推进需实现技术理性和公共价值的平衡，数字驾驶舱设计需做到实战性与个性化的兼顾；从宏观来看，城市大脑建设需做好一体化和全局性的统筹。

关键词： 公共价值　城市大脑　数据治理　应用推进　治理效能

一　引言

“城市大脑”被定义为“城市建设伴随着21世纪互联网架构的类脑

* 梁正，清华大学公共管理学院教授、博士生导师，人工智能国际治理研究院副院长，中国科技政策研究中心副主任，研究方向为科技政策、创新管理、新兴技术及其治理。

化过程”，本质上是“一个聚合机器云智能与人类群体智慧的类脑智能复杂巨系统”（Feng L，2018）。我国城市大脑建设源于2016年浙江杭州的“数字治堵”实践，随后拓展至覆盖城市治理各大生产生活领域的“数字治城”“数字治疫”等实践，旨在使便民服务更加精准、城市治理更加精细。阿里云创始人、杭州市“城市大脑”总架构师王坚提出，“城市大脑就是未来数据资源时代的城市数字基础设施”（王坚，2020）。关于杭州城市大脑的具体内涵，2020年由杭州市人民代表大会常务委员会公布施行的《杭州城市大脑赋能城市治理促进条例》给出了相关界定：“本条例所称城市大脑，是指由中枢、系统与平台、数字驾驶舱和应用场景等要素组成，以数据、算力、算法等为基础和支撑，运用大数据、云计算、区块链等新技术，推动全面、全程、全域实现城市治理体系和治理能力现代化的数字系统和现代城市基础设施。”

2020年3月31日，习近平总书记视察杭州城市大脑运营指挥中心时提出，运用大数据、云计算、区块链、人工智能等前沿技术推动城市管理手段、管理模式、管理理念创新，从数字化到智能化再到智慧化，让城市更聪明一些、更智慧一些，是推动城市治理体系和治理能力现代化的必由之路，前景广阔（《习近平在浙江考察时强调：统筹推进疫情防控和经济社会发展工作奋力实现今年经济社会发展目标任务》，2020）。近年来，全国各地继杭州后陆续开启应用城市大脑推进城市治理现代化建设的探索，如北京海淀、江苏苏州、安徽合肥、福建福州等地纷纷应用前沿技术开展城市大脑建设，实现技术赋能城市治理。关于城市大脑建设的研究已引起我国学界的广泛关注，按照研究范畴可以简要划分为三大维度：第一，以城市大脑建设实践为切入口，从宏观实践层面思索推进社会智能化治理的政策过程。有学者基于米特-霍恩模型探索社会治理智能化政策执行遭遇的困难（王法硕、陈泠，2020）；有学者对城市空间中智能化治理的风险进行探索（曹钺、陈彦蓉，2020）。第二，从中观机理层面对城市大脑建设机制进行剖析，并探索城市大脑建设对政府治理的作用。有学者为廓清技术赋权治理创新的现实路径，对上海市某区的“城市大脑”建设和运行的机制进行分析（容志，

2020）；有学者对杭州“城市大脑”运行机制进行剖析，探索城市大脑如何推进治理现代化（张蔚文、金晗、冷嘉欣，2020）；有学者从数字界面视角探索城市大脑的设计原理（李文钊，2021）。第三，从微观技术层面出发，着重探索城市大脑的某一类技术嵌入应用的运行机制。有学者以杭州城市大脑为例，探索人工智能嵌入应用政府治理的实践、机制与风险架构（本清松、彭小兵，2020）。

党的十九届四中全会通过的《中共中央关于坚持和完善中国特色社会主义制度、推进国家治理体系和治理能力现代化若干重大问题的决定》中提出：“必须坚持一切行政机关为人民服务、对人民负责、受人民监督，创新行政方式，提高行政效能，建设人民满意的服务型政府。”（《中国共产党第十九届中央委员会第四次全体会议公报》，2019）城市治理现代化是国家治理现代化的重要组成部分，城市大脑通过实现信息技术和治理形态的有机融合，提升治理效能、实现公共价值，是一项面向当下和未来的以人民为中心的福祉建设和创新型实践。回顾当前学界的主要研究发现，少有从公共价值层面探讨城市大脑运行机制的学术成果。因此，本文落脚于中观机理层面，在公共价值理论视角下分析中国城市大脑建设的实践逻辑及其带来的政府治理转变，以期探索技术和治理的融合机制。

二　以公共价值为导向的城市大脑分析框架

公共价值（Public Value）一词最早是在美国哈佛大学教授马克·莫尔（Mark H. Moore）于1995年发行的《创造公共价值：政府的战略管理》一书中被作为学术用语正式提出。莫尔认为，政府作为创造者，管理的最终目的是为社会创造公共价值（Moore M，1995）。在此之后，公共价值逐渐成为国内外学者的研究热点之一。有学者认为，传统公共行政所强调的官僚制和新公共管理所推崇的类私人部门管理模式不能准确地表达公共服务所应承载的社会价值（Hefetz A，Warner M，2004）。还有学者提出，公共价值往往被视为公民本位的回归，在一定程度上能够修复新公共管理因为对效率和

“顾客导向”的过分强调而造成的政府信任和合法性危机（王学军、张弘，2013）。因此，继新公共管理理论之后，公共价值理论作为一种新的公共行政学研究范式，关注对公民集体偏好的回应，重新定位民主与效率的关系，全面应对效率、责任与公平的问题。进一步看，公共价值理论表现出网络治理的特征（何艳玲，2009），能够解释政策和执行中新的网络治理形式以及更智能化的公共服务（Talbot C，2009）。

着眼中国实践，有学者提出当代中国的公共价值重构，即从推动经济增长的单一价值观转向以人民为中心，从而注重公共性、有效性和高质量发展等复合价值观系统的建设（朱德米、曹帅，2020）。中国特色社会主义进入新时代，社会主要矛盾已经转化为人民日益增长的美好生活需要和不平衡不充分的发展之间的矛盾。习近平总书记在党的十九大报告中指出，“必须坚持以人民为中心的发展思想，不断促进人的全面发展、全体人民共同富裕”（习近平，2017）。习近平总书记以人民为中心的发展思想，是应对当前社会主要矛盾的精神要义，是公共价值理论在中国本土化实践的最新诠释。聚焦研究本身，城市大脑建设可被认为是国家治理体系和治理能力现代化框架下的一项强调公共性和有效性的政府数字化转型实践。因此，通过借鉴以上学者对公共价值理论内涵和外延的界定，并结合我国城市大脑的现有实践逻辑（仅参考杭州城市大脑定义），本文搭建了以下分析框架，如图 1 所示。

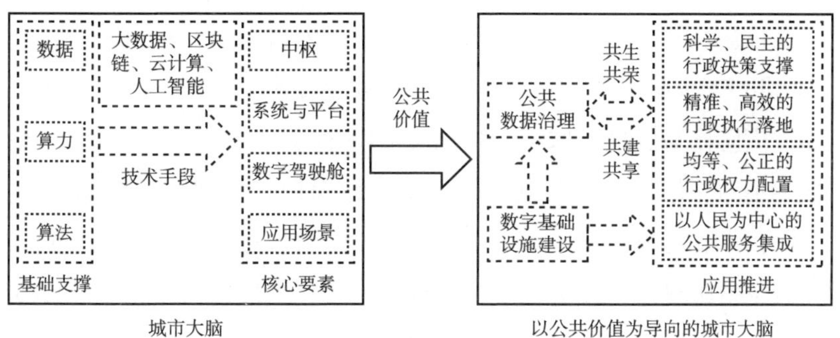

图 1　基于公共价值理论的城市大脑分析框架

图片来源：作者自制。

三　运作机制：公共价值导向下数据治理和应用推进的双轮驱动

近年来，全国各地以杭州城市大脑为样板，大力投入城市大脑建设，且建设逻辑和运作机制大致趋同。杭州城市大脑由中枢、系统与平台、数字驾驶舱、应用场景等关键核心要素组成，要素间的有机互动模式体现了其运作机制。具体而言，各系统与平台数据通过中枢协同机制互联互通，实现业务协同、数据协同、政企协同，从而提升城市运行协同能力；系统与平台是对接中枢实现数据线上线下双向融合的数字系统；数字驾驶舱是通过中枢数据协同后形成的智能化、精细化、可视化的数字界面；应用场景是依托中枢，通过线上业务连接和数据协同计算，实现流程简化、优化的综合系统。海淀城市大脑围绕“1+1+2+N”整体框架运作，即一张城市感知神经网络，一个城市智能云平台，两个中心（大数据中心、AI 计算处理中心），N 个覆盖城市交通、生态环境、公共安全等领域的创新应用。北京市海淀区于 2021 年正式启用了海淀城市大脑智能运营指挥中心（IOCC），其中的“智慧屏”即领导驾驶舱是 IOCC 的核心，可实现“一屏尽览海淀”“一屏尽知海淀”。合肥城市大脑围绕“2+3+4+N+1+1”的建设思路，构建两级联动市县大脑，夯实网络、政务云、物联网三项基础设施，完善数据中台、智慧中台、业务中台、时空中台等四大基础能力平台，深化 N 类智慧应用场景，集成一套城市管理服务入口，夯实一套综合支撑体系。此外，苏州城市大脑也提出了“1+2+N”的运行机制等。

通过横向比对多地的城市大脑建设可以看出，虽然各地描述城市大脑的逻辑框架不同，但是均强调对数据的全生命周期管理和基于数据的应用推进。因此，本文尝试将城市大脑的核心运作机制概述为：在公共价值导向下，以数字基础设施建设为底座的数据治理和应用推进的双轮驱动（如图 2 所示）。具体而言，数据治理和应用推进是城市大脑建设过程中的核心工作内容。此处的数据治理指代的是宏观意义上的数据治理，不仅包括从数据盘点、归集、编目、清洗、建模、开发、开放、共享、应用等全流程的数据管理过程，还包括数据治理的标准规范建设、数据安全保障支撑等工作内容，以期实现数据的完整性、准确性、及时性、可用性、安全性。在应用推进上，一方面，充分提炼数据价值，通过打造数字驾驶舱等数字界面的形式辅助公共行政，进而提高行政决策能力和行政执行效率；另一方面，通过建设一批覆盖各大领域的数字创新应用，实现数据赋能社会治理和公共服务。此外，数据治理和应用推进均以公共价值为引领、以数字基础设施为支撑，且二者密不可分。当前政务数据来源于传统业务系统，数据治理也以业务需求为牵引，服务于应用的改造升级或新一批应用的推进；与此同时，应用推进过程离不开数据的支撑，且推进过程中的问题发现和需求回溯也不断反哺数据治理过程，倒逼数据标准规范体系不断优化，进一步提升数据质量、发挥数据价值。因此，城市大脑的运行机制，不仅充分展现、发挥数据价值以提升治理效能，还贯彻了数据取之于民、用之于民的核心理念，是一项体现人民性、公共性、有效性的创新型实践。

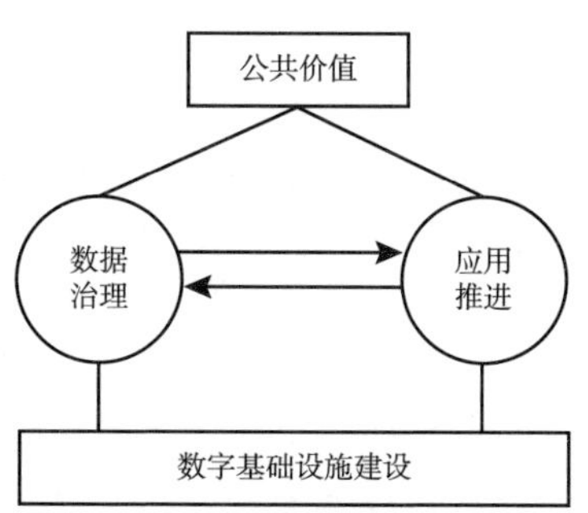

图 2　城市大脑的运作机制模型

图片来源：作者自制。

四　解构与重塑：城市大脑带来的治理转变

提供了科学、民主的行政决策支撑。全量、精准、有效的信息供给是实现决策科学化、民主化的前提。城市大脑依靠大量的数据汇聚，并利用大数据、人工智能、云计算等信息技术，实现数据的深度分析和创新应用。例如，依托领导驾驶舱等数字应用，可以第一时间清晰客观地发现问题、识别问题、分析问题，大大提升了对事务的反应速度和预测分析的准确率，有助于给问题的解决提供智能化、科学化、民主化的决策辅助支撑。威廉·N·邓恩提出，“要想成功地解决问题，就必须对真正的问题找到正确的方案。我们经历的失败常常更多是因为解决了错误的问题，而不是因为我们为真正的问题找到了错误的解决方案”（威廉·N. 邓恩，2002）。传统行政决策过程中的信息传递链条十分冗长，且缺乏对社会公众即时信息的海量收集和分析，决策过程中容易面临信息缺量、失真、失效等情况，在这种情况下决策主体由于路径依赖往往依靠主观经验进行判断，影响了对决策问题的精准识别和有效分析，也会对后续的决策方案制定产生影响。因此，城市大脑的应用充分发挥了数据优势，改变了信息的量级及其流动方式，减少了信息在传递过程中的损耗；同时，凭借自动预警等特色功能，大大提升了行政决策的效率效能，尤其是对例外事件的反应十分迅速，使得整个决策过程处于相对可控、符合实际、高水平研判的状态。

助推了精准、高效的行政执行落地。行政执行的有效落地取决于执行方向的明确性和采用手段的有效性。城市大脑的应用可以推进精准、高效的行政执行落地。其一，有助于精准、快速识别执行目标和对象，使得执行反应链大大缩短。在传统行政执行过程中，对执行目标的识别往往借助人员巡逻、抽检等形式，极其耗费时间成本以及人力、物力，且效果并不理想。城市大脑的应用则改变了对执行目标的识别方式，提升了反应能力。其二，助推执行过程实现无缝沟通协调，进而优化资源配置、加强多元联动，并在一定程度上确保责任的压实。在传统的行政执行过程中，由于相关主体之间的信息传递不够对称，缺乏明确一致的前进指向，影响了执行的效率效能。此外，由于对全盘资源的掌握及联动性较弱，无法充分调配各类资源以实现执行目标。相较而言，城市大脑的应用改变了传统的沟通协调方式，并最优、迅速配置执行主体，有助于明确任务目标和分工，避免职责交叉、多头管理等情况，减少人浮于事、推诿扯皮等现象发生。与此同时，城市大脑还助推多部门跨领域的协同运作，有效发挥资源配置优势，大大提高了执行效率。

例如，北京市海淀区渣土车治理智慧监管平台的应用，借助大数据、人工智能等技术，调动各委、办、局力量，实现源头管控、过程管控、集约利用。此外，浙江省杭州市拱墅区“城市眼·云共治”这一创新应用，借助 AI 视频智能识别技术迅速识别占道经营等现象，并匹配相应辖区的行政执法人员，打通基层治理的“最后一公里”。

实现了均等、公正的行政权力配置。行政权力扁平化、均等化、共享化、透明化、法治化与合意化是行政权力发展的大势所趋（张国庆，2017）。在传统政府治理模式向现代政府治理模式转型过程中，政务信息公开透明度有待提高，且缺乏源头信息监督管理机制，从而导致贪腐分子有机可乘，寻租现象时常发生。城市大脑得以应用之后，大量政务数据的公开、透明有助于规范行政权力行使，压缩权力寻租空间，确保权力行使的扁平、法治、公正、留痕。例如，浙江省杭州市萧山区“清廉萧山”应用聚焦村务管理，在横向联动上，梳理了村级工程、农民建房、财务管理、资产发包、补助救助等 10 个方面易发多发、群众关心关注的村级事项，归集公安局、人社局、审管办等 12 个部门的 6 亿多条数据；在纵向贯通上，依托平台实现了区镇村三级数据分析的层层下钻、层层联动，做到了 22 个镇街、549 个村社的小微权力运行情况一舱可见。其中，针对村级工程异常情况预警，通过对清廉村社中村级工程事项数据、杭州市公共资源交易中心萧山分中心村级工程招投标数据、区公安分局户籍数据、区人社局人员社保数据、区市场监督管理局法人股东信息与某事项中村级工程数据进行比对分析，第一时间监测深层次的隐性问题，使风险隐患一触即现。因此，萧山区通过大数据分析和应用，推动了均等、公正的行政权力配置，实现了村社小微权力在阳光下运行。

完善了以人民为中心的公共服务集成。党的十九届四中全会提出：“完善公共服务体系，推进基本公共服务均等化、可及性。”（《中国共产党第十九届中央委员会第四次全体会议公报》，2019）提供公共服务作为人民政府的一项重要职能，既要强调公共服务供给的覆盖面，也要强调公共服务供给手段的有效性。各地城市大脑中的应用场景几乎涉及幼有所育、学有所教、劳有所得、病有所医、老有所养、住有所居、弱有所扶等领域国家基本公共服务制度体系中的各类场景。例如，杭州城市大脑推出便捷泊车、舒心就医、欢快旅游等48个特色场景应用，这类实质性的便捷、高效、精准的公共服务场景设计与集成体现了以人民为中心的发展思想。与此同时，城市大脑的运用有助于创新公共服务的供给方式，确保公共服务供给效率增加、模式优化、质量提升。与城市大脑运作下的公共服务供给模式相比，传统的公共服务供给覆盖面窄且可及性弱，往往以事项为核心，展现出民众“求”政府办事的特征，并且过程十分烦琐，而非政府精准、主动地进行服务供给。与之相比，城市大脑在一定程度上倒逼了政府行政职能的优化，简化了民众的办事流程，增加了公共服务的供给覆盖面，进而实现了从管理到服务的转变，大大提升了民众的获得感、幸福感、安全感。例如，杭州市“亲清在线”平台（亲清新型政商关系数字平台）是精简行政流程、优化营商环境的一项创新型应用，不仅能够主动进行惠企政策供给，提供诉求直达服务，实现事项在线许可，还能够实现政策的在线兑付、补贴的快速下发，尤其在抗击新冠疫情期间对推动企业的复工复产提供了极大帮助。

五　转型与突破：面向公共价值的城市大脑优化路径

数据治理过程需强调效率性和规范化的协调。数据治理是城市大脑建设的核心关键。一方面，在数据以爆炸式增长的互联网时代，做好数据治理刻不容缓，需提升数据治理的效率才足以应对大数据时代的迭代更新与快速发展。在全生命周期管理的数据治理过程中，政府应尝试运用智能化手段，做好数据质量的监测与预警，提高数据治理的效率效能，保证数据完整性、真实性、透明度。此外，制定一套贯通数据生产、归集、共享、应用的数据资产交易和流通规则势在必行。通过设立数据资产流动的激励机制，并借助区块链技术实现数据确权，进一步做好政务数据和行业数据的开放共享，使数据充分流动，使要素得到有效配置。另一方面，数据治理是一项长期性的工作，强调效率的同时需保障数据安全并推进数据治理的标准规范建设。具体而言，相关主体需对数据生产、采集过程以及开放后的使用、流转、保密等进行严格规范和约束，其中，尤其要杜绝政府合作厂商以商业价值为导向滥用公共数据。与此同时，制定并统一数据标注规范、存储安全标准、申请使用方法，包括明确数据格式及元数据标准、开发标准库和工具包等，进而实现数据治理的可持续发展。

应用场景推进需实现技术理性和公共价值的平衡。在各类数字化应用场景推进过程中，大数据、人工智能、区块链等技术的运用创新了政府治理方式，提高了公共服务供给的效率效能。然而，运用刚性技术手段与追求多元价值之间往往存在矛盾。新兴技术发展和运用的最终目的是提升群众的幸福感，需充分考量应用推进的设计导向是否涵括公共价值，是否服务于社会的发展方向。技术只是手段而非目的，其真正目标是推进公共价值的实现，而非流于手段导致目标替代。因此，在运用技术手段提供和完善公共服务的过程中，不能只着眼于技术效率本身，政府更需要考虑人民的切身需求，始终将人民作为公共服务对象，满足人民对美好生活的需要，营造温情和智慧相统一的社会氛围。例如，在运用 AI 技术辅助治理占道经营、流动摊贩等过程中，杜绝暴力执法，需考虑到居民对生活便利度的需求、弱势群体谋生手段的局限性、农民季节性进城销售水果蔬菜的切实需要，进而尝试借助其他柔性手段进行疏导和管理。与此同时，在各类新兴技术赋能社会治理过程中，还需将各类公共性因素考虑其中，充分兼顾对人民的隐私保护、弱势群体面临的数据鸿沟等问题。

数字驾驶舱设计需做到实战性与个性化的兼顾。数字驾驶舱是城市大脑建设的终端呈现界面，也是城市大脑建设能否真正发挥“大脑”习得、思考、分析能力的核心关键。当前，多地驾驶舱的建设大多停留于数据呈现的“看板”功能应用，缺乏实现深度辅助政府治理的实战性。因此，在未来数字驾驶舱的设计和应用中，在横向上，拓展应用的覆盖面，丰富驾驶舱的功能领域，助推落实“五位一体”总体布局；在纵向上，不断提高驾驶舱的智能化水平，实现对现象的迅速反应、对数据的海量分析，并提高预测和预警能力，进而辅助科学决策、精准施策。至于驾驶舱应用的最终形态，可以尝试借助技术实现对决策主体应对的内外部环境进行分析，将政治、经济、社会、文化等各类因素纳入决策方案制定过程，充分考量社会舆情动态、领导者决策偏好、决策执行能力等指标，为决策者提供合适的决策方案备选。与此同时，对驾驶舱的设计也需注重用户体验，不断提升人机交互体验等，让使用者“想用”“易用”。例如，增加驾驶舱的个性化设置，推出“猜你喜欢”“为你推荐”“智能检索”等功能，并设置自主添加的个性化板块应用等以实现按需定制；此外，还可尝试拓宽应用的受众面，除了官员版“驾驶舱”，还可推行民众版“驾驶舱”、企业版“驾驶舱”等。

城市大脑建设需做好一体化和全局性的统筹。从宏观角度来看，中国城市大脑的创新建设需做好一体化和全局性的统筹。2021 年 2 月，浙江省委提出全面推进数字化改革，加快一体化、智能化公共数据平台建设，充分展现了一体化、集约化、可持续发展的建设理念，可为各地城市大脑建设提供创新经验借鉴和集成方式参考。由于城市大脑投入应用的建设成本较高，在推进过程中需充分考量如何有效利用行政资源，如何在控制成本投入的基础上实现公共利益最大化。因此，在省域层面建设过程中，需做好横向贯通、纵向到底的一体化建设，提升跨层级、跨领域、跨功能的多元主体的相互协调和配合的联动性，同时提高公职人员对技术的认知水平，进而减少厂商的技术绑架情况。尤为重要的是，在鼓励各地大胆创新发展的同时，国家层面亟须进行顶层设计，牵头制定较为统一的标准以实现各省市间的互通互联，尤其是有关数据开放共享以及流通的标准规范体系建设迫在眉睫，如不能尽快达成则各地创新实践很可能会导致新一轮技术壁垒和数据壁垒的形成，进而阻碍城市大脑创新应用体系的全局性发展。

参考文献

本清松、彭小兵：《人工智能应用嵌入政府治理：实践、机制与风险架构——以杭州城市大脑为例》，《甘肃行政学院学报》2020 年第 3 期。

曹钺、陈彦蓉：《城市空间中的智能化治理风险——以城市大脑为例》，《学习与实践》2020 年第 8 期。

何艳玲：《“公共价值管理”：一个新的公共行政学范式》，《政治学研究》2009 年第 6 期。

李文钊：《数字界面视角下超大城市治理数字化转型原理——以城市大脑为例》，《电子政务》2021 年第 3 期。

〔美〕威廉·N. 邓恩：《公共政策分析导论（第二版）》，谢明等译，中国人民大学出版社，2002。

容志：《结构分离与组织创新：“城市大脑”中技术赋能的微观机制分析》，《行政论坛》2020 年第 4 期。

王法硕、陈泠：《社会治理智能化创新政策为何执行难？——基于米特-霍恩模型的个案研究》，《电子政务》2020 年第 5 期。

王坚：《“城市大脑”：大数据让城市聪明起来》，《政工学刊》2020 年第 1 期。

王学军、张弘：《公共价值的研究路径与前沿问题》，《公共管理学报》2013 年第 2 期。

习近平：《决胜全面建成小康社会　夺取新时代中国特色社会主义伟大胜利——在中国共产党第十九次全国代表大会上的报告》，http：//www. xinhuanet. com/politics/19cpcnc/2017-10/27/c_1121867529. htm，2017 年 10 月 28 日更新。

《习近平在浙江考察时强调：统筹推进疫情防控和经济社会发展工作　奋力实现今年经济社会发展目标任务》，《人民日报》2020 年 4 月 2 日，第 1 版。

张国庆：《公共行政学（第三版）》，北京大学出版社，2007。

张蔚文、金晗、冷嘉欣：《智慧城市建设如何助力社会治理现代化？——新冠疫情考验下的杭州“城市大脑”》，《浙江大学学报》（人文社会科学版）2020 年第 4 期。

朱德米、曹帅：《公共价值理论：追寻公共管理理论与实践的同一性》，《中共福建省委党校（福建行政学院）学报》2020 年第 4 期。

《中国共产党第十九届中央委员会第四次全体会议公报》，http：//www. qstheory. cn/yaowen/2019-10/31/c_ 1125178191. htm，2019 年 10 月 31 日更新。

Feng L.，Liu F. Y，Shi Y.，“City Brain，A New Arch Itec Ture of Smart City Based on the Internet Brain”，The 22nd International Conference on Computer Supported Cooperative Work in Design，May 8，2018.

Hefetz A，Warner M.，“Privatization and its Reverse：Explaining the Dynamics of the Government Contracting Process”，*Journal of Public Administration Research and Theory*，2004，14（2），pp. 171-190.

Moore M.，*Creating Public Value：Strategic Management in Government*，Cambridge，MA：Harvard University Press，1995.

Talbot C.，“Public Value—The Next ‘Big Thing’ in Public Management?”，*International Journal of Public Administration*，2009，32（3-4），pp. 167-170.

数字双赋打通韧性城市建设“最后一公里”

梁　正*

摘　要： 随着城市脆弱性的不断攀升，韧性城市建设愈发成为城市治理现代化进程中的关键。基层韧性治理是韧性城市建设的“最后一公里”，且数字技术手段的应用是实现基层韧性治理的有力抓手。通过构建“技术双赋—韧力释放”框架，引入中国智慧社区建设案例，剖析数字技术助力基层治理的逻辑进路，可以发现，在“技术赋能”与“技术赋权”双轮驱动的理想状态下，基层组织将在一定程度上发生变革：能够释放韧性治理能力的韧性基层组织将逐步形成。因此，在运用数字技术手段助力基层韧性治理过程中，需充分发挥数字技术手段机理优势，积极探索与数字技术相适应的权力配置机制，大力推动建设朝向韧性治理目标的组织体系。

关键词： 韧性城市　韧性治理　数字技术　基层治理　智慧社区

一　引言

城市是现代社会中最重要的物理空间、经济载体与社会场域。在治理现

* 梁正，清华大学公共管理学院教授、博士生导师，人工智能国际治理研究院副院长，中国科技政策研究中心副主任，研究方向为科技政策、创新管理、新兴技术及其治理。

代化的进程中，城市作为日益复杂的巨型系统，具有集聚性、规模性、流动性、异质性、多元性等特有属性（何艳玲、赵俊源，2020）。这些特有属性增加了城市的脆弱性，城市治理难度不断攀升（周利敏，2016），建设韧性城市以应对城市脆弱性问题势在必行。党的十九届五中全会指出，“我国已转向高质量发展阶段，制度优势显著，治理效能提升，……发展韧性强劲”；要“建设海绵城市、韧性城市”。显而易见，“韧性”一词在我国国家治理话语体系中举足轻重。“韧性”（resilience）的概念最早于1973年被提出，生态学教授霍林在其著作《生态系统韧性和稳定性》中指出，“韧性”是系统在外部扰动时恢复稳态的能力（Holling C S，1973）。此后，韧性的理念逐渐在应急管理领域中广泛应用，强调系统的稳定性、可靠性和抗干扰性（何继新、荆小莹，2018；梁正，2021）。“韧性城市”概念则发源于“韧性”理念，自2005年联合国发布的《兵库行动框架》强调“韧性城市建设”后，这一概念逐渐引起国内外的高度重视，国外典型的如日本推出《社区可持续发展——现有的关于可持续发展和城市韧性的指南和方法的清单》、美国洛克菲勒基金会推行“全球100韧性城市”项目等，国内典型的如《北京韧性城市规划纲要研究》《合肥市市政设施韧性提升规划》等。

在国家治理现代化背景下，“韧性”不再局限于应急管理领域，而被引入更广泛的治理领域，主要强调系统受到干扰后需要综合硬件（基础设施和生态系统等）和软件（社会治理要素），通过学习和再组织吸收扰动、降低损失，使系统恢复到原来的状态或达到新状态的能力，其本质特征在于鲁棒性、自组织性、创新性（唐任伍、郭文娟，2018）。如“鲁棒性”是“robustness”（健壮、强壮）一词的音译，是指在异常和危险情况下系统生存的能力。在此基础上，“韧性”与多元治理机制相耦合，“韧性治理”应运而生，成为当前治理领域的一个新热词。有学者指出，韧性治理的重点在于保持系统的功能而不是系统本身，以保证城市在面对压力和冲击时也能保持正常运转并提供应有的服务（Spaans M，Waterhout B，2017）。

为推动精细化治理目标的实现，我国治理重心逐渐下沉。基层治理现代化是国家治理体系和治理能力现代化的重要组成部分，基层韧性治理成为韧性城市建设的“最后一公里”。数字化时代，大数据、区块链、云计算、人工智能等新兴数字技术在公共治理中实现有机嵌入，并成为国家治理现代化进程中不可或缺的重要手段。因而，“韧性治理”在愈加多元的数字化应用场景中有了新的释义与内涵。中央网络安全和信息化委员会印发《“十四五”国家信息化规划》（2021 年 12 月），提出“到 2023 年，基层智慧治理规划、政策和标准规范更加完善，数据资源整合取得明显成效，支撑基层社会治理水平大幅提升；到 2025 年，精细化服务感知、精准化风险识别、网络化行动协作的基层智慧治理体系基本建成，有力支撑基层治理体系和治理能力现代化”。我国智慧社区、数字乡村等顶层设计与前沿实践表明，数字技术的深化应用是实现基层韧性治理的有力抓手，是助推基层治理体系和治理能力现代化的重要方式之一。因此，本文以基层韧性治理为轴线，以数字技术为理路，剖析数字技术如何推动基层韧性治理能力生成，极具现实价值，可为更好实现基层韧性治理建设提供理论支撑。本文主要回答以下研究问题：数字技术何以推动基层韧性治理？如何更好发挥数字技术优势推动基层韧性治理能力释放？基于此，本文通过构建“技术双赋—韧力释放”理论分析框架，引入我国智慧社区建设的实际案例，阐述数字技术助力基层韧性治理的逻辑进路。

二　文献综述与理论分析框架

（一）韧性与韧性治理

“韧性”衍生于拉丁语“resillo”（跳回原来状态）（Timmerman P，1981）。学界对“韧性”这一概念的界定形成了四种代表性的观点：“能力恢复说”（Timmerman P，1981）“扰动说”（Klein R T，2003）“系统说”（Folke C，2006）“能力提升说”（Adger W，2005）。相对应地，韧性理论的发展先后经历了工程韧性、生态韧性、社会生态韧性三种观念的转变（吴佳、朱正威，2021）。近年来，学界围绕韧性的内涵，结合治理实践，延伸开展了大量关于韧性治理的研究。当前，大部分学者聚焦于应急管理或风险治理领域。现有研究分为三类：宏观层面的研究主要关注韧性治理的概念与特征、韧性城市的评价指标构建（吴佳、朱正威，2021）、韧性城市的实践与探索（朱正威、刘莹莹、杨洋，2021）等内容；从中观层面切入的研究大多是基于实证依据分析韧性理念在城市治理中的嵌入过程（马奔、刘杰，2020；汪静、雷晓康，2021）；微观层面关注的则是面向韧性治理的某一具体机制，如危机学习机制构建过程（石佳、郭雪松、胡向南，2020），或是某一具体领域，如卫生安全韧性构建的治理模式创新。此外，在现有研究中，还有小部分学者关注“韧性”在更广泛治理领域中的应用，如有学者提出当代中国治理体系韧性的再解释（俞秋阳，2020）；还有学者通过阐述试验民主与韧性治理的关系，提出中国改革的行动逻辑（杨宏山，2022）。尽管如此，当前学界将韧性治理拓展至更广泛治理领域的研究和探讨依旧十分薄弱，深入至治理环节剖析治理韧性生成机理的研究少之甚少。当前，韧性治理研究的薄弱点，正是本文的破题之处。本文将韧性治理置于更广泛的治理领域，且落脚于基层治理层次，从组织学意义与治理逻辑出发，探究数字化背景下基层治理韧性的生成机理。

（二）数字技术助力韧性治理

随着新兴数字技术向纵深发展，政府数字化转型进程不断加速，数字技术在政府治理中的实际效用研究引发了学界的广泛关注。当前，在数字政府领域已有大量的理论探讨与实证分析，也不乏聚焦数字政府应用细分领域的探讨（陈振明，2015；北京大学课题组、黄璜，2020）。更进一步，关于数字技术助力韧性治理方面的研究，大多学者仅在应对韧性治理困境中提及数字技术的应用可行性（施生旭、周晓琳、郑逸芳，2021；张勤、宋青励，2021；段亚林，2021）。还有部分学者探究韧性和智慧的关系。如有学者提出，基层治理的数字化创新，在有效赋能基层治理的同时，也在一定程度上削弱了基层治理的固有韧性，并在此基础上提出基层韧性治理的数字化转型策略（彭勃，2021）；还有学者基于智慧城市评价指标体系，通过利益相关者评价模型，分析我国智慧城市建设对城市韧性提升的显著性，回应智能与韧性是否兼容的研究问题（宋蕾，2020）。此外，仅有少部分学者深入治理环节探究数字技术助力韧性治理的逻辑或机制。例如，有学者通过剖析“技术赋能”“技术赋权”在基层韧性治理中的实际效用，探究数字化时代基层治理韧性的生成机理（梁正，2021）；还有学者对韧性理论进行深入分析，论证智慧社区对灾害韧性提升的促进机制（梁珺濡、刘淑欣、张惠，2021）。综上，当前学界从韧性治理理论视角关注数字技术对政府治理影响的研究仍较为稀缺；从数字治理视角关注韧性治理实践的研究也屈指可数。以上理论视角的有机整合，正是本文的理论创新之处与突破之处。基于此，本文将数字治理与韧性治理相结合，探究数字技术助力基层韧性治理的逻辑进路。

（三）技术双赋—韧力释放：数字技术助力基层韧性治理的解释框架

技术赋能和技术赋权是数字技术推进数字政府转型的两大关键机制，也是当前关于政府数字化转型研究中深刻探讨的两大核心议题。“技术赋能”强调新兴技术对公共部门的赋能作用，“技术赋权”强调新兴技术赋权社会主体提升其参与和协同能力的价值（孟天广，2021）。与此同时，不可割裂看待技术赋能和技术赋权，二者相互促进（梁正，2021）。由于“能”与“权”是组织结构的核心组成部分，二者的变化也将在一定程度上影响组织结构特征。综上，数字技术手段应用有效实现了技术赋能，进而助推技术赋权，最终推动组织在一定程度上发生变革（梁正，2021）。落脚于韧性治理范畴，现有研究已论证数字技术对韧性治理起到显著的正向助推作用（宋蕾，2020）。因此，本文基于数字治理、韧性治理理论视角，提出数字技术助力基层韧性治理的解释框架：技术双赋—韧力释放（如图 1 所示）。具体而言，在“技术赋权”和“技术赋能”双轮驱动的理想状态下，能够释放韧性治理能力的韧性基层组织逐步形成。依托此理论分析框架，本文结合智慧社区实践案例，深入探究了数字技术助力基层韧性治理的逻辑进路。

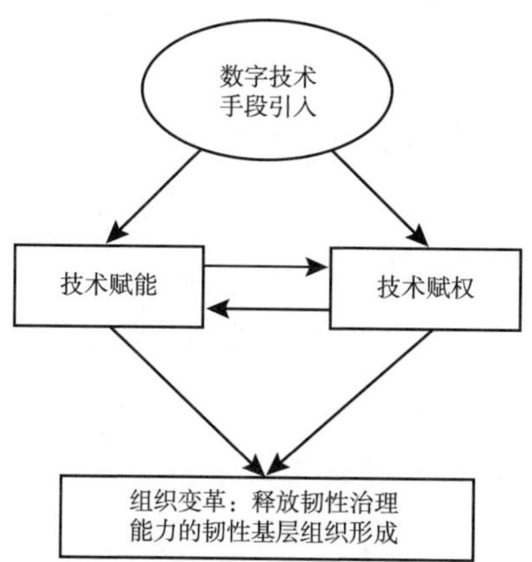

图 1　技术双赋—韧力释放：数字技术助力基层韧性治理的解释框架

图片来源：作者自制。

三　数字技术助力基层韧性治理的逻辑进路：以中国智慧社区建设为例

（一）中国智慧社区：面向未来的智慧社区

《中共中央 国务院关于加强基层治理体系和治理能力现代化建设的意见》（2021 年 4 月 28 日）强调，“要加强基层智慧治理能力建设”，将数字技术在基层治理中的应用置于重要地位，指出“市、县级政府要将乡镇（街道）、村（社区）纳入信息化建设规划，统筹推进智慧城市、智慧社区基础设施、系统平台和应用终端建设，强化系统集成、数据融合和网络安全保障”。关于智慧社区建设，民政部、中央政法委、中央网信办等 9 部门于 2022 年 5 月 10 日印发《关于深入推进智慧社区建设的意见》（民发〔2022〕29 号），明确了智慧社区建设的总体要求、重点任务和保障措施等，指出“智慧社区是充分应用大数据、云计算、人工智能等信息技术手段，整合社区各类服务资源，打造基于信息化、智能化管理与服务的社区治理新形态”。从智慧社区的定义可以看出，智慧社区虽然是智慧城市建设的基础单元，但由于社区是一个极其复杂的系统，智慧社区建设需要社区内外的人、物、技术、组织等要素的协同联动。随着智慧社区实践的不断深入，学界对于智慧社区的特征已形成较为成熟的提炼：第一，重视利用通信和信息技术手段；第二，推进各类要素资源的协调与整合；第三，坚持以人为本原则，鼓励公众参与；第四，促进系统迭代升级；第五，实现可持续发展目标（梁珺濡、刘淑欣、张惠，2021）。当前，我国各地大力推进智慧社区建设，已拥有十分可观的建设基础、建设规模及建设成效。2012 年 3 月，北京市人民政府印发《智慧北京行动纲要》，北京市海淀区在全市率先启动了智慧社区建设；随着新兴数字技术及其应用的迭代发展，“智慧”的标准及水平不断提高。近年来，北京市海淀区利用 5G、人工智能、大数据等新技术手段，整合社区资源，建立“智慧社区”服务平台，实现社区公共服务和管理的智能化。2012 年 9 月，广州市启动了天河、越秀、海珠、番禺四个地区的“智慧社区”试点工作。2013 年 11 月，上海市经信委、民政局、文明办印发了《上海市智慧社区建设指南（试行）》，指出社区建设需要网络化、便利化、信息化、智能化。2019 年，浙江省政府印发了《浙江省未来社区建设试点工作方案》，擘画了以数字化改革为引领的未来社区建设蓝图，开创了我国未来社区建设的先河，为后续实践提供了示范性参考。未来社区建设是我国智慧社区建设的最新形态和先进阶段，其不再局限于数字技术在社区中的普及和应用，更强调多元治理场景中数字手段与治理机制的耦合。综上，我国智慧社区建设逐步面向“未来”。

（二）智慧社区建设助力社区治理韧性的逻辑进路

1. 技术赋能：“强健性”基础为社区韧性治理提供能力保障

数字技术手段的引入有效实现了技术赋能，为韧性治理的实现提供了“强健性”基础。数字技术的应用助力社区治理能力现代化，主要表现在四个方面：第一，数字技术的运用使得关键公共问题能够被社区治理主体精准、迅速地识别。在技术运用下，社区治理主体在治理过程中获取信息的渠道得以拓宽，且信息传递的链条得以缩短，因而社区治理主体在第一时间所能获取的用于研判、分析的数据量级大大提高，且传递过程减少了信息的失真与损耗。与此同时，社区治理主体对信息的感知能力得以提升，尤其是自动预警等功能的应用，使得治理主体能够迅速、精准地识别出有待处置的关键公共问题。第二，数字技术的运用有助于社区治理主体实现科学化决策。基于海量信息的分析及研判过程有助于社区治理主体的决策过程趋向科学化，改变了以往依赖经验主义甚至闭门拍脑袋的决策形式，因而降低了路径依赖带来的影响。第三，数字技术的运用有助于提升行政执行效能。智能化手段的运用替代了非必要的机械式人力成本投入，有效提升了工作效能。此外，跨功能、跨层级、跨组织、跨领域的沟通和协调成本在数字手段运用下得以降低，全方位的资源能够实现迅速配置，冗余度在此过程中得以提升，进而有助于更好地应对危机和风险（梁正，2021）。第四，数字技术的运用有助于社区治理主体在决策及执行过程中对所实施的方案进行不间断地跟踪及效果评估，并根据预期目标进行实时动态调整，执行过程由此极具韧性。例如，深圳市南山区西丽社区智慧管理运营中心推出“算法超市”功能模块，社区管理人员通过筛选适配性的数字化解决方案，高效完成基层治理事务或开展专项治理活动。尤其在应急指挥方面，依托技术实现秒级自动下发核查任务，并经由网格员分拨到社区，达到基层减负的效果。又如，上海市静安区临汾路街道“社区大脑”集网格中心、综治中心、物业中心、应急中心、保障中心为一体，并通过智能化技术接入绝大部分城市部件与全部城市事件管理数据，使“社区大脑”成为能分析、能判断、能指挥、能协调、能处置的社会治理平台。综上，在数字技术手段运用下，社区治理能力得以提升，具备实现“韧性治理”的“强健性”基础。

2. 技术赋权：权责匹配与多主体共治推动社区韧性治理

数字技术手段的引入可以有效助推技术赋权，且技术赋能与技术赋权相互促进。其一，在技术赋能情况下，社区治理能力逐步提升，即社区有能力自主承接更多的治理事务，在一定程度上增强了上级政府部门对街道办、居委会治理能力的信任度，使其在可控范围内下放权力，实现了治理重心的下移。基层的事务交由基层自主处置，不仅降低了层层授权的时间成本、协调成本和机会成本，提升了整体治理效能，更有助于精细化治理目标的实现，尤其是应对重大突发事件时的响应速度及处置效果将得到显著提高。例如，北京市“街乡吹哨，部门报到”机制是数字技术手段助推基层韧性治理的先进经验。具体而言，在基层一线发现问题时，借助平台系统发出“哨声”，上级部门须在半小时之内迅速做出响应。换句话说，在技术赋能的基础上充分赋权基层，实现执法力量的下沉，通过解决权责匹配不合理、协同机制不完善等困境提升基层治理能力，实现数字治理理念和韧性治理理念的有机耦合。此外，北京市朝阳区还进一步推出了“社区吹哨、科室报到”“社区吹哨、社会力量报到”“支部吹哨、党员报到”等创新机制。其二，数字技术的运用拓宽了社区与外界的信息交互渠道。数字技术的引入，使得智慧社区的治理主体不仅包括发挥政府基层治理作用的街道办和作为群众性自治组织的居委会这两个核心治理主体，社会、市场、公众等参与性治理主体开始扮演愈来愈重要的角色。基于此，多元共治逐渐走向常态，权力结构特征趋向扁平化、均等化、共享化，有效实现了“还权于民”。例如，杭州市拱墅区小河街道“红茶议事会”治理模式已在 9 个社区进行推广。具体而言，该模式是基于居民信箱、信访数据、网络舆情等数据进行民意热点大数据分析，自动形成“红茶议事会”议题，通过邀请多方主体召开线上或线下会议形成共治方案，回应群众诉求。又如，杭州市萧山区瓜沥七彩社区利用社区积分制度，调动社区居民参与社区治理与建设。从基层管理演化至基层治理，再进一步实现基层韧性治理，公众参与其中发挥自身重要作用。提升公众对政策的认同感，并将公众意见吸纳至政策制定与执行过程中，将对社区治理起正向推动作用。与此同时，治理过程能够对公众诉求进行回应，也是治理成效的一种表现。因此，在数字技术手段运用下，技术赋能助推技术赋权，权力运行的变化又反向助推技术赋能。在此基础上，社区治理呈现稳定性、自适应性、抗干扰性，即有效助推了社区韧性治理。

3. 韧性组织形成：释放韧性治理能力的韧性社区形成

在“技术赋能”与“技术赋权”双轮驱动的理想状态下，基层组织将在一定程度上发生变革，能够释放韧性治理能力的韧性基层组织将逐步形成。聚焦于社区治理层面，可以将韧性社区定义为：由街道办、居委会、物业公司、业委会、公众及其他商业企业、社会组织等多元主体以实现社区韧性治理为目标而共建共治共享的“大组织”。社区治理能力的有效提升，以及权力运行机制发生变化，将在一定程度上驱使组织发生相对应的系统性变革，即科层体制、功能结构、治理机制、治理手段等均将发生变化。由此，韧性社区应运而生。韧性社区具备强健性、灵活性、稳定性、抗干扰性、自适应性等特性，能够充分接纳外部环境的复杂多变性，尤其是应对外界风险和挑战等例外事件时更显现该特质。与此同时，这些特质将作为内生动力，助力社区韧性特征的稳定表达，如自适应性所匹配的组织学习能力将帮助社区就外界环境的变化进行调整和适应，以应对重大风险挑战。因此，社区韧性治理能力的可持续供给则来源于组织自身，数字技术的引入仅为制度性的变革提供了一个契机和手段。在我国智慧社区建设实践中，创新性较强的是建立多主体一体化治理机制的杭州市滨江区缤纷未来社区。为应对管理主体多、执法主体多、业态问题多、数据平台多、居民投诉多等治理难点与堵点问题，缤纷未来社区整合公安、城管、交警、市监、消防等主体力量，实现由一支队伍进行综合管理。数字手段的引入为整合多社区功能提供了契机，缤纷未来社区打破条块分割，基于“多跨融合、高效协同、整体智治”的数字化理念，建立社区微脑并形成一体化指令平台。当前，缤纷未来社区的改革创新仅是我国智慧社区实践成效的一个面向，但已初显新兴数字技术引入带来的制度性变革端倪。

四　结论与讨论

城市作为日益复杂的巨型系统，随着其脆弱性不断攀升，韧性城市建设愈发成为城市治理现代化进程中的关键。基层韧性治理作为韧性城市建设的“最后一公里”，是韧性城市建设能否顺利落地的具体指向。由于数字技术手段的应用是实现基层韧性治理的有力抓手，在数字化背景下探究基层治理韧性的生成机理，可为后续韧性城市建设尤其是在基层中的实践提供理论指导与经验借鉴。因此，本文通过构建“技术双赋—韧力释放”框架，基于对中国智慧社区建设案例的分析，回应了研究问题。本文的研究贡献在于将韧性治理理论与数字治理理论视角相耦合，并深入治理环节，从机理层面探究数字技术助力基层韧性治理的逻辑进路。

综上所述，数字技术助力基层韧性治理的逻辑进路为：数字技术的引入有助于“技术赋能”，进而助推“技术赋权”，且二者在推动韧性治理的过程中相互促进（如图 2 所示）。在“技术赋能”与“技术赋权”双轮驱动的理想状态下，基层组织将在一定程度上发生变革：能够释放韧性治理能力的韧性基层组织将逐步形成。具体而言，“技术赋能”体现在：数字技术的引入有助于迅速且精准识别关键问题，实现科学化决策，提升行政执行效能，并有助于政策执行效果的动态评估与执行调试。因此，在数字技术手段运用下，治理能力得以提升，使得治理过程极具韧性，形成了实现“韧性治理”的

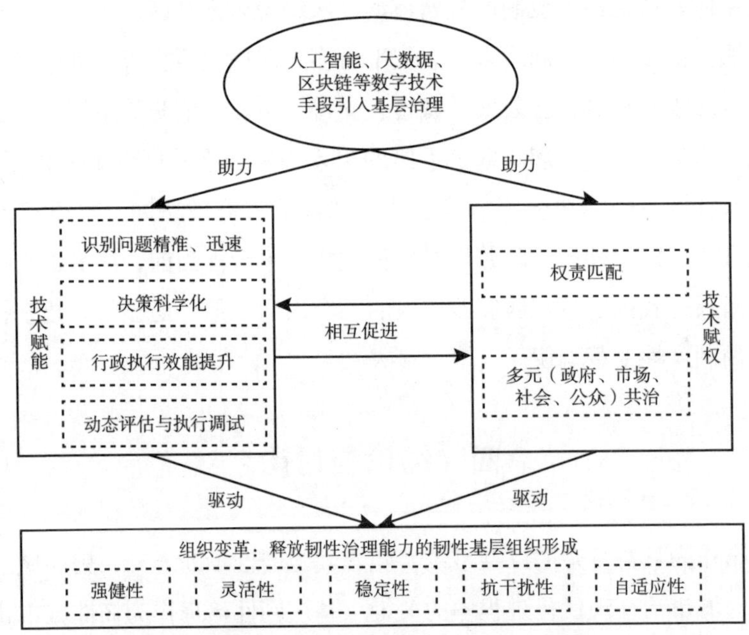

图 2　数字技术助力基层韧性治理的逻辑进路

图片来源：作者自制。

“强健性”基础能力。“技术赋权”体现在：数字技术的引入可以促使权力运行过程发生转变，如实现权力的下放、回归等，可以推动权责匹配并实现多主体共治，推动社区韧性治理的良好局面。“技术赋能”和“技术赋权”二者呈现有机统一的关系，“技术赋能”是“技术赋权”的基础，“技术赋权”的实现能够助推“技术赋能”。在双轮驱动的理想状态下，具备强健性、灵活性、稳定性、抗干扰性、自适应性的韧性组织逐步形成，可持续地释放韧性治理能力。一言以蔽之，从技术赋能至技术赋权，再至释放韧性治理能力的韧性基层组织的变革过程，即为数字技术助力基层韧性治理的逻辑进路。

在充分认识到数字技术助力基层韧性治理的内在机理之后，如何在实践中更好发挥数字技术优势，推动基层韧性治理能力释放？在此，提出三大政策建议：第一，充分发挥数字技术手段机理优势，将数字化思维融入基层治理全生命周期，为基层实现韧性治理提供能力保障。第二，积极探索与数字技术相适应的权力配置机制，促进技术与机制的有机融合，为基层实现韧性治理提供机制保障。第三，大力推动建设朝向韧性治理目标的组织体系，化被动为主动应对组织变革，为基层实现韧性治理提供组织保障。

参考文献

北京大学课题组、黄璜：《平台驱动的数字政府：能力、转型与现代化》，《电子政务》2020 年第 7 期。

陈振明：《政府治理变革的技术基础——大数据与智能化时代的政府改革述评》，《行政论坛》2015 年第 6 期。

段亚林：《韧性社区：突发事件风险治理新向度》，《甘肃行政学院学报》2021 年第 2 期。

何继新、荆小莹：《韧性治理：从公共物品脆弱性风险纾解到治理模式的创新》，《经济与管理评论》2018 年第 1 期；梁正：《数字技术助力基层韧性治理的逻辑进路》，《国家治理》2021 年第 41 期。

何艳玲、赵俊源：《国家城市：转型城市风险的制度性起源》，《开放时代》2020 年第4期。

梁珺濡、刘淑欣、张惠：《从被动韧性到转型韧性：智慧社区的灾害韧性提升研究》，《广州大学学报》（社会科学版）2021年第2期。

梁正：《城市大脑：运作机制、治理效能与优化路径》，《人民论坛·学术前沿》2021年第9期。

梁正：《数字技术助力基层韧性治理的逻辑进路》，《国家治理》2021年第41期。

马奔、刘杰：《韧性理念如何融入城市治理——基于D市安全发展示范城市创建的启示》，《行政论坛》2020年第5期。

孟天广：《“技术赋能”与“技术赋权”双重驱动的数字政府转型》，《中国社会科学报》2021年1月15日，第5版。

彭勃：《基层韧性治理的数字化转型策略》，《国家治理》2021年第41期。

容志：《构建卫生安全韧性：应对重大突发公共卫生事件的城市治理创新》，《理论与改革》2021年第6期。

施生旭、周晓琳、郑逸芳：《韧性社区应急治理：逻辑分析与策略选择》，《城市发展研究》2021年第3期。

石佳、郭雪松、胡向南：《面向韧性治理的公共部门危机学习机制的构建》，《行政论坛》2020年第5期。

宋蕾：《智能与韧性是否兼容？——智慧城市建设的韧性评价和发展路径》，《社会科学》2020年第3期。

唐任伍、郭文娟：《乡村振兴演进韧性及其内在治理逻辑》，《改革》2018年第8期。

汪静、雷晓康：《韧性能力何以实现：社区风险治理的结构调适与功能复合》，《西北大学学报》（哲学社会科学版）2021年第6期。

吴佳、朱正威：《公共行政视野中的城市韧性：评估与治理》，《地方治理研究》2021年第4期。

吴晓林：《特大城市社会风险的形势研判与韧性治理》，《人民论坛》2021年第35期。

杨宏山：《试验民主与韧性治理：中国改革的行动逻辑》，《人民论坛·学术前沿》2022年第5期。

俞秋阳：《治理的韧性分析及其理论重构：基于当代中国治理体系的视角》，《湖南社会科学》2020年第5期。

张勤、宋青励：《韧性治理：新时代基层社区治理发展的新路径》，《理论探讨》2021年第5期。

周利敏：《韧性城市：风险治理及指标建构——兼论国际案例》，《北京行政学院学报》2016年第2期。

朱正威、刘莹莹、杨洋：《韧性治理：中国韧性城市建设的实践与探索》，《公共管理与政策评论》2021 年第 3 期。

Adger W, Neil, Hughes, Terry P, Folke, Carl, Carpenter, Stephen, “Social-ecological Resilience to Coastal Disasters”, *Science*, 2005, 309 (10), pp. 1036-1039.

Folke C., “Resilience: the Emergence of a Perspective for Social-ecological Systems Analysis”, *Global Environmental Change*, 2006 (7), pp. 253-267.

Holling C S., “Resilienceand Stability of Ecological Systems”, *Annual Review of Ecology & Systematics*, 1973, 4 (4), pp. 1-23.

Janowski T., “Digital Government Evolution: From Transformation to Contextualization”, *Government Information Quarterly*, 2015, 32 (3), pp. 221-236.

Klein R T, Nicholls R J, Thomalla F., “Resilience to Natural Hazards: How Useful Is This Concept”, *Environmental Hazards*, 2003, 5 (1-2), pp. 35-45.

Spaans M, Waterhout B., “Building up Resilience in Cities Worldwide-Rotterdam as Participant in the 100 Resilient Cities Programme”, *Cities*, 2017, 61 (Jan.), pp. 109-116.

Timmerman P., Vulnerability, Resilience and the Collapse of Society: A Review of Models and Possible Climatic, Environmental Monograph, Institute for Environmental Studies, University of Toronto, 1981, pp. 58-59.

智能时代，如何重构信任机制？

陈 玲*

摘 要： 智能时代面临全面而深刻的信任危机。数字智能技术既是引致信任危机的重要原因之一，也提供了重构信任机制的秩序基础。本文从信任的理性分析视角出发，通过建立信任机制的理论模型即“信任三角”，总结了三种信任机制：中介信任机制、治理信任机制和网络信任机制。不同信任机制的背后蕴含了不同的秩序系统，即市场自发秩序、权威层级秩序和自主技术秩序。本文进一步提出重塑信任体系的框架性策略，通过提升数据可信、主体可信、权威可信和技术可信，将数字信任融入传统的人际信任和制度信任，构成一个更为开放、包容、可信的信任体系。

关键词： 数字信任 技术秩序 信任三角 数字智能技术

一 引言：数字时代的信任危机

信任是经济活动和社会交往的基石。（Arrow K J，1974；马克·格兰诺维特，2019）数字智能技术在重塑经济活动和社会交往的同时，也从底层逐步瓦解了传统的信任关系和信任机制。一些国家、社会和市场出现了不同程度的“信任危机”。

信任是脆弱资产——建立信任很难，打破信任却轻而易举。在不确定性

* 陈玲，清华大学公共管理学院副教授、博士生导师，清华大学产业发展与环境治理研究中心主任，研究方向为决策理论与政策过程、科技与产业创新政策。

加剧的转型时期，信任成为全球性的稀缺资产。第二次世界大战以来建立的国际政治经济秩序受到挑战，大国之间的贸易冲突和科技封锁频现，逆全球化思潮泛滥，国家从互信走向“战略互疑”（Lieberthal et al.，2012），“修昔底德陷阱”被认为是大国崛起不可避免的冲突与对抗（Graham Allison，2017）。与此同时，个体层面上的信任程度也在下降：一个历时 20 年、超过 200 万受访者的全球信任在线调查表明，相对于政府、媒体、非政府组织等公共部门，企业反而成为当下最被全球受访者信任的机构。然而，即便是信任度最高的科技企业，其信任度在过去 10 年也下降了 9%，中国受访者对中国企业的信任度在过去一年更是急剧下降了 12%（Edelman Trust Barometer，2021）。

信任危机是数字智能技术造成的吗？大数据、云计算、人工智能、区块链等新一代信息技术飞速发展，万物智能互联的时代加速到来。信任关系不仅发生在个人与社会组织等人格化主体之间，还被纳入了机器、设备、算法、系统等非人格化主体。一方面，数字交互行为减少了人们面对面互动的频率，产生信息茧房，从而降低了社会信任；另一方面，互联网上身份伪造、隐私泄露、数据滥用和诈骗、算法歧视等新技术新应用安全风险频发，降低了人们对数字空间的信任。

然而，数字技术也提供了全新的技术秩序和信任机制，如区块链、联邦计算、加密计算等技术手段，人际信任无须依赖传统的亲缘关系和社会网络，与市场交易相关的制度信任也无须政府及其他权威机构的背书。在上述背景下，数字信任（Digital Trust）被纳入全球重要议程，联合国、欧盟、美国等国际组织和主要经济体纷纷制定法律、政策或战略，加快建设数字信任框架体系，凸显信任的基础设施作用。

那么，数字智能技术究竟瓦解还是重构了信任？数字信任具有哪些类型和机制？如何通过数字智能技术更好地构建一个前所未有的多元、包容、互信的社会？本文试图回答上述问题。

本文的余下部分是这样安排的：第二部分厘清信任的概念、分类和来源，指出即便在传统社会信任中也存在理性算计的内涵，信任都是有代价、有抵押物的。第三部分总结了三种信任机制和技术秩序，指出智能时代，区块链、人工智能等数字技术如何构建了具有自主性的技术秩序，进而重构了信任的秩序基础。第四部分以若干数字信任的技术工具为例，对比分析数字信任与传统信任的差异。第五部分是结论与启示。

二　何为信任？人们因何信任？

（一）信任的定义和来源

信任从心理学上被定义为“对他者的连续性和外在客观世界的确定性的信心”（安东尼·吉登斯，1998）。信任是一种有风险的社会交往行为，即把自己交付给他人，以获得预期的回报（尼古拉斯·卢曼，2005）。信任首先是一种社会关系，传统社会的信任是基于亲缘关系和社群组织的人际信任；随着社会复杂性的提高，现代社会中的信任逐渐转为基于规则、契约和权威的制度信任（Granovetter，M，1985）。制度信任不再囿于熟人社会，而是扩展到不限时间和地点的陌生人社会，甚至无须付出情感或反复验证。张维迎从不完全契约的角度提出基于信誉的信任，即基于长期合作关系而建立起的信任，一个人为了长远的利益而自愿地选择放弃眼前骗人的机会，对失信的惩罚不是来自契约或法律，而是来自未来合作关系的中断（张维迎，2003）。由于社会规范、正式制度和声誉机制的边界模糊，人际信任、制度信任和基于信誉的信任互有交集，但有一个共同点是确定的，即信任建立在以人为中心的人类自主性的基础上。即便是非人格化的制度和组织，本身也是人类经验积累和历史选择的结果（诺思，2008）。

数字信任（Digital Trust）是随着大数据、人工智能、物联网等新一代信息技术的广泛使用而出现的新概念。早先，数字信任用来特指消费者、合作伙伴或员工对组织保护数据和个人隐私的能力的信心，随着数字经济社会形态中组织边界的消弭，数字信任的对象变成了技术、算法、系统、机器等非人格化的客体。这一转变起初并不引人注目，毕竟技术、算法等信任客体如同制度本身一样，是人类自主选择和设计的结果。然而，逐渐地，数字智能技术的渗透率和泛在性远远超出个体所能够理解和感知的范畴，且一些智能技术如区块链、深度学习等具备“自主性”的特征，如人类无法篡改、无法预知结果等，因此，数字信任的客体具备了实在论意义上的主体地位。

（二）可计算的信任

信任是可计算的。威廉姆森认为，不存在所谓的信任，只有不同程度的可信承诺（威廉姆森，2016）。可信度越高的承诺，意味着经济活动或社会交往的信任程度越高，交易成本越低，交易发生的频率更高、范围更大。信任程度差异是普遍存在的现象，借用费孝通先生的理论，不同人群间的信任存在“差序格局”：亲属间的信任度高于朋友，朋友间的信任高于熟人，熟人间的信任又高于陌生人（王绍光等，2002）。信任程度差异可以从文化、政治制度和经济发展水平等外生因素来理解（Fukuyama F.，1995；Manabe K，1995；Inglehart R，1999；Warren Mark E，1999），但也并非缺乏理性算计的微观基础，如互动频率或重复博弈次数、对损失和收益的估计、对失信行为的预期概率等（Coleman James S，1990；Hardin R，1993；Hardin R，1999；Hardin R，2000；Axelrod J，1984）。王绍光等人更精确地指出，预期利益的相对易损性（即收益或损失相对于其拥有的总资源）是信任程度的理性基础（王绍光等，2002）。

事实上，在计算科学领域，Marsh 开创性地对信任建立了形式化的数学模型，并提出“计算信任”（Computational Trust）概念（Marsh S.，1992）。计算信任建立在一系列公理性假设的基础上，具体如下：（1）信任是信任主体对信任客体的一个关系；（2）信任关系是独立且非对称的，甲信任乙，不等于乙信任甲；（3）信任受情境约束，即某一情境下成立的信任关系，换到另一个情境下就不一定成立；（4）信任是偏序且有边界的，即信任的产生有一定的阈值；（5）信任是可传递的，即在同一个情境下，甲信任乙，乙信任丙，可知该情境下甲信任丙，等等。根据计算信任的数学模型，系统可以评估任何一项交易的可信度和预期损益，计算社交用户的行为特征和信用分值。计算信任广泛应用于互联网、电子商务和人工智能领域，支撑着数额庞大的数字交易和社会交往。

（三）信任的“抵押物”

信任的可计算性有助于我们更好地理解“抵押物”的概念。信任是在风险情境下对互利互惠的预期，只要预期损益是可计算的，便可通过“抵押物”来对冲风险。无论是对于传统的人际信任和制度信任，还是针对数字信任，可计算性都提供了信任的理性基础。人类学特别关注乡土社会中人们相互馈赠礼物的行为，礼物意味着社会交往中承诺了的特定义务，预期在未来履行，如“欠了人情”“还礼”等（马塞尔·莫斯，2005；黄玉琴，2002）。礼物的轻重、礼金的薄厚，可视为经由算计的信任抵押物。现代社会的运行依赖于一整套复杂的、可计算的制度信任，信用交易的各方对损益具有相当明确的预期。如银行借贷的抵押物、担保人、单位证明等，当承诺的信用交易未能履约，银行便可通过出售抵押物、向担保人追偿或寻求单位解决等方式对冲信用交易的损失。政府对金融体系的监管确保上述信用交易达成，司法机关则提供了最终的法律救济和强制力。

数字信任的抵押物又是什么呢？如前所述，数字信任存在两类不同的客体。一类是经由数字技术和数字平台，人们互动的信任对象实为具体的个人或组织。这种情形下比较好办，人们通过现实世界中的制度安排来寻求信任的抵押物，向现实中的个人和组织追偿损失或兑现收益。而数据信任的另一类客体则是具有自主性的、非人格化的数字智能技术。人们将信任（即自身损益的风险）托付给了技术，如何向系统、算法、机器寻求交易的抵押物？这是人类步入现代文明后未曾有过的现象，即真实存在于数字空间中的行为主体，在现实世界中缺乏对应的责任者，却对现实世界中的人们造成实在的损益。如果抛开前现代社会的宗教、迷信等非理性的制度安排不谈，那么人类社会尚且不具备处理此类情形的成熟经验。

三　信任机制和技术秩序

（一）“信任三角”和自主技术秩序的嵌入

为了清晰阐述信任机制中的主体和关系，本文构建了信任的底层模型“信任三角”（Trust Triangle）。

如图 1（a）所示，甲为信任主体，乙为信任客体，乙向甲出示了一个凭证，那么甲是否信任乙（的凭证）呢？甲信任乙取决于如下条件：首先，甲信任凭证发行人；其次，凭证发行人信任乙，并向乙发放了一个凭证；根据信任的可传递性原则可知，甲相信乙。甲、乙和凭证发行人三者构成了一个“信任三角”，其中凭证发行人起到了信任中介的作用。

那么，甲为什么信任凭证发行人呢？如图 1（b）所示，存在一个权威的治理机构，只要甲信任治理机构，治理机构信任凭证发行人并授权其发放凭证的行为，那么甲就会信任凭证发行人。治理机构、凭证发行人和甲构成了第二个“信任三角”。

上述两种模式就是两种经典的信任机制：中介信任机制和治理信任机制。其中，中介和权威是信任关系成立的关键。这两种信任机制分别代表了市场和政府两种秩序。中介信任机制符合市场自发秩序，中介解决了陌生交易主体之间信息不对称的问题，提供信用服务并收取一定的费用，相当于对失信行为的“抵押物”。治理信任机制符合权威层级秩序，政府作为公共权力机构来分配发行权，并为发行机构提供必需的合法性依据。

市场自发秩序和权威层级秩序在人类社会制度演化过程中扮演着最为核心和基础的作用，是一切秩序规则的“原子”。然而，数字智能技术的广泛应用和渗透，将人类的行为决策（如信任与否、交易与否、合法与否）排除在外，于是出现了第三种秩序，即自主技术秩序。

图 1（c）中，甲和丙在技术上确保相互信任，乙和丙在技术上确保相互信任，根据信任的可传递性，得知甲和乙可以相互信任。与信任中介不

同，此处的丙无须是有形的个体或组织，而可以是任何网络、技术、组织、系统或机器。由此可见，自主技术秩序嵌入信任机制，使得人类无须借助任何宗教或迷信活动就可以信任一切技术、系统或万物（things）。自主技术秩序是真正意义上的后现代秩序。

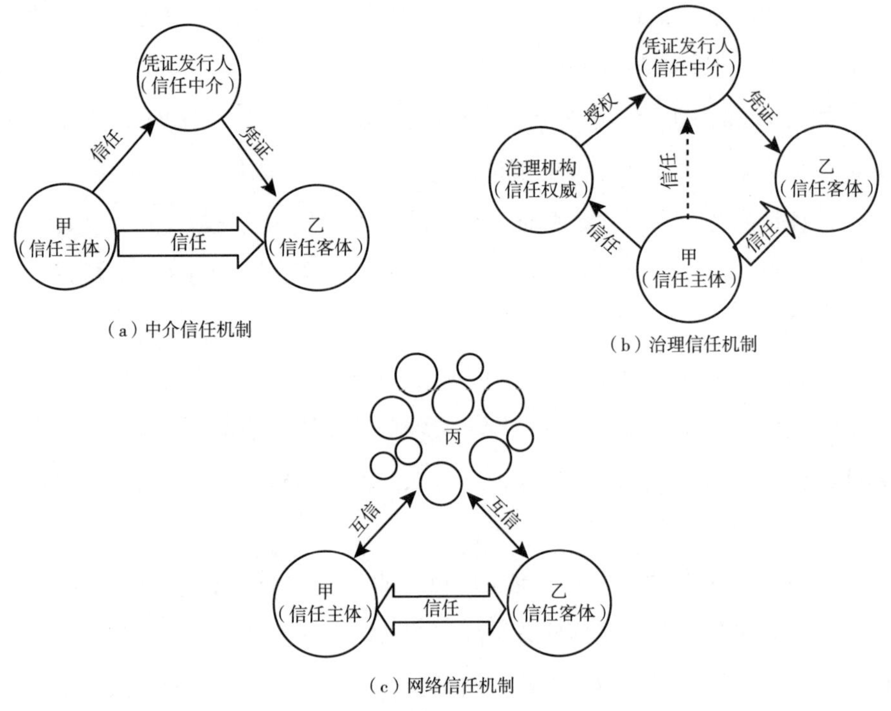

图 1　“信任三角”及三种信任机制

图片来源：作者自制。

（二）数字信任的框架性策略

基于信任机制和秩序系统的分析，本文提出了重塑数字信任的框架性策略。

策略一：数据可信。数据要素是一切数字交易或社会交往的载体，通过数据加密、隐私计算等技术，对数据从收集到使用、流动和销毁的全过程进行保护，交易主体加强了对数据的所有和控制，从而增强了信任。

策略二：主体可信。提高组织、系统等市场交易主体的可信度，从有边界的静态信任转向无边界的动态信任。市场自发秩序以及基于中介的信任机制是政府干预最少、成本最小的类型。为了履行可信承诺，交易主体采用各种技术和制度措施来保障组织安全和系统稳定。数字智能技术既打破了组织和系统边界，同时也提供了开放的、动态的安全保障策略。

策略三：权威可信。将权威治理主体与技术融合，提升权威治理主体的技术水平，构建权威性的信用基础设施。基于权威的信任机制运用公共权力分配市场价值，有助于建立统一、公平、高效的信用体系。通过数字智能技术赋能权威治理机构，建立权威性的信用基础设施，可以提高整体体系的信用水平。

策略四：技术可信。运用自主智能技术构建非人格化的信任机制。技术中立观点拥护者们相信算法通过去除人类和算法自动化可以实现中立（Janssen，M et al.，2016），数字智能技术由数学驱动和以数据为中心的特点可以保证算法的输出是公正且明确的（Boyd，D et al.，2012；Crawford K，2013）。区块链技术通过数字加密技术和分布式共识算法，能够实现在无须信任单个节点的情况下，构建一个去中心化的可信任系统。

（三）数字信任体系建设中的政府角色

事实上，三种信任机制并非单独发挥作用，一项交易往往包含了多种信任机制。一个完善的数字信任体系必然嵌入了市场、政府和技术等秩序系统和规则体系。政府在构建数字信任体系建设中负责顶层设计、政策规划和标准制定等宏观职能。典型的顶层设计包括欧盟《通用数据保护条例》（GDPR）、美国《加利福尼亚消费者隐私法案》（CCPA），以及我国的《数据安全法》和《个人信息保护法》。政府设立专门的部门来负责进一步的政策规划，如美国专门设立了首席数据官，要求其负责各联邦机构自身的数据治理和数据共享开放等工作；欧盟 GDPR 要求每个成员国都成立专门的政府部门，同时要求企业任命数据保护官（DPO）；中国超过 21 个省级地方政府设立专门的大数据管理机构。各国政府还在数字身份认证、电子签名、数据安全流动、互认机制建设等方面，提出明确的操作规范和技术标准。

四　重构数字信任的技术工具

（一）基于数据的信任机制:隐私计算

隐私计算是从数据的产生、收集、保存、分析、利用、销毁等全生命周期对数据进行保护的可计算模型与公理化系统。隐私计算并不特指某一门技术，而是一种融合了密码学、数据科学、经济学、人工智能、计算机硬件、软件工程等学科的综合技术应用。隐私计算包括一系列信息技术，如业界较早提出的安全多方计算（MPC）技术、以硬件技术隔离保护为主要特点的可信执行环境（TEE）技术、基于密码学和分布式计算实现多方协作机器学习的联邦学习（FL）技术，以及如非对称加密、差分隐私等辅助性技术，都属于隐私计算范畴。

隐私计算使得数据在流通过程中实现“可用不可见”，降低了由于数据明文复制和非授权使用带来的风险，因而大大提高了系统的可信程度。隐私计算不改变现有组织边界和系统框架，而是通过技术手段加强了传统的制度信任。

（二）源于数据关联和聚合的信任机制:大数据

大数据不仅规模巨大，而且具有多源、异构、非结构化、低价值密度的特点，往往是由机器自动收集用户或对象动态行为所产生的数据。大数据和传统的信任机制产生冲突，塑造了一种新的信任机制。首先，大数据的关联和聚合产生新的价值和信息，这些价值和信息无法在单个个体信息被采集的时候事先知晓，自然也无法预期相应的损益。其次，个体数据进入大数据的信息洪流中，不断被访问、复制、提取和计算，经由算法训练形成新的数据模型，要将个体信息从信息洪流和数据模型中拆分、撤回或删除的难度极大，因此个体事实上失去了“后悔”的事后处置权利。

多源数据的关联和聚合作为一种新的信任机制，使得单次的算计和欺骗行为都失去了意义。例如某社交平台通过分析用户的身份信息、社交网络、信贷消费、商旅出行、公益行动、水电付费等数据，形成用户画像的参数模型，使得任何欺骗行为都能够被轻易识别。不仅如此，用户特征画像的参数模型又被运用到各种智能决策中，如银行贷款发放、社会信用评价等场景，使得用户更为谨慎对待每一次潜在的失信行为，从而提高了其可信度。

（三）基于主体的信任机制:零信任

"零信任（Zero Trust）"是近年来在系统软件架构设计中出现的新理念，即"从不信任，始终验证"。(Zero Trust Core Principles，2022）零信任设计包含一系列设计原则，如显式验证（Verify Explicitly）、使用最小权限访问（Use Least Privileged Access），以及假定数据泄露（Assume Breach）等，从底层设计理念上确保了系统对用户身份、设备、应用程序、数据、网络和基础设施等基本要素的零信任，对任何位置的任何一次数据访问都进行验证，从而增强系统自身的可信度。

零信任本质上是将安全设计的关注对象由一个有边界的组织或系统架构，转变为流动的、无边界的数据。以往，通过界定组织或系统所在地理位置的边界、部门和层级，设立本地防火墙、访问控制等来确保安全，建立组织的信任机制。但在数字智能时代，云服务、物联网、移动计算的应用越来越多，组织和系统边界变得更加模糊和开放，针对数据层面任意交互行为的安全设计才具备普遍的安全意义。

（四）基于权威的信任机制:信用基础设施

智能城市及其"城市大脑"逐渐成为政府提供公共服务和城市运行管理的中枢平台。为了实现跨部门、跨行业、跨层级和跨系统的数据互联互通，建立数据资源的精准授权和可信访问，系统需要提供数字身份认证、电子签名、安全密码等一系列信任服务。这些信任服务必须建立在统一的、高可靠性的信用基础设施之上。信用基础设施具有公共物品的性质，不仅需要高可靠性技术支撑，最关键的是还需要政府权威来确认标准、监管实施和提供法律救济。

（五）基于自主技术的信任机制:区块链

区块链技术是基于时间戳的链式区块结构、分布式节点的共识机制、基于共识算力的经济激励和灵活可编程的智能合约（袁勇等，2016），这使得技术具有去中心化、无须事先信任、开放性和自治性、极难篡改、安全容错等特征（张亮等，2019）。区块链最具代表性的应用就是比特币。

区块链构建了一种全新的去中心化的信任机制。传统的信任机制中不可或缺的是中心化的数据控制者，如政府机构、银行、医院等，这些数据中枢机构是信任机制中最重要的履约方、担保人或中介。而在区块链中，分散在全球各个节点的参与者通过共识算法计算和存储数据，没有任何一方处于中心位置，因而也没有信任机制的问责对象。区块链技术一定程度上挑战了政府、中央银行等监管机构的权威，因此被戴上了“无政府主义”的帽子。欧盟数据保护委员会（EDPB）便迟迟未就区块链出台合规指南。

五　结论与启示

智能时代面临着一场全面而深刻的信任危机，作为人类经济活动和社会交往之基石的信任，在数字化时代变得愈发脆弱和缺失。数字智能技术既是引致信任危机的重要原因之一，也提供了重构信任机制的秩序基础。本文指出，传统的人际信任、制度信任需要与数字信任相互结合、互补，才能构成一个更为开放、包容、可信的信任体系。

信任的可计算性是理性行为分析和信任机制设计的基础。通过建立信任机制的理论模型即“信任三角”，本文总结了三种信任机制：中介信任机制、治理信任机制和网络信任机制。不同信任机制的背后蕴含了不同秩序系统，即市场自发秩序、权威层级秩序和自主技术秩序。

根据本文构建的框架性策略，重塑信任体系的努力需将数字信任融入所有信任机制中。通过提升数据可信、主体可信、权威可信和技术可信，我们可以建立一个较为完善的信任体系。新兴的数字智能技术层出不穷，迄今为止，隐私计算、大数据、零信任、区块链等技术已为我们提供了有效的工具。

参考文献

安东尼·吉登斯:《现代性与自我认同》，赵旭东、方文译，三联书店，1998。

黄玉琴:《礼物、生命仪礼和人情圈——以徐家村为例》，《社会学研究》2002 年第 4 期。

马克·格兰诺维特:《社会与经济》，王水雄、罗家德译，中信出版集团，2019。

马塞尔·莫斯:《礼物：古式社会中交换的形式与理由》，汲喆译，上海世纪出版集团，2005。

尼古拉斯·卢曼:《信任：一个社会复杂性的简化机制》，瞿铁鹏、李强译，上海世纪出版集团，2005。

道格拉斯·诺思:《理解经济变迁过程》，钟正生、邢华译，中国人民大学出版社，2008。

王绍光、刘欣:《信任的基础：一种理性的解释》，《社会学研究》2002 年第 3 期

威廉姆森:《治理机制》，石烁译，机械工业出版社，2016。

袁勇、王飞跃:《区块链技术发展现状与展望》，《自动化学报》2016 年第 4 期。

张亮、李楚翘:《区块链经济研究进展》，《经济学动态》2019 年第 4 期。

张维迎:《信息、信任与法律》，三联书店，2003。

2021 Edelman Trust Barometer [2022 - 03 - 04], https://www. edelman. com/trust/2021-trust- barometer.

Arrow K J. , " *The Limits of Organization*", New York City: W. W. Norton & Compan, 1974: 23.

Axelrod J, Reisine T D. , "Stress Hormones: Their Interaction and Regulation", *Science*, 1984, 224 (4648): 452-459.

Boyd D, Crawford K. , " Critical Questions for Big Data", *Information*, *Communication & Society*, 2012, 15 (5), 662-679.

Coleman James S. , *Foundations of Social Theory*, Cambridge MA: Harvard University Press, 1990.

Crawford K. , "The Hidden Biases in Big Data", *Harvard Business Review*, 2013, 1 (4) .

Fukuyama F.，“Social Capital and the Global Economy”，*Foreign Aff*，1995，74：89.

Graham Allison，*Destined for War：Can America and China Escape Thucydides's Trap?*，New York：Houghton Mifflin Harcourt，2017.

Granovetter M.，“Economic Action and Social Structure：The Problem of Embeddedness”，*American Journal of Sociology*，1985，481- 510.

Hardin R.，*Distrust：An Unpublished Manuscript*，New York University，2000.

Hardin R.，“Do We Want Trust in Government”，In Mark E. Warren（ed.）*Democracy and Trust*，New York：Cambridge University Press，1999：22-41.

Hardin R.，“The Street-level Epistemology of Trust”，*Politics & Society*，1993，21（4）：505-529.

Inglehart R.，“Trust，Well-being and Democracy” In Mark E. Warren（ed.）*Democracy and Trust*，New York：Cambridge University Press，1999：88.

Janssen M，Kuk G.，“The Challenges and Limits of Big Data Algorithms in Technocratic Governance”，*Government Information Quarterly*，2016，33：371-377.

Lieberthal K，Jisi W.，*Addressing US-China Strategic Distrust*（*Vol. 4*），Washington，DC：Brookings，2012.

Manabe K.，“People's Attitudes Toward Technology and Environment in China”，*Kwansei Gakuin University Annual Studies*，1995，73：25-50.

Marsh S.，Trust in Distributed Artificial Intelligence，European Workshop on Modelling Autonomous Agents in a Multi-Agent World，Springer，Berlin，Heidelberg，1992：94-112.

Warren Mark E.，*Democracy and Trust*，New York：Cambridge University Press，1999.

Zero Trust Core Principles［2022-03-04］，https：//pubs. opengroup. org/security/zero-trust-principles/.

下　篇

第四部分　人工智能治理之数据治理

人工智能时代亟须构建合理高效的数据治理体系

梁　正*

摘　要：　数据作为人工智能和大数据时代的核心要素，将对人类社会发展带来深刻影响。随着数据容量的快速积累、算力和数据质量的不断提高，如何使用和管理数据成为第四次工业革命中一个重要的课题。人工智能背景下的数据治理，需要准确把握挖掘数据潜在价值、降低数据利用成本和控制数据隐含风险的总目标，并从治理原则、制度体系和场景管理等方面着力，推动数据治理实践的落地落实。

关键词：　数据治理　人工智能　大数据

一　数据治理的背景

人类利用数据的历史非常悠久，很早就掌握利用数字记录、管理生产生活的能力。19 世纪初，一些博物学家在私人资助下环游世界搜集动植物标本、观测天文现象，并试图通过规模化记录数据，从纷繁复杂的事实中归纳科学发现。由此，数据开始真正被社会关注、规范和监管，并逐渐被制度化

---

* 梁正，清华大学公共管理学院教授、博士生导师，人工智能国际治理研究院副院长，中国科技政策研究中心副主任，研究方向为科技政策、创新管理、新兴技术及其治理。

为社会商品。欧洲的霍乱疫情使得人们开始搜集、统计疾病传播的数据，并发明了可视化技术和数据分析方法。进入20世纪之后，贸易需求促进了测量和计算方法的发展，统计学成为一门独立学科，为应对数据分析的需求，军事投入也推动了计算科学的进步以及数据传输技术的发展。今天，互联网公司如Facebook、亚马逊、腾讯、阿里巴巴等管理着数十亿人的工作、娱乐、消费等数据，我们现在所谈论的数据，已经是人工智能时代海量的数据资源——大数据。纵观人类利用数据的历史，在制度、技术和经济发展的交织作用下，数据的规模、价值和影响不断扩大，影响日益深远。如今，数据作为一种生产要素，作为信息时代的"石油"，已然取得与农业时代的土地、工业时代的资本同样重要，甚至是更加突出的地位。

数据治理包括利用数据进行治理和对数据进行治理两个含义。前者将数据作为一种技术手段应用到治理实践中，与电子政务、电子商务等密切相关，目前已经有很多的研究；后者则将数据视作治理对象，关注数据特性、数据应用和数据管理。在人工智能和大数据快速发展的背景下，对这方面概念、理论和政策的梳理还比较欠缺，应是未来研究的重要方向。数据治理的两个含义相互联系，但并不冲突。一方面，政务App、一站式服务等改革举措通过"让数据多跑路、让群众少跑腿"，极大提高了公共服务的效率和满意度。另一方面，无论是在公共部门还是私营部门，数据的应用和管理问题，已经日益成为现实生活中至为重要的议题。

二　数据治理的必要性

随着大数据、人工智能、共享经济、平台经济等新技术、新业态的迅速发展，人们在社交网络中展现出的个人行为、性格偏好、兴趣爱好都可以被数据化，通过特定算法生成"数据画像"，每个人都将变成没有隐私的"透明人"。在没有外部规制的条件下，商家可以根据消费者的个人偏好向其推荐特定商品或服务，并根据消费者的收入水平、消费倾向"因人定价"，通过"大数据杀熟"等方式实现利润最大化。同时，互联网平台企业存在用户数据泄露隐患，导致个人隐私保护更加困难。仅在 2018 年，Facebook 就发生三次严重的数据泄露事件。以上问题表明，数据在成为一项重要的社会资源的同时，其使用和监管也面临很多新的挑战，需要我们从数据保护、获取和利用等多维视角，以及法律、制度和政策等不同层面对其进行系统研究，以便更好地开发其价值，同时控制其潜在的风险。

三　数据治理的目标

无论是当前的理论研究还是实践探索，尚未形成数据治理的准确定义。一般认为数据治理是对数据行使管理权力的过程，具体而言有四个方面的内涵。首先，数据治理是一个跨功能的活动，需要跨越不同的功能边界和学科领域；其次，数据治理将数据视作一种重要的战略资产，为管理数据提供一种结构化和形式化的框架；第三，数据治理回答了数据管理需要什么样的决策，如何形成这种决策，谁有权做出这种决策等问题；最后，数据治理需要建立数据政策、标准和流程，还需要监管合规，确保政策和标准能够执行。

数据治理的目标是充分挖掘数据潜在的价值，同时尽可能降低数据利用的成本和控制可能产生的风险，这三者之间需要保持统筹与平衡，不可偏废任何一方。数据治理在宏观层面包括国际、国内和有关部门的法律、政策和条例；中观层面包括组织的数据治理，以实现数据的价值和防范风险为目标；在微观层面关注日常数据，依靠相关专业人士处理数据信息。按照治理对象种类的不同，可以将数据区分为以下大类：科研数据、公共数据、商业行为数据和个人隐私数据等，而不同类型的数据，在不同应用场景下，需要不同的治理规则。

四　数据治理的实现路径

本质上看，数据治理是追求公共利益最大化的社会治理过程，因此，首先需要明确数据治理的基本原则。数据的所有权属于谁？数据应该由谁来管理？数据使用中如何保障个人权益？哪些数据需要促进开放和流动？目前这一系列问题都需要进一步讨论。

其次，根据数据保护的实际情况，加强数据治理的制度建设。欧盟于2018年出台了被视为“史上最严”的数据保护法规——《通用数据保护条例》（GDPR），对个人信息的保护达到前所未有的高度，将数据披露与使用的权利赋予个人，同时明确数据控制者与数据处理者有保护个人数据，以及加工处理以防止泄密的义务。然而，不少学者认为欧盟的这种过度保护措施，会使其丧失数字产业未来的竞争力。对此，中国应当辩证地学习和借鉴欧盟的经验，并结合中国发展实际，加快构建隐私权保护的法律，明确数据权属以及隐私保护规则，在产业发展与人民权益保护之间建立平衡。

再次，数据治理是政府、企业和用户等多元主体对数据采取联合行动的过程，如何协调利益诉求不一致甚至相互冲突的多元主体是数据治理的关键。鉴于数据多元主体的现状，需要构建“多方参与，分层监管，合理担责”的治理体系。促进政府部门开放相应的数据，打通不同部门之间的“数据孤岛”。与此同时，政府与平台企业可以联合，也可以委托第三方机构建立违法内容共享数据库，比如假冒侵权数据库、低俗图片和视频库、违法信息数据库、判定规则数据库等，勾勒出常见违法内容的主要特征，便于平台企业利用人工智能等技术手段自动识别和判定疑似违法内容，更好地履行审查义务。

最后，根据数据种类的不同，需要做到精细化分类管理的要求，将宏观数据治理规则精确体现到具体的应用场景中，充分发挥数据的作用，挖掘其价值。应当注意的是，数据的有效治理离不开数据技术的帮助，新兴技术在发展过程中产生的问题还需要技术本身来解决。例如，在设计数据共享机制时，可以对数据进行分类，明确哪些数据在何种情况下可以进行共享，以及相应的保护和惩罚措施。同时，把数据的有限开放和完全开放相结合。对于涉及个人信息的数据，可以通过开设许可证或开放数据接口进行验证等方式有限地开放。而对于那些不涉及个人隐私的公共服务数据，比如环保、交通、气象等领域数据，则应当在保证安全的基础上全面开放。

总体而言，物联网、人工智能、大数据等新兴技术的发展加速了人类文明数字化的进程，同时给数据治理带来了新问题和新挑战。为了充分挖掘大规模数据应用的经济社会价值，降低数据利用的成本和风险，亟须构建全面、合理、平衡的数据治理体系，在各利益相关者取得共识的基础上明确数据治理的原则，建立数据治理的制度和法律体系，协调政府、企业和用户在数据使用中的关系，分类管理数据应用的具体场景和环境。

数据治理的研究现状及未来展望

梁 正　吴培熠 *

摘　要： 数据作为人工智能和大数据的核心要素，将对人类社会发展带来深刻影响。随着数据容量的快速积累、数据质量和运算能力的不断提高，如何使用和管理数据成为第四次工业革命带给人类社会的一个重要命题。在回顾数据治理相关研究文献的基础上，从历史、经济和法律的理论视角入手，数据治理有两种含义，分别是对数据的治理和利用数据治理。这二者相互联系，但并不冲突。从数据本身治理看，数据是一种新的经济增长驱动因素，数据法需要重新审视数据相关知识产权和法律法规问题。未来数据治理有4个方向：各国数据政策演变历程和比较研究；基于数据多元主体问题研究；以数据为核心重构产业创新要素；建立和完善国家数据治理体系。

关键词： 数据治理　数据使用　数据保护　人工智能

一　引言

无论是在公共部门还是私营部门，数据的使用和管理，已经逐渐成为一

* 梁正，清华大学公共管理学院教授、博士生导师，人工智能国际治理研究院副院长，中国科技政策研究中心副主任，研究方向为科技政策、创新管理、新兴技术及其治理；吴培熠，北京航空航天大学人文社会科学学院助理教授、硕士生导师，研究方向为新兴技术治理、公共组织创新。

个真实的应用场景。在概念讨论的理论范畴中，不同的社会科学领域围绕数据治理相关问题已经开展了一系列研究，但是相关概念、理论和政策的系统梳理依然比较缺乏。在数字经济时代，数据为公共管理、科学研究、商业活动带来了效率的改善和质量的提升，海量的数据被视为 21 世纪关键的资源之一。

在公共管理方面，地方政府与企业密切合作，在“最多跑一次”“政务App”“城市大脑”等项目上频频发力，建立数据中心、大数据局，开放数据资源打破信息孤岛，利用新兴技术对公共服务进行优化和提升。在科学研究领域，开放科学、开放获取，逐渐成为科学共同体的共识，通过构建以数据为中心的开放科学，促进科研变革。在商业领域，通过积累海量的个人用户数据，数据的价值得到日益彰显，互联网巨头围绕数据的竞争也越来越白热化。数据正在成为一种高度关注的社会资源，并逐渐成为一个新兴的研究对象，如何有效地管理和使用这些数据资源成为一个挑战，甚至暴露出数据管理和使用方面的很多问题。这需要从数据获取、利用和保护等角度，以及法律、制度和政策等不同层面对数据治理问题进行系统深入的研究，以指导其治理实践。

由于数据治理问题的复杂性，不仅要在数据管理和使用的实践中探索，更要加强数据治理的理论研究。然而，与目前数据治理问题受到社会高度关注相比，当前学界对于数据治理的研究仍然滞后，而实践中暴露的问题对于理论研究正不断提出更高的要求。尽管信息科学、情报学等对如何管理各种数据已经有了很多研究成果，但是学界对数据治理的理论认识还有待进一步深入，与数据治理相关的重大理论问题还需要进一步探讨。数据的本质是什么？应该如何认识数据？什么是数据治理？目前国内外文献对于数据治理的研究处于怎样的状态？主要关注哪些焦点问题？国际上数据治理研究能够为我国构建面向未来的数据治理体系提供哪些借鉴和启发？这些问题值得深入探讨。

本文主要基于相关文献，从历史、经济、法律等维度对已有的数据治理研究文献进行梳理和归纳，展现国内外数据治理研究前沿概况，并对未来的研究进行展望，丰富本领域的理论研究成果。

二　数据的历史、概念和意义

人类利用数据的历史非常悠久，最早可以追溯到数字发明时期，不同文明均掌握了利用数字记录和管理生产生活的能力。19 世纪初，博物学家在私人的资助下环游世界搜集动植物标本，并对天文现象进行观测，开始规模化地记录数据，从纷繁复杂的事实中归纳出开普勒定律等重要的科学发现。尽管当时的数据量已经相当庞大，但数据的重要性仅由少数专业人士认定，还不能被视作一种社会资源。数据真正被社会关注、被规范和监管的时候，才真正被制度化为社会资源。欧洲的霍乱疫情使得人们开始统计搜集疾病传播的数据，并发明了可视化的技术和数据分析方法。1887 年德国帝国技术物理研究所成立，负责全社会需要的数据，成为第一个真正意义的标准局。进入 20 世纪之后，贸易的需求促进了测量和计算方法发展，统计学成为一门独立的学科以应对数据分析的需求。而 20 世纪 40 年代后大量的军事投入带来计算科学的进步以及数据传输技术的发展。近年来，少数的几家互联网公司脸书（Facebook）、微信、亚马逊创建并管理数十亿人在网络上的工作、娱乐、购物数据。纵观人类利用数据的历史，虽然数据的本质没有变化，但是在制度、技术和经济发展的交织作用下，数据完成了从数字到资产的转变，在这个过程中数据的规模、价值和影响不断扩大。

我们今天所谈论的数据是信息化和人工智能时代的海量数据资源。进行数据治理的第一步是重新定义数据，对于大数据的概念一般是从容量（Volume）、速度（Velocity）、种类（Variety）、准确性（Veracity）、价值（Value）等 5V 角度进行界定。全球性、全方位、易于获得的数据资源，是大数据成为人工智能系统输入信息的前提。数据作为一种经济资源和生产要素，是人工智能等新兴技术发展的动力，没有海量的数据积累和应用场景，人工智能很难冲破瓶颈快速发展。数据为人类社会带来机遇的同时也带来了风险，围绕数据产权、数据安全和隐私保护的问题也日益突出，并催生了一个全新的命题——数据治理。

数据治理的概念具有两种含义，分别是对数据的治理和利用数据进行的治理。一种是以数据为治理对象的治理活动，如 GDPR，数据隐私保护条例等；另一种是利用数据进行治理的活动，例如电子政务服务、一站式政府服务。数据治理的两个含义相互联系，但并不冲突，本研究中的数据治理更侧重于对数据本身的治理。数据治理是价值和风险二者之间的权衡，治理的目的在于充分发掘数据的价值，同时尽量减少相关的成本和风险。数据治理在宏观层面包括国际、国家和部门的法律、政策和条例，在中观组织层面包括数据管理规章、数据价值测量、数据风险权衡等，在微观层面关注日常数据、依靠数据处理的信息和专业人士等。

三　数据对于经济的影响

经济学相关的文献深入探讨了数字转型和数字经济的重要意义，从宏观、中观和微观 3 个层次分析了数据对于经济发展的重要意义。从宏观经济发展角度来看，经济发展和增长理论长期关注商品、服务、思想和人口跨界流动的影响和结果，而当前数据流动是最显著的跨界流动形式。随着数据生产设备的激增，以及数据存储和处理能力的拓展，21 世纪的大数据被誉为“神奇的金矿”，创新经济转型和促进循环发展的“核心资源”。在数据时代，世界经济发展关注的命题已经从集装箱货运逐渐转向数据的跨界，乃至跨国流动，数据成为一种新的经济增长的驱动因素。数据流动中流入和流出数量多少的不平衡，以及数据质量高低的不平衡，造成了地区和国家间经济发展上新的不平衡。

既然数据与传统经济驱动要素很不相同，这种差异会影响经济学基本的分析变量和框架吗？韦伯（Weber）的回答是否定的，尽管数据与传统的经济增长要素存在很大差异，但是原有的经济增长理论并不过时。首先，数据资源如同早期的石油资源一样，一旦具备了产生、收集和利用的基础设施，数据的成本就会变得非常低廉。其次，与传统资源相比，原始数据可以无限地免费复制，因此数据的实际价值具有无限潜力，但是数据要体现价值依然需要知识产权的保护。最后，数据到处都是，但是数据利用的挑战来自如何收集数据和如何使用数据，而这几乎和传统自然资源的开发完全一样。

在中观产业经济层面，信息资产将会带来经济效益，“数据应该被记录为一种具有价值及潜在价值的物品”。数据的价值已经被当今的商业活动所证实，顶尖的数据驱动型公司如苹果、谷歌和微软，将搜集的数据转换为价值，创造的净利润是传统石油天然气公司的两倍以上，拥有数据的公司成为现在获益最多的公司。数据驱动型公司的成功在于积聚海量的用户和用户数据，网络效应对用户产生了黏滞效应，带来高昂的转换成本。

在微观的企业组织层面，数据如何创造价值？某种程度上，数据被视作智慧的一种形态。罗莱伊（Rowley）在此基础上建立了一种从数据到智慧的等级概念，包括数据、信息、知识和智慧 4 个渐进的层次。数据是原始的事实和符号，是整个层级结构的基础；信息是具体语境中的数据，具体回答地点、时间、人物和事件等问题；知识是信息的集合同时结合了主观的理解和能力；而智慧位于层级的顶端，通过积累知识获得直觉和理解。在整个层级中，高层级的形态以低层级的形态为基础，整体构成了从数据到智慧的解释模型。海量的数据积累是一种颠覆性的创新，需要企业促进数据流动，并将数据整合进原有的商业流程。数据带来了从信息技术到商业模式的范式转变，推动了企业从传统要素驱动型向数据驱动型企业转变。以网约车行业为例，在数字化转型的传统行业中个人数据资源已经成为企业重要的竞争力和可持续创新的源泉，企业间的数据网络已经呈现明显的中心化趋势。数据价值的实现需要产业生态系统中数据质量的管理、数据的跨界流动和组织间的数据合作来支撑。数据是公司通过不同渠道生产或获得的一种可识别、非货币、非物理的具有潜在价值的资源。瑞保特（Rayport）和索维卡拉（Sviokla）提出了一种理解企业数据价值创造的虚拟价值链（VVC）模型，分为搜集、组织、筛选、合成和分配 5 个步骤，该模型从全过程的视角提供了数据治理创造价值的过程模型。目前数据在企业中的作用和意义与信息技术的应用密不可分，企业之间的竞争，已经成为对数据的竞争，企业如何管理数据将决定他们的未来。实践者将数据看成一种潜在商业化的分析结果，整个的过程是一个虚拟的数据价值链。虚拟价值链包括数据收集、存储、分析、共享、可视化和应用，而数据是企业转型的重要因素。在信息技术价值创造的过程中，信息技术的开支需要先转换为信息技术资产，然后转化为信息技术影响力，最后成为信息技术企业的绩效。企业在利用大数据创造价值的时候，首先需要在数据和技术方面予以投入，经历一个"资产创造过程"，将数据投资变为数据资产；而后通过"能力创造过程"发展与之相应的数据能力，包括有形的数据处理硬件、无形的数据分析算法、数据驱动的组织文化和能力等，还有分析能力、创新能力和信息管理能力；之后，企业运用大数据能力通过"转型过程"提升为企业的数据影响，包括影响企业的决策过程，提升企业运行效率，促进产品和服务创新，创造新的商业模式；最后，企业通过行业竞争、市场监管等"竞争过程"提升自身经济绩效，将数据能力转化为商业价值（见图1）。

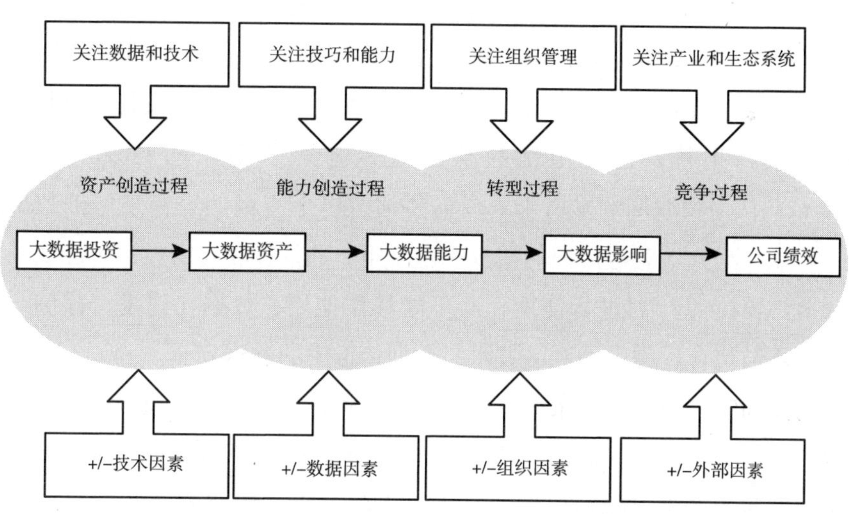

图1　企业利用数据创造价值的过程框架

资料来源：Ylijoki 和 Porras（2019）。

四　数据带来的法律挑战

在法学研究中，数据的含义与信息类似，是一种电子化的信息。数据与传统资产不同，可以无边界、无限制地展示和传播，这使得传统的物权法不再适用。目前数据在法律上还没有明确的权力归属，例如数据因为不能被盗窃，所以被认为没有财产权。再比如，虽然数据的价值越来越受到重视，但是数据集合还不能用于抵押。这些问题随着数据技术的发展将会越来越突出，未来的数据法学需要重新审视数据相关的知识产权和法律规制问题。

作为一个焦点问题，物联网时代的数据隐私保护值得高度关注。物联网可以收集到大量的数据，这些数据的积累可以在很多应用领域带来新的知识。在智慧城市中，数据带来的知识可以帮助政府制定更好的政策，改善公共交通；在消费购物上，数据带来的知识能够根据用户的反馈改善服务，提升消费体验。而在这些数据收集的过程中，不可避免地要涉及数据使用者的隐私话题，在物联网时代，人们越来越多地关注数据保护和被遗忘权。欧盟将数据保护技术、数据库管理、数据所有权、隐私政策等列为未来物联网发展的挑战。来自多项调查的结果显示，大部分用户对于智能设备广泛收集个人信息感到担忧，这种担忧甚至已经影响到了物联网的发展。皮瑞（Perera）认为物联网的发展未来尚需要通过以下方面的完善来保护数据隐私：有效并充分地获得用户的授权；基于用户的选择和自由控制；已经采集的数据需要按照计划进行使用，而不能移作他用；数据在建模、存储、分析、传播和聚合过程中的匿名技术；数据传输中的数据安全。

与此同时，公共数据未来可能会变成一种最有价值的国家资产，而管理这些资产需要解决数据保护、增值、维护、营利等一系列问题，还需要处理好利益竞争的关系、隐私保护与个人自由的关系、国家安全与公民权力保护、商业利益和公民利益最大化的关系问题。凯普（Kemp）提出了一个普适的大数据法律框架，分为平台基础设施、信息结构、与数据有关的知识产权、数据合同、数据监管、信息安全和管理等 6 个层次，其中与数据相关的知识产权、数据合同和数据监管与数据直接相关。与数据相关的知识产权指的是数据版权和数据库的权限，数据合同赋予数据拥有者通过开放数据使用获得回报的资格，数据监管则划分处理个人数据的权利和义务。在实践当中，一些组织内部已经建立起数据治理的政策和框架，有助于结构化地管理大数据。

社会正在变得越来越透明，物联网每天制造大量的数据，需要从所有权和产权保护两个方面对这些数据进行界定。这些数据的所有权应该归属于谁？在新技术快速发展的背景下，现行的法律是否有充分的效力确定数据的归属？我们是否需要一个新产业数据权力？以智能汽车为例，汽车行驶过程中产生的数据应该属于汽车的所有者、汽车的驾驶者、汽车的制造者、汽车数据收集装置的制造者、导航服务商还是道路建设方？其中，每一个部门都是数据所有权的潜在获益者。数据的所有权是一个亟待解决的问题，目前的事实是现行法律对相关问题虽有涉及，但是还远远不够。

在知识产权保护方面，欧洲现行的版权法只保护作者自己的知识产品，而生产出知识的“机器”并不能定义为作者，因此由物联网创造的数据不能受到版权法律的保护。由机器产生的数据可以受到知识产权的保护吗？对于数据的保护和知识产权的保护应该有所不同，现有的法律体系还不能全面地处理物联网等机器创造的数据及其衍生出来的相关问题。应该如何设计新的法律，亟须展开深入研究。

五　未来展望

现有的研究已经从数据科学、经济学、法学和科技政策等维度对数据的概念定义、利用价值、产权归属、隐私保护、管理规制等方面进行了细致的梳理，但目前尚未有学者从跨学科的多维视角对于数据治理问题进行全面综述和深入研究。本文旨在从历史、经济、法律等维度就数据治理研究现状描绘一个较为细致的全景图，重新认识数据治理带来的理论问题，为未来的研究开辟新视角。现有的数据治理研究存在两个方面的转向：一是研究内容从理论研究走向实证研究，从建构概念向经验研究方向转型；二是研究方法从定性走向定量，围绕数据利用、数据开放等主题的研究逐渐深入，开始出现定量化的工作。结合国内外研究现状和研究空白，从研究路径、治理方法、治理体系、影响评估的视角提出未来数据治理研究的 4 个方向。

（一）各国数据政策的演变历程和比较研究

已有的研究梳理了数字经济比较发达的国家的数据政策，但尚无法展现各国政策的实施和效果，未来仍需要就各国数据治理的政策背景、政策执行和政策效果进行分析。随着人工智能和大数据的发展，各个国家和地区针对数据领域的政策将继续增加，由于对数据的差异化认识，各国可能走向不同的政策路径，未来的研究需要强化对数据政策的国际比较和分析，以提高数据政策制定和实施的前瞻性、合理性。

（二）基于“数据”的多元主体问题研究

物联网用户数据隐私保护包括五大利益相关者：设备制造商、云服务和平台提供商、第三方应用开发商、政府监管部门和消费者。用户数据隐私的保护不单单是一个技术管理问题，还和用户本身相关，更离不开政府部门的监管和规范，而其中各个主体的作用和地位各不相同，需要协作完成。随着人工智能和区块链技术的发展，数据价值链的分工将进一步细化，数据创造和使用的主体由人与人、人与机器，向着机器与机器转变，对数据治理的多元主体带来新的挑战。因此，在人工智能和大数据背景下研究多元主体数据治理具有深刻的现实意义和理论意义。

（三）以数据为核心重构产业创新系统

海量的数据积累是一种颠覆性的创新，对当前的产业转型和经济发展带来深远的影响，甚至会重构现有的创新生态系统。数据带来了从信息技术到商业模式的范式转变，推动了企业向数据驱动型企业转变。与传统的产业创新系统相比，以数据为核心的产业创新系统将更加重视数据共享和开放，进而提升系统效率，激发创新的活力，这方面有哪些新的规律，会产生什么新问题，值得进一步探索研究。

（四）建立和完善国家数据治理体系

政策法规是新兴技术进步的有力保障，为建立和完善与新兴技术相关的治理体系，在国家层面必须把握数据作为核心战略资源的重要趋势，应对数据利用和保护中的问题与挑战。针对数据这种新兴的治理对象，需要创新治理的原则、关系和工具，在敏捷治理的思想指导下积极进行政策实验、政策试点和立法尝试，形成灵活全面的治理框架。由数据带来的所有权归属、知识产权保护、隐私保护、伦理和反垄断问题日益增加，中国作为未来数字经济和人工智能的领导者，应当在数据使用和保护的政策法规上进行前瞻性研究，探索确立数据治理的中国原则、制度与框架，形成数据治理的中国方案。

全球数据流动、保护和中国方案

梁 正　于 洋*

摘　要： 随着数字经济的迅猛发展，数据流动对全球经济产生了深远影响。为了充分释放数据红利，凝聚数字经济优势，各国逐步建立、完善跨境数据流动的内部规则，积极参与构建全球跨境数据流动规则。由于国家间数据保护水平和市场环境的差异，各国对跨境数据流动治理缺乏共识，这也成为各国及其在国际合作中制定跨境数据流动规则时面临的挑战。本文基于数字经济中数据要素的特点，以及数据流动与全球化的联系，探究欧盟、美国及国际合作中跨境数据流动规则，梳理中国数据保护和跨境流动规则的现状，旨在为制定符合当下需求的中国数据治理方案提供参考。

关键词： 数据治理　公共政策　国际比较

一　引言

2008年金融危机以来，世界经济增速放缓，各国间贸易和金融流动速度降低，尤其是近年来新冠疫情在全球蔓延，更加剧了世界经济形势的复杂性和多变性。然而，数据驱动的数字经济在逆势中稳步发展，数据流量增长

* 梁正，清华大学公共管理学院教授、博士生导师，人工智能国际治理研究院副院长，中国科技政策研究中心副主任，研究方向为科技政策、创新管理、新兴技术及其治理；于洋，清华大学公共管理学院博士后研究员，研究方向为跨境数据流动。

迅速。《2021 年数字经济报告》指出，2020 年全球互联网带宽提高了 35%。数据流动规模扩大带来机遇的同时也产生了新的治理难题，如何管理规模庞大的跨境数据流动已成为各国面临的新挑战。

美欧等发达国家对数据治理体系的构建起步较早，并且在当前阶段，为了进一步推动数据共享、释放数据红利，美欧率先提出数据战略和相关行动计划。虽然发达国家对于数据要素在国内的共享和保护规则较为成熟，但是对于建立在国家安全基础上的跨境数据流动规则仍处于探索阶段，且各国分歧较大。对于我国而言，数据要素治理起步较晚，但是发展迅速。2020 年，我国将数据要素市场化配置上升至国家战略，多项顶层设计的政策法规相继出台。但是由于我国数据治理框架初步搭建，缺乏经验指导，未来仍需补充完善国内规则并参与国际规则构建。为此，本文分析了数据作为生产要素的特征，以及数据流动与全球化的关联，归纳比较了美欧等国家数字保护和流动的相关政策法规，以及国际合作中的数据跨国流动秩序的构建情况，结合我国的数据治理现状，进一步提出中国方案。

二　数字经济和数据要素

（一）数据要素

数据是基础的原始素材，从数据中可提炼出信息、知识以及智慧，如图 1 所示，通常也将数据看作新一代信息技术的生产资源山。将数据投入生产，数据可与其他生产要素结合，产生边际报酬递增的回报，从而促进经济增长；数据的积累被认为是企业的研发投入，企业通过其创新可进一步推动经济增长。此外，数据在经济主体之间转移信息，对企业生产效率、公平和竞争也将产生一定影响。企业运营产生的数据及其反馈循环，一方面促进企业在干中学，应用于企业管理和决策，提升企业运营效率，另一方面会提高企业市场份额，使其进一步获取更多的数据。

数据作为一种新兴的生产要素，在技术和经济方面呈现出不同于传统生

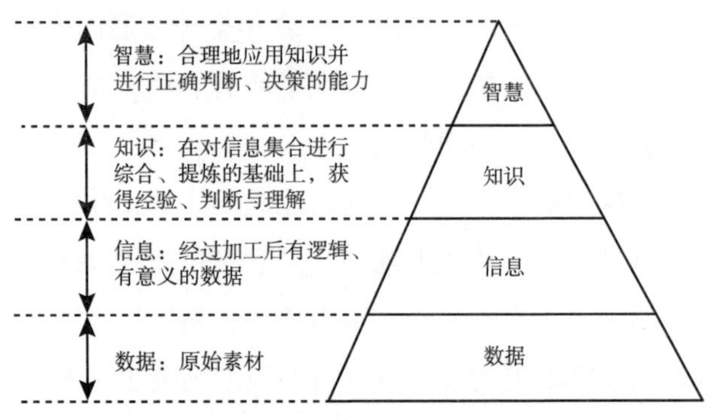

图 1　数据的地位关系

图片来源：作者自制。

产要素的特点。一是非竞争性和非排他性。数据从权属来看并非公共物品，但是特定条件下，数据可以同时被多个使用者使用，甚至被使用后价值不减反增；在数据收集过程中，不同收集者之间可以互不影响，如平台之间收集个人数据时互不干扰也互不排斥。二是边际成本较低。数据作为经济活动的副产品产生时，其被收集的过程大都仅需要一次性前期投入，继续收集的边际成本极低且大规模可得；数据收集后被不同使用者使用时复制成本几乎为零。三是规模效应显著。随着数据规模和维度的增加，数据呈现出的价值和信息量也将大幅增长。四是正外部性。这一特征体现为数据的正向作用，如提升企业生产效率、管理决策质量等。除此之外，数据在使用过程中涉及数据的提供者、收集者、挖掘者以及数据使用规则的决策者，不同类型数据主权往往缺少明晰的规定；数据使用的成本难以统一，不同场景数据的使用价值不同，如数据的垄断者可以提出高额的数据使用费用，滞后的数据使用成本可能为零；在数据流动过程中，通常以互联网为载体，流动速度较快，传播范围难以控制，存在隐私泄露的风险，甚至会威胁国家安全。

（二）数据流动和全球化

金融危机以来，全球化的继续一方面得益于各国数字经济的蓬勃发展，另一方面是大规模的数据流动。在全球贸易和金融流动失去动力的时期，跨境传输的数据量激增。数据流动创造的经济价值已经超过传统贸易商品流动，并已经成为国际贸易和投资等关系的基础，这种态势必然会对全球化形式产生深层次的影响。

数据流动已经成为全球经济的关键推动力。首先，数据是国际贸易的命脉，国际贸易从运输、交易、结算等环节都越来越难以在离开数据流动的情况下进行。跨境数据流动规模可以反映全球供需情况，协调各国生产，助力企业在全球市场高效匹配供需，从而参与到全球化进程中来，这也是数据赋能贸易的重要体现。其次，跨境数据流动也是一种新型的国际贸易形式，即数字贸易的一部分，被定义为数据贸易。近年来新冠疫情在全球蔓延，各国抗疫相关数据的共享有效促进了国际社会更加全面地了解病毒，为临床治疗提供了科学依据。

三　全球跨境数据流动秩序的构建

近年来，数据跨境流动规则备受关注，国内外研究机构对主要国家及合作组织关于跨境数据流动的管理规则做了统计、比较和说明。经济合作与发展组织（OECD）、Salesforce、世界经济论坛等均发布了有关跨境数据流动管理的报告，主要内容以全球跨境数据流动规则现状、比较及趋势为主。总体来看，数据占主导推动并促进全球化向前发展，是重要的战略资源。当前的数据流动规则以不同程度的数据流动要求和数据本地化要求为主，如图 2 所示。

（一）各国的跨境数据流动规则

1. 美国和欧盟的规则

1997 年，美国就已提出关于跨境数据流动的管理办法（《全球电子商务框架》），并积极与欧盟进行沟通推进跨境数据流动。信息时代，美国全面升级数据开放和共享规则。2014 年，美国发布《开放数据行动计划》，该计划在扩展数据开放途径的同时也扩大了数据开放内容。基于数据开放所需的

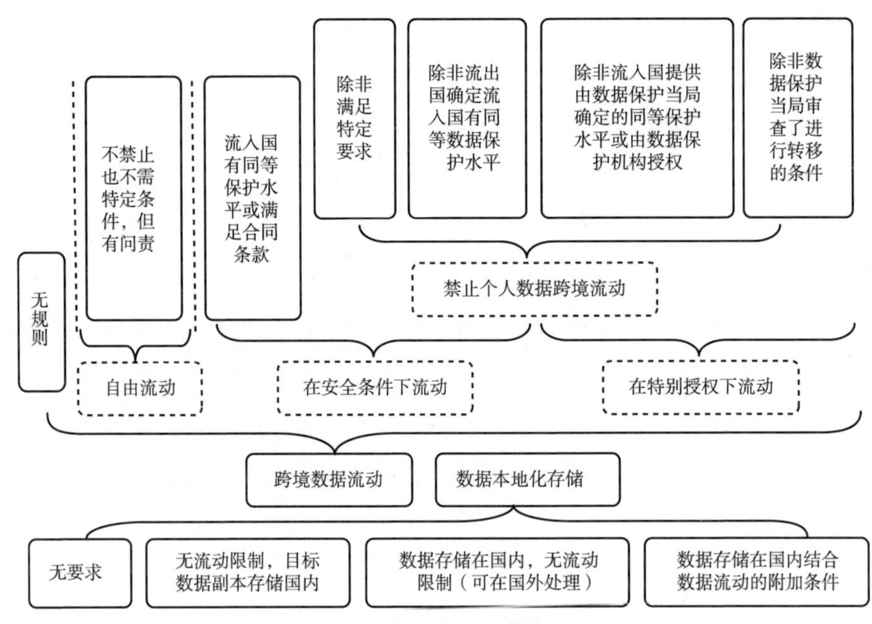

图 2　跨境数据流动规则

图片来源：作者自制。

条件，美国于 2016 年提出《M-16-19 数据中心优化计划》和《联邦机构公共网站和数字服务的政策》。2019 年，在数字经济蓬勃发展中，美国颁布了《开放政府数据法》，该法律规定美国所有政府部门公开非敏感政府数据，并对数据质量提出了更高要求，旨在为美国产业发展提供数据要素支撑。同年 12 月，美国基于《大数据研发倡议》，形成了国家层面的数据治理方案，该方案也成为美国在数字经济时代平衡数据开放与数据安全的重要战略支撑。一直以来，美国积极鼓励其他国家数据流入，尤其在贸易合作中，要求各国破除跨境数据流动壁垒；与此同时，通过多边合作渠道圈定数据自由流动区，为本国获取境外数据提供便利通道，同时又严格限制本国公民数据被威胁美国安全的国家所获取。

欧盟的跨境数据流动规则体现于“内外”两部分。一直以来，欧盟数据治理体系建设速度走在世界前列，其中包含了严格的个人信息保护规则。与美国通过补充完善已有法律的形式推进数据保护不同，欧盟采取以整体法规与各成员国立法相结合的形式推动数据保护进程。近年来，欧盟数据治理思路有了一定转变，体现在从构建严苛的个人隐私和数据安全监管法规转化为促进区域内数据共享的发展策略。欧盟致力于在成员国间构建统一的数字市场，从而实施了单一数字市场战略。2018 年，欧盟正式实施《通用数据保护条例》（GDPR），GDPR 是对欧盟成员国直接生效的法规，也构成了欧盟数据隐私和保护的法律框架。

2. 其他国家的规则

除了美欧发达国家外，新加坡和日本的数据流动规则提倡数据保护和数据自由流动相结合的形式，并为企业设置多样化的数据出境条件。对于发展中国家而言，如俄罗斯要求数据本地化，即数据首次存储在俄罗斯境内，在满足合规条件下可有序出境；印度对个人数据进行分级，依据数据级别实施差异的本地化和跨境数据流动限制措施。

（二）国际合作中的跨境数据流动规则

从国际合作来看，各国积极参与构建跨境数据流动规则框架，已有合作组织或贸易协定，如 OECD、亚太经合组织（APEC）等，已经确立了具有代表性的跨境数据流动规则框架。旨在推动数据在区域内有序流动，减少跨境数据流动的摩擦，从而最大限度发挥数据红利。

1. 双边或少数国家间的合作

从双边来看，美欧之间的合作具有一定代表性。2000 年，美国与欧盟签订了《安全港协议》，美国的 5000 多家企业在欧洲受到该协议保护，可将在欧洲收集的用户信息传至美国进行处理并存储。2015 年该协议取消，2016 年双方达成《隐私盾协议》，欧盟对美国企业和政府使用其数据进行了严格规定，也体现出欧盟对个人数据的严格保护。2018 年，美国与墨西哥、加拿大签署了《美墨加三国协议》，规定在缔约国境内开展业务的条件，即各国不得将金融数据本地化存储。近年来，美国为了主导在亚太地区的跨境数据流动规则，大力推行 APEC 中的跨境隐私规则体系（CBPR）。2010 年，由美国和日本主导的 APEC 下跨境隐私执行合作安排（CPEA）开始实施，在保障各国隐私安全的同时减少甚至消除各国间的信息流动障碍。

除了美国主导之外，2020 年，新加坡、新西兰和智利签订了《数字经济伙伴关系协定》（DEPA）。DEPA 被认为是全面与进步跨太平洋伙伴关系协定（CPTPP）的附属协议，二者关于跨境数据流动的规定较为一致，也备受认可并成为更多国家参与贸易协定的选择。

2. 多国间的合作

国际合作组织中，OECD 在 2013 年修订了《关于隐私保护和个人信息跨境传输的指南》（以下简称《指南》）。其中，第四部分介绍了跨境数据流动规则，对跨境数据流动、隐私执法规定进行了重新说明。为了减少与各国政策的冲突，《指南》也说明了成员国在《指南》的最低标准之上，拥有关于隐私保护等国家规则制定的权利，从而更有效助力各国间达成共识。APEC 于 2003 年成立了数据隐私小组，该小组在 2005 年制定了《亚太经合组织的隐私框架》（2015 年修订）。隐私框架参考 OECD 的规则制定了数据流动的指导方针，即以促进亚太地区数据自由流动、保护个人信息一致性为目标，从而实现区域一体化。2011 年，APEC 建立了跨境隐私规则，为 APEC 成员国间个人信息流动提供了隐私保护认证框架，旨在成为平衡个人信息跨境流动和隐私安全的有效机制。

在多国签订的协议中，如 CPTPP 和区域全面经济伙伴关系协定（RCEP），也均对跨境数据流动规则（见图 3）做了说明。其中，RCEP 对于跨境数据流动的要求主要体现在相关贸易政策中。例如，金融服务贸易中不允许缔约国限制金融服务提供者进行必要的信息传输：关于计算设施本地化要求以及电子信息传输的内部监管规则，均在不构成贸易歧视、贸易壁垒等前提下进行相对或绝对豁免。由于 RCEP 包含不同发展阶段的经济体，因此对于不同经济体的数据保护并未设定强制要求。为了促进国家间贸易往来，虽然无法达到数据自由流动，但是在不同数据保护水平下平衡各国跨境数据流动规则和要求，有助于缩小各国数据治理的差异，逐步缓解数字鸿沟等全球数字经济发展问题。

整体来看，全球跨境数据流动规则层次多样，尚未形成统一的跨境数据

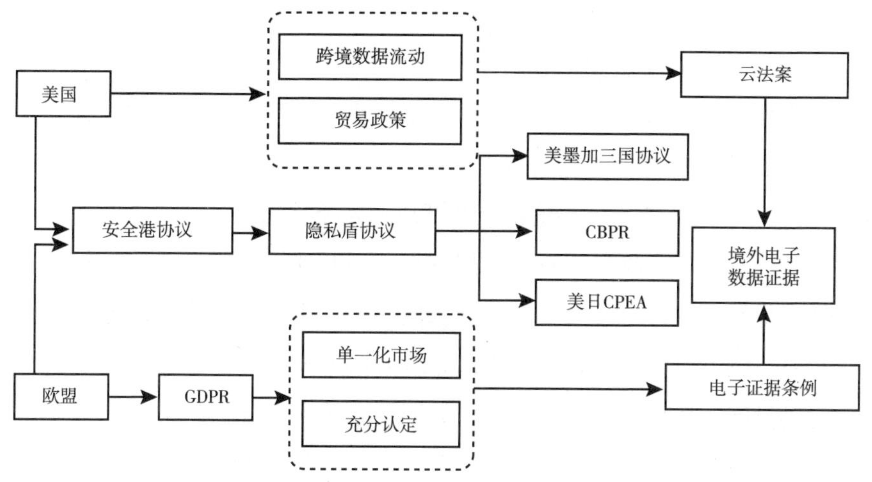

图 3　美欧主导及参与建立的部分跨境数据流动规则

图片来源：作者自制。

流动规则框架，各国数据流动、保护规则存在差异。求同存异的突破口是在国际合作中积极参与或主导对跨境数据流动规则的构建，推动数据在组织内有序流动，扩大各自数据生态圈。目前，全球范围内的跨境数据流动规则仍处于探索阶段，主要合作组织率先形成的跨境数据流动规则对后续相关规则产生了显著影响。遵守不同合作及协定的成员国数据保护水平不同，难以形成一致的规则和共识。因此，在参考已有规则的基础上，各国在不同合作中也积极制定符合当前发展的多元化规则，尤其体现在相关的贸易协定中。

四　中国方案

我国的数据治理虽然起步较晚，但是发展迅速。在借鉴美欧策略的同时，近年来也在逐步探索符合中国发展需求的数据治理之路。

（一）数据共享

相比美国 50 年前就已开始的政府数据资源管理，我国政府数据管理方法和体系建设较晚。目前，我国政府数据开放的保障机制仍处于研究和构建阶段。2012 年，首个政府数据开放平台在上海成立。2015～2017 年，我国先后加强推进政府数据开放共享、实施大数据战略、推进公共数据共享，发布诸多相关信息资源共享文件和方案。并于 2018 年为了具体落实信息资源开放试点工作，提出《公共信息资源开放试点工作方案》。

与美国长期建立起来的政府数据管理体系相比，我国的政府数据共享机制和体系是在短期内快速高效建立起来的，在接下来持续推进政府数据开放的过程中，也应充分考虑到数据资源管理效率和成本问题，以及数据公开的基础运营设施。在高质量发展阶段，数据要素质量好坏直接关系企业生产和人民生活的各个方面。一方面要突破数据收集、处理和整合的技术障碍，以满足生产生活需求；另一方面各地区数据开放平台搭建要统一标准，为数据浏览和应用提供更加高效便利的通道。我国在短期内推出了多种政府数据开放的方案及措施，为了将具体方案落地实施，需补充配套的基础设施、数据安全保障机制等。

（二）数据保护

2020 年，我国将数据列为新型生产要素，数据要素市场化配置上升为国家战略。数据已成为国家战略资源，数据安全对于个人隐私、经济发展、政治稳定和国家安全等具有重要意义。毋庸置疑，数据保护被列为重要事务，但是相对于欧盟严格、完善的个人信息保护制度，我国的数据保护缺少针对性的法律指导和健全的制度体系。2021 年，我国发布并实施了《数据安全法》和《个人信息保护法》等顶层法律，对数据处理活动、数据安全、数据开发利用以及个人信息处理和保护等相关规则进行说明。《个人信息保护法》是我国首部个人信息保护专项立法，在保护个人信息的同时也为数据的自由流动和开发提供了保障。其中第三章《个人信息跨境提供的规则》明确规定，境内产生和收集的个人信息原则上在境内存储。《数据安全法》作为数据安全领域的基础性法律，体现了安全与发展并重的理念。

对于企业和个人而言，面对数据保护的新“工具”，缺乏应用和合规的经验指导，因此进一步增强个人的信息保护意识方可做到有法可依，采用法律武器维护个人权益。政府和有关部门在完善法律基础的同时，应持续加强个人信息保护宣传工作，强化数字经济相关试点地区和示范企业数据要素治理工作，以点带面逐步完善全国数据治理工作；针对不同地区数据共享和保护基础，采取有差别的指导措施，避免“一刀切”。

（三）跨境数据流动

1. 顶层设计

近年来，我国实施的与数据保护有关的政策法规均对跨境数据流动问题进行了说明。同时，“十四五”规划以及有关部门也都提出跨境数据流动的具体实施方案。随着顶层法律相继颁布和实施，数据跨境安全管理框架基本形成，出境安全评估成为数据跨境安全管理的主要手段。2021 年，我国制定了《数据出境安全评估办法》，构建了相对完善的数据出境安全评估流程，为企业和个人数据出境提供了更加全面的指导，对重要数据的出境管理制定了具体措施。2017 年，我国实施的《网络安全法》首次提出重要数据的概念。2021 年，我国发布的《重要数据识别指南》（征求意见稿）为重要数据的识别提供了参考。近年来，我国也在逐步完善特殊数据的出境管理办法，旨在保证国家数据安全的同时促进多元数据有序的跨境流动。如 2022 年 3 月，针对人类遗传资源信息的出境等，我国发布了《人类遗传资源管理条例实施细则（征求意见稿）》。

目前，从我国实施的跨境数据流动规则来看，重点管理个人信息、重要数据跨境流动，符合我国对个人数据、隐私和维护国家安全的必然要求。个人信息和重要数据存在特殊性，也是各国数据流动管理的主要对象。关于重要数据，虽然各国的界定不同，但是各国提出的数据本地化要求等体现了对重要数据流动的严格管理，在保证国家安全的前提下实现安全的跨境数据流动。

2. 国际合作

近年来，我国积极参与构建双边或多边跨境数据流动规则体系框架，一方面体现了与各国之间目标的一致性，即确保数据安全的前提下实现数据有序流动；另一方面，作为数字经济大国、“一带一路”的倡导者，积极推动、参与跨境数据流动国际规则的制定，弥合数字鸿沟，也是大国的责任和担当。

跨境数据流动问题涉及个人、企业和国家的方方面面，解决顶层制度问题仅仅是一方面。采取可持续性应用的技术和模式，平衡数据保护和数据流动的天平，逐步消除各个主体在数据出境时面临的问题，才可有效助力经济和产业发展。虽然我国逐步建立起跨境数据流动规则，但是还需完善和补充。在跨境数据流动的评估中，评估目的主要是保障跨境数据流动的安全性，评估重点集中在是否涉及个人利益、公共利益及国家安全等。未来评估部门要做到分工明确、标准清晰、流程便捷，为企业自评估过程提供详细的参照标准，加强政企合作，共同培养专业数据评估人才，填补行业空白，有效保障数据流动的安全性和时效性等。

五 结语

数据在当前经济发展中的重要性不言而喻，基于数据的特殊性，若要在未来进一步释放数据红利，当前全球数据保护和跨境流动的相关规则务必要与时俱进。美欧国家具有丰富的数据治理经验和较为完善的数据治理体系，为各国数据治理提供了参考。我国的数据治理模式和方法仍在逐步探索和完善中，鉴于我国数字经济蓬勃发展、数据要素丰裕，在借鉴他国经验的同时，更要积极寻求符合国内数据要素保护方式和跨境数据流动的规则，逐步探索出一条符合中国特色的数据治理之路。

制定或完善数据要素跨境流动规则，也是各国面临的一项新任务。为了减缓数字经济过度碎片化、跨境数据流动政策过度分散化，各国应加强国际对话与合作。我国作为数字经济大国，面对新时期全球规则的重塑，更应积极参与并发挥主动权和话语权。同时必须认识到，鉴于当前各国做法的多样性以及对主权、隐私和国家安全的合理关切，建立相对统一和完善的跨境数据流动规则的过程必将充满挑战。

参考文献

蔡跃洲、马文君:《数据要素对高质量发展影响与数据流动制约》,《数量经济技术经济研究》2021 年第 3 期。

黄鹏、陈靓:《数字经济全球化下的世界经济运行机制与规则构建:基于要素流动理论的视角》,《世界经济研究》2021 年第 3 期。

李烨、鲁杰:《加强新冠肺炎防控国际合作,发挥大国担当和责任》,《中国医药生物技术》2020 年第 5 期。

盛斌、高疆:《数字贸易:一个分析框架》,《国际贸易问题》2021 年第 8 期。

翟军、李晓彤、林岩:《开放数据背景下政府高价值数据研究:数据供给的视角》,《图书馆学研究》2017 年第 22 期。

庄子银:《数据的经济价值及其合理参与分配的建议》,《国家治理》2020 年第 16 期。

Farboodi M, Mihet R, Philippon T, et al., "Big Data and Firm Dynamics", *AEA Papers and Proceedings*, 2019, 109: 38-42.

Jones C I, Tonetti C., "Nonrivalry and the Economics of Data", *American Economic Review*, 2020, 110 (9): 2819-2858.

数据治理政策的国际比较：历史、特征与启示

梁 正 吴培熠*

摘 要： 数据作为一种新型生产要素，具有不同于传统生产要素的特征，在第四次产业革命的浪潮中成为各国公共政策领域关注的焦点。近年来，美国、欧盟、英国和中国等国家和组织纷纷出台了围绕数据使用与保护的公共政策，系统回顾美国、欧盟、英国和中国数据治理政策的历史沿袭，归纳其数据治理的政策框架特征，在国际比较的基础上得出对中国数据治理政策的3个启示：数据治理政策应基于国家核心利益并与本国数字经济发展相适应；应兼顾数据利用与保护两个方面，促进创新和治理的共同进步；应突出数字基础设施与数据标准的建设与引领作用。

关键词： 数据治理 公共政策 国际比较

一 引言

数据是数字经济发展和传统产业转型的动力，当前数据利用和数据保护研究需要经济学、法学、伦理学等多领域的合作，同时，各国政府对数据治

* 梁正，清华大学公共管理学院教授、博士生导师，人工智能国际治理研究院副院长，中国科技政策研究中心副主任，研究方向为科技政策、创新管理、新兴技术及其治理；吴培熠，北京航空航天大学人文社会科学学院助理教授、硕士生导师，研究方向为新兴技术治理、公共组织创新。

理政策的制定尤为关注，相继在国家或地区层面对数据治理做出顶层设计。中共十九届四中全会公报正式将数据视作一种生产要素，《个人数据保护法》已经从研究讨论阶段进入立法程序阶段，这些变化都要求对数据治理政策进行深入讨论和研究。

当前，数据治理面临一系列新现象、新问题，如何制定数据政策以促进数据的归集、利用，如何制定规制政策防范数据产权与隐私保护引发的困境，这些问题引发了世界各国对于数据治理的迫切需求。少数技术先进国家已经开展了治理实践，相关的治理经验值得分析借鉴。本文针对美国、欧盟、英国和中国的数据治理实践进行对比分析，回溯历史渊源，总结治理框架和范式特征，为中国数据治理政策的制定提供启示。

本文不聚焦于具体的法律条目、政策文本的细节，而是关注治理的原则、范式和政策工具。美国、欧盟、英国等国家和组织作为信息技术发展水平较高的引领者，在数据治理的原则和政策方面各具特色且具有典型意义，因此，本文以这 3 个国家和组织的数据政策和法规作为分析对象。在分析美国、欧盟和英国数据治理政策的基础上，梳理数据治理方面的认识和立场，总结异同点，并将其与中国数据政策进行对比，试图发现中国数据政策的优势和不足。

二　各国（组织）数据政策的历史沿革

（一）欧盟

受到历史和文化传统的影响，欧洲是世界上对隐私保护最为严格的地区，1950 年颁布的《欧洲人权公约》将私人通信等个人隐私信息的保护视作最基本的人权之一。20 世纪 80 年代，信息技术的发展为个人信息的收集和分析提供了便利，也引发了更多关于隐私保护的担忧。1980 年经济合作与发展组织（OECD）发布的《关于保护隐私和个人数据国际流动的指南》（*Guidelines on the Protection of Privacy and Transborder Flows of Personal Data*）

和1981年欧洲理事会的10个成员签署的《关于自动化处理的个人数据保护公约》（*The Protection of Individuals with Regard to Automatic Processing of Personal Data*）成为协调一致的个人数据保护框架和原则，1995年欧盟又颁布了95/46/EC指令——《数据保护令》（Data Protection Directive），对协调统一各国数据保护立法产生了深远影响（刘云，2017）。

进入21世纪以来，为了应对社交媒体对海量个人数据的收集以及新兴人工智能技术的发展，欧盟提出了关于新数据隐私立法的提案，并于2018年5月25日正式实施《一般数据保护条例》（GDPR）（General Data Protection Regulation，2018）。GDPR作为一种数据治理的框架，并不是一套全新制定的数据保护规则，而是在上述欧洲已有规则公约基础上发展建立起来的。个人数据是互联网的新型石油和数字世界的新型货币，GDPR非常重视个人数据的保护，对每一个涉及数据的政策细节都进行了仔细考量，是目前针对一般数据最具有现实意义的规制政策，为个人数据创造了一个具体的监管制度，对世界范围内的数据监管产生了重要影响。

（二）美国

与欧洲数据隐私保护的视角不同，美国更强调从科技和商业的视角看待数据治理的问题，更希望通过数据为互联网等科技产业的发展提供宽松的条件。美国是推动政府数据开放的先行者，政府掌握的大量数据蕴含着巨大的经济价值和社会价值。1966年美国通过《信息自由法》（*Freedom of Information Act*），赋予了公民获取政府信息的权利，成为美国政府信息公开的里程碑，公民可以获得政府公开的土地信息、出生记录、联邦公报、政府档案、人口普查等统计数据。2009年奥巴马政府颁布《开放政府指令》（*US Open Government Directive*），促进公众通过网站、数据库的形式了解和使用公共数据（陆健英、郑磊、Sharon S. D，2013）。

由于认识视角的不同和现实的立法障碍以及利益相关的不同部门和企业难以形成统一的认识观念，美国联邦政府难以从国家层面推出数据治理框架和政策。美国加利福尼亚州作为高技术企业聚集地，已经在数据治理领域走到了联邦政府的前面，从一个中观层面展示了美国的数据治理政策。立法者认为：信息科技的发展限制了居民妥善保护个人隐私的能力，旧的隐私保护已无法适应新的现状，企业通过从消费者身上收集到的个人信息，可以掌握该消费者的住所、个性、生育状况、习惯车速、睡眠习惯、生物和健康信息、财务信息、精确的地理位置及其社交网络，而这些信息的泄露会给消费者带来金融诈骗、身份盗窃、骚扰、名誉受损、情绪压力等诸多困扰。

由此，加利福尼亚州政府于 2018 年通过了《消费者隐私保护法案》（*California Consumer Protection Act*，以下简称 CCPA），通过更全面的立法加强对个人信息的保护。CCPA 是美国加利福尼亚州立法机关对 1972 年加利福尼亚州修正案做出的响应，以保障个人得以控制对其自身信息的使用及交易的基本权利（California State，2018）。

（三）英国

1998 年英国颁布《数据保护法》（*Data Protection Act*），赋予了公民获得自身信息和数据的合法权利，同时要求政府应在不违反国家安全、商业机密和个人隐私的情况下，将政府信息以电子化的形式予以公开。该法案在过去近 20 年英国数字领域的治理实践中发挥了重要作用，但是随着物联网、大数据、人工智能等新兴技术的快速发展，数据收集、存储、处理成本的逐渐降低和计算能力的增强，海量的数据逐渐成为重要的生产要素，对个人数据的使用和保护提出了更高的要求。2018 年英国通过一部新的《数据保护法案》（*Data Protection Act 2018*），旨在更新和强化数字经济时代的个人数据保护（United Kingdom，2018）。作为英国发展数字经济顶层设计的重要举措，新数据保护法案的提出是为了支持和推动英国数字经济发展的需要，英国将数据视为数字经济发展的基础和核心，在充分保护个人数据的前提下推动数据创新是新数据保护法重点考虑的问题。同时，不可忽视的背景是，新数据法案是在英国脱欧的背景下提出的，新法案制定的初衷依然是配合欧盟 GDPR 在英国落地而制定的，所以不可避免地受到 GDPR 的影响。

（四）中国

中国于2005年启动个人信息保护方面的立法程序，并计划于2020年推出《个人信息保护法》和《数据安全法》两部对数据治理至关重要的法律。中国陆续出台涉及个人数据的法律规定，加强个人信息保护。2013年国家工业和信息化部出台《电信和互联网个人信息保护规定》，规范了行业内个人数据的保护制度。2017年开始实施的《网络安全法》对数据安全进行了原则性的规范。作为《网络安全法》的落地方案，第一版《个人信息安全规范》于2018年5月正式发布。2019年，全国信息安全标准化委员会对《个人信息安全规范》进行修正并颁布实施了新版。2021年11月1日，《个人信息保护法》正式实施。这些法规的出台体现了大数据快速发展背景下信息安全保护的重要性和急迫性。

三　各国数据政策的主要特征

（一）欧盟

2018年，GDPR的全面实施是全球数据治理史上一件具有里程碑意义的事件，体现了欧洲重视数据隐私保护的传统。GDPR的意义在于超越成员国个别立法，统一个人数据保护路径，改变了个人数据的流转走向，深度修正并规范了欧盟数据治理，实现了欧盟全境个人数据保护规范的协调统一。首先，GDPR对不同产业、不同情境中多样化的利益诉求进行了规范，强化了个人权利内容，为欧盟公民和居民提供了知情权、访问权、修正权等一系列的数字权利以及儿童保护规则、被告知权等。其次，规范突出了欧盟内部市场的价值位阶，约束范围涉及处理欧盟公民和居民个人数据的所有外国个体。再次，规范提升了法律保障的力度和能力，通过引入极为严格的数据保护合规要求，并通过最高为涉事主体全球营收总额4%的惩罚额度予以保障实施（吴沈括，2019）。最后，GDPR致力于改进个人数据跨境传输的流程管控，并对构建全球数据保护标准产生影响，特别是以个人数据跨境流动为抓手，直接制约并影响他国数据治理的制度建设（吴沈括，2018）。

（二）美国

美国对数据的管理呈现“市场竞争+隐私保护”的特征，一方面通过政府数据开放带动数据开放共享，鼓励数据自由流通促进数字经济发展，另一方面重视隐私保护和数据安全。CCPA 旨在加强消费者隐私权和数据安全保护，被认为是美国国内当前最严格的消费者数据隐私保护立法。受 CCPA 影响较大的主要对象包括银行业和保险公司、科技和软件公司、零售商和旅游业等。CCPA 明确了数据保护的适用范围，扩展了个人信息定义，强化了消费者隐私权利保护，提出了对未成年人的特殊保护。首先，与以往美国针对特定行业或者特定隐私权事项的法案不同，所有收集加州消费者个人信息的企业都要受到 CCPA 的监管；其次，该法案赋予了消费者针对个人数据的访问权、删除权、知情权等一系列权利。再次，对企业收集、存储和使用数据的行为进行了规范，要求企业应该披露所收集的数据，按照要求删除相关数据，不得随意出售数据，而且不得通过拒绝服务或者收取费用的方式歧视用户；最后，该法律允许消费者在发生数据泄露事件时要求法定损害赔偿，为加州的数据泄露集体诉讼开辟了新途径。法案规定未经本人授权不得出售 16 岁以下未成年人的个人数据，以保护其隐私权利。为了保障法案的实施，企业违反隐私保护将面临民事处罚和高昂的消费者赔偿金处罚。

（三）英国

英国新数据保护法案的政策目标是使英国经济社会最大限度地从数据创新中获益，旨在打造一个安全可靠的网络空间，同时提升个人数据的保护水平。一方面是充分发挥数据在未来贸易和区域经济发展中的重要作用，推动数据在欧洲和其他国家之间的流动最大化；另一方面是对于个人信息使用的严格保密，确保数据共享过程中的安全。从内容上来看，在用户个人层面，新法案在原有《数据保护法》的基础上提升了个人数据保护的要求，明确了用户个人对信息的控制权，增加了对“知情-同意”规则的保护，创新了数据可携带的权利，用户可以在不同的服务商之间携带原有数据进行转移，同时可以按照要求删除个人数据（何波，2018）。在数据画像方面，赋予用户更多的发言权和决定权。在企业层面，新法案以推进企业数字化转型和促进数字经济发展为目标，帮助企业规范个人数据的使用，以更好地保护企业的数据业务和声誉。在政府层面，新法案赋予了数据监管机构——英国个人数据保护机构信息专员办公室（ICO）更大的监督授权，目的是对用户数据权益进行保护，并加大了违规处罚、追责和赔偿的力度。对于有特定数据需求的政府部门，例如司法机关、国家安全部门，新法案也制定了专门的数据保护框架，为打击犯罪提供数据收集和量身定制特殊的数据管理机制。

（四）中国

中国的数字经济迅猛发展，“互联网+”的产业模式在各行业、各领域遍地开花，产业发展对中国的数据治理提出了更高的要求，亟须出台全国性的数据保护法律对数据利用和保护进行有效的指导和监管。

首先，中国目前施行的《信息安全技术 个人信息安全规范》是一个推荐性标准，对于数据企业而言会具有一定的约束力和强制性，避免现在数据使用的“裸奔”状态。

其次，《信息安全技术 个人信息安全规范》明确收集个人信息的度是“最小必要”。在信息收集的环节列出了详细的要求，通过限制收集信息的范围，打破原来一揽子强制授权。面向用户收集的信息分为必要信息、非必要关联信息和无关联非必要信息。按照规范要求App收集用户的个人信息，必须是实现它的基本功能所必要的，不能超范围收集，这样对过度收集数据和用户画像的使用进行了限制。

最后，加强信息安全的保护力度。企业在收集个人信息的时候，需要明确数据的用途、目的、周期等问题。当企业改变个人数据的使用目的时，需要再次向用户征求同意，对于敏感权限需要设置关闭功能。此外，在没有征得用户同意的情况下，企业不得将用户信息共享，即使是隶属于同一家公司的不同产品也不例外。

四　对中国数据治理政策未来发展的启示

人工智能和大数据等新兴技术的发展，不仅体现在技术的快速迭代和算力的快速提升，同样体现在世界各国对数据政策的普遍关注和重视。面对数据治理领域的新问题、新挑战，各国目前都处于探索阶段，在新兴技术治理领域尚未形成完整、充分、可供借鉴的治理经验，各个国家的数据治理政策存在相互学习和借鉴的较大空间。本研究聚焦国际比较，关注主要国家政策演变、政策框架和政策工具的特征，以期对中国数据治理和数据政策提供启示参考。总体而言，当前各国数据治理实践对中国数据治理政策和未来发展方向有以下三个方面的启示。

第一，数据治理政策应基于国家核心利益并与本国数字经济发展相适应。目前各国都在结合本土实际情况制定相应的数据治理准则和数据政策，数据作为一种基础资源和生产要素，与煤、石油等传统矿产资源的利用一样，会对各个行业的价值创造产生普遍性的影响。正因为如此，数据治理政策的核心不仅是数字经济的产业发展政策，而且是第四次工业革命中各国发展战略的重要组成部分。欧盟的数据政策既与其自身数字经济发展相对滞后有关，也与治理理论的传统优势密切相关，而美国和英国的数据政策更加注重将创新和个人隐私保护相结合。这种结合有利于维护本国在数字经济发展上的已有优势，也有利于通过政策创新进一步释放数据资源的商业价值。作为社会监管的重要角色，政府需要将人工智能、大数据技术的发展同数据政策相协调，结合当前中国发展实际和需要，让政策更好地促进产业创新发展。

第二，数据治理政策应兼顾数据利用与保护两个方面，促进创新和治理的共同进步。目前正处于人工智能和大数据技术赋能传统产业升级的关键阶段，而数据治理领域恰恰是传统经济和数字经济的结合点，面临着很多公共治理还没有遇到过的“新问题”和尚未解决的“老问题”，新老问题叠加加剧了治理的复杂性。例如，对中国网约车的数据结构分析结果显示，掌握个人数据资源已经成为平台企业竞争和可持续创新的重要能力，社交媒体和支付平台成为多边市场的重要角色，用户个人数据的重要作用势必会对传统的市场竞争、产业监管和企业可持续创新产生一系列新的影响（Huang L，Zhao Y，Mei L，et al.，2019）。同时还需要考虑避免数据治理过程中“一抓就死，一放就乱”的恶性循环，避免数据治理走上“先污染后治理”的老路。针对数据治理中面临的这些问题，需要运用敏捷治理思想，在灵活性和全面性上进行创新，在治理工具和政策上做出有别于传统治理的尝试（薛澜、赵静，2019）。

第三，在数据治理方面应突出数字基础设施与数据标准的建设与引领作用。数字基础设施是数据要素价值创造的关键一环，正如煤矿开采技术的进步导致煤的价值增加一样，数据价值的呈现需要相对低廉的数据使用和处理成本，而这就需要在政府层面推动5G、工业互联网、云计算、数据中心等数字基础设施的建设。除了上述物理基础设施，数据价值的创造还需要数据归集、共享和开放，这需要政府层面的政策推动，行业层面的标准确立和国家层面的法律规范，可以被视为数字经济发展与数字社会建设所需的“软性”基础设施，应成为未来数据政策的主要着力点和努力方向。

五　结论

在第四次工业革命到来之际，新兴技术和数字经济蓬勃发展，有效的数据治理有助于实现个人数据的利用和保护，有助于促进新兴产业的发展，抢占未来发展机遇。中国作为人工智能和数字经济发展的高地，需要继续探索一套能够有效应对挑战和风险的治理框架和政策工具，促进数据治理能力提升和数字经济的健康发展，最终实现个人数据保护和数据价值利用之间的最优平衡。只有充分认识国外数据治理实践背后的文化传统、历史演化和政策特征，吸收借鉴已有成功经验，并结合考虑本国实际情况，才能制定出适合自身发展需要的数据治理政策。

参考文献

何波：《英国个人数据保护立法改革进展及分析》，《通信管理与技术》2018 年第 2 期。

刘云：《欧洲个人信息保护法的发展历程及其改革创新》，《暨南学报》（哲学社会科学版）2017 年第 2 期。

陆健英、郑磊、Sharon S. Dawes：《美国的政府数据开放：历史、进展与启示》，《电子政务》2013 年第 6 期。

吴沈括：《欧盟〈一般数据保护条例〉（GDPR）与中国应对》，《信息安全与通信保密》2018 年第 6 期。

吴沈括：《数据治理的全球态势及中国应对策略》，《电子政务》2019 年第 1 期。

薛澜、赵静：《走向敏捷治理：新兴产业发展与监管模式探究》，《中国行政管理》2019 年第 8 期。

California State [2018-06-28], https://oag.ca.gov/privacy/ccpa.

General Data Protection Regulation [2018-05-25], https://gdpr-info.eu.

Huang L, Zhao Y, Mei L, et al., "Structural Holes in the Multi-sided Market: A Market Allocation Structure Analysis of China's Car-hailing Platform in the Context of Open Innovation", *Sustainability*, 2019, 11 (20): 5813.

United Kingdom [2018-12-01], http://www.legislation.gov.uk/ukpga/2018/12/contents/enacted.

工业数据治理：核心议题、转型逻辑与研究框架

李佳钰　黄甄铭　梁　正*

摘　要： 工业数据治理是传统工业向数字化和智能化转变的集中体现。本文从工业数据多源异构、红利释放、价值挖掘和体系兼容四个核心议题出发，研判了治理的内在动因与现实障碍，并且从中德对比的角度，进一步总结不同体制机制影响下工业数据治理的特征规律。研究发现，工业数据治理的核心特征是价值共创，可以从战略管理、创新管理和工业工程管理三个维度架构理论基础。研究结论为我国工业数据治理的实践及政策制定提供了理论参考。

关键词： 工业互联网　工业数据　数据治理　数字化转型

一　引言

在新一轮科技革命和产业革命的影响下，创新组织和产业组织的变革引致创新系统的结构发生改变，数字化的创新要素成为创新生态系统的治理焦点（Adner R，2017）。在数字经济发展的背景下，通过数据汇聚产生的颠

* 李佳钰，清华大学公共管理学院博士后研究员，研究方向为数字经济、创新生态系统；黄甄铭，清华大学公共管理学院博士研究生，研究方向为数字治理；梁正，清华大学公共管理学院教授、博士生导师，人工智能国际治理研究院副院长，中国科技政策研究中心副主任，研究方向为科技政策、创新管理、新兴技术及其治理。

覆性力量不仅改变了企业的决策范式和管理范式，而且“使能”数据基础设施建设和数据治理成为大国竞争的制高点（陈国青、曾大军、卫强，2020）。当前，我国正处于消费互联网深化和工业互联网起步阶段。自2018年工信部推出第一个工业互联网三年行动计划以来，我国的工业互联网在体系架构完善、平台体系建设、工业软件研发、标识解析布局、企业应用实践和安全保障构筑等方面进展明显，但对于工业数据的应用还处于探索阶段，在短期内难以简单复制消费互联网爆发式增长的路径（邬贺铨，2021）。我国在学习和借鉴国外经验的基础上，实现了很多消费互联网领域的自主创新，而工业互联网需要更多地立足于国情，不仅需要解决“自下而上”数据驱动的技术问题，更需要解决“自上而下”流程再造的管理问题。因此，厘清工业数据治理的内在动因和现实障碍，辩证审视发达国家的经验，构建适合自身的工业数据治理框架具有重要意义，有助于真正发挥数据资产作为生产要素驱动创新发展的作用。

二　核心议题：治理的内在动因与现实障碍

工业数据治理是一项复杂的系统工程，面临着“多重失灵叠加”的状况，现有的理论体系和政策设计难以应对场景的复杂性和动态性：一是数据治理强调了决策制定的责任路径（Khatri V，Brown C V，2010），工业领域数据供需关系复杂，责任路径确认难度较高；二是数据治理与数据资产密不可分（Aiken P，2016），但工业领域数据保护和价值增值汇报规则不清晰，数据资产运营主体缺位；三是数据治理规范有助于提高数据质量（Bhansali N，2013），工业领域数据分级分类标准缺失，数据质量、评估标准和工具难以统一。总体来看，一般意义的数据治理理论体系难以被工业领域的实践者理解和实施，其根本原因在于以下痛点问题在短期内难以逾越。

（一）提高工业数据质量，需破解多元异构问题

提升工业数据质量的关键在于“管理”，而不是一般性停留在“技术”

层面的讨论。从理论支撑来看，工业数据的全生命周期管理和流程管理理论庞杂，例如，基于“操作经验”搭建的溯源故障逻辑和ETL处理步骤好过基于“碎片化知识”搭建的方法论。从实践过程来看，工业数据的接口与维度对数据质量具有“牵一发而动全身”的影响，例如，上游系统改动一个接口就会导致已经跑入数据的下游系统极其被动。究其原因，我国的工业制造系统总体遵循以ISA-95[①]为代表的体系架构，这一体系有效驱动了制造业数字化和信息化发展，但伴随制造业数字化转型的不断深化，传统的ERP、MES、CRM等各类业务系统间数据有效集成的难度不断加大，导致“信息孤岛”问题日益凸显（《“新基建”背景下中国工业互联与工业智能研究报告》，2021）：一是跨层级数据传递效率差，影响数据质量；二是各软件供应商对ISA-95标准的执行程度不同，集成接口依然复杂且扩展性差；三是IT、OT脱节，研发过程与生产运营过程分离，业务流程碎片化；四是生产过程数据分散，无法得到有效利用。同时，ISA-95架构中业务系统的数据管理功能更多针对的是达到一定规模且高度结构化的数据，对海量多元异构数据缺乏必要的管理和处理能力。

（二）提高工业数据采集能力，需破解红利释放问题

从技术视角来看，强化工业数据采集能力的关键在于传统工厂的“内网”。其接入方式以有线网络为主，只有少量的无线技术被用于仪表数据采集。而连接各办公、管理、运营和应用系统企业网采用的以太网和TCP/IP又难以满足工业应用系统对现场级数据高实时、高可靠的采集要求。这背后反映的问题是，当前我国工业控制网络能力不强，无法支撑工业智能化发展所需的海量数据采集和生产环境无死角覆盖，大量的生产数据沉淀或消失在工业控制网络中（工业互联网产业联盟，2020）。从管理视角进一步来看，可持续提升工业数据采集能力的关键在于数据红利的释放（王田苗、陶永，

① ISA-95体系架构的核心是打通企业商业系统和生产控制系统，将订单或业务计划逐层分解为企业资源计划、生产计划、作业排程乃至具体操作指令，并通过ERP、MES、PLM等一系列软件系统来支撑企业经营管理、生产管理乃至执行操作等具体环节。

2014）。在过去几年，我国各大工业互联网平台普遍缺乏对工业数据深度开发利用的能力，多是以完成任务为导向的“重采集、轻挖掘”，不仅造成了沉重的存储负担，而且缺乏有效释放数据红利（陆峰，2022）。此外，在政策引领和资本加持下，政策制定者、企业和投资者尚未充分认识工业数据的关联有限性和价值密度稀疏性，导致在普遍尚未找到盈利突破点的现状下，工业数据的潜在价值被过高估计。

（三）提高工业数据应用能力，需破解价值挖掘问题

强化工业数据分析应用能力的关键在于运用工业智能技术开展数据价值深度挖掘，进而驱动信息系统服务能力提升。但是，以深度学习和知识图谱为代表的工业智能技术与传统信息系统[①]集成面临较高的成本和技术壁垒，客观上限制了工业数据分析应用的能力与效率。从工业智能的应用部署来看，我国现阶段主要以提升平台层数据分析能力为主，直接将 AI 算法或模型嵌入工业互联网平台层（武汉大学工业互联网研究课题组，2020），并根据问题共性和场景条件对不同 AI 模型进行组合。在这一过程中，由于不同信息系统之间的“共性模块”难以实现共享复用，导致“重复造轮子”的现象普遍存在，增加了应用创新成本。总体来看，锚定“共性”是当前工业领域数字化转型的战略指向，这种共性的锚点体现在基于工艺智能的“机理模型”上，不仅是基础研究与生产工厂之间理论和实践的双向映射，而且具备的可解释性是基于大数据学习的 AI 模型所不具备的最显著优势。

（四）提高工业数据互通能力，需破解体系兼容问题

2022 年，我国市场监管总局等 16 部门发布关于印发贯彻实施《国家标准化发展纲要》行动计划的通知，明确提到加强工业互联网等新型基础设施规划、设计、建设、运营、升级等方面标准研制。政策的出台反映了我国

① 传统信息系统一般是与后台服务紧密耦合的重量级应用，当企业业务模式发生变化或者不同业务之间开展协同时，往往需要以项目制形式对现有信息系统进行定制化的二次开发或打通集成，实施周期动辄以“月”计算，无法快速响应业务调整需求。

工业互联网平台正在面对融通标准化这一棘手问题，应用层、数据层和资源层都缺乏标准支撑，导致“信息孤岛”和“数据烟囱”。当前工业数据互通的产业生态是架构在国际层面采用的现场总线通信协议（40余种），以及先进自动化控制企业采用的私有协议基础之上的。由于工业企业采用的系统和设备接口各不相同，导致形成的数据体系互不兼容，均具有独立的应用层通信协议、数据模型和语义互操作规范。因此，跨厂商、跨系统的互操作仅能实现简单功能，无法实现高效、实时、全面的数据互通和互操作（工业和信息化部信息技术发展司，2020）。

三　转型逻辑：德国经验借鉴与中国路径探索

与其他生产要素一致，数据要素流通能力直接影响数字产业化和产业数字化的产出效率，可信、安全、透明、可计量的数据治理已成为大数据时代的国际发展共识。

（一）德国经验

从探索构建工业数据空间架构模型，到《欧洲数据战略》明确提出建设以工业为代表的九大行业数据空间，德国展现出抢抓工业数据国际治理主导权和话语权的战略意图。

1. 政策引导：项目牵引、资金支持与环境营造

从德国工业数据治理的发展路径来看，其非常重视发挥政策引导的作用，并从产业全生命周期全面发力。在项目牵引方面，德国联邦教育与研究部于2014年发起“工业数据空间行动”，并于2015年在工业4.0项目下启动工业数据空间（Industrial Data Space，IDS）研究，提供了500万欧元的项目资助用于支持完成IDS架构搭建，实施基于架构的跨部门应用案例验证，以解决工业数据共享和流通难题。在资金支持方面，德国IDS是工业4.0中的一个子项目，是由德国Fraunhofer协会下的IAIS（智能分析和信息系统）研究所牵头启动并领导实施，德国政府部门按照弗劳恩霍夫协会年

度合同（产业类和公共资助类）研究经费总额的50%进行投入配比，以支撑其进行IDS等相关非营利基础研究，进而保持IDS的前瞻性、创新性和引领性。在环境营造方面，德国政府于2021年发布《联邦政府数据战略》，明确提出在保证公共利益和数据提供者合法权益的条件下，构建工业、能源、医疗等领域的公共数据空间，实现更广泛的数据资源释放和国际数据共享，这标志着德国完成了工业数据空间的顶层战略部署。此外，德国和法国联合发起GAIA-X[①]计划，支持IDS作为GAIA-X云计算平台的核心架构，以数据共享工具的研发和数据治理体系的建设为抓手，为数据空间提供统一的基础设施底座。

2. 研发支持：协同创新、架构引领与开源创新

在协同创新方面，德国非常重视协同研发的作用，旨在解决IDS跨学科研发需求。综合考虑IDS研发的复杂性，德国联邦教育与研究部选择弗劳恩霍夫协会作为研发主体机构。该协会围绕IDS复杂研究需求，由下属12个研究所共同推进研发工作，并通过联盟和网络的形式组建若干科研联合组，灵活整合专家、企业、高校等资源开展协同创新，确保联合各方研发力量解决数据共享难题。在架构引领方面，德国非常重视开发规范化架构模型，旨在提供标准接口和认证协议，促进数据在认证的合作伙伴之间实现共享。这种做法既能有效解决数据主权问题，让数据合法的掌握者决定数据的使用条款与条件，即数据的产出方决定数据的使用方法；又能有效解决去中心化问题，仅通过提供的标准接口（IDS Connector，即“连接器”）进行连接，即没有一个中央集权的权威机构负责数据管理，并监督数据治理的规则是否被遵守。在开源创新方面，德国非常重视加强IDS组件的开发维护。国际数据空间协会（IDSA）在GitHub上建立了IDS参考测试平台开源项目，测试平台为IDS开发和认证过程提供了一个测试和评估环境，IDS参考实例和示例代码可供软件开发者使用，使公司和组织能够开发符合IDS标准的组件并

① 2019年，德国正式提出“盖亚计划”，旨在于欧洲打造一个具备竞争力、安全、可靠的数据基础架构，包括数据生态系统、联邦服务、云计算、边缘计算、数据存储等基础设施生态系统。

测试它们的互操作性。

3. 推广应用：企业牵引、生态合作与国际循环

德国在工业数据空间实践“走向欧盟、国际拓展”的过程中，企业积极投身工业数据空间建设，对工业数据共享流通产生了重要作用。在企业牵引方面，IDSA 组建了跨行业的工作组和同行业的社区组，对各个行业的场景用例进行评估测试，分析各类场景对 IDS 的不同需求，从而产生大量产品和解决方案。在生态合作方面，德国积极拓展 IDS 应用，鼓励市场参与者利用 IDS 向市场提供软件产品和服务，不断优化 IDS 的产品生态。比如，海尔海外洗衣机工厂基于 IDS 技术，实现消费者洗衣机传感器的洗衣数据与其卡奥斯 COSMOPlat 平台的安全可控交换，从而可以基于洗衣数据对洗涤程序进行优化，并发送回消费者的洗衣机。在国际循环方面，德国积极推动 IDS 成为国际标准，并加强国际化应用推广。IDSA 推动 IDS 的部分内容成为正式国际标准，并支持不同数据空间基于该标准实现互联和信息协作。如，IDSA 成员荷兰应用科学研究组织（TNO）与日本电信公司 NTT. Com 基于 IDS 标准建立互联的数据空间，实现供应链信息等的国际安全交换。此外，IDSA 还通过联合相关协会组建数据空间商业联盟（DSBA）、在不同国家建立区域中心等方式，大力促进 IDS 标准在整个欧洲和全球的推广。

（二）中国路径

自 2015 年国务院印发《促进大数据发展行动纲要》以来，工业和信息化部出台了《工业数据分类分级指南（试行）》《关于工业大数据发展的指导意见》《“十四五”大数据产业发展规划》等一系列文件，对工业数据的汇聚、共享、应用、安全等做出具体部署。

1. 总体规划：“促开放”与“建闭环”

从产业规模和体系完整程度来看，中国较德国在工业领域具有一定优势，但在高端领域依然存在显著差距，“大而不强”的问题短期内难以得到根本改变。中国作为制造大国，同时也是数据资源大国和应用大国，但工业数据治理仅处于起步阶段，且难以简单复制发达国家在顶层设计、交易流通

方面的先进实践经验。这背后反映的关键问题是，中国政府在形成战略和立法相互交融的顶层设计中，难以兼顾开放生态服务体系的“广度”，以及推进自闭环服务体系的“深度”。“专精特新”的战略方向，体现了中国对于工业领域配套政策欠缺、产业结构失衡和国际形势动荡多变阻碍中小企业发展等共性问题的准确把控。基于贵阳、上海、深圳、武汉等地为促进工业数据共享、流通、交易等方面的积极探索，我国目前形成了非常具有活力的开放生态服务体系，孕育了种类丰富的数字创新主体，能够通过做优开放生态服务体系激发中小企业数字化转型内生动力，很好地应对了疫情冲击下的经济下行压力。但是从长期来看，面对产业转型升级的机遇和外部贸易保护风潮的挑战，自主掌握核心技术，在生产装备、工业控制、数据标准、激励知识、服务平台和工业软件等关键领域“补短板”“锻长板”“填空白”成为当务之急。多年来，我国一直倡导“加快构建以企业为主体、市场为导向、产学研用联动的技术和产业创新体系”，但仍未形成类似德国西门子这样在全球的产业链和价值链分工中具有较强的竞争力与影响力的大企业（见图1）。以欧、美、日为代表的发达国家，由于技术领先优势形成的自闭环服务体系加剧了我国制造业转型升级的压力，外部开放环境发生巨大变化。从我国近年来密集出台的相关政策可以看出，在构建以数据为关键要素的数字经济战略框架下，系统推进工业互联网基础设施和数据资源管理体系建设，是发挥数据治理作用的关键。因此，打造以“闭环服务体系”为主的中国特色内循环或将成为解决工业数据治理问题的重要抓手。

2. 重点突破：“老问题”与“新问题”

推动工业数据治理，不能脱离工业而虚谈模式应用与方法创新。德国是世界上第一个提出“第四次工业革命”这一概念的国家，工业 4.0 在德国以及世界范围内都获得了巨大成功。在过去的 40 年里，当中国寻求通过重视服务业以及从制造业外包中获利时，德国工业自动化的优化已达到顶峰。从成效来看，我国工业传统的自动化和信息化为工业互联网的发展奠定了基础，自 2017 年以来，习近平总书记多次对工业互联网创新发展做出重要指示，工业互联网连续 5 年被写进政府工作报告，党中央国务院数十次对工业

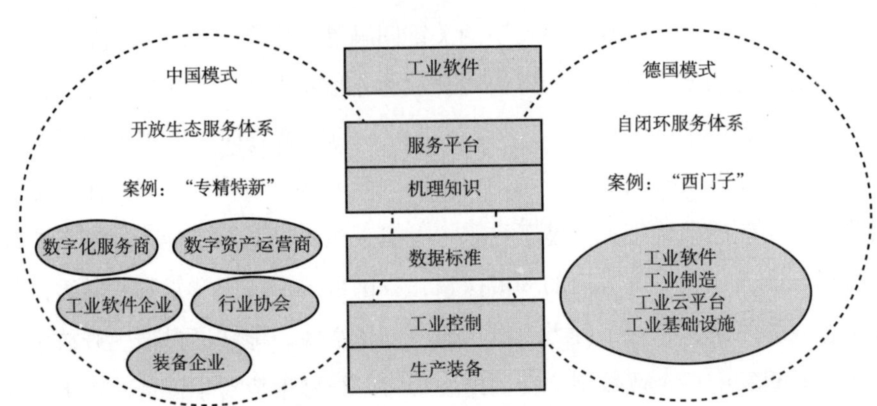

图1　中德总体规划层面对比

图片来源：作者自制。

互联网进行战略部署。我国初步形成了基于“自下而上”的信息流和“自上而下”的决策流构成的工业数字化应用优化闭环。

从德国工业数据治理的思路可以清楚地看出，利用工业互联网来完成价值创造流程，以及利用与此相关的产品和服务十分关键。近年来，我国工业互联网体系架构愈发成熟，业界对工业数据治理的重要性认识更为深刻。伴随着新一代信息通信技术与工业经济的融合，工业互联网安全攻击日益呈现出新型化、多样化、复杂化，现有的工业网络安全保障体系显然不够完善，暴露出一些“新问题”亟待解决：一是工业互联网平台采集、存储和利用的数据资源存在数据体量大、种类多、关联性强、价值分布不均等特点，平台数据安全存在责任主体边界模糊、分级分类保护难度大、时间溯源困难等问题；二是缺少专业机构、网络安全企业、网络安全产品服务的信息渠道和有效支持，工业企业风险发现、应急处置等网络安全防护能力普遍较弱；三是工控系统和设备在设计之初缺乏安全考虑，自身计算资源和存储空间有限，大部分不能支持复杂的安全防护策略，难以确保系统和设备的安全可靠。在上述问题的驱动下，目前我国正在构建具备可靠性、保密性、完整性、可用性和隐私性的工业互联网数据安全功能框架，积极探索形成政府、企业和产业界的共识（如工业数字空间），促进数据安全防护理念从“被动”向“主动”转变。

3. 全面推进：“技术关”与“经济账”

数据治理作为工业智能的基础，其背后价值的挖掘深度决定了“网络化→数字化→智能化”的价值呈现逻辑。从技术支撑视角来看，我国的底层硬件、计算框架、开发平台等 AI 基础设施在工业领域的建设较为落后，且每个下游行业场景都具有原生的价值链条和较高的技术壁垒，既缺乏优秀的工业主体 AI 数据模型，又缺少用于算法训练的高质量工业标注数据集。由于这些“Know-how”技术关的存在，我国工业智能的应用场景呈点状分布特征，共性需求的抓取和技术方案的普及范围有限。可以预见，未来在突破工业设备的数字化改造和数据联网“技术关”的同时，整个智能生产系统的建设需要投入巨额的资金成本和漫长的时间成本，其“经济账”不容小觑。近年来，我国的资金支持政策力度持续加大。2021 年 11 月，工业和信息化部、人民银行、银保监会、证监会四部门联合发布《关于加强产融合作推动工业绿色发展的指导意见》，明确提出要推动工业绿色发展的产融合作机制建设。同月，北京证券交易所正式开市，不断完善多层次资本市场体系，构建错位发展新格局，持续拓宽包括工业互联网企业在内的直接融资渠道。此外，大型银行积极参与工业互联网企业债务融资，保险公司开发了与工业互联网相关的百余款保险产品，一批知名风投机构积极开展工业互联网投资。但从密集政策影响下的产业实践来看，当前我国工业和技术领域的投资，已经因为资本的大量涌入出现局部和周期性过热。资本过度集中在一些“高精尖”赛道，但与制造升级、技术提升相关的诸多关键环节还是资本洼地。从德国的经验可以看出，高端制造要遵循“周期长、赛道宽、不唯纯技术论”的投资准则，消费互联网的投资模式在工业和技术领域不会奏效，在资本“投机”和传统制造业“跟随”的两大元素加持下，催生了工业互联网行业的大量泡沫，扰乱了被投产业的市场秩序，甚至导致劣币驱逐良币。例如，机床行业作为工业制造的母机，是生产高端工业产品的基础，但资本的热度并不高。那些看似高精尖、被卡脖子以外的细分领域，仍有诸多在数字化转型升级中所必需的要素市场可视为待开掘的蓝海。

四 研究框架：治理的核心特征与理论基础

从上文的分析可以看出，中国的工业数据治理的实践面临多重困境，现有的理论体系不足以支撑“门类齐全、大长尾”的一般工业实践。基于此，本文构建了工业数据治理研究的整体研究框架，如图 2 所示。本文所构建的研究框架主要包括治理的核心特征和理论基础两个模块。

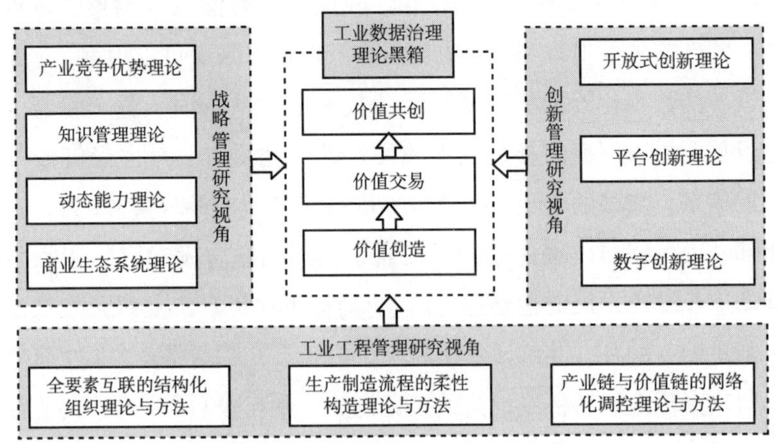

图 2 工业数据治理的研究框架

图片来源：作者自制。

（一）工业数据治理的核心特征——价值共创

从“价值交易”向“价值共创”的价值转型（Hamidi D Y，Machold S，2020），是当前全球数字化转型的重要认知模式（Matarazzo Michela，2021）。纵观德国工业数据空间的演化历程，工业经济时代以产品升级为核心价值主张的主导逻辑，正在逐步向数字经济时代以服务解决方案为核心价值主张的主导逻辑转变（Ardley B，Mcintosh E，Mcmanus J，2020），即通过打造数字创新生态系统来挖掘市场潜在需求，进而形成以竞合关系为主的价值共创。与传统的价值交易不同，工业数据治理的最终目的是解决工业数据在质量、采集、应用和互通方面的问题，创新主体可以通过价值创造之外的数据治理机制传递价值，即创新主体不只是价值的需求者或者接收者，更是价值创造的参与者（Leone Daniele，2020）。可以认为，德国在工业数据治理方面的成功经验是建立在“数字创新加速了创新要素的关联重组，重塑了创新主体之间的价值共创模式”这一逻辑假设的前提下，其经验对于我国工业数据治理的推进具有重要意义。数字创新引致产业创新生态系统的行为逻辑发生了改变（Beltagui A，Rosli A，Candi M et al.，2020），使得工业领域PaaS 和 SaaS 的主导逻辑被管理学研究广泛用于探讨价值共创的形成问题。

（二）工业数据治理的理论基础——战略、创新、技术维度

理论体系的构建是为了实现工业数据治理的总体战略目标，是将工业数据治理的各种要素和概念组织起来的逻辑结构（张忠平、刘廉如，2021）。国外的研究机构依托各自的研究结果和实践经验提出了一系列通用的工业数据治理模型和框架，如国际标准化组织（ISO/IEC）提出的 IT 治理的通用模型和方法论（ISO/IEC38500 系列标准），以及国际数据管理协会（DAMA）提出的数据管理知识体系（DMBOK），均强调了数据管理功能与要素之间的合理匹配。因此，为了能够指导工业企业加强对数据资产的管理，创造和释放数据价值，本文综合考虑工业数据治理在战略域、价值域和技术域方面的任务和要求，将工业数据治理的理论基础分为战略管理、创新管理和工业工程管理三个方面。

1. 战略管理研究视角

基于战略管理视角的工业数据治理研究重点强调数据资产对于企业获得竞争优势的影响。首先，工业数据治理理论作为理解企业数据战略需求和识别数字业务问题的基础，应架构在 Porter 的产业竞争优势理论基础之上，是在产业组织与产业结构的影响下，基于不同产业定位的工业企业通过数据资产获得竞争优势的过程（Poter M E，1980）。进一步探究数据、信息、知识的异质性对于企业竞争优势的影响需要架构在知识管理理论之上，工业企业基于机理知识产生的竞争优势反应在数据资产的属性以及创新主体间的价值

共创关系之中。知识管理理论能够指导工业企业生产过程中的原理、定理、定律等与实际工业生产经验的结合，推动机理知识在工业互联网平台的沉淀集聚。在此基础上，数据治理势必驱动工业企业将形成难以模仿的动态能力，而这种动态能力的形成又体现了企业运用数据资产的共性，即通过价值交易来创建、部署以及保护数据资产以支持持续的商业绩效（吴瑶、夏正豪、胡杨颂，2022）。最后，工业企业数字化特征具有明显的模块化规律，其非线性叠加涌现生成了工业数据治理系统层面的现象与特征（Russell M G，Smorodinskaya N V，2018），可以从商业生态系统理论进行解释：一方面，工业企业是构成商业生态系统的微观个体，工业数据治理是微观个体层面的变化。由于创新生态系统内的企业之间存在复杂的竞合关系，微观层面的数据治理最终在系统层面汇聚，“自下而上”地涌现出新的特征（杨伟、吉梨霞、周青，2022）。另一方面，工业互联网是构成商业生态系统的网络结构，工业数据治理也是宏观网络层面的变化。由于商业生态系统内的网络结构存在复杂的非线性结构，宏观层面的数据治理最终也在系统的层面汇聚，“自上而下”地催化出新的特征（杨震宁、侯一凡、李德辉，2021）。

2. 创新管理研究视角

基于创新管理视角的工业数据治理研究重点强调打破数字鸿沟实现跨组织的功能互补。首先，开放式创新理论作为工业数据治理的理论支撑，能够很好地解释工业企业内部研发过程中创新与知识之间的作用，即研发阶段产业组织在创新投入、创新产生以及创新商业化过程中的边界渗透与模糊化（梅亮、陈劲、刘洋，2014）。区别于企业商业战略中传统生产要素驱动经济增长的逻辑，数据要素驱动的产业技术研发不但增强了产业、组织和治理边界的模糊性，而且具备了自生长性等迭代创新的特征（刘洋、董久钰、魏江，2020）。作为理论视角的一种全新探索，当数据治理分析的对象为制造业时，一个特定的数据创新生态系统成为开放式创新理论的典型案例（穆荣平、郭京京、康瑾等，2022）。其次，从平台创新理论切入工业数据治理的研究需要满足基本假设，即工业创新生态是建立在服务、工具、技术等能够为创新主体创造价值的平台之上（Moore J F，1993），其研究范畴涉及产品、要素、软件系统、信息系统以及产业组织等。由于“to C”场景下适用的平台创新理论在工业“to B”领域不具有普适性，工业互联网平台的高技术壁垒和全过程管控幅度对价值创造提出了更高的要求（李燕，2019）。因此，可以基于平台创新理论探讨工业数据治理过程中的架构创新环节，在此基础上探究如何通过数据治理突破工业平台化探索阶段的发展瓶颈（杜勇、曹磊、谭畅，2022）。最后，数字创新理论中的非竞争性、可扩展性、可复制性以及可重组性等特性对当前数字经济产生的新模式、新业态具有很好的解释性（Lusch R F，Nambisan S，2015）。工业企业在数字创新过程中数字能力（数据治理能力）的嵌入，极大提高了产品和服务创新的速度，促进了异质性创新主体之间的价值共创（Yoo Y，Henfridsson O，Lyytinen K，2010）。但是，由于工业领域缺乏大量异质性较高的用户驱动，其数字创新的技术特性（自生长性）对于解释当前工业数据治理问题的能力较弱（Tilson D，Lyytinen K，Rensen C，2010），工业企业组织结构模块化分解的创新规律并没有改变产品架构和组件、产品子系统之间的互动方式（王瑜、任浩，2014）。工业互联网的本质是具有自生长性的数字模块，但其在设计之初并没有对整体架构进行全面设计，也没有明确各模块如何与其他模块整合（Gawer A，2009；孙国强、朱艳玲，2011）。因此需要突破基于模块化的传统创新理论，使模块化的工业产品设计和生产过程更适合快速变化的数字技术环境。

3. 工业工程管理研究视角

从企业的生产实践出发，工业工程学科的理论体系相对独立（齐二石、汪应洛、卢岚，1999）。基于工业工程管理视角的工业数据治理研究重点强调数据要素互联的时空关系演变及调控规律（亨利·法约尔，2014）。首先，生产制造流程的柔性构造理论与方法，明确地提出了工业数据治理在柔性化制造全流程的流畅性与稳定性方面的发展方向（黄群慧、贺俊，2013）。工业数据价值创造的逻辑主要架构在柔性化制造全流程的容差分析与传播模型、全流程稳定性构建方法、全流程重构的理论基础上，能够精准刻画未来工业互联网生产链制造全流程中的误差传播、有效识别生产流程的脆弱性、定量评估生产线重构的收敛性等问题。其次，全要素互联的结构化组织理论与实践，明确地指引了工业数据治理在全要素互联的联结关系与结构关系方面的发展方向（赵骥、齐晓锐、吴教丰等，2021）。工业数据价值交易的逻辑主要架构在按需联结的本征模型与调控机理、生产要素数据多维表征及结构化组织机理、全要素互联的系统熵理论基础上，能够度量治理的复杂性并构建相互控制关系。最后，产业链与价值链的网络化调控原理与应用，明确地聚焦了工业数据治理的关键问题，即如何实现跨产业链与价值链联动的多目标调控优化。工业数据价值共创的逻辑主要架构在生产制造的全产业链构建模型、全价值链构建模型、跨链耦合的网络化调控原理的基础上，能够有效解释生产制造的全产业链、全价值链耦合与复杂调控关系的问题。

五　结论与展望

工业数据治理是打通人、机、料、法、环等全过程价值闭环的关键，是一个完整的体系，也是一个复杂的系统工程。本文认为，中德两国的战略都十分强调工业数据的重要作用，在数据要素价值化的技术方法和发展路径方面有着相同的战略目标，但技术水平和产业基础的不同决定了各自的数据战略细节有所不同。换言之，中国的工业数据治理需要结合国情和工业企业的实际情况，既不可能简单模仿德国的 IDS，又不可能借助已有的数据治理理论和消费互联网中的经验快速开展工业数据治理工作。基于此，本文进一步认为，工业数据治理的本质是一项管理工作，其核心特征是价值共创，需要从战略管理、创新管理和工业工程管理三个方面构建研究框架：首先，工业数据治理需要从战略管理的视角研判数据的产生和使用场景，明确数据治理的内涵和外延，以及具体场景下涉及的数据分级、分类、分布等内容。其次，工业数据治理需要从创新管理的视角明晰高质量数据的形成路径和高附加值的价值创造路径。最后，工业数据治理需要以工业工程管理的视角，突破管理数据和工程数据的“一刀切”问题，明确工程数据是工业企业最重要的数据资产。

参考文献

陈国青、曾大军、卫强等：《大数据环境下的决策范式转变与使能创新》，《管理世界》2020 年第 2 期。

杜勇、曹磊、谭畅：《平台化如何助力制造企业跨越转型升级的数字鸿沟？——基于宗申集团的探索性案例研究》，《管理世界》2022 年第 6 期。

工业和信息化部信息技术发展司：《促进大数据与工业深度融合发展》，《中国电子报》2020 年 5 月 15 日。

工业互联网产业联盟：《工业互联网体系架构（版本 2.0）》，中国信息通信研究院，2020。

〔法〕亨利·法约尔：《工业管理与一般管理》，张扬译，北京理工大学出版社，2014。

黄群慧、贺俊：《“第三次工业革命”与中国经济发展战略调整——技术经济范式转变的视角》，《中国工业经济》2013 年第 1 期。

李燕：《工业互联网平台发展的制约因素与推进策略》，《改革》2019 年第 10 期。

刘洋、董久钰、魏江：《数字创新管理：理论框架与未来研究》，《管理世界》2020 年第 7 期。

陆峰：《制造业数字化转型推进路径及方式》，《中国工业和信息化》2022 年第 1 期。

梅亮、陈劲、刘洋：《创新生态系统：源起、知识演进和理论框架》，《科学学研究》2014 第 12 期。

穆荣平、郭京京、康瑾等：《制造业开放创新趋势、问题和政策建议》，《中国科学院院刊》2022 年第 7 期。

齐二石、汪应洛、卢岚：《中国工业工程学科发展现状与趋势》，《工业工程》1999 第 1 期。

孙国强、朱艳玲：《模块化网络组织的风险及其评价研究——来自一汽企业集团网络的经验证据》，《中国工业经济》2011 年第 8 期。

王瑜、任浩：《模块化组织价值创新：内涵与本质》，《科学学研究》2014 年第 2 期。

王田苗、陶永：《我国工业机器人技术现状与产业化发展战略》，《机械工程学报》2014 第 9 期。

邬贺铨：《数字机遇与创新生态》，《科技导报》2021 年第 2 期。

吴瑶、夏正豪、胡杨颂等：《基于数字化技术共建“和而不同”动态能力——2011~2020 年索菲亚与经销商的纵向案例研究》，《管理世界》2022 年第 1 期。

武汉大学工业互联网研究课题组：《“十四五”时期工业互联网高质量发展的战略思考》，《中国软科学》2020 年第 5 期。

《“新基建”背景下中国工业互联与工业智能研究报告》，艾瑞咨询研究院，2021。

杨伟、吉梨霞、周青：《企业数字化转型对创新生态系统的影响：基于市场规模动态的多 Agent 模型》，《中国管理科学》2022 第 6 期。

杨震宁、侯一凡、李德辉等：《中国企业“双循环”中开放式创新网络的平衡效应——基于数字赋能与组织柔性的考察》，《管理世界》2021 第 11 期。

张忠平、刘廉如：《工业互联网导论》，科学出版社，2021。

赵骥、齐晓锐、吴教丰等：《未来工业互联网松耦合结构理论、分析、评估及实现平台》，《计算机集成制造系统》2021 第 5 期。

Adner R.，“Ecosystem as Structure”，*Journal of Management*，2017，43（01）：39-58.

Aiken P.，“Experience：Succeeding at Data Management—Big Co Attempts to Leverage Data”，*Journal of Data and Information Quality*，2016，27（7）：1-35.

Ardley B，Mcintosh E，Mcmanus J.，“From Transactions to Interactions：The Value of Co-creation Processes within Online Brand Consumer Communities”，*Business Process Management Journal*，2020，26（04）：825~838.

Beltagui A，Rosli A，Candi M，et al.，“Exaptation in A Digital Innovation Ecosystem：The Disruptive Impacts of 3D Printing”，*Research Policy*，2020，49（01）：1-16.

Bhansali N.，*Data Governance：Creating Value from Information Assets*，CRC Press，2013.

Gawer A.，*Platforms Markets&Innovation*，Edward Elgar Press，2009.

Hamidi D Y，Machold S.，“Governance，Boards and Value Co-Creation：Changing Perspectives Towards A Service Dominant Logic”，*European Management Journal*，2020，38（6）：956-966.

Khatri V，Brown C V.，“Designing Data Governance”，*Communications of the ACM*，2010，53（01）：148-152.

Leone Daniele.，“How Does Artificial Intelligence Enable and Enhance Value Co-creation in Industrial Markets? An Exploratory Case Study in the Healthcare Ecosystem”，*Journal of Business Research*，2020，129（03）：849-859.

Lusch R F，Nambisan S.，“Service Innovation：A Service-dominant（s-d）Logic Perspective”，*Mis Quarterly*，2015，39（1）：155-176.

Matarazzo Michela.，“Digital Transformation and Customer Value Creation in Made in Italy SMEs：A Dynamic Capabilities Perspective”，*Journal of Business Research*，2021，123（02）：642-656.

Moore J F.，“Predators and Prey：A New Ecology of Competition”，*Harvard Business Review*，1993，71（3）：75-86.

Poter M E.，“Competitive Strategy”，*New York*：*Free Press*，1980.

Russell M G., Smorodinskaya N V., "Leveraging Complexity for Ecosystemic Innovation", *Technological Forecasting and Social Change*, 2018, 136 (11): 114-131.

Tilson D, Lyytinen K, Rensen C., "Research Commentary: Digital Infrastructures: the Missing Is Research Agenda", *Information Systems Research*, 2010, 21 (4): 748-759.

Yoo Y, Henfridsson O, Lyytinen K., "Research Commentary: The New Organizing Logic of Digital Innovation: An Agenda for Information Systems Research", *Information Systems Research*, 2010, 21 (4): 724-735.

第五部分　人工智能治理之算法治理

算法治理的基本路径与核心理念

梁　正*

摘　要： 算法的设计或许可以在数学逻辑上做到完美，但缺乏对人性和社会环境的综合考虑，从“真空”环境中诞生的算法本身带有机械性。一味追求效率、不断压缩配送时间的外卖配送算法，即体现了算法程序的不尽合理之处。面对算法缺陷及其产生的问题，应将算法嵌入整个社会体系中评估，分析算法运行所牵涉的各个环节，以体系化的思维为算法向善提供解决方案。

关键词： 人工智能　大数据　算法治理

一　算法缺陷及其产生的问题

以外卖配送系统为例，外卖平台利用大数据分析计算最优配送路径，极大缩短了骑手的配送时间，提高了配送效率。但也存在诸多问题，有些是算法本身缺陷所导致的，有些则因其他社会问题与算法相伴而产生。

算法程序中可能存在不尽合理之处。算法中的程序几乎都是算法控制者单方设定的，即使程序中可能有不尽合理之处，算法相对方也只能被动接

* 梁正，清华大学公共管理学院教授、博士生导师，人工智能国际治理研究院副院长，中国科技政策研究中心副主任，研究方向为科技政策、创新管理、新兴技术及其治理。

受。例如，外卖配送系统中设定了骑手等级，骑手需要通过每日登录 App、分享邀请有礼活动链接、上传健康证、完成各种订单配送等方式获取晋升等级所需要的积分。其中也有减分项目，比如配送超时减 3 分，获得一星差评或不满意评价减 5 分等，甚至一个差评或延时会直接扣除骑手工资。在这种规则之下，配送时间成为非常重要的考核指标，骑手面临很大压力。尽管这些规则在人性化、合理性上还值得商榷，但骑手只能被动适应，接受算法规则的约束，甚至对算法产生依赖。

算法容易使个体失去自主性。自泰勒提出标准化管理模式之后，工作逐渐被标准化和简单化，工人操作的自由度降低了，简单重复的动作让人越来越像机器。正如媒体曾经报道的富士康工厂的情况一样，在高度标准化的生产中，工人的工作效率以秒来计算，工人往往处于高度疲态和枯燥之中。算法的运行与此相似，算法具有隐蔽性和高度专业性的特征，每个参与算法的个体就是一个数据节点，在算法高速运转中，个体只能被动接受信息并执行算法命令。骑手属于劳动密集型职业，工作中需要耗费大量精力，若只受算法支配而丧失自主性，他们作为劳动者的休息权则无法得到保障。同时，骑手与社会其他群体具有紧密联系，一旦发生事故不仅会伤害自己，还会伤及他人。从这一点来看，保障骑手休息的权利也在一定程度上意味着保护社会公共利益。

仅靠算法的自我迭代难以有效解决问题。算法的设计或许可以在数学逻辑上做到完美，但缺乏对人性和社会环境的综合考虑，从“真空”环境中诞生的算法本身带有机械性。在外卖配送算法中，为了追求效率，可以对所有阻碍因素进行优化，把配送时间不断压缩。但如果因为计算最优路径而忽视了实际道路状况、实时天气状况和小区管理情况等影响因素，计算结果往往就会不准确，算法不断迭代的过程也就可能演变成加大骑手困难的过程。实际上，其他社会因素会深刻影响算法的运转情况。现实中经常可以看到，由于城市交通违章查处、电动车限速标准执行不够严格，出现大量违章、超速外卖骑手电动车上路等现象。除了交通规则外，一些小区的管理也需要调整，如一些商务楼、医院、小区等不允许骑手进入，骑手只能在外等待或者步行送餐，最后导致送餐延迟。如果忽视这些问题，单靠算法本身的迭代是无法有效解决问题的。

二 算法治理的路径

为应对上述算法的缺陷，可以从内部的算法自我优化与外部的监督规范中找到解决路径。

设计算法应该走出“真空”，接受社会实验。算法背后是代码，代码是“冰冷”的，没有人文温度，忽视人性的算法无法为人类带来福祉。在现行外卖配送算法中，如果骑手因偶然因素实现了快速送餐，算法就会提供奖励，让骑手接到更多订单。这样一来，骑手出于利益最大化的动机，肯定会追求速度越快越好，订单越多越好，由此陷入恶性循环。为了避免速度成为唯一的考量因素，算法评价机制中也应该引入其他考量因素，比如为从来没有发生交通事故的骑手提供奖励，引导骑手更加注意安全。

制定算法规则需要多方参与尽量避免不合理之处。基于机器学习的算法具有“黑箱”特征，算法使用者无法就算法规则提出建议或意见，只能被迫“追赶”算法设定的目标。多方参与规则制定是正当程序的必然要求，比如一些电商平台推出“规则众议院”，平台上的买卖双方都可以通过众议院机制就规则制定发表意见。也有学者提出算法解释权，即赋予主体知晓及理解算法运行逻辑的权利。该观点认为，受到自动化决策不利影响的人应有权知晓决定的内容与理由，并拥有申诉和申辩的机会。算法解释权是赋予个体对抗“算法权力”的重要武器，因为个体知悉算法规则后才能就其不合理之处提出建议，并参与到规则的制定之中。

应对算法的负外部性需要多种公共政策相互补充。算法实际是嵌入在社会的多样应用场景中的，各个场景所牵涉的主体、外部因素和行为规范都不相同。因此，不能将算法视为单纯的技术问题进行治理，而要匹配不同政策工具进行综合治理。对于“困在系统”中的骑手，国家应该重视对这部分人群劳动权益的保障，特别是休息、薪酬、安全等合法权益。外卖平台应该参照其他平台的举措，设置强制骑手休息的规则，保障骑手安全，进而维护社会安全。为了应对骑手闯红灯、超速等问题，交通管理部门也应该严格制定和执行交管规则，对骑手进行外部约束。社区管理部门也应参与其中，对外卖、快递进社区等管理规范进行完善细化，如允许骑手安全送餐，或者配置取餐柜等，缓解骑手“最后一公里”送餐难的问题。

为算法建立法律监管与道德约束机制。2017 年 1 月，美国计算机协会专门发布了算法治理伦理原则，涵盖利益相关者责任、救济机制、算法使用机构责任、鼓励可解释算法研发、数据治理、算法审查要求、实时检查责任等七个方面的内容。2019 年 4 月，美国参议员提出《2019 年算法问责法案》，要求美国联邦贸易委员会对企业进行算法审查。欧盟也在《人工智能时代：确立以人为本的欧盟人工智能战略》、《通用数据保护条例》和《人工智能道德准则》等文件中，强调以价值观引导人工智能技术的发展。需要从外部规范的角度为算法制定伦理标准，并建立相应的伦理审查制度。特别是在算法设计和研发的标准、规则和透明度等方面出台法律规范，并建立算法问责机制，保障个体权利，包括算法解释的权利、更正或修改数据的权利、退出算法决策的选择权等。

三　算法治理的理念

治理算法需要以基本原则和理念为指导，并根据情况的变化适时调整算法治理的具体方法。

算法治理应坚持利益平衡原则。利益平衡既包括算法内部所涉主体之间的利益平衡，也包括算法使用者与社会公众之间的利益平衡。通常外卖平台将消费者置于首位，而商家次之。在这种机制下，平台为了消费者的满意只能“压迫”骑手。算法使用者应该平衡好这三方的利益，对算法的治理也应该平衡好企业与社会公众之间的利益，在尊重企业逐利天性的基础上为算法立规矩，保证算法在正确的轨道上运行，只有这样才不会因噎废食。

算法治理应坚持人本主义。在算法时代，尊重个体主体性、自治性和人格尊严始终是发展底线，算法治理也应该注重保护人类尊严、公民权利以及社会公平。特别是要加大对弱势群体的关注，避免“数字鸿沟”，实现实质公平。可以通过强化企业社会责任的方式在算法治理中体现人文主义，比如从社会福利的角度评估企业在关怀弱势群体、保护用户隐私、尊重个体人格和劳动者休息权利等方面做出的努力。

总之，算法治理是一项长期工程，算法在不断演进，对算法的治理也应该不断迭代，其中算法问责机制、算法评估机制、算法监督机制都是需要继续讨论的重要话题。对算法的治理不应局限于算法本身，而是需要将算法嵌入整个社会体系中评估，分析算法运行所牵涉的各个环节，以体系化的思维为算法向善提供解决方案。

第四次工业革命与算法治理的新挑战

贾 开 薛 澜*

摘 要： 第四次工业革命背景下的算法变革集中体现为其作为影响人类生产、生活活动重要规则的兴起，由此带来的歧视性、责任性、误用及滥用性风险，使得技术治理的传统框架面临新挑战。公共部门和私人部门都应回归到“以人为本”的治理理念，共同推进治理体系和治理机制的更新与完善。

关键词： 人工智能 大数据 算法治理

一 引言

哈佛大学法学院教授劳伦斯·莱辛格在1999年和2006年连续出版两本以“代码（Code）”为名的专著，并提出了“代码即法律（Code is Law）”的著名论断。莱辛格的核心观点是，“代码”构成了网络空间的新“规则”，但不同于物理空间，此时的规则制定权却从立法者手中转移到了商业公司。莱辛格担忧，商业公司的逐利性可能影响“代码”作为网络空间规则的公共性，并因此要求政府约束商业公司行为，对代码的设计、部署、应用过程及结果施加影响。

* 贾开，上海交通大学国际与公共事务学院长聘副教授，研究方向为数字公共治理、全球数字治理；薛澜，清华大学文科资深教授、博士生导师，清华大学苏世民书院院长，人工智能国际治理研究院院长，研究方向为公共政策与公共管理、科技创新政策、危机管理及全球治理等。

莱辛格的主张可被视为21世纪初“算法治理”的典型代表，但从随后的历史发展进程来看，此种主张并未成为主流。彼时各国为促进互联网新兴产业的发展，主要采取了自由宽松的规制态度，并没有过多干涉技术创新和应用。相比之下，“算法治理”在当前却获得了包括政府、商业公司、社会公众在内的各类主体的普遍重视，针对算法歧视、算法“黑箱”、算法责任、算法“茧房”等问题的治理规则也在各个国家得到了不同程度的落实。算法治理不再局限于学者提出的理念，而正在转变为具体的法律政策或伦理原则。

在这短短二十余年里，人们对于“算法治理”态度的转变，一方面可被理解为技术发展与应用深化的自然结果，是互联网由早期弱小产业逐渐成长为网络空间庞大生态后人类社会的必然应对。另一方面，第四次工业革命推动下的算法应用，真正体现了其作为影响人类生产、生活重要“规则”的变革性，从而使得算法治理具有了不同于历史上任何一次技术革命的新特点。

二　第四次工业革命推动算法成为人类社会的重要“规则”

历史上的三次工业革命都是以标志性技术突破为代表，并被视为推动人类社会组织、经济、政治形态变革的重要力量。例如瑞士日内瓦高级国际关系及发展研究院教授鲍德温即认为：蒸汽机革命降低了产品流通成本，从而促进了货物贸易的全球化；信息通信技术革命降低了知识流通的成本，从而促进了生产网络的全球化。相比于前三次工业革命，第四次工业革命的核心特征并不在于单个技术的突破，而在于人工智能、生物技术、可再生能源、量子技术、3D打印等一系列技术的跨界融合，并在此过程中迭代演化、迅速扩散并引发连锁反应。

催生第四次工业革命到来的重要原因，可被归结为人类社会数字化转型进程的深入，“数据驱动”开始成为新范式，并在不同领域得到应用。药物研发、可再生能源管理、智能制造的生产调度，都是在不同领域、针对不同数据进行收集、存储、分析的人类活动。伴随此过程，算法作为挖掘数据价值的基本方法，其重要性也与日俱增。但在第四次工业革命背景下，算法的变革性影响还不只于此。

英国著名学者迈克尔·波兰尼曾指出，“人类知道的，远比其能表达的更多（Humans know more than he can speak）”。传统信息技术下，算法可被视为人类知识的表达，只有能够清楚界定的需求，才能通过算法以数字化的形式实现。第四次工业革命背景下，人工智能技术突破了波兰尼论断的限制，算法实现过程不再依赖人类知识的表达。基于大量数据或案例，算法可以通过自我学习自动抽取出特定规则。由此，第四次工业革命进一步扩大了算法的应用范围，加速了人类社会数字化转型的进程，并凸显了算法作为人类社会数字环境新规则的重要性。

以人脸识别算法为例。波兰尼论断揭示的基本现实是，人们往往能很轻易地识别朋友的脸庞，但并不能解释该脸庞具有何种特征，以致我们一眼便能“识别”。正因为这种表达能力的限制，长久以来，算法对图像的识别正确率远远低于人类，这也使得安防、认证等诸多场景的数字化转型进程停滞不前。但人工智能技术的发展，使得算法可以基于大量图片进行自我学习，并抽取出相关特征，从而打破了人类表达能力的限制，实现了与人类相当甚至更精准的识别效果。在此基础上，机场车站对于“黑名单”人员的筛查、金融服务过程中对于身份的认证，这些传统上均是由人来完成的工作，当前都可通过人脸识别算法来实现，其在加速相关场景数字化转型进程的同时，也自然成为影响人类生产、生活活动的重要规则。

这一变革固然将带来诸多益处，但围绕规则合法性、合理性、正当性、平等性的争论，也同时意味着变革风险的必然存在——而这也正是“算法治理”所要关注的要点。

三　算法应用的三种风险：歧视性、责任性、误用及滥用

算法治理要回应的，是算法变革所带来的治理风险。“算法作为规则”

的独特性决定了第四次工业革命背景下，算法所引发治理风险的挑战性。具体而言，相关风险可被概括为三个方面。

（一）歧视性风险

让我们先从一个实例说起。亚马逊公司曾经在 2014 年开发了一套“算法筛选系统”来帮助亚马逊在招聘时筛选简历。开发小组开发出了 500 个模型，同时教算法识别 50000 个曾经在简历中出现的术语，以让算法学习在不同能力间分配权重。但是久而久之，开发团队发现算法对男性应聘者有着明显的偏好，当算法识别出“女性”相关词汇的时候，便会给简历相对较低的分数。最终亚马逊公司停止了该算法的开发和使用。但是为什么看似中立的算法会对女性产生歧视呢？原来，亚马逊公司的整体员工构成以男性为主，亚马逊用来训练算法的“老师（即简历数据）”本身就带有很强的性别偏差，而年幼无知的算法则只能“邯郸学步”，从以往的简历数据中学习，自然而然就学到了这个偏差。这个例子就是一个典型的算法歧视案例。

从概念上讲，算法歧视的基本内涵是指：当将算法应用于决策领域时，基于群体身份特征，算法将形成具有系统性偏差的决策结果。典型案例比如在犯罪风险评估算法中，黑人的犯罪风险会系统性地高于白人；在招聘机会推荐算法中，男性获得高薪资工作的推荐概率显著高于女性等。在贷款申请、广告推荐、公共服务等领域，自动化算法决策结果都可能存在对特定群体的系统性偏差。

造成算法歧视性风险的原因，固然有技术缺陷或人为主观意图的影响，但更复杂的因素还在于算法与其应用环境相互影响的结果。以搜索引擎的排序算法为例，2013 年针对谷歌的一项研究表明，搜索黑人名字时，排在前面的搜索结果会更多地与犯罪记录联系在一起，而搜索白人名字时则不会出现这种情况（由于历史文化传统的不同，相当数量的英文名字事实上体现了种族特征。例如 Latanya 更多对应黑人名字，而 Kristen 则更多对应白人名字）。造成排序算法这种系统性偏差的原因，并非源于谷歌程序员主观性地加入了种族因素，而是因为排序算法的原则是将用户有更大概率点击的内容排在前面；但用户在搜索黑人名字时，更想了解其是否与犯罪记录相关，从而导致排序算法在持久的用户结果反馈过程中，形成了上述偏差。该研究揭示了，算法结果的偏差事实上反映了人类社会本身的内在分化，算法在应用于人类社会环境，并不断接受环境反馈而动态调整的过程中，又进一步体现、放大了人类社会的既有分化。

（二）责任性风险

算法责任是又一个被频繁提及的治理风险，其主要内涵是指：当算法决策或应用结果损害特定主体权利时，由于归责原则不清晰而导致利益救济不到位的风险问题。技术治理传统视角下，技术或产品仅被视为工具，其背后的设计者或应用者才是承担民事责任的主体。但第四次工业革命背景下，算法责任性风险的新挑战主要体现在两个方面。

一方面，人工智能技术推动下，算法具备了一定程度的主体性。人工智能算法的变革意义在于突破了人类表达能力的限制，基于大量数据或案例的自我学习过程，事实上意味着算法应用结果与人类行为之间，并不一定存在必然且直接的因果联系，由此导致传统归责原则失效。例如，如果人工智能算法“生产”的文学或音乐作品侵犯了他人著作权或版权，我们并不能完全归咎于该算法的设计者或应用者，因为他们并没有直接决定算法的产出，甚至不能预期算法究竟会形成何种产出。

另一方面，算法责任的新挑战还在于算法的“黑箱性”。也就是说，我们对算法形成特定结果的内在机制和因果联系看不清楚、说不明白。这种情况将影响责任溯源的过程，以及相关责任的界定。虽然我们不能完全排除商业平台刻意隐瞒算法运行原理的情况，但导致算法“黑箱性”的根本原因，还在于算法基于大量案例的自我学习过程本身的不可解释性。例如，算法虽然能够在短时间内阅读所有《人民日报》文章，并判断哪一篇文章可能在社交媒体上得到最多人的分享，但其不能给出人们愿意分享该文章的具体理由；类似的，算法能够为用户推荐最匹配的资讯内容，但不能给出用户喜欢该资讯内容的具体原因。在上述例子中，如果算法应用结果给用户造成权益损失时，因为难以确定导致损失的原因，传统归责体系也就难以确定应该由谁、用何种方式对用户给予合理的赔偿。

（三）误用及滥用性风险

算法虽然能够以更高效率处理大量数据，但其仍然存在诸多局限性。如果忽略这些局限性，将算法应用在不当环境之中，便可能引发误用及滥用的风险，这又具体体现在三个方面。

首先，算法往往是“死板”的：虽然算法可以基于大量数据或案例实现自我学习，但学习的目标却需要具体而明确地人为设定，但现实生活的复杂性并不一定总是能满足这一要求。其次，算法往往是“短视”的：算法往往要求实时反馈结果以评估决策效果，这也导致其能更好满足“短期目标”，但在应对“长期目标”方面可能力不从心。最后，算法往往是“僵化”的：基于大量数据或案例的机器学习算法，在客观上要求输入大数据集与其应用环境具有概率上的分布一致性，但动态变化的应用环境往往使得基于特定数据集的算法决策很快过时，并因而难以用于指导当前及未来的预测或分析。

以资讯推荐算法为例。首先，资讯推荐算法的目的在于为用户提供最匹配且有质量的内容，但算法并不理解何为“匹配”或“有质量”，因而设计者不得不将这一模糊目标转化为“用户点击率最高”这一具体的替代目标。但很明显地，替代目标与真实目标并不完全一致，“点击率最高”并不意味着“有质量”，算法的“死板”可能带来额外风险。其次，“用户点击率”更多体现为当前的“短期目标”，但过多重视点击率却可能导致低俗内容盛行，从而不利于平台可持续发展这一长期目标，但算法却无法将后者纳入考虑范围，由此带来“短视”风险。最后，资讯推荐算法往往需要根据用户历史阅读数据来预测用户偏好，但其却往往难以捕捉用户所在环境的具体需求（例如在课堂或医院等特殊场合），进而可能推送不合时宜内容，并因此体现其“僵化”风险。

基于上述风险的梳理不难看出，不同于传统意义上的技术治理，第四次工业革命背景下的算法治理，并不局限于技术或产品本身，而更多体现了算法与人类社会交互影响而形成的新挑战。正因如此，算法治理不仅要求算法设计者关注功能的完备性和鲁棒性，更要求算法应用者和用户深度参与治理进程，为算法的动态演化及其影响结果提供实时反馈，而这也相应要求治理理念、体系、机制的革新。

四　算法治理理念、体系、机制的革新

第四次工业革命背景下，算法治理的新挑战在于，算法的生产与应用过程已经深度嵌入人类社会之中，其作为规则的普遍性、可执行性与动态性，都使得我们需要更新治理理念，并创新治理体系和治理机制。

（一）治理理念的回归与丰富：以人为本

在传统的技术治理视野下，“以人为本”更多是指技术创新应服务于人类社会发展，而不能“作恶”。但对于第四次工业革命背景下的算法治理而言，“以人为本”的内涵还不仅如此，其同时要求技术研发与应用的价值应体现为“赋能于人”，而非“人的替代”。算法治理理念需要回归并丰富“以人为本”的基本内涵，这里有两方面的原因。

第一，在第四次工业革命背景下，算法已经开始作为独立的行为主体参与人类生产、生活，并以“规则”的形式体现其对于人类行为的深度影响。由此引发的重要问题在于，原先由“人”来承担的行为责任能否、且如何向“机器”转移。在没有对此问题做出很好回答之前，将重要规则的决策权归还于“人”，仍然可能是短期内我们的次优选择。例如，资讯推送算法背后并没有一个控制者，能够决定每个人所能看到的资讯内容，是算法在分析每个用户的偏好后，自主决策形成了推荐内容，基于此所创造的信息环境将最终影响用户的观点与行为；但算法可能推送与法律、伦理相悖内容的风险，使得我们仍然不能任由算法来决定所有内容，人为的干涉与影响不仅是重要的，也是必不可少的。

第二，算法所体现出的自动化、智能化特征，可能诱导技术研发者和应用者，在提高效率、降低成本的引导下，更多追求控制乃至替代人类行为的自主性，进而忽略了算法辅助并赋能于人的可能性。举例而言，“犯罪风险评估”司法机制的设计初衷，是为了更好促进并创造个体向善的动机与环境，而非片面减少人为判断的主观性以提升决策效率。特别的，如果我们意识到算法还存在“死板”“短视”“僵化”的弱点，在忽略人类社会复杂性的前提下，片面追求效率导向，以在不同场景下“替代”人类决策的技术研发和应用为思路，将可能造成更大风险。

（二）治理体系和治理机制的延伸与重构

技术治理的传统体系是典型的“命令-控制”结构，针对确定的治理风险（例如汽车事故），政府作为监管者预先制定标准（例如汽车产品质量标准）与规范（例如驾驶者的行为规范），并要求相关主体遵照执行。但第四次工业革命背景下，算法更多作为“规则”，而非“产品”，被应用于人类社会并产生影响，由此也使得算法治理风险体现出多元化、动态性、不确定等特征。在搜索引擎排序算法的例子中，程序员以“最大化用户点击率”作为算法设计原则，本身并无太大争议，但当应用于具体环境并体现出特定社会心理倾向之后，歧视性风险最终产生。面对这种情况，监管者既难以提前预设规制标准（因风险难以提前预知），也难以针对明确的被监管者制定行为规范（因并非特定主体的特定行为直接导致风险），传统的“命令-控制”结构难以为继。因此，治理体系的延伸成为必然选择。技术研发者、设计制造者、部署应用者乃至用户都应当加入治理体系，与政府监管部门共同构成推进算法治理的利益相关方。在遵循各自行为规范的基础上，利益相关方还应建立风险共享与应对机制，以便及时发现治理风险，约束相关方修正技术发展和应用路径。

另一方面，将利益相关方纳入治理体系，并不意味着必然就会带来良好的治理绩效。算法治理的新挑战要求利益相关方共同探索新的、有效的治理机制，以发挥不同主体优势、整合治理资源。就此而言，以“敏捷治理”

引领算法治理机制创新，可能是值得探索的希望路径之一。“敏捷治理”是世界经济论坛2018年提出的新概念，其意味着“一套具有柔韧性、流动性、灵活性或适应性的行动或方法，是一种自适应且具有包容性和可持续的决策过程”。敏捷治理在广泛纳入利益相关者的同时，要求以更快速度识别变化中的风险，监管者与被监管者的清晰边界被打破，进而共同探索应对风险的渐进式策略。对于算法治理而言，其嵌入社会的规则属性恰好需要“敏捷治理”式的机制创新：一方面，算法本身的动态变化，以及应用过程中才浮现的治理风险，在客观上要求快速的治理应对；另一方面，算法治理风险类型与程度的不确定，反过来要求利益相关方在探索中表达治理诉求、形成治理方案。

五　结语

历次技术革命都会带来新的治理需求并引发治理变革，但不同于过往技术革命，第四次工业革命背景下，算法的普及与应用引致的治理挑战，并不局限于技术本身，甚至也不局限于因技术发展而形成的新兴业态，而是体现为算法在利益相关方的部署下，与特定应用环境相互影响的产物。导致风险产生的原因，既有算法本身的技术特性，也有人类环境本身的复杂因素。面对新挑战，我们需要回归到“以人为本”的价值导向，在综合考虑技术、应用者、应用环境三方面治理结构的基础上，践行敏捷治理的原则和机制。

欧美算法治理实践的新发展与我国算法综合治理框架的构建

曾雄　梁正　张辉*

摘　要： 算法治理是实现人工智能"向善"的重要一环，算法监控、算法歧视、算法滥用等问题频发，治理算法迫在眉睫。但算法治理不是一场"打地鼠游戏"，应为算法建立一套体系化的综合治理框架。以治理目标、治理主体、治理对象、治理手段和治理模式这五项治理要素为维度，对比分析欧盟和美国算法治理的相同点和不同点，这些域外算法治理的最新实践可以为我国构建算法治理框架提供借鉴。基于此，本文提出：在治理目标上，实现算法可问责与算法经济高质量发展；在治理主体上，通过部际联席会议制度形成算法治理合力；在治理对象上，从算法应用主体和应用场景角度拓宽算法治理的范围；在治理手段上，补强司法救济和技术治理措施；在治理模式上，优化多元主体参与的协同共治模式。

关键词： 算法　算法治理　人工智能　协同共治

一　引言

近年来，人工智能发展如火如荼，人工智能治理问题日益突出。数据、

---

* 曾雄，北京科技大学文法学院讲师，研究方向为经济法学、数据法学、人工智能法学；梁正，清华大学公共管理学院教授、博士生导师，人工智能国际治理研究院副院长，中国科技政策研究中心副主任，研究方向为科技政策、创新管理、新兴技术及其治理；张辉，浦江国家实验室（上海人工智能实验室）青年研究员，研究方向为人工智能治理、博弈论与政策设计。

算法和算力是人工智能发展的三大要素，治理好算法是实现人工智能“善治”的重要一环。牛津英语词典将“算法”定义为“由计算机执行的，在计算或其他解决问题操作中所遵循的一个过程或一套规则”。《不列颠百科全书》将“算法”定义为“在有限步骤内回答或解决问题的系统程序”。对此，仅从技术角度看，狭义上的算法即指计算机程序。如今人们讨论算法治理时，宽泛地将算法理解为一系列运算规则。为了明确人工智能治理领域的算法治理对象，本文采用狭义概念上的算法定义，即通过智能系统运算的规则。关于算法治理，学界有两个研究方向：其一，算法治理（algorithmic governance），即利用算法实现精准化、智能化的治理。主要关注公共机构利用算法做出决策的过程和结果，进而观察算法对行政体系、权力分配的影响，如讨论“算法官僚”的问题。其二，治理算法（governance of algorithms），即基于风险预防的理念，将算法及其运用场景作为治理对象，如讨论“算法歧视”“算法霸权”“算法共谋”等问题。每一项人工智能技术背后都有一套算法支撑，算法不仅被用于各种商业场景中，而且被广泛用于公共服务领域。如今我们深处算法“统治”的世界中，算法的运行直接或间接地影响每一个人的利益。算法本身不是完美的，被人类使用时也可能被滥用，如骑手“困于”算法、“大数据杀熟”、“深度伪造”（deepfake）等问题引发了社会热议，增加了人类社会对算法技术的不信任。这些问题不仅影响社会大众的眼前利益，而且对人工智能的长远健康发展不利。因此，算法治理迫在眉睫。

但算法治理不是一场“打地鼠游戏”，而是应建立体系化的算法治理机制，包括识别风险、明确目标和筛选制度工具等。总结目前关于算法治理的文献可以发现，大家在讨论算法治理时没有就治理要素达成共识，也未形成统一的治理逻辑和治理框架。对于全球治理，俞可平提出五个治理要素，即包括全球治理的价值、全球治理的规制、全球治理的主体或基本单元、全球治理的对象或客体以及全球治理的结果。为了横向比对欧美在算法治理方面的经验，本文以全球治理五要素学说为参考（俞可平，2002），对算法治理的各项要素进行明确，即包括治理目标、治理主体、治理对象、治理手段和治理模式，各项治理要素的定义见表1。

表 1　算法治理五要素

治理要素	治理要素的定义
治理目标	实现何种治理效果？
治理主体	谁来开展治理活动？
治理对象	治理谁和治理什么问题？
治理手段	依靠什么制度工具进行治理？
治理模式	以何种组织形式开展治理活动

二　“治理五要素”视角下欧美算法治理实践的比较

欧盟和美国在算法治理中既有共通的经验，也有差异化的策略。整体上看，欧盟以行政干预为重心，而美国以市场调节为主。

（一）治理目标：欧盟以前瞻性的立法和监管谋求规则主导权，美国秉持敏捷性的监管原则鼓励技术创新和发展

从欧盟出台的政策文件看，其先通过政策建议或伦理指南进行“软性”治理，之后再发布带有惩罚措施的法律，其监管“硬度”呈现出由弱变强的趋势（相关治理文件参见表 1）。在新兴技术领域，欧盟历来重视规则的制定，希望以高标准的法律和规制政策来重构全球新技术的发展模式。同时，欧盟高度关注公民数字人权的保护，强调打造可信人工智能，主要运用预防式规制手段防范技术风险。

因产业发展状况的差异，美国重视人工智能技术的创新与发展，强调监管的科学性和灵活性，致力于确保和增强美国在高科技领域的领导地位（Engler A，2022）。在美国白宫办公室发布的一份文件中，美国政府强调应保证其在人工智能的全球领导者地位，并避免采取预防式的规制方法（Executive Office of the President，2019）。2020 年，美国白宫科技政策办公室（OSTP）发布的《人工智能应用监管指南》（*Guidance for Regulation of Artificial Intelligence Applications*）重申了应少用“硬性”监管，鼓励行政机构与私营部门合作。

（二）治理主体：欧盟的治理主体为数据保护机构，美国的治理主体较为分散和多元

欧盟将具体的算法治理规则置于数据保护框架中，主要通过强化公民的个人权利来规避算法损害。“数据规则+算法原则”构成了欧盟治理算法的制度体系，即通过“数据规则”实现算法的源头治理，体现了治理的完整性。比如欧盟《通用数据保护条例》（GDPR）第 12 条至第 22 条赋予数据主体获取数据处理相关信息的权利、对个人数据的访问权、对个人数据的更正权、对个人数据的删除权（被遗忘权）、限制处理权、数据携带权、一般反对权和反对自动化处理的权利。

在美国，从纵向看，治理主体较为分散。在联邦层面暂无统一的立法，由各个州出台区域性规则实现治理的先行先试。从横向看，治理主体较为多元。不同监管机构在自己的业务管辖范围内发布新规或对旧规进行解释，将算法纳入自己的职责范围（陆凯，2020）。比如美国联邦贸易委员会基于消费者保护和竞争执法的职权，关注算法垄断的问题，并针对算法歧视、欺诈和数据滥用等问题制定监管规则。美国食品和药品监督管理局就算法医疗软件发布一系列指导文件；美国证券交易委员会就算法交易颁布指引性文件；美国交通部研究将自动驾驶汽车的安全规制问题纳入现有的交通监管体系中。

（三）治理对象：欧盟和美国都重视对市场私主体和公共管理机构相关算法问题的治理

在欧盟，2019 年发布的《算法责任与透明治理框架》（*A Governance Framework for Algorithmic Accountability and Transparency*，*2019*）提出对公共主体实施算法影响评估的强制要求，评估流程包括：①自我评估，如披露算法的目的、范围、预期用途等；②公布评估结果，引入公众参与；③根据社会监督情况调整应用规则。这一机制主要针对公共部门，要求公共部门制定公众参与和公众教育的指南，确保所有相关方参与算法评估，同时

制定和实施采购算法系统的问责制和透明度要求。对于私营部门，主要根据算法的影响范围建立分级监管机制，仅对可能引发严重或不可逆后果的算法系统引入算法影响评估。2021 年 4 月，欧盟发布的《人工智能法案》（AI Act）则主要从人工智能应用场景的维度对私营部门的算法问题进行系统性规定。

在美国，2017 年纽约市通过算法透明法案，并设立“算法问责特别工作组”（Algorithmic Accountability Task Fore），其专门监督市政府使用算法的情况，监督场景包括刑事调查、教师评估、消防、公共住房等。特别是对于人脸识别技术，多个州和城市禁止在政府和司法机构使用该项技术，比如纽约州暂时禁止在学校中使用各种生物识别技术。对于私营部门，2022 年纽约市颁布《自动化就业决策工具法》（*AEDT Law*），要求在就业场景下使用的自动化决策工具必须确保无偏见，且应当由第三方审计团队进行“偏见审计”。2021 年，美国议员提出的《算法正义和在线平台透明度法案》（*Algorithmic Justice and Online Platform Transparency Bill*）禁止在线平台通过算法歧视性处理个人信息。

（四）治理手段：欧盟和美国都提出了算法影响评估作为制度性工具

欧美在算法治理中没有过分强调算法可解释性或算法透明的要求，而是以结果控制的原则，由责任人进行自我评估，算法影响评估（Algorithmic Impact Assessment）是典型的结果控制型制度工具。算法影响评估要求设计或运营算法的主体阐述算法系统的技术特征和实现目标，识别其潜在风险的类型和程度，并准备提出对应补救措施。影响评估制度被广泛应用于环境保护、人权保护和数据保护等领域。在欧盟，GDPR 规定了数据保护影响评估制度，欧盟《算法责任与透明治理框架》也提出针对公共机构强制要求实施算法影响评估。

在美国，2019 年《算法问责法案》明确了算法影响评估的主要内容，包括：①算法的详细描述，包括设计、训练、数据及其目标。②数据最小化的要求，个人信息及决策结果存储的时间。③消费者对决策结果的获取权和修改权。④评估算法对个人信息隐私和安全的影响，以及歧视性后果方面的风险。⑤算法主体采取的降低风险的措施（汪庆华，2020）。纽约大学 AI Now 研究所发布的一份报告指出，开展算法影响评估的关键要素包括：①自动化决策系统对公平、公正、偏见等的潜在影响。②开发外部研究员审核程序以发现、测量或追踪影响。③向公众披露关于自动化决策系统的定义，以及自我评估和外部研究员审核程序相关事项。④征求公共评论以澄清相关担忧和答复相关问题。⑤为受影响的个人或群体提供正当程序以便他们挑战不公平的、偏见的或具有其他损害的系统（Reisman D，Schultz J，Crawford K，et al，2018）。

（五）治理模式：欧盟和美国都采用多元主体参与、协同共治的模式

在欧盟，政府机构在算法治理中扮演了主要角色，其算法治理具有明显的行政主导色彩，同时欧盟重视协同其他利益相关者参与到治理中。其一，对于私营部门，强调研发和创新过程对技术后果和伦理的反思，要求其主动承担道德和伦理责任，实现负责任创新。其二，提高公众的算法素养，建设算法问责的氛围。其三，对于技术人员，引入标准化的披露准则，要求算法系统的开发使用者主动披露算法的逻辑、使用目标、可能的影响等。其四，建立保护制度鼓励“吹哨人”发现和提出算法的漏洞与问题。

在新兴科技领域，美国历来重视利用政府、企业、行业组织、第三方机构以及社会公众等不同主体的力量，构建起多主体共同参与治理的格局。2016 年，美国科技政策办公室（OSTP）发布报告建议人工智能的相关伦理问题可以通过透明度和自我规制伙伴关系来解决。在行政干预偏弱的环境下，非政府组织如第三方智库、行业组织和社会公众等发挥了重要作用，如第三方非营利组织“为了人民”（ProPublica）发现了一些量刑算法中存在的系统性歧视问题。消费者报告组织、美国公民自由联盟等加强研究人工智能和算法问题，引发了公众对算法治理的讨论。在行业自律方面，2016 年亚马逊、微软、谷歌、IBM 和 Facebook 联合成立人工智能合作组织（Partnership on AI），共同推进公众对人工智能技术的理解，并提出人工智能行为准则。

三　我国算法治理的现状与问题

近年来，我国在算法治理领域集中出台了一系列规则，有些规则走在世界前列，初步形成中国特色的算法治理模式，但现有的治理活动存在明显缺陷。

（一）治理现状

1. 算法治理的“法治之网”雏形初步形成

罗豪才教授认为，“软法”是指不具有任何约束力或约束力比传统法律（即所谓“硬法”）要弱的准法律文件。软法有多种表述形式，诸如“合作规制”、“自律规范”和“准规制”等（罗豪才、宋功德，2006）。从表2可以看到，我国已经初步形成一张算法治理的“法治之网”，主要由法律法规、标准指南和行业自律公约构成，共同形成了“硬法”与“软法”共治的局面。

表2　我国算法治理的相关文件

文件类型	文件名称
法律法规	《数据安全法》《电子商务法》《个人信息保护法》《互联网信息服务算法推荐管理规定》《网络信息内容生态治理规定》《关于规范金融机构资产管理业务的指导意见》《关于加强互联网信息服务算法综合治理的指导意见》等
标准指南	《个人信息安全规范》《人工智能伦理安全风险防范指引》《深度学习算法评估规范》《远程人脸识别系统技术要求》等
行业自律公约	《人工智能北京共识》《面向儿童的人工智能北京共识》《新一代人工智能行业自律公约》等。

表格来源：作者自制。

2. 现阶段算法治理的重点问题和场景基本明确

基于对社会稳定、市场公平竞争、个人的公平和正义等价值目标的追求，现阶段我国重点治理的算法应用场景包括自动化决策、人脸识别、互联网信息服务推送、深度合成等，其涉及的治理问题包括深度伪造、大数据杀熟、算法共谋、数字劳工等。

3. 互联网信息领域的算法治理主管机构得以确定

我国网信部门作为互联网信息内容管理机构，在算法治理领域的规则制定和监管行动上先行先试，起到牵头和组织的作用，其重点关注消费者权益保护、市场竞争秩序、意识形态管理、国家安全等，其制定的算法治理规则主要适用于互联网信息领域。

（二）主要问题

1. 在治理目标上，现有规则缺乏体系性，治理目标不够聚焦

除了《个人信息保护法》和《互联网信息服务算法推荐管理规定》外，市场监管部门、网信部门、央行、人社部门等发布的法律文件多数属于指导意见或指引规范，缺乏强制约束力。而且各个法律文件规制算法的严厉程度不一，缺乏统一的治理思路和规制框架。虽然这些法律文件都强调要实现算法公平和透明的治理目标，但是没有对其概念内涵进行明确，业界对可解释性和算法透明的认识也较为模糊。

2. 在治理主体上，多部门“竞争”，未形成治理合力

关于算法治理，多个部委展开“监管竞争”，相继发布自己职权范围内的低位阶法律文件。比如反垄断部门治理算法垄断问题，央行治理金融领域的算法问题，人社部门关注数字劳工保护问题，网信办治理互联网信息服务领域的算法问题。对于此类现象，有学者称其为部门法规制路径（王莹，2021）。本文认为部门法规制路径存在明显的缺陷，因各个部门的职能不同，算法治理的规范比较分散，算法的整个生命周期会落入不同部门的监管范围内。比如算法设计部署阶段属于软件行业，归工信部门监管，算法执行应用中涉及网络产品和服务的安全可信受到网信部门的监管，算法执行的结果可能影响行业竞争格局或损害消费者合法权益，又受到市场监督管理部门的监管。这种多头监管的格局可能产生监管重叠或监管真空，不利于落实算法的可信控制（袁康，2021）。

3. 在治理对象上，重点规制市场主体，忽视公共主体的算法责任

如今不少学者讨论“算法官僚”的问题，从侧面反映出算法成为国家

权力的重要运行工具，时刻影响个人的公民权利，也会对政府权力分配和运作产生深远影响。在疫情期间人们使用的“健康码”是“自动化行政”的典型例子，如果“健康码”底层的算法出现问题，那么对其如何治理尚无明确规定。自2018年以来，美国纽约市、华盛顿州、加利福尼亚州及加拿大相继发布《算法问责法》《自动化决策指令》，均将“行政机构的算法决策”视为规制对象。这与我国将“私营部门的算法推荐”作为规制重心形成鲜明对比。实际上，在国家机关自动化行政过程中，也容易出现算法歧视、算法“黑箱”、结果失控的问题。比如个别地方“健康码”弹窗导致行动不便，用户又缺乏明确的解释规则和救济办法（许可，2022）。可见，公共管理机构利用算法实现社会治理的活动同样需要纳入算法治理的范围中。

4. 在治理手段上，以行政监管为主，司法救济和技术治理措施尚不完备

算法具有复杂性、系统性和不确定性等特征，政府治理算法时，会借助平台、程序员和人工智能专家的信息优势和技术优势。平台、程序员和人工智能专家不仅是政府监管的对象，也是政府监管过程的参与者、决策者和执行者（郑智航，2011）。一旦规制者与被规制者存在较为严重的信息不对称时，规制者在不了解新事物的情况下急于出台强硬的监管措施，被规制者出于自身利益以各种方式逃避监管，监管目标则难以实现。对此，不能仅依赖行政监管手段实现治理目标。

我国《互联网信息服务算法推荐管理规定》明确了相关主体应落实算法安全主体责任、定期审核算法、加强信息安全管理、加强用户模型和用户标签管理等义务，还要求针对特定算法进行备案，严重违反者会面临关闭网站、吊销业务许可证或营业执照的行政处罚。可见，我国行政机构承担了主要的算法监管职责。现有规定未对公民个人权利救济的具体情形、方式、程度等进行明确规定，在司法救济手段上存在缺位。算法本身是一种高效的技术治理工具，正在被广泛运用于治理活动中，比如国外一些企业在数据处理阶段、算法设计阶段和模型优化阶段尝试“伦理设计”，通过技术手段实现对隐私泄露、算法歧视、违规内容泛滥等问题的高效治理。但就现有的治理规则看，我们对技术治理方案的重视程度并不够。

5. 在治理模式上，以落实平台责任为主要抓手，覆盖多方利益相关者的责任机制不够完善

现阶段我国算法治理的着力点在于强调平台问责。在我国，平台企业是新兴技术领域的主要参与者，平台不仅创造了政府和社会的新型回归关系，而且平台私权力的地位及其作为生态治理者的角色使其在算法治理中成为关键枢纽（张欣，2019）。我国将算法治理机制镶嵌在平台治理框架中，并在平台的各种应用场景中赋予用户知情权、选择权和退出权等。但仅以平台义务和平台责任为杠杆的治理机制可能导致较高的总体社会成本（宋亚辉，2018）。而且“监管机构-平台-用户”的线性监管路径具有平台责任边界不清的风险（丁道勤，2018），可能给平台施加过多义务和责任进而影响产业发展，同时平台合规成本的提高在客观上不利于中小平台的生存发展。

在智能化社会中，不以平台模式经营的人工智能技术研发应用的规模也十分庞大，仅通过平台问责无法应对千变万化的市场（王德夫，2021）。单一归责的做法容易忽视其他主体的规制责任，比如分散在各条产业链上的算法开发者或科研人员。随着编程语言的丰富扩展、开源代码规模的显著增长，算法应用呈现分散、多样、复杂的特征，算法设计者可以在不具备资质的情况下推出算法应用或使用开源代码，加剧风险失控。有必要建立算法源代码的追责机制，让开发者遵守法律规则和职业伦理标准，通过此类能覆盖多方利益相关者的机制，实现算法的全生命周期治理。

四　构建我国算法治理的综合性框架

基于欧美在算法治理中的经验教训，并结合目前我国算法治理存在的问题，本文就算法治理框架的构建提出以下方向性的政策建议。

（一）在治理目标上，实现算法可问责与算法经济高质量发展

首先，算法具有“黑箱”特征，透明和可解释是算法治理的重要目标。算法透明并非指将算法代码公开，而是指向社会公众解释算法的运行规则和

基本功能。坚持算法透明可以督促技术界从技术角度增强算法的可解释性，如技术界提出可解释性人工智能（Explainable Artificial Intelligence）方案，目的是使算法更透明、更可靠。实现算法透明需要配套措施，如算法审计、影响评估机制、个体解释权制度等。

其次，算法存在歧视的风险，因而平等、公正成为重要目标。平等和公正是社会主义核心价值观的重要内容，是坚持以人为本的重要体现。我国算法治理聚焦社会热点，重视对消费者、弱势群体和未成年人的保护，重点解决大数据杀熟、外卖骑手权益保护以及未成年人网瘾等问题。

最后，算法被广泛用于信息服务、交通运输、智能制造等领域，安全也应成为重要目标。算法安全包括技术安全，即避免算法技术出现严重漏洞。同时，包括运用安全，即避免算法被用于危害安全的目的。为保障算法安全，应对不同风险等级的算法场景进行分类，如低风险场景、中风险场景和高风险场景等，并对不同风险场景设计不同的规制措施。风险等级的划分需要结合中国的国情，比如在认定高风险场景时，西方国家偏重对个体自由的绝对保护，我国则重视对个人自由和社会公共利益的平衡保护，也重视对网络空间安全、信息内容安全和意识形态安全的保护，认定安全时会考虑更多元的因素。

算法治理的根本目标在于促进算法经济的高质量发展，在日益复杂的国际竞争形势下，提高自主技术创新的能力和水平是国家安全发展的根本出路。从欧美的治理实践可以看到，美国将其在人工智能领域的全球竞争优势作为优先考虑事项，出台预防式规制措施时应保持谨慎态度。

（二）在治理主体上，通过部际联席会议制度形成算法治理合力

鉴于算法治理的复杂性，不少观点呼吁为算法治理新设一个治理机构。国外有人呼吁为算法治理创设一个国家算法安全委员会（National Algorithm Safety Board），并要求相关主体部署算法前，由委员会对算法进行审计、监管和许可等。也有观点提议创设一个与美国食品和药品管理局类似的算法监管机构，并对算法进行行政许可，要求“有实验证据证明算法是安全和可靠的

才能进入市场”（Tutt A，2017）。2020年，中国消费者协会也建议设立一个算法伦理监督机构，负责算法应用伦理、规则、标准等的制定和调查，处理不公平算法应用。在我国新设一个监管机构的时机尚未成熟，目前可以参照现行的反垄断与反不正当竞争部门联席会议制度，在多部委一起参与算法治理的格局下，通过建立算法治理联席工作机制，对齐治理的尺度和目标，强化组织领导和统筹协调，实现部门的密切协同，以形成算法治理合力。

（三）在治理对象上，建立一套共性的规则和标准后统筹考虑多元应用场景

从算法应用主体的角度看，全球各个国家的公共部门越来越依赖于大数据和算法实现社会治理，基于上文对欧美治理实践的对比分析，欧美都同步推进对私人主体和行政机构算法应用活动的治理进程。我国现阶段主要聚焦于市场企业这一主体，容易忽视公共主体的算法责任。国内学界也关注到“算法官僚”或“算法影子官僚”的问题。算法官僚是对传统官僚工具理性的延续，被赋予决策权力的算法官僚被用于推动、引导、刺激、控制、操纵和约束人类行为（段哲哲，2021）。算法官僚会出错，因而需要防范算法官僚出错，并为出错的情形提供救济机制。“算法影子官僚”指通过政府购买或以公私合作的方式介入政府公共管理过程的算法公司及其员工来帮助政府机构做出决策和进行管理，比如采购算法方案用于交通管理、税务管理、司法裁决等。由于算法技术本身存在漏洞，而且算法开发公司具有资本逐利性，算法影子官僚存在“逆向选择”和道德风险，也有治理的必要性（郑崇明，2020）。

从算法应用场景的角度看，自动驾驶、医疗人工智能、智能投资顾问等产业兴起，其治理问题逐渐显现。目前，我国算法治理的规则体系主要适用于互联网信息推荐领域，具有场景的局限性。自动驾驶、医疗人工智能和智能投资顾问领域的算法治理规则分散于大量指导意见或标准文件中，治理目标、尺度和机制不统一，不仅影响治理效率，而且给企业合规带来困难。为此，基于对拓宽算法治理对象的考虑，可以制定一部《算法问责法》实现

算法的综合治理，并为算法问责建立一套完整的责任机制，包括明确问责主体、被问责对象、问责方式和程序以及问责事项等。

（四）在治理手段上，补强司法救济和技术治理措施

司法是维护社会公平正义的最后一道防线，针对算法治理中司法救济缺位的情形，未来应重视将个人在算法应用中的救济权利制度化、规范化和司法化。个人的权利救济主要有算法结果的解释、算法决策的可选择等，一旦这些个人权利无法得到实现，就应借助司法救济。由于算法应用广泛，且算法应用主体具有资本优势、权力优势和技术优势，由单独的个体提起司法诉讼面临举证难和救济效果有限的问题，因而应鼓励适格的公益组织以民事公益诉讼的方式参与算法治理。针对以算法实施大范围社会侵害的情形，检察机关也可以提起民事公益诉讼。对于"算法官僚"或"算法影子官僚"，一旦算法决策导致行政相对人合法权益受损时，行政相对人有权对行政机关提起行政诉讼（尹峰林、李玲娟，2021）。

算法治理是一项技术密集型的治理活动，制定治理规则后应该善用技术创新解决技术带来的新问题。对于算法应用中可能存在的数据泄露和隐私侵犯问题，技术人员尝试以数据匿名化、联邦学习、区块链等一系列技术方法予以应对。比如业界一些企业采用联邦学习的模式，各个参与方不需要共享数据就可以联合训练算法模型，该技术方案已经在医疗、金融等行业领域得以落地应用。对于算法"黑箱"的问题，业界也在开发技术方案，比如谷歌提出模型透明性工具"model card"，微软提供机器学习可解释性工具InterpretML。美国电气与电子工程师协会（IEEE）则提出"遵循伦理的设计"（Ethically Aligned Design）（闫坤如，2019）：①将价值和伦理标准程序化为代码嵌入系统中，并对系统进行训练和评估（Wallach W，Allen C，2009）。②为设计者提供一套行为准则或设计规范，约束设计者的行为。推行"遵循伦理的设计"机制可以确立算法的底层伦理标准，实现事前干预。对于业界提出的创新技术，需要完善政策导向和专利制度，推进算法相关发

明的可专利性，激发业界从事技术创新的动力（张吉豫，2022），从而为算法的技术治理不断提供创新的技术方案。

（五）在治理模式上，优化多元主体参与的协同共治模式

协同治理模式在治理理论中广受关注，它是一种多元主体参与共识导向的决策模式，能让各主体建设性地跨越公共机构、政府等级以及公共、私人与市政领域的边界（安塞尔 C，加什 A，2017）。协同治理模式具有主体多元化、共识协商化的特征，其中多元主体有能力、有动力参与治理是实现协同共治的关键。

在协同共治模式中，政府机构发挥着主导作用。在国外算法治理实践中，欧美都非常重视政府机构的作用。

除了政府机构外，还需发挥社会和市场的作用。在社会方面，要求将算法规则和评估报告向社会公示，实现社会舆论监督。目前，社会公众和学界对算法存在一些偏见或误解，或将算法神秘化，或将算法污名化，即认为数字时代的一切“恶”都源于算法。对此，我们应该对算法有客观和理性的认识，因而需加强跨学科的研究讨论，重视算法科普工作，提升全民算法素养。

在市场方面，应当成立以技术、产品和合规人员为主的行业协会，制定具有可操作性的技术规范，就数据收集、利用等关键问题达成共识，对算法设计、部署的各项风险实现评估。对于企业而言，应重视企业的自我规制，加快推进算法合规标准、合规指南、算法伦理指引等文件的制定，并建立内部的自我纠偏机制，在产品测试环节对各项功能中可能存在的问题进行记录，正式版本发布之后也要对用户反馈进行及时处理、记录与反馈（段鹏，2020）。各个企业可以建立“吹哨人”制度，鼓励企业内部人员监督举报，并对“吹哨人”提供保护。

总之，在算法治理中应坚持以政府为核心，畅通社会参与机制，让企业、研究智库、行业协会、社会公众等多元主体共同参与，并重视对话与协商，引导不同主体参与规则制定，引入第三方独立的监督力量。

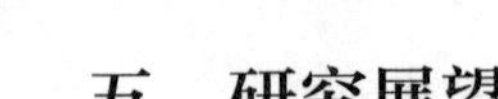

五　研究展望

算法已经成为人类社会系统重要的组成部分，对人类的生产生活都产生重要影响，加强和完善对算法的设计、开发和利用等活动的治理是一项长期工程。近年来讨论算法治理的文献有很多，但目前国内尚未形成体系完备的综合治理框架，很多制度设计得比较粗糙，也没有实证案例的支撑。本文结合现有的文献，对算法治理目标、治理对象、治理主体、治理手段和治理模式进行了勾勒，试图为我国算法治理提出一个综合性治理框架的雏形。算法治理是一项需要持续完善和迭代的系统工程，应结合技术的演进和场景的变化完善治理措施。目前我国针对算法治理集中出台了一些规制措施，其治理效果如何需要追溯和评估，并根据治理情况及时调试治理框架和改进治理措施，治理效果评估是未来研究的一个重点内容。

参考文献

丁道勤：《〈电子商务法〉平台责任“管道化”问题及其反思》，《北京航空航天大学学报》（社会科学版）2018 年第 6 期。

段鹏：《平台经济时代算法权力问题的治理路径探索》，《东岳论丛》2020 年第 5 期。

段哲哲：《控制算法官僚——困境与路径》，《电子政务》2021 年第 12 期。

陆凯：《美国算法治理政策与实施进路》，《环球法律评论》2020 年第 3 期。

罗豪才、宋功德：《认真对待软法——公域软法的一般理论及其中国实践》，《中国法学》2006 第 2 期。

宋亚辉：《网络市场规制的三种模式及其适用原理》，《法学》2018 年第 10 期。

汪庆华：《算法透明的多重维度和算法问责》，《比较法研究》2020 年第 6 期。

王德夫：《论人工智能算法的法律属性与治理进路》，《武汉大学学报》（哲学社会科学版）2021 年第 5 期。

王浦劬、臧雷振编译，《治理理论与实践：经典议题研究新解》，中央编译出版社，2017。

王莹：《算法侵害类型化研究与法律应对——以〈个人信息保护法〉为基点的算法规制扩展构想》，《法制与社会发展》2021 年第 6 期。

许可：《算法规制体系的中国建构与理论反思》，《法律科学（西北政法大学学报）》2022 年第 1 期。

闫坤如：《人工智能“合乎伦理设计”的实现路径探析》，《大连理工大学学报》（社会科学版）2019 年第 6 期。

尹锋林、李玲娟：《算法私人治理的三个维度：主体、内容与方式》，《理论月刊》2021 年第 3 期。

俞可平：《全球治理引论》，《马克思主义与现实》2002 年第 1 期。

袁康：《可信算法的法律规制》，《东方法学》2021 年第 3 期。

张吉豫：《构建多元共治的算法治理体系》，《法律科学（西北政法大学学报）》2022 年第 1 期。

张欣：《从算法危机到算法信任：算法治理的多元方案和本土化路径》，《华东政法大学学报》2019 年第 6 期。

郑崇明：《警惕公共治理中算法影响官僚的风险》，《探索与争鸣》2021 年第 1 期。

郑智航：《人工智能算法的伦理危机与法律规制》，《法律科学（西北政法大学学报）》2021 年第 1 期。

Engler A.，“The EU and U. S. Are Starting to Align on AI Regulation”（2022-02-01）[2022-03-20]，https：//www. brookings. edu/blog/techtank/2022/02/01/the-euand-u-s-are-starting-to-align-on-ai-regulation/.

European Parliament，A Governance Framework for Algorithmic Accountability and Transparency（2019-04-01）[2022-03-20]，https：//www. europarl. europa. eu/RegData/etudes/STUD/2019/624262/EPRS_STU（2019）624262_EN. pdf.

Executive Office of the President，Maintaining American Leadership in Artificial Intelligence（2019-02-14）[2022-03-20]，https：//www. federalregister. gov/documents/2019/02/14/2019-02544/maintaining-american-leadership-in-artificial-intelligence.

Reisman D，Schultz J，Crawford K，et al.，“Algorithmic Impact Assessments：A Practical Framework for Public Agency Accountability”（2018-04-09）[2022-03-20]，https：//ainowinstitute. org/aiareport2018. pdf.

Shneiderman B.，“Algorithmic Accountability：Design for Safety，（2017-05-31）[2021-12-08]，https：//www. cs. umd. edu/~ben/AlgorithmicAccountability-ATI-BritishLibrary-London-5-30-2017-v6X. pdf.

Tutt A.，“An FDA for Algorithms”，*Administrative Law Review*，2017，69（01）：83-123.

Wallach W，Allen C.，*Moral Machines：Teaching Robots Right from Wrong*，London：Oxford University Press，2009：25-33.

算法公平与算法治理的国际经验与中国探索

陈 玲　孙 晋　薛 澜*

摘　要： 中国正进入全场景人工智能算法时代。人工智能算法既被广泛应用于线上消费场景，也被大规模用于日常生活的方方面面。在日常生活方面，在私人部门，人工智能算法每天形成了超过2600万单出行推荐；在公共部门，人工智能算法广泛参与交通信号、地铁班次、路灯照明和交通系统运维管理。但与此同时，大规模应用的出行商旅领域，也成为较早暴发算法应用争议的“重灾区”，引发了“算法公平”的社会大讨论，进而对算法治理秩序的完善提上日程。

关键词： 算法　算法治理　人工智能　协同共治

一　时代需要算法公平

围绕着“算法公平”的代表性争议案例，是出行商旅领域的“大数据杀熟”。在《人民法院报》2021年7月13日公开的中国“大数据杀熟”第一案

* 陈玲，清华大学公共管理学院副教授、博士生导师，清华大学产业发展与环境治理研究中心主任，研究方向为决策理论与政策过程、科技与产业创新政策；孙晋，香港中文大学助理教授，研究方向为全球治理、比较历史社会学、法律社会学；薛澜，清华大学文科资深教授、博士生导师，清华大学苏世民书院院长，人工智能国际治理研究院院长，研究方向为公共政策与公共管理、科技创新政策、危机管理及全球治理等。

中，携程平台有违公平，将挂牌价 1377.63 元的商旅商品以 2889 元高价出售给享受 8.5 折优惠价的钻石贵宾客户。最终，法院判决携程赔付差价，支付 3 倍差价作为赔偿金，并要求携程修改“服务协议”和“隐私政策”，去除对用户非必要信息采集和使用的相关内容，修订版本需经法院审定同意。

这一典型司法案例体现了互联网平台基于用户数据做出的“价格歧视”行为，对于同样的产品或服务，部分老用户看到的价格反而比新用户价格或线下零售价格高出许多。以“大数据杀熟”为代表的算法不公平，核心在于算法平台可根据消费者的消费记录和消费偏好，推算出具体消费者在具体时间场景下的价格敏感程度，进而按照平台收益最大化，刻意漠视甚至有意侵犯消费者的福利，滥用算法推荐，向消费者推送更贵的选择。

作为这种“算法不公平”的反义词，算法公平从一开始就有了自然法的公平意味。制定以算法公平为基础的人工智能算法治理基础性原则，就迅速被提上各级立法议程。

不同部门对算法公平有三种不同的理解：第一种将算法公平视为算法推荐商从事服务活动的过程公平；第二种将算法公平视为算法推荐使用者不得侵害消费者公平权益的结果公平；第三种将算法公平视为对个人信息或个人数据的延伸保护而赋予个人可以拒绝信息数据处理者的起点公平。对算法公平的不同理解大致对应了《互联网信息服务算法推荐管理规定》（以下简称《算法推荐管理规定》）、《在线旅游经营服务管理暂行规定》和《深圳经济特区数据条例》第二十九条，以及《个人信息保护法》第二十四条。

可见，对算法公平三种不同的立法思路和定义反映了中国不同部门对全球三大主要算法治理方式的取舍、妥协和杂糅。

二　全球算法治理的三个场域

那么，什么是算法治理？当前全球算法治理的主要场域是什么？

算法治理是指对全场景人工智能算法大规模商业应用市场秩序的全面规范和调节整顿，其实质是规范政府与市场以及不同市场主体之间的市场秩序，确立算法平台、平台商家、个人消费者与数字市场不同监管部门之间的法律关系、治理关系和社会关系。其目的是通过建立算法公平治理准则，努力维护互联网时代数字消费市场的公平秩序。

对算法公平定义的不同理解与全球三大主要算法治理场域之间呈现了对应的全球法律秩序关系。具体而言，第一种将算法公平视为算法推荐商从事服务活动的过程公平，在全球治理中对应的是社交媒体算法治理场域，主要涉事算法平台主体是社交媒体脸书和推特。

第二种将算法公平视为算法推荐使用者不得侵犯消费者公平权益的结果公平，在全球算法治理中对应的是购物平台算法治理场域，主要涉事算法平台主体是亚马逊。

第三种将算法公平视为对个人信息或个人数据的延伸保护而赋予个人可以拒绝信息数据处理者的起点公平，在全球治理中对应的是广告平台算法治理场域，主要涉事算法平台主体是谷歌。

具体来看：第一，社交媒体算法治理突显规范算法推荐者的需要。美国总统大选争议引发了公众对社交媒体算法治理的广泛关注。普遍认为，在2016年美国总统大选中，特朗普的意外当选正是受益于他的人工智能算法团队对选民意愿的精准操纵。特朗普授权顾问班农，付费聘请大数据分析公司剑桥分析，通过操纵社交媒体算法，辅助总统大选。

为了让特朗普这个大客户赢得大选，剑桥分析的第一步是捕捉用户的大数据，其首先在脸书上进行了一次抽奖人格测试，成功吸引了27万名美国选民。在点击链接的那一刻，这些人送出了自己和自己朋友关系网的相关数据，为剑桥分析创造了5000万基础个人信息数据库。如此，大量的用户个人信息，包括姓名、年龄、地理位置、发布的动态、点赞，就成了剑桥分析数据库里的基础数据。第二步是剑桥分析根据这些数据建立了选民的“政治心理模型”，预测用户的政治倾向，找出没有确定政治倾向的中间选民。其中一个关键点是剑桥分析滥用了美国选民登记信息，使用撞库手段和其他数据算法，精确识别了摇摆选民和不愿意投票选民的个人社交账号。第三步是通过虚假社交媒体账号、虚假新闻和攻击性煽动，对不同心理特征的选民推送定制化的煽动信息，最终影响这些摇摆州中间选民的投票行为。而这一步得以实现的原因在于，在人工智能算法驱动的社交媒体时代，公众个人很容易受限于“信息茧房”，他们获取社会新闻资讯高度依赖社交媒体的算法推荐，“信息茧房”可能强化了公众个人的社会偏见或政治立场，强化了虚假社交媒体账户、虚假新闻或诱导性信息的传播，却未必促进社会公平和真实信息传播。社交媒体由此高度重视算法治理工作，为此多次大幅修改算法推荐规则。

第二，购物平台算法治理意在保护消费者公平权益。2000 年，亚马逊已成立 6 年，拥有 2300 万注册用户。为了从用户身上获得更多利润，亚马逊以“价格实验”为名，利用 Cookie 跟踪用户的浏览痕迹，对 DVD 进行差别定价：他们让可能会和线下商店或其他电商平台进行比价的新用户看到的价格是 22.74 美元，而被认为有强烈购买意愿进而对价格相对不敏感的老用户看到的价格是 26.24 美元，高了将近 4 美元。亚马逊因此将销售毛利率大幅提高了 15.4%。

这个在今天来看还比较稚嫩的歧视性定价策略，在不到一个月时间里就被消费者识破，并遭到社会舆论的广泛声讨。随后，亚马逊创始人贝索斯亲自致歉，辩称这只是一次技术测试，并同意把多收的钱返还给消费者。此后，以算法为基础的价格歧视从未消失，而是以更隐蔽的方法改头换面。包括美国办公用品连锁巨头史泰博，它基于地理信息的新一代人工智能算法歧视，对部分用户定价更高；也包括亚马逊内部的一支算法团队 A9 团队，他们通过算法提高自家品牌产品在搜索结果中出现的频率，从而提升亚马逊自有品牌的销售额和市场份额。这些算法推荐一旦曝光，就可能让购物平台巨头陷入巨大的社会争议，因此，购物平台开始高度重视算法治理工作，并为此一再修改算法规则，力图避免背负侵害消费者权益的骂名。

第三，广告平台算法治理旨在赋权个人信息数据权。在广告位端，数字广告平台可利用算法工具，压低广告位所有者的广告收益分成。例如，2021 年 6 月，法国竞争事务监管机构认定，谷歌滥用在网络广告市场业务算法中的支配地位，对谷歌开出 2.2 亿欧元的罚单。

法国发起调查的原因是英国新闻集团、法国费加罗报报社和比利时罗塞尔集团投诉，谷歌使用广告算法从事不正当竞争，令它们在出售旗下网站和手机应用程序广告位时蒙受损失。

在个人客户端，传统的广告模式是广而告之的模式，所有用户看到的是同一个电视报纸广告，而数字广告正朝着个性化广告的方向发展，投放广告是千人千面，因此，广告平台算法治理核心是赋权个人信息数据权，从根本上赋予个人有权拒绝广告平台通过精准数据算法对其正当权益的侵害。

数字广告平台利用用户画像人工智能分析工具，刻画在数字世界具体用户的个人形象，用户性别、年龄、行业、收入、婚姻状态、教育程度、兴趣爱好、IP 地址和地理信息等个人信息均可能被收集和标记。随后，通过用户的浏览偏好、购买行为等用户行为进行定向分析，掌握用户需求，从而精准投放广告，从购物导流中最大化其自身分成。

为此，欧盟在《通用数据保护条例》中明确规定，网站经营者必须事先向客户说明会自动记录客户的搜索和购物记录，并获得用户的同意，否则按“未告知记录用户行为”作违法处理，任何数字平台运营商都不能再使用模糊、难以理解的语言或冗长的隐私政策来从用户处获取数据使用许可。鉴于《通用数据保护条例》明确赋予了个人用户拒绝广告平台使用个人信息数据，美国学者 Goldberg 等人的最新研究显示，用户拒绝提供个人信息对页面访问量的影响约为 7%，对电商平台收入的影响约为 29%。

三　算法公平与算法治理在中国的理论与现实问题

中国算法治理秩序也与全球算法治理三大场域之间呈现了对应的跨国法律秩序关系。在中国，不同行政部门或立法部门在具体负责的行政法规或部门法立法过程中，选取借鉴了其中某些治理思路，力图通过算法治理在中国构建数字时代的市场公平，确立它们在数字市场领域的市场监管主导权。这表现为算法公平与算法治理在中国呈现“1+N+1”政策体系这一现实格局。

具体而言，其一，围绕算法推荐服务商形成了以国家互联网信息办公室为主导的政策法规和治理体系，《算法推荐管理规定》和《关于加强互联网信息服务算法综合治理的指导意见》分别是其牵头政策法规和治理意见的代表。

其二，围绕消费者公平权益形成了各部门各地方对相关行业主体的管理办法和暂行规定，这主要体现为文化旅游部下发《在线旅游经营服务管理暂行规定》，科技部要求强化科技伦理意识完善科技伦理审查等，从而共同完善算法安全治理，也具体体现为《数据安全法》和《网络安全法》在国家层面、各部门（包括工业、电信、自然资源、卫生健康、教育、国防科技工业、金融业等行业主管部门、公安机关、国安机关以及国家网信部门）层面和各地区层面的分工配合。

其三，围绕个人信息保护形成了以工信部为主导的法律法规和治理体系，这包括已经立法通过的《个人信息保护法》和即将出台《工信领域数据安全管理办法》《移动互联网应用程序个人信息保护管理规定》等法律法规，涵盖收集使用个人信息、车联网、人工智能等重要领域的数据安全标准。

在“1+N+1”的政策体系格局下，现阶段算法公平与算法治理在中国主要存在三方面的理论与现实问题。

第一，当前算法治理体系呈现以行政监管为主导的监管色彩，尚未兼顾算法社会治理的综合治理体系。以《算法推荐管理规定》为例，第二十五条规定由网信部门负责接收和审查算法备案材料，第二十八条规定网信部门会同电信、公安、市场监管等有关部门开展算法安全评估和监督检查工作，这均呈现浓厚的行政监管色彩。而在类似领域，国内外通常采取兼顾综合治理的社会治理体系。例如，在中国科技伦理审查领域，《关于加强科技伦理治理的意见》指出，“从事生命科学、医学、人工智能等科技活动的单位，研究内容涉及科技伦理敏感领域的，应设立科技伦理（审查）委员会”，“推动设立中国科技伦理学会，健全科技伦理治理社会组织体系”。

在欧盟，根据《数字服务法（草案）》和《数字市场法（草案）》，欧盟将成立欧洲数字服务委员会，广泛听取专家和专业团体意见，形成兼顾行政监管和社会治理的综合治理体系。

第二，当前算法治理体系呈现以行政法律法规为主体的行政法色彩，尚未兼顾算法社会治理的配套指引性治理文件体系。以《算法推荐管理规定》《个人信息保护法》等为例，目前各部委主要通过完善部门行政法体系，推动落实算法治理。在欧盟，在《通用数据保护条例》之外，还配套形成了若干治理性规范。这些规范不具有强制性的法律约束力，但能帮助社会更好地完善算法公平与算法治理的配套体系，这是因为算法公平与算法治理不仅需要调节政府部门与市场主体之间的公法关系，还需要规范算法平台、平台商家与个人用户或消费者之间的私法关系和社会关系。在欧盟，这包括2018年发布的《欧盟人工智能报告》和自愿性准则《虚假信息行为准则》，这一准则的目前签署方包括脸书、谷歌、推特、TikTok和Mozilla等跨国数字公司。这也包括2019年发布的《可信人工智能伦理指南》和《算法责任与透明治理框架》两份指引性治理文件。

目前，欧盟计划将于今年出台网上政治广告透明化规则，加强各类主体对《虚假信息行为准则》和《通用数据保护条例》的落实力度。在中国，这具体表现为《算法推荐管理规定》第十四条的潜在问题。该法第十四条规定了“算法推荐服务提供者应当以显著方式告知用户其提供算法推荐服务的情况，并以适当方式公示算法推荐服务的基本原理、目的意图、运行机制等”。

但从法律实践来看，个人用户或中小企业商家即便是在专业律师的帮助下，也很难向算法推荐服务商查询自身所处的算法不公平待遇具体情况。即便在携程案中，算法推荐服务提供者始终未向个人用户披露算法歧视、算法滥用和算法垄断的实际具体情况，当事人只能通过线上线下价格比较这一间接证据，证明算法歧视导致了个人权益被算法推荐平台侵害，而无从知情或证明其“算法黑箱”内部算法侵害具体过程。这说明，在中国仍有必要委托行业专家共同参与起草《可信人工智能算法伦理指南》和《算法责任与透明治理框架》。

第三，算法公平与算法治理在底层涉及算法有关的数据财产权问题。

以联合国贸发会议 2021 年年报观点为例，在数据产权问题上，通常认为，美国倾向于主张社交媒体等脱敏数据归私人公司所有，欧盟倾向于认为这些数据是个人数字资产，而中国的现状是大部分大数据为政府或国有企业主体所掌握。

《民法典》在编纂过程中，由于技术性原因，并没有单独的知识产权编。在此背景下，一方面，个人脱敏数据或公共部门脱敏数据能否用于算法开发或算法迭代，以及由此产生的收益权归属问题是立法工作与社会治理的难题；另一方面，算法本身目前没有民法上的财产权界定，但是，算法不应该与软件著作权、发明专利权、产品专利权、商业秘密简单混淆。因此，通过完善立法、健全行政监督机制和社会治理机制等方式，促进保障用户对个人信息算法的必要知情权（该必要知情权是用户同意授权个人信息被用于自动化算法处理而产生商业化算法推荐的前提），促进在算法备案、算法监管、算法分类指导管理的行政管理过程中约束行政部门充分尊重和保护算法相关知识产权，也是算法公平与算法治理中需要考虑的难题。

四　算法公平与算法治理的政策建议

在全球数字经济时代，作为全球数字经济的领先者之一，中国正在探索和完善有关算法公平的市场监管、治理体系和法律监管体系。以人工智能和算法创新等科技创新为驱动的中国数字经济建设，是基于中国产业转型升级和科技创新驱动发展的最新范例。在人工智能算法治理方向上，近年的立法努力意味着，中国开始尝试厘清算法公平与算法治理的产业政策、治理体系和行政监管配套制度体系。而目前的立法进程只是一个开始，人工智能有关算法公平治理体系的建设不过才刚刚起步。

算法公平与算法治理关系到数字经济部门与传统产业经济部门之间的公平竞争，关系到鼓励全球科技公平创新与科技向善，关系到科技资本与国家数字安全、与社会公众和个人数字权益能否和谐相处。发达国家曾经或正在遭遇的经济公平与算法歧视、社会公平与算法滥用、市场公平和算法垄断等层面的治理难题，也开始对国内全场景数字化和人工智能算法驱动的数字经济产业、社会公共个人信息法益与数字法益和国家数字安全形成挑战。由于目前缺少在算法公平和算法治理上的有效市场监管、治理体系和法律监管体系，在某种程度上，在以算法滥用为代表的一些数字经济领域上演了环境治理曾经遇到的诸多治理难题，在一些数字领域呈现类似先发展先污染后治理或边发展边污染边治理的态势，在个别领域甚至出现光发展不治理的苗头，没有顾及人工智能算法滥用可能对社会公共秩序、个人信息法益与数字法益和国家数字安全的潜在危害。

本文在综合分析算法公平和算法治理国内外现状的基础上，提出以下政策建议。

首先，算法公平与算法治理离不开有效的行业自律机制和社会治理机制。根据《数字服务法（草案）》，欧盟会建立欧洲数字服务理事会。作为一个独立的咨询机构，这个理事会将不仅包括欧盟数字服务协调专员，还会邀请业界代表和学术界专家担任理事。理事会将支持和协调欧盟数字服务协调专员就潜在争议展开联合调查，向欧盟数字服务协调专员提出意见和建议，并促进制定和执行欧盟数字服务协调专员有关数字治理议题的准则和报告。中国可以考虑建立类似的行业自律机制和社会治理机制，共同促进数字科技创新与国家数字安全、社会公众和个人数字权益的和谐发展。

其次，算法公平治理规则体系是构建算法数字安全和公平科技创新的基准。在欧盟，算法公平与算法治理的规则体系由一部法律、两个草案和若干治理文件组成。因此，在中国现有的法律和行政法规体系之外，可以考虑结合国情和行业发展状况，着手制定和发表《中国人工智能算法公平政策》《虚假信息行为准则》《可信人工智能算法伦理指南》《算法责任与透明治理框架》《广告算法透明化规则》等指引性治理文件。

最后，在兼顾鼓励全球数字技术创新的政策机制与区域数字经济发展的前沿探索诉求的同时，还应着力完善算法安全和算法公平的监管体系和监督机制，考虑启动《算法问责条例》《数据问责和透明度条例》等行政法立法工作的前期准备和研究工作，着手算法有关数据财产权问题的研究工作。

第六部分　人工智能治理之平台治理

互联网平台协同治理体系构建

——基于全景式治理框架的分析

梁　正*

摘　要： 数字经济时代下，随着大数据和人工智能的蓬勃发展，互联网平台企业在其建构的商业生态领域中日益占据信息、资源与权力优势。大规模、复杂性商业生态系统赋予互联网平台企业在经济、社会、文化等领域广泛深刻的影响力和复杂多样的作用机制。正因如此，在经济社会数字化转型的大趋势下，亟须从多维视角探讨互联网平台治理之道，并探索构建诸利益相关方共同参与的平台协同治理体系。目标是基于数字治理、平台治理理论创新，借鉴国内外平台治理成功经验，形成内外部利益相关方全景式治理、互联网平台赋能公共部门、公共部门赋权互联网平台、第三方组织积极参与和社会公众共同监督的协同共治机制，打造融合敏捷治理、适应性治理、探索性治理等新型治理理念的综合治理体系，最终以“良治”为平台企业乃至数字经济健康发展提供有效保障和持久动力。

关键词： 平台治理　协同治理　生态系统　全景式治理

* 梁正，清华大学公共管理学院教授、博士生导师，人工智能国际治理研究院副院长，中国科技政策研究中心副主任，研究方向为科技政策、创新管理、新兴技术及其治理。

一　引言

计算机技术和互联网技术的发明创新和扩散应用催生了各类互联网平台（以下简称“平台”），人工智能和大数据技术让平台的影响力超乎寻常。然而，互联网平台在带动经济社会飞速发展的同时，也引致了多种经济社会风险和不确定性。平台企业在其建构的商业生态领域中日益占据明显的信息、资源与权力优势，大规模、复杂性商业生态系统赋予互联网平台企业在经济、社会、文化等领域广泛深刻的影响力和复杂多样的作用机制。因此，探索构建数字经济时代下互联网平台治理成为必然。考虑到互联网平台涉及众多社会主体，每一类主体同时兼具多种理性视角，本文力图在总结国内外平台治理经验的基础上，从多维综合视角分析平台的理性属性，厘清多元治理主体的理性倾向，建构全景式治理框架，尝试探索构建数字经济时代互联网平台组织的协同治理体系。

二　互联网平台治理现状

美国是互联网的发源地，在几十年的发展过程中，美国出台了一系列法律法规以规范互联网内容。美国在平台治理方面关注的问题主要包括网络内容、版权保护、个人数据等。在网络内容上，美国一方面重视保护公民的言论自由，另一方面对网络内容进行管控，比如明令禁止涉及儿童色情淫秽的内容。在版权保护方面，美国不断平衡互联网发展过程中平台、用户、权利人之间的利益关系。1998 年美国《数字千年版权法案》（DMCA 法案）确立了以“通知—删除”规则为核心的“避风港原则”。在随后《数字千年版权法案》的国会报告中，又很快确立了“红旗原则”，旨在对“避风港原则”进行补充与纠正。在个人数据保护方面，2018 年 4 月，扎克伯格因用户隐私数据泄露以及 Facebook 上的虚假信息等问题受到了美国国会参众两院的质询，参众两院要求 Facebook 必须做出努力和改变。近两年，美国开始重视对平台垄断问题的治理，2021 年 6 月 23 日，美国众议院表决通过了《终止平台垄断法案》等五项互联网平台反垄断相关法案，旨在促进互联网行业有序竞争，并推动美国成为全球数字经济领域规则制定的领导者。

欧盟早在 2010 年就启动了对谷歌的反垄断调查，平台垄断问题的治理一直是欧盟的重点，其已经相继对谷歌、Facebook、亚马逊等平台发起反垄断调查。除了办理反垄断案件，欧盟还制定平台领域的新规，2020 年 12 月，欧盟委员会提出两项新的立法，即《数字市场法》和《数字服务法》，以加强平台领域的竞争保护。现今，欧盟更加重视人工智能领域和算法领域的治理问题，如在 2021 年 4 月 21 日，欧盟委员会提出了人工智能（AI）法规，旨在将欧洲打造成为值得信赖的人工智能（AI）全球中心。

在我国，平台治理问题复杂多样，如在电商领域，主要涉及网络售假、虚假宣传、不良信息等；在社交网络领域，主要涉及反欺诈、个人信息保护等；在网络游戏领域，主要涉及未成年人保护、版权保护等；在音视频领域，主要涉及版权保护、消费者权益保护等；在信息内容领域，主要涉及违法信息、虚假信息、低俗内容、算法推荐等治理问题。目前，我国主要从细化法律规则、引入技术监管手段和加大执法力度等方面加强平台监管，在细化法律规则方面，2021 年 3 月，国家市场监督管理总局发布《网络交易监督管理办法》，进一步完善网络交易的监管规则，各个地方也相继出台本地规则，比如浙江出台《浙江省电子商务条例》，重庆出台《网络交易平台经营者落实法定责任行为规范》。2021 年 11 月，《个人信息保护法》实施，为个人数据保护提供了法律依据。在数字技术监管方面，市场监管部门设立电子商务 12315 投诉维权中心和网络商品治理监测中心等机构，加强对网络交易的监督。2021 年 2 月 26 日，浙江省市场监管局发布平台经济数字化监管系统“浙江公平在线”，该系统运用大数据、云计算、人工智能等“互联网+”技术，对重点平台、重点行为、重点风险等实施广覆盖、全天候、多方位的监测、感知、分析和预警，加强网络交易平台监测。在执法力度方面，市场监督管理总局相继对阿里巴巴和美团涉及“二选一”行为进行反垄断处罚，国家网信办等部门对滴滴启动网络安全审查。2021 年 10 月 29

日，国家市场监督管理总局同时发布了《互联网平台分类分级指南（征求意见稿）》和《互联网平台落实主体责任指南（征求意见稿）》两个重要文件，提出了平台分级分类治理的基本原则，并就不同平台主体责任提出明确要求，标志着我国对互联网平台的治理进入了一个新的阶段。

综上所述，全球主要国家或地区的平台治理既有共性问题也有个性问题，其中一个共同点是过于依赖政府的垂直管理方式，虽然政府出台了众多法律法规和管理条例，但是，缺乏对多元主体在平台治理中发挥作用的考虑。基于此，本文尝试提出构建平台协同治理体系建议，为完善平台治理模式提供助力。

三　多维理性视角下的互联网平台

作为数字经济的典型经济形式和组织结构，互联网平台企业关涉范围已经远远超出传统产业经济理论讨论的范围，其“触角”已经到达政治权利、社会生活、公众心理、文化传播、环境保护等领域的方方面面。互联网平台以网络通信技术和双边算法（或多边算法）等系列技术为基础，附着其上的价值则是利益相关方围绕互联网平台展开的各类交互行为的直接或间接体现。而无论是“平台”本身，还是“治理”本身，抑或是“平台治理”，都是利益相关方（stakeholder）理性（或者“有限理性”）行为的产物。理性与感性相对，重在按照事物发展的规律和自然演化原则来思考，将行为目标化，追求回报最大化或满意化。从理性视角出发去考察平台，意味着从多维视角去解构平台主体行为逻辑，同时考察其背后诸治理主体的理性倾向，从而提出完备的全景式治理框架。

从政治理性视角来看，平台组织建构其核心竞争力的过程中，在资本力量的裹挟之下孪生出侵蚀公权力根基的能力，并在某种程度上分流了政府组织能力。同时，互联网平台由于其开放性和分散性的特征，会冲击既有政治秩序，甚至可能危害国家安全。造成公权力被侵蚀的原因众多，而之所以说信息技术加持下的平台企业最为典型，是因为在全球范围内，平台组织已经渗透到各社会阶层和群体的日常生活，其“触角”几乎延伸到了人类物质和精神生活所能企及的所有领域，深刻地改变了社会生活和政府管理模式。一方面，传统政治学关于国家公权力的根基性假设——垄断暴力的合法使用，正在逐渐被平台组织所侵蚀。平台组织有着高度的信息集中度，其掌握的数据远远超过了政府组织的传统统计数据，而运用大数据可以产生远超过传统治理机制的影响，甚至具有颠覆既有社会秩序的潜力。另一方面，互联网平台的崛起扩大了政府组织对互联网技术的使用范围、扩展了技术深度，改变了政府组织结构和管理能力，也分流了政府组织能力，这一点在应急事件中体现得最为明显，平台组织往往要比政府组织具备更强的响应能力和更快的响应速度。平台组织的数据集中推动了大数据技术、人工智能技术的广泛应用，而互联网协议加持下的信息管理模式天然具有开放性和分散性，这也就决定了政府组织对企业、组织或个人在平台上的行为缺乏及时而全面的控制；与此同时，网络开放性意味着，在缺乏有效管控的前提下，各类非法组织或个人甚至可能利用平台组织进行意识形态输入或所谓的“颜色革命”，直接威胁国家安全。

技术理性视角在于审视平台及其治理，厘清平台背后的技术支撑及其技术逻辑。一方面，支撑互联网平台的技术实质上是一系列技术集合，包括各种类型的算法、数据采集技术和数据管理技术、算力技术，等等，而且互联网平台技术集合本身和当前人工智能技术集合存在着诸多交集。互联网平台技术处于持续演变过程中：其一，核心算法技术从最初期的信息查询类算法、经历信息共享类算法、信息搜索引擎算法，直至现如今的信息匹配算法、信息推送算法等；基础数据技术则包括各类数据采集技术和数据管理技术，前者如传感器网络、图形界面技术、鼠标、浏览器等，后者主要是指各类数据库技术，如关系数据库、网络数据库、分布式数据集、数据仓库、大数据技术，等等；也包括必要的基础技术，如数据安全技术、隐私保护算法、区块链技术，等等。另一方面，互联网平台技术集合存在着多种技术逻辑，其核心主要包括三类技术逻辑：其一，数据采集与再交换逻辑；其二，技术分解与聚合带来的技术体系性能综合性提升；其三，互补性技术创新带来的平台技术创新和技术生态的整体跃迁。首先，数据采集与再交换逻辑是平台得以存在的基础逻辑，“数据采集”与“数据再交换”不可隔离；如果仅仅是数据采集，那么平台企业将退化为数据采集组织或者数据清洗团队等形态；如果仅仅是数据再交换，那么平台企业将退化为数据流通中间商形态；平台企业正是通过采集来自多个信息源的数据并加以清洗、聚合和结构化等数据管理操作，然后将处理后的数据加以交换或分发（交换也存在两种基本形式，数据主体与平台企业直接进行数据交换，或者，数据主体之间直接通过平台建构的数据标准来进行数据交换）。其次，技术分解与聚合是互联网平台获得技术效率的永恒逻辑：数据采集技术本身就是分布式技术，其技术形态可根据技术应用场景而进行适配性变化；中间数据存在结构化到非结构化的多种模态，但可通过数据清洗、增删、补全等技术完成格式统一；技术聚合则是数据交换得以实现的基础。最后，作为一类特殊的数字技术，互补性技术创新是互联网平台技术创新和发展的原动力。互联网平台连接的诸多主体之间的技术耦合在生成技术生态的同时，也产生了不同的内外部技术需求；内部需求主要是指平台技术体系内部的各个技术子系统之间的技术耦合和技术流程，外部需求主要是技术需求方对平台技术提供方的各类技术需求；两类需求共同推动互联网平台形成模块创新、结构优化、模块重构和系统重构等创新机制。

在经济领域，互联网平台和平台经济是可以互换使用的概念。从经济理性视角去审视平台与平台治理的研究在现有研究中占比最大。平台经济从技术实现形式上看，是数字经济一个重要的组成部分；从经营主体来看，也是民营经济的一个重要的组成部分；从平台组织的商业模式来看，平台组织提升市场中信息的流动速度和分享效率，弥合了工业时代市场经济中商品流通过程中信息不对称的巨大“缝隙”。平台商业模式为美国雅虎公司首创，虽然其商业模式内涵几经变化，也存在多种经济机制和功能属性，但其经济本质仍然是通过平台构建经济网络中存在的网络效应，利用信息交流平台获得市场内的信息优势而获得经济收益，并通过交叉补贴维持平台的交易量。而这也决定了平台行业内部的特征分布和组织内部的经济均衡。其一，平台经济组织最为显著的经济运行机制特征是市场成熟前期的高额补贴和在短期内获得大份额市场占有率，平台组织所在行业往往呈现出一种“70—30”的特征分布：头部企业市场占有率往往在70%以上，而行业内其他细分市场上其他企业（往往是中小企业）的总占比不会超过30%。随着人工智能和大数据技术的飞速发展，上述特征分布的极化程度越来越高。其二，作为平台经济的一“极”，消费端的需求分布往往呈现“长尾效应”，消费多样性极大提升了消费者经济剩余。其三，平台经济的“长尾效应”在激活面向特定消费领域的大规模创新创业活动的同时，也极大限度地挤压了消费领域中小企业的盈利空间。

从社会理性的角度来看，互联网平台作为信息网络中的热点，实则存在典型的“双刃剑”社会效应。一方面，平台为社会公众和各类组织创造了新社会空间——网络空间，其包容性之强，为国家精神文明建设提供了快捷通道并拓展了巨大空间；另一方面，平台的出现也意味着新社会风险源的诞生，它改变了社会风险的生成机制，扩大了社会安全风险的可达范围，是风险社会形成的主要推手之一。从社会整体性来看，无论是传统社会安全的范围还是新兴网络安全的保障方式，都需要平台组织的有效支撑。从社会技术系统的角度来看，网络在现实中的影响力已经涵盖了社会各行各业，而平台组织实际上成为各类社会问题和安全问题的集散地，任何社会风险都可能通过平台而被无限放大。网络社会风险具有层次性、无限扩展性和即时性等特征，层次性来源于计算机网络协议的技术特征，无限扩展性来源于网络空间的全球扩散，而即时性则在于网络通信技术的进步。随着人工智能技术的应用和各类应用程序（App）（如二维码、人脸识别、移动支付等的普及）在平台组织的广泛应用，创造出新的社会消费、生活和沟通交流的模式，极大便利了人们的生活。与此同时，平台安全风险成为网络社会安全风险的主要来源之一，恶意盗取公民信息、“人肉”搜索、网络暴力、恐怖活动线上招募成员与募集资金等行为屡见不鲜，媒体虚假信息可通过平台组织而高速、广泛传播，个人隐私保护、信息安全，甚至生命和财产安全因平台运行逻辑而受到威胁。

站在历史理性视角，平台组织既是国家区域交流和科技文化交流的主要参与者，也是中华文明融入世界文明的重要通道之一，更是社会文化的塑造者之一。世界文明之间的交流伴随着人类历史的发展进程，自我国“丝绸之路”开文明交流之滥觞，中华文明始终保持以一种包容与和平共存的开放姿态倡导世界诸文明交流。从新时代的“一带一路”倡议到世界互联网大会，中国政府组织或各类平台组织都积极致力于国际对话，积极搭建中国与世界互联互通的国际平台和国际互联网共享共治的中国平台，让各国在争议中求共识、在共识中谋合作、在合作中创共赢。互联网平台组织以其固有的全球性和开放性技术属性，拓展了向世界展现文明魅力和国家魅力的渠道，推动了中华文明走向世界的步伐，也提升了中华文明吸纳世界先进文明精粹的能力。平台组织既是我国信息通信人才的“蓄水池”，也是科学技术和发明创新，尤其是计算机、互联网、大数据、人工智能等技术和创新的“推进器”。在中华民族由于各种原因错失前几次工业革命而积极推进新一代现代化进程的历史背景下，互联网平台组织的诞生和发展，是我国引入世界技术并参与全球科学技术创新大局的重要推动者。然而，平台组织作为社会文化，尤其是网络文化的塑造者，同样存在双重效应。融媒体时代，互联网平台因其内容表现形式丰富、传播高效、互联互通等优势，既可以主动策划、发起正能量主题活动，助推网络文明建设，也存在因缺乏治理而成为“丧文化”“祖安文化”等一系列亚文化滋生之地的潜在风险。

从心理理性视角来看，平台组织提供的即时信息交互服务在一定程度上改变了人类（主要是指网络用户）对实际空间距离和时间间隔的心理感知方式和感知效果，让技术使用者产生了空间距离被缩短和时间间隔被压缩的心理错觉，进而改变了人们的生活范围、居住地选择和工作选择。网络互动存在的主体可匿名化特征在诱致大量网络欺凌现象的同时，也存在着复杂的影响使用者的心理效应机制，包括积极心理效应和消极心理效应。一方面，便捷的交流技术使得个体因在网络上获得亲密的友谊而感到愉悦，特别是对内向型人格的人而言；网络环境让沟通双方比现实中有更多的自我表露，双方讨论得更加充分，从而能改变现实生活中的人际关系。另一方面，互联网平台使得人类网络互动行为大大增加，挤压了原有的社会交往互动，减少了人类的社会参与，心理幸福感水平会随之下降，甚至可能导致群体性的孤独感、抑郁感、冷漠感、现实人际关系的疏离感。互联网平台的另一个隐患在于降低了网络接入的年龄限制，使得很多青少年在心理未成熟期就直接接触到不良内容，诱发青少年犯罪。值得注意的是，基于技术进步，平台组织在某种程度上拥有无孔不入的监控功能，在缺乏规制的条件下极易被滥用。而随着人工智能算法的创新，尤其是智能推荐算法的大范围使用，社会公众越来越受到网络“回音室效应”的影响，不知不觉中窄化自己的眼界和理解，走向故步自封甚至偏执极化。

环境理性视角首倡对环境保护的重视，而大多数互联网平台既是能源消耗大户，也是“碳达峰、碳中和”等低碳行为的积极倡导者。一方面，平台企业向绿色低碳转型是新一代人工智能核心范式指导下技术创新的必然要求。互联网平台并非如其广告宣传中或者社会公众印象中那般环保低碳。随着互联网平台对人工智能技术的大规模研发投入，大量的数据中心和计算中心投入使用，互联网平台成为能源消耗大户。对于平台组织而言，计算中心和数据中心的建设和使用，与其他企业或组织并无二致，都存在碳排放问题；而现有的人工智能架构以数据驱动型算法为核心，数据中心和计算中心是其核心基础设施，其能源的边际利用率会随着数据量和计算量的增加而降低。在平台产业层面，华北电力大学和绿色和平组织 2019 年的发展报告显示，2018 年，中国数据中心的碳排放总量达到 9855 万吨，预计到 2023 年，中国数据中心的碳排放总量将达到 1.63 亿吨。可以说，剧增的用电量与碳排放是互联网行业高速发展的“隐形杠杆”。虽然互联网行业在中国目前的碳排放行业排行中尚未进入前十名，但按其目前的能源消耗增速，很快就将位列排放大户。全球范围内，国际可持续发展权威刊物《清洁制造杂志》（*Journal of Cleaner Production*）在 2018 年发表的一篇详尽研究报告显示，若不加以控制，到 2040 年，全球信息通信技术产业温室气体排放量的年度增长率可能会从 2007 年的 1%~1.6%增长到 14%以上。另一方面，平台组织正在逐渐成为低碳行动的重要参与者，绿色发展和环境保护规则已经成为互联网基础设施和平台组织必须遵守的治理规则；相当一部分平台组织也已成为环境保护的公众参与平台，对于倡导绿色发展理念具有良好的推动作用。特别是，公众参与在新《环境保护法》中被作为一项环保领域的基本原则，明确了公民、法人和其他组织有获取环境信息、参与和监督环境保护的权利，公众在自身环境利益的驱使下有参与环境公共决策甚或提起环境公益诉讼的诉求，而平台则可以成为社会公众与政府部门双向沟通的桥梁之一。

四　互联网平台的全景式治理框架

互联网平台及其治理的利益相关方即为以上多维理性视角背后存在的多元治理主体。对于互联网平台而言，广义上的治理主体包括每一位被互联网技术覆盖的社会主体，包括社会公众、市场组织、非营利机构、国家政府，等等。虽然多元治理主体参与治理的合法性地位毋庸置疑，但是，每一类治理主体在概念化、判断、分析、综合、比较、推理、计算等方面的能力上存在不同程度的差异，从而展现出不同的治理能力。因此，平台治理需要在综合理性思维的基础上，兼顾相关治理主体的治理能力。

对于互联网平台及其治理的利益相关方而言，无论是组织，还是个人，有限理性同样决定了其作为治理主体的理性偏向。换言之，在平台治理主体作为决策主体参与治理的过程中，实际上存在各自独有的理性权重序列。同时，在参与治理的过程中，差异化的治理能力分化了平台利益相关方，而这就直接导致了治理实践中不同利益相关方的参与程度各有不同。因而，为了兼顾平台治理成本和治理效率，围绕着平台组织势必需要将利益相关方分类为平台组织内外部治理主体；其中，平台组织的内部治理主体主要是指直接参与平台组织构建和运行的利益相关方，平台组织的外部治理主体主要是指间接参与平台组织构建和运行的利益相关方。在此基础上探索构建平台的全景式治理框架，以指导后续协同互动治理机制的构建。

一方面，内部治理主体的激励和理性偏向决定着平台内部的价值创造和分配结构。如前所述，直接参与平台组织构建和运行的是平台所有者和经营者、平台组织所具象化的双边市场或多边市场的参与者。对于平台所有者而言，其经济理性偏向往往要强于其他理性维度；对于平台经营者而言，其技术理性和经济理性偏向往往会并重，但都要强于其他理性维度。就“具象”的双边市场或者多边市场的参与者而言，其经济理性和社会理性偏向往往高于其他理性维度。显而易见，突出经济理性偏向是平台内部治理主体的共同特征；而这也是平台组织往往被视为平台经济的代名词的根本原因之一。但是，平台的其他理性属性，决定着平台治理的参与制不可能也不能仅限于内部治理，外部治理主体对于平台治理的顺利实施同样不可或缺。

另一方面，外部制度环境和文化环境等对平台组织的创设和发展同样至关重要。平台组织的外部治理主体虽然未在构建平台和平台运营过程中起到直接作用，但是，作为公共价值得以确立的国家，作为制度制定和机制实施主体的政府，作为公共价值传播和监督主体的公共组织和社会公众，其对于平台组织能够出现并长期存在发挥着基础性保障作用。外部治理主体的经济理性偏向往往要弱于其他理性维度。国家往往侧重于政治理性和历史理性，而政府的理性偏向往往会根据阶段性政治目标或发展战略而进行适应性调整，其主要目的在于识别并解决当前国家经济社会发展中的根本矛盾。社会组织因其构成而更加复杂，如社会理性偏向非常明显的消费者协会组织，偏向技术理性的第三方认证组织，环境理性偏向的代表则是环保组织，强调心理理性的媒体机构，等等，而社会公众在参与平台治理上则具有两面性，即作为平台（服务）使用者更加重视经济理性，同时作为平台社会影响的承受者更加强调社会理性。

综上可以看出，平台组织的不同治理主体秉承的理性偏向存在着诸多差异，简单地求取理性价值统一往往会造成价值冲突。在价值冲突的过程中，市场失灵、政府失灵、社会失灵、伦理失范，甚至公共价值失灵，皆有可能。与价值判断不同，治理主体的治理能力差异明显是客观事实，治理能力维度划分的真正重要性在于为价值理性提供了相对一致的治理“锚点”和沟通可能性。比如，平台组织内部治理主体之间治理能力的差异主要体现在技术能力与管理能力上，平台的经营者往往具备巨大的信息优势和技术优势，而其他内部主体往往只能通过其他技术结构和反向监督等非技术手段对其进行规制。外部治理主体的治理能力则更多体现在公共价值的确立与保障上。其中，国家和政府在诸多外部治理主体集合中发挥着统筹全局和价值驱动的“发动机”角色。因此，平台组织内外部治理主体的理性偏好和治理能力交织在一起，促成了不同治理主体后续的治理行为和治理工具的选择。

运用综合理性分析平台在于明确平台治理的理性内涵，有助于为后续平台治理提供治理抓手。在多元治理主体理性偏好与治理能力分析的基础上，将理性维度和主体维度加以整合，从而构建平台治理所需的全景式治理框架。笔者认为：平台治理的全景式治理框架应当是包括治理主体专业化选择、多理性维度、治理能力（包括治理工具、治理手段等）的三维治理体系。全景式治理框架为平台治理提供了“理性坐标系”，通过精准定位治理主体和理性维度，能够为“包容审慎、分类监管”的治理理念提供足够的执行空间，有助于明确多元治理主体之间的分工与合作机制，有助于确立平台治理的治理方向和治理路径，为构建互联网平台的协同治理机制提供分析框架。

五　互联网平台的协同治理机制

传统平台治理往往强调政府联合第三方组织规制平台企业的经济行为。然而，正如全景式治理框架所强调的，平台治理不仅仅需要政府、平台组织和第三方组织积极参与，还需要将广大的平台利益相关方纳入治理过程中。在确立平台治理价值共识的基础上，梳理不同平台治理主体的价值分工，结合平台治理主体的治理能力，选择与之契合的治理方式和治理工具，才能最终形成针对互联网平台的合作协同治理机制。

首先，针对平台组织，需要多元治理主体形成价值共识，这是多元治理主体进行合作和协同治理的根基所在，也是全景式治理框架的内在要求之一，即全方位科学看待平台治理。具体来看，“包容、共享、审慎、负责”是平台治理中平衡发展和治理的价值原则。“包容”在于对市场主体的非主观故意、轻微且没有造成明显危害后果的首次违法行为建立容错机制，给予当事人改正的机会，尊重技术进步的发展规律和创新创业的市场规律，为新事物、新业态，以及企业家提供良好的创新创业预期和宽松的发展环境。“共享”在于明确平台治理的公共价值，应当为所有平台利益相关方所共有，同时兼顾各利益相关方参与平台治理的机会平等，提升利益相关方的治理能力，促进各利益相关方共同进步。“审慎”在于给出明确的安全底线，既不能放任不管，任其野蛮生长，也不能出现“一管就死”，避免矫枉过正。“负责”意味着平台发展与治理应促进社会向善、绿色发展，符合环境友好、资源节约的要求；应促进协调发展，推动各行各业转型升级，缩小区域差距，提升弱势群体的网络适应性，努力消除数字鸿沟。

其次，梳理多元治理主体的价值分工，治理主体之间取长补短、相互促进，充分发挥治理主体各自的治理优势，最终形成治理合力。如全景式治理框架所示，平台利益相关方都是平台治理主体。考虑到不同治理主体的治理能力和治理优势各异，为了兼顾治理成本和治理效率，故而应以平台组合和公共部门为核心，遵循公共价值共创的原则，形成“政府领导、平台参与、社会协同、公众监督、法治保障”的有效治理分工和合作机制。事实上，站在价值分工的角度，多元协同的合作治理实际上也是社会总体福利最大化的客观要求。最终，探索形成平台组织积极赋能公共部门、公共部门有限赋权平台组织、社会组织和其他利益相关方积极参与并加以监督的良性共治“循环”。

具体而言：其一，平台组织应积极赋能公共部门，将大数据技术与人工智能技术等新兴技术推介给公共部门。一方面，技术理性和经济理性较强的平台组织应主动向公共部门推介新兴技术，使公共部门能够充分了解新业务、新事物、新业态等创新领域的具体知识背景，避免公共部门的技术创新盲区和信息不对称问题，帮助公共部门精准定位具体的治理对象和治理环节，为二者后续的治理互动夯实技术基础。另一方面，公共部门应积极吸收和应用大数据和人工智能等新兴技术，优化公共部门的组织结构和管理流程，提高公共部门的服务质量和服务效率，提升公共部门的治理能力和治理效能。实践证明，传统科层制的管理模式在数字时代和平台经济时代已经难以为继，吸收新兴技术并加以应用，能够有效避免政府失灵的问题；而公共部门只有充分了解平台组织的技术原理和技术体系，才能充分理解其产业体系和生态系统，识别治理问题与对象，并有针对性地展开治理活动。

其二，公共部门应有限赋权平台组织，实施分类监管，适当利用平台组织的准公共品属性增进公共利益。恰如平台的社会理性维度所示，利用互联网技术，平台组织创造的网络社会从有边界的工业社会走向了一种无边界的“流动空间”，融合了过去、现在和将来，跨越了时空、地理和文化，重新再统一于网络空间中的整合与互动。当前，依靠公共部门规制的单一管理模式，已不足以实现市场交易的最优秩序。一方面，线上交易市场使得传统的区域化监管和条块管理模式明显失效，跨辖区甚至跨国界的市场主体显然无法适用于传统市场区域的“条块化”监管体制；另一方面，网上交易平台中交易主体往往复杂化程度较高，传统公共部门的监管体系和技术难以应对其高频交易与网上支付等技术手段。因而，一般层面上，应当鼓励更多的利益主体参与到平台治理和线上公共事务之中，形成一种开放式、扁平化、平等式的新型治理结构。同时，针对不同领域实施分类监管模式，针对线上食品、线上药品、特种设备及故意违法给人民群众的生命和财产造成重大损失的，公共部门要直接严格监管、强化准入标准、健全风险检测体系，严守安全底线。对于风险程度偏低的、非主观故意违法且危害后果轻微的服务类网络主体，应按照引导教育为主、惩罚为辅原则，帮助企业规范提升。平台组织因为互联网技术的开放性、去中心化等特点，使得相对弱势的消费者群体可以通过这种权利实现在线下市场中无法实现的动员、组织和行动，公共部门应加以鼓励和维护。

其三，第三方组织和其他利益相关方积极参与并加以监督。如全景式综合理性视域下的平台协同治理体系（见图 1），依托全景式治理框架，在公共价值共识的指引下，结合第三方组织和其他利益相关方的治理能力，根据具体的治理领域、治理场景、治理环节等，划分公共价值责任，协助公共部门和平台组织做好平台治理。通过众包、协同等组织形式将传统意义上单一的第三方组织和其他利益相关方由单纯的被组织者转变为自组织者。对于第三方组织和社会公众而言，互联网技术实际上带来了一种信息权力，突出体现在由网络媒体编辑权而催生出的话语权增强，通过互联网技术的信息发布和实施广泛传播，极大地缩小了传统媒体与社会个体之间在信息赋权方面的不对称关系，起到了广泛而强大的监督作用，形成了良好的平台治理合力。

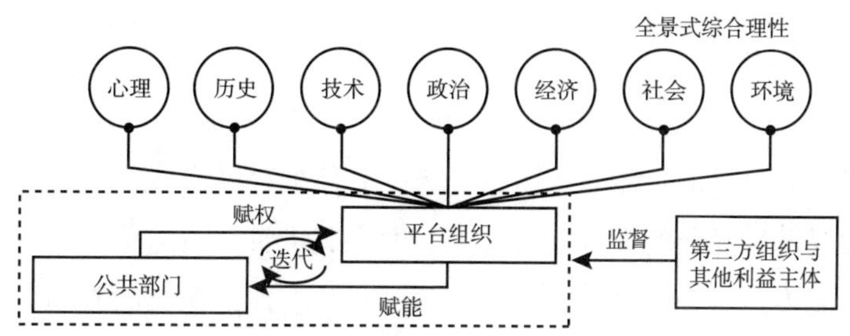

图 1　全景式综合理性视域下的平台协同治理体系

图片来源：作者自制。

最后，平台治理主体之间形成动态互动的协同共治机制，并根据平台发展与治理的适时需求，创新治理方式和治理工具。考虑到平台治理主体的理性偏好和治理诉求并非一成不变，在形成协同治理机制的基础上，必须保持一种迭代优化的治理思维。一般意义上，国家和政府是政治理性和历史理性的代表，但在特殊时期或特定区域，国家和政府会阶段性地选择其他理性偏向；国家和政府在治理技术上虽然可能不及内部治理主体，但可以通过将治理意志转化为强制性制度发挥有力作用。在平台治理中，当面对线上市场和线下市场相结合的治理情境时，国家和政府作为协同共治机制的“发动机”，更加需要因时制宜、因地制宜地调整治理机制以适应平台治理需求，创新治理理念，如针对新业务和新业态，可以考虑采用“沙箱监管”等敏捷治理模式，允许其先发展起来，并在出现问题后及时跟进并加以纠正；考虑到平台组织构建的双边或多边市场存在的“长尾效应”，既能带动广泛的就业，又能极大地提升消费者剩余，可尝试从适应性治理理念出发，坚持以市场调节为基础，强化政府规制的激励作用以引导平台组织健康发展；对于深度学习、强化学习或区块链技术等存在一定技术黑箱效应的新兴技术创新和应用，则应当秉承探索性治理理念，在保证安全底线的前提下，允许平台组织分领域先试先行，激发平台组织的创新积极性。最终，形成融合敏捷治理、适应性治理、探索性治理等新型治理理念、治理范式的综合治理体系。

六 结语

数字经济时代下，随着大数据和人工智能的蓬勃发展，互联网平台企业建构出大规模、复杂的商业生态体系，并在其中日益占据信息、资源与权力等方面的优势，对经济、社会、文化等领域具有广泛深刻的影响力和复杂多样的作用机制。鉴于此，本文基于“理性—动机—行为”逻辑视角，从政治理性、技术理性、经济理性、社会理性、历史理性、心理理性和环境理性等七个维度综合考察了互联网平台的理性属性后发现，围绕互联网平台的利益相关方赋予互联网平台丰富的理性内涵，同时，各利益相关方作为平台治理主体存在不同维度的理性偏好和差异化的治理能力。围绕多维理性、多元主体和差异化治理能力等维度构建全景式治理框架，有助于平台“良序”治理。在全景式治理框架的基础上，本文探讨了多元利益主体形成协同共治机制的实施机制，研究提出：平台治理首先需要多元治理主体形成基本的公共价值共识，并从平台组织积极赋能公共部门、公共部门有限赋权平台组织、第三方组织和其他利益相关方积极参与并加以监督等三种治理路径中，形成多元利益主体良性互动的协同共治机制；同时，为了平衡发展与治理，多元利益主体应秉承迭代优化思维，保持协同共治机制的动态互动，形成融合敏捷治理、适应性治理、探索性治理等新型治理理念和范式的综合治理体系。最终，以“良治”为平台组织乃至数字经济的健康发展提供有效保障和持久动力。

参考文献

北京大学课题组、黄璜：《平台驱动的数字政府：能力、转型与现代化》，《电子政务》2020 年第 7 期。

陈威如、王诗一：《平台转型》，中信出版社，2016。

樊鹏：《利维坦遭遇独角兽：新技术的政治影响》，《文化纵横》2018 年第 4 期。

蓝志勇：《全景式综合理性与公共政策制定》，《中国行政管理》2017 年第 2 期。

梁正、余振、宋琦：《人工智能应用背景下的平台治理：核心议题、转型挑战与体系构建》，《经济社会体制比较》2020 年第 3 期。

王健、余建华、李开盛：《国际关系中的变局与治理》，上海社会科学院出版社，2021。

王利明：《人格权法研究》，中国人民大学出版社，2012。

肖红军、李平：《平台型企业社会责任的生态化治理》，《管理世界》2019 年第 4 期。

〔英〕维克托·迈尔·舍恩伯格、〔英〕肯尼思·库克耶：《大数据时代》，盛杨燕、周涛译，浙江人民出版社，2013。

袁熙：《互联网+》，人民邮电出版社，2015。

张辉、陈海龙、刘鹏：《智能时代信息通用技术创新微观动力机制分析——基于沃尔玛信息技术演化的纵向案例研究》，《科研管理》2021 年第 6 期。

Simon, H. A., *Administrative Behavior*, New York: Free Press, 1965.

Wu Y, Zhang W, Shen S, Mo Z, Peng, Y., "Smart City with Chinese Characteristics Against the Background of Big Data: Idea, Action and Risk", *Journal of Cleaner Production*, 2018, 173 (01), pp. 60-66.

人工智能应用背景下的平台治理：核心议题、转型挑战与体系构建

梁 正　余 振　宋 琦*

摘　要： 人工智能的迅速发展推动着拥有算力、数据和资本的互联网平台在要素集成和资源配置中发挥越来越重要的作用。然而，人工智能与平台经济的深度融合也带来或加剧了诸多治理挑战，数据治理、算法正义以及权责划界等议题在新时期的平台治理实践中尤为凸显。尽管公共部门与平台企业对这一系列问题采取了不同治理方式，但均存在一定的局限性。同时，责任分配与数据共享机制的缺失极大制约了政府和平台的共治实践。文章认为，中国当前的平台治理体系在理念、主体、目标、场域、内容和工具上都尚未适应人工智能等新兴技术应用所带来的转型挑战。基于此，文章从治理主体、治理对象和治理工具等维度出发，对人工智能应用背景下的平台治理体系进行了初步构建，在此基础上提出了“敏捷适应、多元共治、场景驱动、技术赋能”的治理建议。

关键词： 人工智能　平台治理　数据治理

* 梁正，清华大学公共管理学院教授、博士生导师，人工智能国际治理研究院副院长，中国科技政策研究中心副主任，研究方向为科技政策、创新管理、新兴技术及其治理；余振，北京师范大学讲师，研究方向为城市与区域发展、可持续转型、新兴技术发展治理。宋琦，萨塞克斯大学科技政策研究中心博士研究生，研究方向为创新与可持续转型政策。

一 引言

在数字经济时代，平台企业已经成为将数据和其他生产要素结合起来的主要组织（王勇、戎珂，2018）。从2008年到2018年，全球前十大上市企业中平台企业的市值占比从8.2%上升至77%（中国信息通信研究院，2019）。得益于庞大的用户群体与市场规模，中国孕育了一大批具有强平台特征的巨型企业（如阿里巴巴、腾讯、百度等）与独角兽企业（如滴滴出行、美团、字节跳动等），围绕平台经济的诸多新业态、新模式也正在不断涌现，创造出巨大的经济社会价值。正如一些学者所指出的，如果说以往的工业革命是围绕工厂的变革，那么当前的变革就是以这些数字平台为中心而展开的（Kenney M，Zysman J，2016）。

近年来，人工智能技术迅速发展，在赋能制造、金融、交通、医疗、安防等传统行业的同时，与互联网平台不断深度融合。总体上，我们今天所指的人工智能是建立在现代算法基础上，以历史数据为支撑，从而形成能够和人一样进行感知、认知、决策、执行的人工程序或系统（贾开、蒋余浩，2017）。在人工智能的推动下，拥有数据、算力和资本的互联网平台在国民经济体系中进行要素集成和资源配置的作用愈加凸显（Lee，Zhu，Jeffery，2018）。互联网平台在自身的战略制定与业务布局时也更加重视对技术红利的挖掘，在机器学习、智能机器人、算法分发等人工智能技术领域进行深入布局。以Google、Amazon、Facebook、阿里巴巴、腾讯等为代表的互联网平台企业都处于当前世界人工智能研究与开发领域的领先阵营。

人工智能在平台经济体系中的深度嵌入为社会各方带来了诸多便利，但同时也为用户、公众、政府部门以及其他利益相关者带来了一系列冲突。这其中既有传统治理问题在平台经济中的具体显现（如负外部性、虚假信息和数据泄露等），也有因人工智能发展所带来或加剧的新兴问题（如隐私保护、算法歧视和责任分担等）。随着计算能力的基础性跃升，数据和算法成为全球人工智能技术竞争的焦点，围绕数据的争夺和算法的使用已诱发了一系列新的平台治理问题。例如，虽然传统平台上也存在用户隐私数据泄露的情况，但是这些数据多为用户呈报的身份、收入、住址等静态个体外在信息，而在人工智能深度应用的情况下，平台企业可以大量采集用户的动态行为数据，利用智能算法推算用户的性格特征、兴趣爱好、社交倾向等个体属性，从而准确地描绘出用户的“数据画像”，这使得人们难以再拥有传统意义上的“隐私”。另外，人工智能技术具有“算法黑箱”等特征，使得用户和平台间存在越来越多的信息不对称，平台用户的地位越来越弱势，面临越来越多诸如“大数据杀熟”等歧视的风险。因此，人工智能应用背景下的平台治理已经成为许多数字经济领先国家优先关注的政策议题之一。西方国家长期以来对平台企业实行“避风港”原则，但近年来随着平台上的治理问题越来越突出，这些国家也开始强调提升对平台在信息内容、数据隐私和算法等方面的监管。

实现平台经济的“善治”已经成为推进国家治理体系和治理能力现代化在数字经济领域的重要目标。然而，当前学术界对这一新兴治理领域的讨论仍不充分，且多是从经济学、法学等视角出发对个别现象进行描述性分析，缺乏对当前平台治理范式转型的系统认识与整体把握。工业经济时代的传统政治经济学理论，如国家能力、政府与市场关系，在数字经济与新兴技术迅速发展的背景下难以对现实问题进行有效的回答。此外，中国的复杂国情影响着其治理体系与治理能力的现代化之路（薛澜，2014），其独特的政治、经济和社会等体制的惯性一方面制约着平台治理体系的建设，另一方面也将在新技术、新业态的不断冲击下调整适应。本文认为，平台治理是指“以私人所有形式存在的平台企业在收集数据、匹配信息、提供服务等业务过程中可能会引发一系列超越组织边界的社会问题，以政府、企业、社会组织等为代表的多方利益相关者对这些问题进行监管、规制以使之符合公共利益的过程、制度和非正式安排”。基于对平台企业、人工智能企业、政府部门和行业协会等主体开展的广泛调研，本研究剖析人工智能应用背景下平台治理的核心议题，在总结中国治理现状的基础上识别当前中国平台治理所面临的系统性挑战，最后提出适应新技术和新业态的治理建议。

二　人工智能应用背景下平台治理的核心议题

平台的本质是一个双边市场（Rochet，Tirole，2006），其最大特征在于网络规模效应，即平台的用户规模会显著影响用户使用该平台的效用或价值。因此，早期文献中的平台治理主要是指平台所有者如何设计、管理和控制平台以获得竞争优势（Manner et al.，2012）。相应地，这些平台治理研究主要关注影响平台企业本身获得竞争优势的要素及其治理结构，如价格结构、边界要素、开放度、技术架构、竞争策略等（Evans et al.，2011；李允尧、刘海运、黄少坚，2013；Song et al.，2018）。随着平台发展带来越来越多的社会问题，平台治理不再仅仅是平台所有者对平台自身的内部管理，而是外部主体和平台所有者为实现公共利益对平台问题的共同治理（王勇、戎珂，2018）。因此，平台治理已经越来越具有准公共性质，其内涵延伸到社会治理乃至国家治理层面，但现有研究仅局限于关注平台所有者，忽略了政府、用户和第三方商户的作用（Schreieck，Wiesche，Krcmar，2016）。虽然已有学者指出了多元主体参与的重要性，但是并没有回答“多元主体为什么愿意参与以及如何参与”这两个关键问题（贾开，2015）。

传统的平台治理针对的主要是虚假信息、违法内容、商品安全和知假售假等负外部性问题，人工智能技术的应用为解决这些传统问题提供了有力的技术手段，但同时也迫使政策制定者不得不面临一些新的治理挑战，如隐私保护、算法歧视和责任分担等，而这些问题都与人工智能的两个支柱有关：数据和算法。能够自主识别、判断和决策的算法是人工智能的关键能力所在，而数据是“喂养”算法的核心要素。互联网平台掌握大量的数据和先进的算法，极大增强了平台的权力，而政府、用户、社会组织等主体缺乏相应的数据和技术能力，在要素共享缺乏规则激励的情况下，多元共治很有可能流于形式。因此，人工智能应用背景下的平台治理面临传统问题与新问题交织的复杂局面，虽然传统平台治理的许多挑战仍然存在，但是数据治理、算法正义与权责重塑等已经逐渐成为更加凸显的治理议题。

（一）数据治理

作为人工智能发展的核心要素，数据被认为是“新型的石油”。互联网平台也早已更加重视数据的采集、利用和价值挖掘。例如，许多互联网平台都已经开始向手机、智能音箱、汽车等终端设备延伸布局，其主要目的在于占领更多获取用户数据的端口，从而为其他增值服务提供更多精准信息。然而数据又显著不同于石油等传统要素：首先，数据不会枯竭，具有无限增长的特征；其次，数据具有非竞争性，可以被不同主体同时使用；最后，数据具有外部性，一个个体创造的数据可能包含许多他人的信息（Goldfarb，Gans，Agrawal，2018）。在平台生态系统中，数据的生产和使用有多方主体参与，数据的所有权和流动规则都难以清晰界定。平台用户不仅仅是消费者，也是平台数据的主要生产者，因而用户是平台数据的“产消者”（Prosumer），所产生的数据集具有公共属性，而平台是这些数据的实际控制者。数据的这些特性显著影响平台治理的效果，但是现有的平台治理研究和实践却对数据治理没有给予足够的关注。例如，李等人（Lee，Zhu，Jeffery，2018）通过调查 Facebook、Youtube、eBay、Uber 等平台的数据治理规则，发现这些领先平台企业都没有明确界定过程数据的所有权，也没有规则判定数据提供者在平台上的贡献及相应收益分配的机制。另一方面，平台虽然实际上掌握了基于用户的海量数据，但在法理上缺乏收集公共数据的制度合法性，在主体间数据共享与交换上尚缺乏清晰且具有弹性的共识性规则。

（二）算法正义

随着人工智能在平台运营中的应用，平台规则和功能更多地被嵌入在“不可解释”的算法之中，因而需要新的方法和途径来评估这个“黑箱系统”的投入与产出过程（Pasquale，2015）。此外，算法与个体在数字化社会中的生存发展息息相关，如将算法应用在犯罪评估、信用贷款、雇佣评价等关乎人身利益的场景中，一旦产生“算法歧视”，将会对个人权益产生极大的影响。然而，引发“算法歧视”的原因通常难以跟踪。有些歧视是数据有偏性造成的，有的是机器自我学习造成的，还有的是人为造成的，要在系统中发现有没有存在歧视和歧视根源，在技术上是比较困难的（国家人工智能标准化总体组，2019）。由于算法“黑箱”的存在以及资本的逐利性本质，在监管缺位的情况下平台企业很容易滥用算法从而导致公众利益受到损害。同时，许多信息平台通过算法向用户不断推荐同质化的内容从而造成“信息茧房”效应，带来了深远的伦理影响。

（三）权责划界

数据放大了平台企业在数字经济生态体系中的能量与权力，而算法的不透明性增大了这一权力被滥用的可能。在人工智能时代，平台经济中垄断问题的性质和影响正在发生变化。互联网平台经济中个性化、精准化的服务实际上将市场分割成了一个个独立的个体，隔断了消费者的搜寻行为，而平台成为唯一的“知情者”。商家有足够的动机通过分析消费者的个人偏好向其推荐特定商品或服务，并根据消费者的收入水平、消费倾向而“因人定价”，以实现利润最大化。而且，平台的内部管理规则及措施实际上对平台上的大量用户产生强制性约束力，对平台用户的进入、退出和评价等都掌握着“生杀大权”。同时，由于平台企业拥有技术、数据和管理等方面的优势，行政机关为了更好地发现和阻止违法行为而主动将一些权力暂时或有条件地让渡给平台，形成了平台的“准行政权力”（李广乾、陶涛，2018）。人工智能的应用使得平台企业获得更多的行动能力，而政府的许多公共管理职能将逐步被弱化甚至被加速替代（樊鹏，2018）。然而，政府仍掌握核心的执政权力与海量的公共数据，现有治理体系主体之间的权责划分关系到深层次的资源分配，将会极大地影响平台经济的可持续发展。

三　中国平台治理现状：内部监管、政府监管与共治实践

中国的互联网平台经济经历了从模仿到自主创新，从落后到领先的快速

发展历程。在这个过程中，中国的许多传统行业在进入互联网时代时市场成熟度仍然很低，因此互联网平台可以进入这些市场空白，为中国互联网行业解决原有产业痛点提供了“跳跃成长”的发展机会（BCG，2017）。然而，也正是由于中国线下生态体系发展不成熟，尤其是信用体系不完善，许多治理问题转移到线上平台，造成了许多互联网平台的治理难题。今天，随着人工智能的快速应用，传统的治理问题尚未解决，而新技术的冲击使得原有的平台治理体系面临更加严峻的挑战。

在中国当前的平台治理体系中，传统的监管方式仍旧占据了政策实践的主流，且主要针对虚假信息等传统问题，而对隐私保护和算法歧视等新问题关注不足。另外，治理主体主要依赖政府和平台本身，而第三方组织在治理体系中处于“缺位”状态。具体来看，当前对于平台治理议题的管制主要有内部监管和政府监管两种形式：内部监管是指平台企业在没有政府机构介入的情况下自发地对在线商家和消费者的买卖行为进行管理；政府监管是指公共部门利用法律法规与行政司法手段对平台中的交易进行监督，并对交易双方的行为进行管理（王勇、戎珂，2018）。与此同时，一些兴起的政企共治实践虽然取得了一定的成绩，但仍旧面临着诸多的体制机制阻碍。

（一）平台内部监管

平台企业为了吸引并留住商家和用户，需要主动制定清晰的平台规则，创造良好的沟通与交易环境。与公共部门的监管相比，平台的内部监管手段更多元，监管时效更及时，治理成本也相对较低，特别是在平台掌握着大量商家与用户交易数据的情况下，内部监管具备对违规行为进行判定的客观数据优势。由于线下信用体系不健全，目前中国互联网平台监管仍旧聚焦于虚假信息、假冒伪劣、人身安全、违法商品与内容等传统领域。在这些领域，平台企业通过资质审核、质量监督、声誉机制、技术筛查等方式进行监管。例如，美团外卖在手机客户端增加了“举报商家”的功能，可以反馈和投诉餐厅刷单、价格虚高、商家资质等问题；对违法商品与不健康内容，京东利用敏感词过滤、人工智能等技术手段进行管控。

然而，作为商业组织，平台企业内部监管的核心目的是通过优化平台交易环境从而获得更好的盈利回报，因此对与其盈利目标不相关的外部性问题缺乏明显的监管激励。目前互联网平台内部监管的重点问题仍是虚假信息和违法交易等传统问题，而对负外部性和算法歧视等问题基本没有涉及。虽然大多数平台对入驻商家的审核都已出台了相应的标准，但在实际操作中，平台企业为了快速获得网络规模效应而对商户资质监管松懈，埋下了很多安全隐患。而即使平台企业严格执行资质审查，但由于证照等资质数据大多保存在政府相关部门，仅靠平台企业自身无法完成完整的资格认证流程。此外，对于商家违规行为，平台只能在合约范围内进行经济惩罚，难以对商家形成有力的制约。另一方面，在规则制度不健全、不完善的情况下，平台监管人员有可能利用管理权力和监管漏洞谋取私利。最后，数据的收集和使用都掌握在平台企业手中，新兴技术的高度专业化以及平台算法规则的不透明，使得不仅仅是消费者面临绝对弱势的地位，平台上的商家也可能遭遇不公平的对待。例如，许多平台企业利用强势的市场地位强迫商家“二选一”，在《电子商务法》出台后，这种行为虽然受到了遏制，但平台仍然可以使用隐蔽的技术手段来迫使商家做出选择。

（二）政府监管

相比平台内部监管，政府监管更有公信力和威慑力，能更好地维护公共利益并保护平台上处于相对弱势地位的用户的权益。政府对平台治理问题的治理范围也更加宽泛，不仅包括传统虚假信息、假冒伪劣等问题，也更关注隐私保护和算法歧视等新问题。例如，2018 年《电子商务法》出台，规定收集和使用个人信息需要明示目的、方式和范围，并经过被收集者的同意，不得收集与其提供的服务无关的个人信息，而且用户有权对用户信息进行查询、更正、删除以及注销。

然而，政府监管在当前实践中仍旧面临不少挑战。首先，政府对人工智能应用背景下的平台业态缺乏深刻认识。例如，当前政府对高精度地图新业态的管理还是沿用了传统纸质地图的管理方式，需要进行版号审核，这个过程耗时漫长，不利于无人驾驶等新兴产业的发展。其次，条块分割式的监管体制不能适应平台这种跨地域和跨部门的生态体系。例如，电商平台的发展使得传统工商管理中基于分区属地的管理模式难以适应以无地域边界为特征的网络经济，一旦出现经营纠纷，基于行政区划的属地监管模式就会面临很多挑战。再者，政府监管的技术能力和时效性不足。互联网平台的用户数以亿计，拥有的内容、产品或者提供服务的交易次数更是百亿级甚至千亿级的，而互联网平台上的许多内容和行为都是实时产生的，对监管技术和能力的要求非常高。虽然政府部门已经尝试引入高技术手段对网络平台进行监管，但在人员、技术和理念等方面仍旧存在很大滞后性。政府部门很难对平台企业的一些行为进行监测和判断，如对于舆论十分关注的“大数据杀熟”现象，政府部门迄今为止仍没有给出一个证据充分的判例。

（三）共治实践

凭借着数据和技术优势，互联网平台逐渐介入越来越多的公共服务，接管了许多传统模式下由政府所负责的公共管理事务，成为全新的公共治理主体。结合平台内部监管与政府监管的优势，政府和平台合作共治不仅能够为公众带来更多的便利，也改变了公共部门主体间及其内部的信息交流与互动模式，加快了数字化时代公共部门的管理变革。例如，在国家发展改革委员会的指导下，腾讯、京东等多家互联网平台企业联合成立“反炒信”联盟，共享信用信息，联手打击刷单炒信行为，形成信用黑名单报告的共享与公示合作机制；浙江省以“最多跑一次改革”为切入点和突破口，利用阿里云提供的技术支持，整合 40 余省级部门、11 个地市和 90 个县（市、区）政务服务资源，打破了部门之间的信息孤岛，加快推进了公共数据整合和共享利用。

然而，截至目前，多元主体共治实践仍然没有直面人工智能应用背景下互联网平台带来或加剧的问题，尤其是隐私保护和算法歧视等挑战。这些问题的治理受到主体责任与能力的错位以及数据共享这一难题的制约。数据开放及共享是多元主体合作共治的重要条件，包括政府部门、平台企业和第三方协会在内的多方主体，只有明晰数据权属问题，才能进一步讨论数据保护、流动、共享和交易等问题。然而，数据的权属问题非常复杂，全球范围内对数据权属尚未形成明确的共识。而且，即使可以绕过数据权属问题，在没有清晰的数据共享风险和收益的规则下，相关主体进行数据开放和共享的意愿极低。此外，政府向平台企业获取数据的方式与程度缺乏清晰的规定：一方面，数据是平台企业的核心资产，关系到企业的核心竞争力。在涉及公共安全或利益时，政府管理部门需要平台企业提供相应的数据，从而对事实做出判断并执行惩处。但是当前法律法规对于平台应向哪个部门提供数据、如何提供数据以及提供数据的频次等问题均缺乏清晰的说明；另一方面，不少平台企业认为，从技术能力上看，政府部门对数据保护的手段远弱于商业平台，平台与公共部门数据对接的标准也有待厘定。例如，在 2018 年的“滴滴乐清事件”中，地方公安部门与滴滴公司的争论焦点在于企业如何及时提供犯罪嫌疑司机的信息。

四　转型挑战与体系构建：走向新平台治理范式

（一）转型挑战：一个政策范式视角的系统识别

如前所述，人工智能与平台经济的交织融合是一个复杂、动态且协同演化的过程，所涉及的议题和范围早已超越了工业经济时代的规制框架，因而必须从现有的监管体制走向新的平台治理范式。在借鉴一些学者（Hall，1993；岳经纶、郭巍青，2007；梁正，2017）工作的基础上，本文引入政策范式这一理论视角，提出一个包括理念、主体、目标、场域、内容、工具等六大概念维度的系统框架以识别当前范式转型所面临的关键挑战（见表 1）。从治理理念上看，与面临高度市场竞争、具有快速适应能力的标杆企业不同，公共部门在这一浪潮中的转型步伐明显落后，且大多未能准确意识到当前重大变革的长期性影响。当前的规制框架仍旧具有工业经济时代的明显特征，习惯于以规制传统业态的方式去规制平台经济中所涌现的新兴业态，且在面临突发性焦点事件所带来的舆论压力时，通常以强监管压力的方式去应对，未能真正贯彻“包容审慎”的治理原则。

表 1　走向平台治理范式的关键转型挑战

维度	要点
理念	工业经济时代的规制框架不适应数字时代平台经济发展的治理实际，理念失灵在政策实践中愈加凸显
主体	变革压力迫使主体间权责利边界进行调整，从基于“合法性—权力—责任”的边界划分逐渐向基于“合法性—能力—责任”的边界划分转变
目标	科层治理体制下的目标设定方式与快速变化的场景生态产生冲突，模糊的治理目标难以推动治理体系的共识形成与预期整合
场域	数字空间与物理空间的交织融合使得跨域平台的治理场域日趋复杂，基于职能—属地的传统行政管理体制出现“真空区”
内容	复杂场域下对平台治理内容的预测、识别与判定出现“失能”现象，“跟随式”规制手段难以响应对全域对象进行治理的变革需求
工具	基于现有范式的治理工具在平台治理的政策实践中出现系统性失灵现象，创新性政策实践面临巨大的制度约束与体制阻力

表格来源：作者自制。

从治理主体上看，作为传统意义上监管主体的公共部门在平台治理实践中仍旧占据主导地位。然而，当前政府在面对人工智能等新兴技术所引发的治理问题时，尚不具备与其地位相匹配的治理能力；相对于其拥有的技术能力与肩负的治理责任而言，平台企业在治理体系中处于一个尴尬的位置。

从治理目标上看，在人工智能应用的背景下，相应的场景生态往往会在短时间内爆发性涌现，且涉及大量的利益相关者，这与当前基于科层制的目标设定方式存在冲突。在治理实践中，来自公共部门之外的利益相关者意见未能充分表达，使得平台治理体系难以实现共识形成与预期整合，导致目前治理体系的整体效能偏低。

从治理场域上看，人工智能等新兴技术的应用在一定程度上进一步加速了网络空间与物理空间的交织融合，基于职能分工和属地管理的传统行政管理体制很难对当前日益复杂的治理场域进行全面覆盖，任务型的府际合作机制将大大增加相应的管理成本与沟通成本，且分散化、碎片化的权力结构使得强有力的责任主体难以出现，导致新兴业态发展受到来自多层级、多属地管理单位的制约。

从治理内容上看，快速变化的场景生态与复杂的治理场域意味着平台治理的内容在很大程度上是难以预测、识别和判定的，如数据、算法等新兴领域出现的一些治理议题往往处于“黑箱”之中，而一些打击假货、出行安全等类的“老问题”也在线上进一步被“转译”，从而呈现出不一样的特征。

从治理工具上看，基于工业经济时代规制框架的治理工具出现系统性失灵现象，同一政策工具在不同尺度下的效度也存在显著差异，“先试点—再推广”的政策试验模式受到挑战。在缺乏指引性治理目标的情况下，平台治理中多方利益相关者难以形成合力，一些具有创新性的政策举措难以推行，面临巨大的制度约束与体制阻力。

（二）体系构建：人工智能应用背景下的平台治理体系

基于上述分析，可以发现当前互联网平台治理所面临的问题已经不是某个点或某方面的局部失灵，而是整体治理范式的失灵，而这正是导致当前平台治理体系低效的直接原因。近年来，在新兴技术治理研究领域已经涌现出许多新的治理理论，为当前和未来的平台治理提供了一定的启示。例如，适应性治理强调在管理过程中不断检验和修正管理方法，注重多个利益相关方的参与和合作，强调治理是科研—政府—社会互动下的一个持续不断解决问题的过程，突出参与、实验和学习是适应性治理的关键（薛澜、赵静，2016）。再如，敏捷治理被许多学者认为是新技术环境下管理回应的理想类型，它是指一种以用户为中心，兼具适应性和包容性的政策制定过程，它意味着更少的政府规制，鼓励其他利益相关者的广泛参与。该理论认为治理需要对社会技术变迁进行快速响应，规制方案和政策的制定不应追求完全精确，而是更加强调试验性临时方案的制定以及实时监控、动态反馈和调整

（Wallach，Marchant，2019）。

科技创新治理需要回答“谁来治理，治理什么，以及如何治理”三个核心问题（Hillman et al.，2011），结合中国当前平台治理的挑战以及国际新兴技术治理理论的启示，本文尝试从治理主体、治理对象和治理工具三个方面提出构建一个适应人工智能发展的平台治理体系，以推动实现平台治理的范式转换（见图1）。

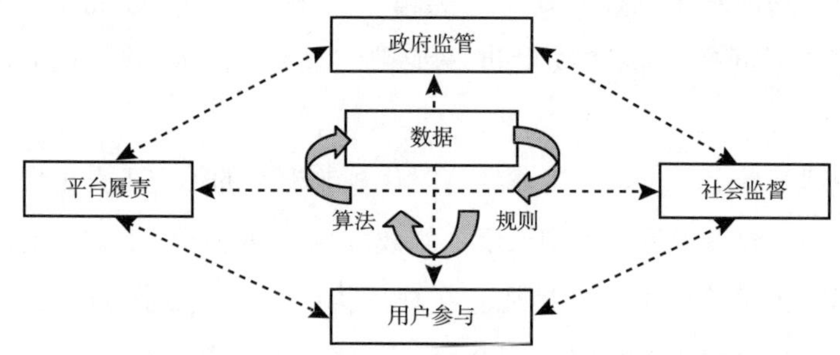

图1　人工智能时代的平台治理体系示意

图片来源：作者自制。

从治理主体来看，平台企业处在新技术和新组织形态带来的治理问题前沿，它们在公共政策制定的过程中不应该仅是单向的政策咨询，而更应充当规则的共同制定者，积极采取行动对传统的经济社会运行规则施加影响。已经有许多案例表明，新技术平台企业已经开始介入政府规则制定和政策工具设计之中。政府需要意识到自己仅仅属于一个分散的权力系统的一部分，需要加强与社会部门的广泛协作。在平台承担越来越多责任的同时，政府部门要由对单个市场主体的日常监管转移到对平台的监管上来，重点监督平台的技术手段、投诉处理机制、判定规则、救济机制等制度性设计，而非针对具体事件进行“严打”。平台用户是个人数据最主要的生产者之一，是平台治理的直接利益相关者。公众参与平台治理的方式有很多，比如客服反馈、公众意见征求等，平台企业应在接受公众批评和监督的同时，对公众的质疑予以回应，将公众的意见和建议消化吸收，形成“问题产生——公众参与——规制形成——公众反馈——规则完善”的良性公共参与机制。最后，需要提高第三方社会组织（尤其是行业协会和商会）在平台治理中促进行业自律和社会监督的作用。政府应当大力改革放权，促进行业协会在制定行业的经营和竞争规则等方面提升独立性和公信力，按照现代法人治理结构和运行机制规范经营管理，增加透明度和公信力。

从治理对象来看，数据和算法应当成为人工智能应用背景下平台治理的重点议题。数据治理包含政府、企业和用户等多元主体对数据采取联合行动的过程，目标是使不一致的甚至相互冲突的利益得以协调。首先是明确数据权属，确立隐私保护规则。其次是完善数据共享的机制，可以对数据进行分类，明确哪些数据在何种情况下可以进行共享，以及相应的保护和惩罚措施。此外，政府部门需要打通“数据孤岛”，平衡数据开放、利用与保护。对于算法，平台需要借助一种更具可视化的手段将算法进行转译，进而推动平台与用户间的良性互动。算法规则以易于公众理解的形式公开，对于平台企业获得公众信任具有非常大的意义。

在此基础上，平台治理需要一套多层级的综合治理工具。在宏观层面，需要制定相关法律，建立基本规则，充分利用优胜劣汰的市场机制；在中观层面，需要利用政策实验等方式不断跟进新兴技术和业态的变化；在微观层面，要积极利用新型技术手段实现对平台行为的动态监管，并推动平台形成自我约束和完善的机制。

五　总结与建议

人工智能技术在各领域的应用和扩散带来了社会经济效率的极大提升，也带来了新旧形态转换之间的诸多治理挑战。在新技术的冲击下，中国的平台治理面临新老问题交织的复杂局面，数据、算法、权力与责任逐渐成为核心议题，而中国当前的治理体系在理念、目标、主体、场域、内容和工具等方面难以应对这些冲击。在这样的背景下，中国需要坚持立足数字经济时代的发展需要，对人工智能应用背景下的平台治理方向进行系统性调整。

第一，以“敏捷适应”迎接数字时代的变革与挑战。对于新技术、新模式、新业态的过度管制很有可能会扼杀创新；另外，如果任由其盲目发展、甚至成为“法外之地”，则有可能积重难返。因此，政府需要从根本上转变观念，树立“敏捷适应”的治理理念，对人工智能和平台发展所引发的新兴问题予以快速响应并进行持续跟踪，建立动态反应机制，在风险可控的基础上对新兴产业的效率与风险进行平衡考量，以促进平台经济发展为目标，切实贯彻“包容审慎”的理念。

第二，以“多元共治”回应利益各方的诉求与呼声。首先，基于“合法性—能力—责任”这一原则合理界定政府与平台之间的责任边界，针对不同场景下政府与平台企业能力的差异合理划分监管权力，充分发挥各类主体在协同共治中的积极性。其次，在一个广泛的利益分享机制基础之上形成决策空间，以便在面临不确定性考验时，有更多利益一致的行动者共同参与到风险研判之中，从而建立一个高效、动态、灵活的应对机制。

第三，以“场景驱动”识别全域治理的目标与内容。平台治理存在大量差异化、碎片化的场景生态模式，因此需要通过对平台治理的不同场景进行跟踪，对全域范围内差异化的治理目标进行识别，推动形成基于场景的平台治理机构或团队。在此基础上，对跨域型问题进行跟踪与识别，构建出具有差异化场景的案例池与数据库。对于数据、算法等新兴技术诱发的治理议题，需要结合相应的场景开展分析，通过强化自身技术能力、引入外部智力支持等方式突破“技术黑箱”。

第四，以“技术赋能”重塑政策制定的工具与手段。新兴技术的发展也为平台治理提供了新的政策工具。例如区块链技术具有可追溯、去中心化等特点，对平台治理中的信息保护具有很大的应用价值。通过充分利用人工智能、区块链、物联网等新的技术成果，为平台搭建更好的架构，从而让整个平台的运作变得更为高效。在一些由新兴技术所引发的问题上，用“技术”去监管“技术”的效率相对较高，应当成为推动平台治理科学化、现代化的重点。

参考文献

樊鹏：《利维坦遭遇独角兽：新技术的政治影响》，《文化纵横》2018 年第 4 期。

国家人工智能标准化总体组：《人工智能伦理风险白皮书》，2019。

贾开、蒋余浩：《人工智能治理的三个基本问题：技术逻辑、风险挑战与公共政策选择》，《中国行政管理》2017 年第 10 期。

贾开：《“实验主义治理理论”视角下互联网平台公司的反垄断规制：困境与破局》，《财经法学》2015 年第 5 期。

李广乾、陶涛：《电子商务平台生态化与平台治理政策》，《管理世界》2018 第 6 期。

李允尧、刘海运、黄少坚：《平台经济理论研究动态》，《经济学动态》2013 年第 7 期。

梁正：《从科技政策到科技与创新政策——创新驱动发展战略下的政策范式转型与思考》，《科学学研究》2017 年第 2 期。

王勇、戎珂：《平台治理：在线市场的设计、运营与监管》，中信出版集团，2018。

薛澜：《顶层设计与泥泞前行：中国国家治理现代化之路》，《公共管理学报》2014 第 4 期。

薛澜、赵静：《新兴产业发展与适应性监管》，《公共管理评论》2016 年第 2 期。

岳经纶、郭巍青：《中国公共政策评论（第 1 卷）》，上海人民出版社，2007。

中国信息通信研究院：《互联网平台治理研究报告》，2019。

BCG, Decoding the Chinese Internet: A White Paper on China's Internet Economy, 2017.

Evans, David S., Platform Economics: Essays on Multi-sided Businesses. Social Science Research Network: Competition Policy International, 2011.

Goldfarb A, J. Gans, and A. Agrawal, *The Economics of Artificial Intelligence: An Agenda*, Chicago: University of Chicago Press, 2018.

Hall, P A., "Policy Paradigms, Social Learning, and the State: The Case of Economic Policymaking in Britain", *Comparative Politics*, 1993, 3: 275-296.

Hillman K , M. Nilsson, A. Rickne, et al., "Fostering Sustainable Technologies: A Framework for Analysing the Governance of Innovation Systems." *Science and Public Policy*, 2011, 38 (5): 403-415.

Kenney M , and J. Zysman, "The Rise of the Platform Economy", *Issues in Science and Technology*, 2016, 3: 61-69.

Lee, S U, L. Zhu, and R. Jeffery, *A Data Governance Framework for Platform Ecosystem Process Management*, 2018.

Manner J et al., *Governance for Mobile Service Platforms: A Literature Review and Research Agenda*, In Conference Papers, AIS Electronic Library: ICMB2012 Proceedings, 2012.

Pasquale F., *The Black Box Society*, Cambridge: Harvard University Press, 2015.

Rochet J, and J. Tirole, "Two-sided Markets: A ProgressReport", *Rand Journal of Economics*, 2006, 3: 645-667.

Schreieck M, M. Wiesche, and H. Krcmar, *Design and Governance of Platform Ecosystems-Key Concepts and Issues for Future Research*, In Conference Papers, AIS Electronic Library: ECIS 2016 Proceedings, 2016.

Song P et al., "The Ecosystem of Software Platform: A Study of Asymmetric Cross-side Network Effects and Platform Governance", *MIS Quarterly*, 2018, 1: 121-142.

Wallach W, and G. Marchant, "Toward the Agile and Comprehensive International Governance of AI andRobotics", *Proceedings of the IEEE*, 2019, 107, 3: 505-508.

论文原载名录

（注：部分论文收入本书后标题有所调整）

1.《新兴科技发展中的人工智能治理》原载《中国网信》2022 年第 1 期
2.《构建平衡包容的人工智能治理体系》原载《中国发展观察》2022 年第 12 期
3.《人工智能治理：认知逻辑与范式超越》原载《科学学与科学技术管理》2022 年第 9 期
4.《我国新一代人工智能治理的时代挑战与范式变革》原载《公共管理学报》2022 年第 2 期
5.《跨国比较视阈下的人工智能政策：目标、理念与路径》原载《科学学与科学技术管理》2021 年第 3 期
6.《全球可持续发展视域下的人工智能国际治理》原载《中国科技论坛》2022 年第 9 期
7.《欧盟人工智能的规制路径及其对我国的启示——以〈人工智能法案〉为分析对象》原载《电子政务》2022 年第 9 期
8.《人工智能伦理问题与安全风险治理的全球比较与中国实践》原载《公共管理评论》2021 年第 1 期
9.《人脸识别治理的国际经验与中国策略》原载《电子政务》2021 年第 9 期
10.《人工智能在突发公共卫生事件管理中的赋能效用研究——以全球新冠肺炎疫情防控为例》原载《中国行政管理》2020 年第 10 期
11.《用 AI 战“疫”人工智能技术赋能公共治理大有可为》原载《人民论坛》2020 年第 15 期

12.《商业价值导向还是公共价值导向——对数字创新生态系统的思考》原载《科学学研究》2021 年第 6 期
13.《城市大脑：运作机制、治理效能与优化路径》原载《人民论坛·学术前沿》2021 年第 9 期
14.《数字双赋打通韧性城市建设“最后一公里”》原载《人民论坛·学术前沿》2022 年 6 月合刊（Z1）
15.《智能时代，如何重构信任机制?》原载《装饰》2022 年第 1 期
16.《人工智能时代亟需构建合理高效的数据治理体系》原载《国家治理》2020 年第 31 期
17.《数据治理的研究现状及未来展望》原载《陕西师范大学学报（哲学社会科学版）》2021 年第 2 期
18.《全球数据流动、保护及中国方案》原载《中国科技论坛》2022 年第 11 期
19.《数据治理政策的国际比较：历史、特征》原载《科技导报》2020 年第 5 期
20.《工业数据治理：核心议题、转型逻辑与研究框架》原载《科学学研究》2023 年第 12 期
21.《算法治理的基本路径与核心理念》原载《国家治理》2020 年第 36 期
22.《第四次工业革命与算法治理的新挑战》原载《清华管理评论》2021 年第 4 期
23.《欧美算法治理实践的新发展与我国算法综合治理框架的构建》原载《电子政务》2022 年第 7 期
24.《算法公平与算法治理的国际经验与中国探索》原载《中国改革》2022 年第 3 期
25.《互联网平台协同治理体系构建——基于全景式治理框架的分析》原载《人民论坛·学术前沿》2021 年第 21 期
26.《人工智能应用背景下的平台治理：核心议题、转型挑战与体系构建》原载《经济社会体制比较》2020 年第 3 期

图书在版编目(CIP)数据

敏捷与协同：人工智能治理理念与实践前沿 / 清华大学人工智能国际治理研究院，清华大学中国科技政策研究中心，人工智能治理研究中心编. --北京：社会科学文献出版社，2024.1

ISBN 978-7-5228-2863-3

Ⅰ.①敏… Ⅱ.①清… ②清… ③人… Ⅲ.①人工智能-应用-社会管理-研究-世界 Ⅳ.①C916-39

中国国家版本馆 CIP 数据核字（2023）第 214259 号

敏捷与协同：人工智能治理理念与实践前沿

编　　者 / 清华大学人工智能国际治理研究院
　　　　　清华大学中国科技政策研究中心
　　　　　人工智能治理研究中心

出 版 人 / 冀祥德
组稿编辑 / 祝得彬
责任编辑 / 刘学谦
责任印制 / 王京美

出　　版 / 社会科学文献出版社 · 当代世界出版分社（010）59367004
　　　　　地址：北京市北三环中路甲 29 号院华龙大厦　邮编：100029
　　　　　网址：www.ssap.com.cn
发　　行 / 社会科学文献出版社（010）59367028
印　　装 / 三河市龙林印务有限公司

规　　格 / 开 本：787mm × 1092mm　1/16
　　　　　印 张：23.75　字 数：361 千字
版　　次 / 2024 年 1 月第 1 版　2024 年 1 月第 1 次印刷
书　　号 / ISBN 978-7-5228-2863-3
定　　价 / 128.00 元

读者服务电话：4008918866